河南省社会科学规划项目"中原作家群资料整理"研究成果
本成果出版得到淮河文明研究中心资助

周大新研究

中原作家群研究资料丛刊
程光炜　吴圣刚　主编

周大新研究

沈文慧 编著

河南大学出版社
HENAN UNIVERSITY PRESS

图书在版编目(CIP)数据

周大新研究/沈文慧编著. —— 郑州:河南大学出版社,2015.2
(中原作家群研究资料丛刊)
ISBN 978-7-5649-1909-2

Ⅰ.①周… Ⅱ.①沈… Ⅲ.①周大新-文学研究 Ⅳ.①I206.7

中国版本图书馆 CIP 数据核字(2015)第 042002 号

出 版 人	张云鹏
出版统筹	侯若愚
责任编辑	舒慧敏
责任校对	韩　琳
封面设计	侯一言

出　　版	河南大学出版社
地　　址	郑州市郑东新区商务外环中华大厦 2401 室
电　　话	0371-60993151(人文社科出版分社)
	0371-86059753
网　　址	www.hupress.com
排　　版	河南金河印务有限公司
印　　刷	河南省瑞光印务股份有限公司
版　　次	2015 年 4 月第 1 版
印　　次	2015 年 4 月第 1 次印刷
开　　本	710mm×1000mm　1/16
印　　张	20.25
字　　数	374 千字
定　　价	61.00 元

本书如有印装质量问题,请与河南大学出版社营销部联系调换。

编选说明

从最初动议到确定方案，再到最后完成，这套"中原作家群研究资料丛刊"历时一年有余。因为，它绝不仅仅是已有研究成果的简单整合。首先，编著者必须通读该作家的所有作品，包括文学作品、散文随笔、演讲报告、文艺批评等等，形成对作家作品的感性认识和理性判断，这是编选作家研究资料的基础和前提。然后收集研究资料，要求尽可能全面详尽，网络、期刊、报纸、杂志、著作、作家本人及其亲友、故交等各种途径、各种渠道，越全面越好。最耗时、最费力、最艰苦的工作是资料的分类、甄别和遴选，它体现了编著者的眼光、立场、态度和学养，决定了研究资料的分量和品质。典型性、历史性、多元性是我们选文的基本原则，力求覆盖作家不同时段、不同类型、不同风格的作品，兼顾专家批评和新锐批评，体现不同时期的文学生态和文化场域。总之，整个过程没有捷径可走，全是笨功夫、苦功夫。尽管如此，其疏漏之处肯定不少，恳请专家学者批评指正。

本研究资料共分四大部分，即作家"自述·访谈·印象记"、"研究论文选辑"、"作品年表"、"研究资料索引"。"研究论文选辑"以时间为线索，以"问题"为中心，先总论、后分论，同一"问题"相对集中，体现逻辑性和层次感，并努力体现作家作品研究的历史进程。对入选的文章，为了出版方便，作统一技术处理，删减了摘要、关键词，注释一律改为脚注，除对一些明显的文字和标点符号的疏误作订正外，其他方面包括注释的不完整、不规范，词语使用的不当等，则依旧保持原貌。"作品年表"部分按时间顺序排列整理收录，截止时间为2014年7月。只列入作品的首发、首印，作品的再版、转载不列入年表，海外翻译版本尽可能列入年表。期刊、著作均按年、月排序，报纸具体到日期。重要散文、发表的重要演讲等列入作品年表，但作家编辑的书目、研究资料等均不列入。"研究资料索引"包括单篇学术论文索引、学位论文索引、研究专著索引三部分，截止时间同样为2014年7月，均按刊发/出版时间先后顺序编排。

需要特别说明的是，由于各种原因，编委会没能与选用论文的作者一一联系，丛书出版后，将赠书一本，以表歉意和谢意！且本书用于学术研究而非商业目的，想学界前辈、同人亦能理解支持。在此真诚致谢！如需稿费，请与编委会联系。

编委会
2014.10.31

总　　序
程光炜　吴圣刚

　　新时期以来,中国当代文学呈现为多样、多态发展的趋势。在当代文学的版图中,"文学豫军"或"中原作家群"早已成为中国当代文学的重要现象和重要构成。之所以称之为"文学豫军"或"中原作家群",是因为它呈现出群体性,是一个集合的概念。但是,这绝不意味着这个群体中的个体是孱弱的,没有独立呈现的分量。相反,正是一个个有分量的个体组成了一个有广泛影响的作家群体:姚雪垠、叶楠、白桦、李准、张一弓、南丁、田中禾、张宇、郑彦英、李佩甫、二月河、周同宾、刘震云、阎连科、周大新、刘庆邦、李洱、柳建伟、孙方友、墨白、邵丽、乔叶、计文君等等,每位作家都有不凡的创作业绩,每个人都有自己的独特之处,都是文学中的"这一个"。

　　地处中原的河南,在当代中国政治、经济版图上不是核心地带,但在历史、文化地理图上却是积淀深厚的重镇。这里也在接受全球化的荡涤,也在搭载现代化的快车,但这里与中国当下的经济前沿存在着距离,呈现着现代化的滞后性。因此,河南在时代的节奏中存在着"时间差"。这使得中州大地在现代化的浪潮中还氤氲着农业文明、历史文化的气息,也使得中原儿女在这种相对的"慢节奏"中对历史、现实和文化进行思考,精神和灵魂回归这片土地,并以中原文化的思维方式进行着多种表达。走进历史,走进中原文化,是豫籍作家的共同选择。无论是身居河南的作家还是移居他乡的作家,他们的灵魂仍然栖居在家乡故土,并用他们敏感的触角细腻地联系和感受着中原文化,中原文化是他们精神发生的原点,河南历史和家乡生活是他们创作的源泉。对于这些河南作家来说,似乎只有这片故土和其中的点点滴滴才能够激活创作的灵性。正如阎连科所说:"我家住在一个镇子上,那是一个很大的村庄。那个村庄是我写作取之不尽的生活源泉、情感源泉、想象的源泉。一句话,是我写作的一切的灵感之源。那个镇子奇妙无比,任何现实中的一件事情都可能是荒诞的、合理的。"[①]正是在这种表达中,作家们完成了自己的一部部皇皇巨著,成就了当代河南文学的气象大观。

[①]阎连科:《我的现实,我的主义》,http://v.book.ifeng.com/book/ts/7332.htm。

"中原作家群"不仅是河南的文学现象,也是全国的文学现象;产生于中原大地的河南文学,早已超越了这一区域空间。无论是二月河、李佩甫的作品红遍全国、传播域外,还是刘震云、阎连科、周大新、李洱的作品的海外影响,都说明豫籍作家的作品是全国性的,也具有世界性的分量。这足以构成河南自己的文学史。关于河南文学和"中原作家群"研究,近十年来,随着作家作品的动态性呈现,更多表现为个案化的文学研究,而当代河南文学的整体性、系统性研究则不够。这一方面与河南的经济实力及其对文化提升、带动能力的不足有关,另一方面也与学界、文学界对河南文学在当下中国文化地理学上的地位认识不足有关,特别是与本土学界的研究、推介的成绩有关。弥补这一不足,是一项浩繁的工作,但起步必须从基础开始。

资料整理无疑是学术研究中最基础性的工作。学术界目前关于河南作家的研究资料,主要是上世纪80年代出版的《李准研究资料》、《姚雪垠研究资料》等有限的几种。相关研究主要体现在两个方面:一是关于"文学豫军"、"中原作家群"的正当性和合理性的阐述,这方面的研究成果主要有孙荪的《文学豫军论》等,该文系统性地评述了"文学豫军"的由来、构成及文化特征。二是"中原作家群"形成的历史文化原因以及具体作家作品的研究。刘增杰主编的《精神中原》以论文集的形式综合了学界对于中原作家群整体把握和作家研究的成果;张鸿声主编的《河南文学史·当代卷》则是系统描述当代河南文学发展的第一部史著;梁鸿的《"外省笔记":20世纪河南文学》以"外省"的视角考察河南文学,从文化的角度寻觅和审视河南文学;何弘的《超越还是重复——中原文学论稿》试图对"中原作家群"或中原文学作出一个整体性的描述。这些研究对于解说一种文学现象的发生、发展是必要的,但都是初步的,特别是对"中原作家群"形成的历史文化原因和整体性特征的研究,远未形成对"中原作家群"完整的、核心的解说,更没有评估、揭示出"中原作家群"的应有价值。因此,就需要有人真正深入下去,沉入到纷繁的资料中去,耐心、细密地梳理,把那些能够反映和体现作家创作实绩、作品价值和当代河南文学整体面貌的资料整理出来,形成完整、系统的当代河南文学的资料体系,为文学史的生成奠定坚实的基础。

信阳师范学院文学院的一些老师近年来致力于河南文学研究,逐渐形成了自己的方向和领域,引起了学界的关注。作为一所本土的有长期人文积淀的高校,研究河南文学、推动河南文学发展是应有的责任。2013年起,文学院整合文艺学、现当代文学和写作学等学科的十几位教授、博士组成研究团队,集中开展当代河南文学研究。这个团队以博士为主,中青年结合,队伍整齐,潜力很大。他们首先从资料整理开始,扎扎实实开展研究工作。第一批选取"中原作家群"中影响最大的15位作家,经过近一年的努力,整理出《白桦研究》(陶广学讲师,扬州大学博士)、《张一弓研究》(吕东亮副教授,武汉大学博士)、《田中禾研究》(徐洪军讲师,上海大学博士)、《张宇研究》(杨文臣讲师,山东大学博士)、《李佩甫研究》(樊会芹讲师,江苏师范大学硕士)、《二月河研究》(吴圣刚教授)、《刘震云研究》(禹权恒讲师,武汉大学博士)、《阎连科研究》(方志红副教授,四川大学博士)、《周大新研究》(沈文慧教授,华中师范大学博士)、《刘庆邦研究》(杜昆讲师,南京师范大学博士)、《李洱研究》(王雨海教授)、《墨白研究》(杨文臣讲师,山东大学博士)、《邵丽、乔叶、计文君研究》(李群副教授,河南大学硕士)等13卷,资料选编力求翔实、准确、有代表性。第一辑告罄之后还会启动第二辑,甚至第三辑,目标是把"中原作家群"主要作家的资料完整、系统地拓展出来,真正为当代河南文学的深化研究做些基础性的工作。

由于编选者的眼界、学识、水平有限,疏漏、不足,甚至差错定然存在,敬请学界批评指正。

目 录

1　编选说明
1　程光炜　吴圣刚　总序

自述·访谈·印象记

3　周大新　长在中原十八年
7　周大新　为了人类日臻完美
10　周大新　小说与苦难
14　周大新　瞩目我们所处的时代——在中国作协文学创作座谈会上的发言
16　周大新　军事文学的新情况与老问题
18　周大新　我写《湖光山色》
20　周大新　对乡村世界一腔深情——由小说《湖光山色》谈起
22　周大新　陌生的战场——长篇小说《预警》文外谈
24　周大新　《安魂》文外
26　周大新　栗振宇　关于历史文化答栗振宇问
34　周大新　陈菁霞　来自天堂的心灵安慰
36　周大新　石一龙　飞离与栖落
49　周大新　周 熠　关注人类历史生活——与周大新关于历史小说创作的对话
52　行　者　大新真好
56　阎连科　榜样周大新

研究论文选辑

61　陈骏涛　在"传统"和"现代"之间——周大新小说印象
63　冯　牧　浓郁的地域特色和社会风貌——读周大新小说近作
66　胡　平　神话的复归——周大新盆地小说原型分析
77　梅蕙兰　寻找女人——周大新小说创作的潜在精神向度
84　王　颖　论周大新小说中的男权意识
91　邱华栋　根的谱系——评《周大新文集》

93	曹书文	论周大新小说创作的审美意蕴
98	张德礼	周大新小说的地域文化特色
104	林为进	以平民视角写平民——周大新印象
106	梁 鸿	周大新小说论
114	徐亚东	周大新小说创作的"变"与"不变"
121	李丹梦	坚硬的"单纯"——周大新论
129	梁 鸿	挣扎与突破：冲出"圆形盆地"——周大新小说论
143	李丹宇	周大新小说的民俗事象及其文化心理
152	梁鸿鹰	写属于我们中国人自己的文字
155	石长平	文化的自决与文学的自觉——周大新小说的文化形态学诠释
162	林为进	百年沉浮——读周大新《第二十幕》
165	韩瑞亭	家族小说的新变——读周大新的《第二十幕》
169	白 烨	以小见大的长篇巨制——读周大新的《第二十幕》
171	张学昕	世纪风景的沉重演绎——评长篇小说《第二十幕》
176	梅蕙兰	历史的生命感与生命的历史感——评周大新的长篇新作《第二十幕》
180	武新军	多维空间中的人性探索——评周大新长篇小说《第二十幕》
187	王黎君	原型与召唤——评周大新的《第二十幕》
193	林为进	展示多层面的人生世态——读周大新《21大厦》有感
196	贺绍俊	谁来拯救城市的囚徒
199	雷 达	窥视与追问
201	胡 平	小说家发现的历史——读长篇小说《战争传说》
203	李敬泽	一个女人的战争——《战争传说》读后
205	王治国 郭海玉	民间视角下的人性探寻——周大新军旅小说的战争之思
213	贺绍俊	嵌入乡村叙事新的关键词——从周大新的《湖光山色》说到乡村写作
216	闫晶明	善良如何面对残酷——周大新长篇新作《湖光山色》读后
218	何向阳	暖暖的意义
220	孟繁华	乡村中国的艰难蜕变——评周大新长篇小说《湖光山色》
224	王文兴	新世纪小说的乡土空间叙事及其意义——以《湖光山色》为中心
230	杜 昆	家园的想象与守望——评周大新的《湖光山色》
237	姚晓蕾	试论新世纪文学对当下乡村社会的主体呈现困境——以《湖

		光山色》为中心的一种考察
250	石长平	周大新长篇小说《预警》：指向时代和社会的预警
253	武新军	谍战小说的新突破——评周大新长篇小说《预警》
260	刘　军	《预警》：消费语境下的经验叙事
265	胡　平	时光在书中倒流　生命在文字中重生——读周大新长篇新作《安魂》
268	雷　达	《安魂》一曲慰死生
271	刘艳宗	魂灵寻觅：从冲突、忏悔到救赎——评周大新的《安魂》

作品年表

281　周大新作品年表

研究资料索引

293　周大新研究资料索引

304　编后记

自述 · 访谈 · 印象记

长在中原十八年

周大新

在中原长到十八岁,之后,方去山东当了兵。

十八年的中原生活,前三年的情景在我脑子里是个空白。只能从娘片段的话语中知道,我身子皮实,学会走路比较早;能吃,总是吃得肚子滚圆,被邻居们称为小胖子;黑,尤其是夏天出了汗,又黑又滑像泥鳅;胆小,怕黑,天一黑就不敢乱跑。村里的老人们喜欢喊我黑蛋。

这三年是在懵懵懂懂过日子,会哭,但不记得苦和恼;会笑,但不记得欢和乐。

第四年的日子在我脑子里划了些很浅的刻痕。我如今还能记住的,是奶奶把白馍掰碎泡在碗里,放点盐沫和香油喂我,我记得那东西很好吃。再就是一件事中的一个场景和两句对话:奶奶去世入殓时,我被人抱起去看奶奶躺在棺材里的样子。只听见一个人说,娃子太小,看了怕会做噩梦。另一个人说,他奶奶亲他,让他看看吧……

连奶奶的长相也没能记清楚。

这一年我模糊感觉到,我可以依靠的亲人会和我分离。

长到第五年,记忆变得连贯了。这一年发生的大事是舅舅娶亲。舅妈家在十里地之外的一个村子,早上空轿去迎舅妈,让我坐在轿里压轿。童子压轿是我们那儿的规矩。不知道是抬轿的那些人故意捣蛋还是轿有问题,反正我在轿里被弄得左右乱晃,没有我原来猜想的舒服,下轿撒尿时提出不坐轿,结果被训了一顿。

这一年,我正式开始了我快乐的童年生活。我们那儿的地势算是平原,平原上的田野有一种空阔之美。春天,鸟在天上翻飞,大人们在麦田里锄草,我和伙伴们就在田埂上疯跑玩闹;夏天,蝉鸣蛙叫,大人们在雨后的田里疏通水道排水,我和伙伴们则脱光了衣裳在田头的河沟里戏水欢笑;秋天,大人们在挥着钉耙挖红薯,我们则在红薯堆里找那种芯甜皮薄的啃着吃;冬天,雪花飘飘,我们会跟在打兔子的人身后跑着听他的枪响……就是从这时候起,我开始感到人离不开土地。没有田地,人活得会很乏味。

那时家里吃得最多的是红薯。早上吃红薯稀饭和红薯面饼,中午吃蒸红薯和凉拌红薯丝,晚上吃红薯干稀粥和红薯面窝头。总之,差不多顿顿离不开红薯。

尽管娘不时给我点优待,变着法子让我吃点别的,可我还是一听见"红薯"肚子里就难受,就想哭。也是因此,我的第一个理想开始出现:此生不吃红薯。

这一年我开始跟着大人们上街去赶集。离我们家最近的集镇是构林镇,我们村离镇六华里,这段路程对当时的我来说,是个不短的距离,可我跑得兴致勃勃,只有实在跑不动了才会爬上大人们的脊背让背了走。到街上就会看到好多好多的人,就会在商店里见到好多没有见过的好东西,就会看到耍猴的,就会喝一碗好喝的胡辣汤,啃一根甜甘蔗,如果父亲能卖出些鸡蛋和两只鸡,我还能吃到包有玻璃纸的糖块。也是从这时我开始觉得:外边的世界比村子里好。

六岁时我开始上小学读书。这一年国家开始了大跃进,村里人们干活时总插些红旗,还经常听到锣鼓声;看到有人挨家挨户地收铁器,说是要炼铁;全村人开始在一起用很大的锅做饭,每顿饭都在一块儿吃。这样吃饭的好处是,我和我的那些伙伴们可以边吃饭边在一起玩。早饭后我要背个书包,步行四华里去河湾小学上课,中午再跑回来吃饭,午饭后再去上课,下午课上完再往回赶。一天十六华里地,这对于一个孩子来说的确不是一件轻松的事。每每走累时,就很羡慕天上的鸟,就在心里想:人要能飞那该多好!那年代疟疾多发,学校里的学生差不多是轮着得这种病,轮到我时,娘并不惊慌,只在院中的太阳下铺个席子铺床被子,让我躺下,再在我身上盖两床被子,让我度过冷得发抖的那段时间。发完疟疾我常常双腿很软无力走路,但又怕不能听课学习跟不上同学们,便要坚持到校。逢了这时,常常是在同校高年级读书的一个堂姑背着我走,她岁数大些,个子也高,有些力气,但我会把她压得呼呼喘息。

这一年我开始隐约明白,人活着大约必须得吃苦。

长到第七年,我已经要正式干活了。学校放暑假之后,我的主要任务是照看弟弟加上喂家里偷养的一只山羊,每天都要割些青草喂那家伙。放寒假时主要是拾柴。去田里拣拾遗留下来的玉米秆和棉花根子,去河堤上和河滩里用竹耙子撸树叶撸干草,总之,把能烧锅的东西尽可能多地弄回家,以满足家里整个冬天做饭用。这时,村里的食堂已半死不活,吃饭差不多要靠自家做了。这个时期,我最盼望的是有亲戚来,一来了亲戚,娘便会改善伙食,或者做一回鸡蛋臊子面,或是烙一张葱油饼,我会跟着解解馋。我那时想,人要是天天都能吃到臊子面和葱油饼,那该是多么幸福的生活呀!我开始有了第二个理想:天天能吃臊子面和葱油饼。

八岁那年,饥馑突然到来了。我从来没想到饥馑的面目是那样狰狞可怕。先是家里的红薯吃完了,后是红薯干和萝卜吃完了,再后是萝卜缨和野菜吃完了,跟着是难吃的糠和包谷棒芯吃完了,接下来是更难吃的红薯秧吃完了,最后是把榆树皮剥下来捣碎熬成稀汤喝,把棉籽炒熟后吃籽仁。全家人那时的全部任务是找吃的,所有可能拿来填饱肚子的东西都被娘放进了锅里煮。村里那时除了耕牛,再也见不到任何家禽和家畜。我那时什么别的事也不再想,读书、写字、做游戏,早忘到爪哇国了,唯一想的事情就是把肚子填饱。我那时才算知道了饥饿的全部滋味,无论看到什么,先想它能不能吃,能吃,就是有用的,就生尽法子要填进嘴里。村子里开始饿死人了,我也全身浮肿,所幸国家的救济粮到了,我得以活了下来。这场饥馑让我养成了储粮备饥的习惯,不管粮店离家多近,都想买点米、面放在家里,看到有米面在家才觉得心里踏实。也是因此,我倘是看见有人浪费粮食,就特别难以忍受。当了军官之后,我一直不敢把发的粮票全部吃完,每月都要节省下来一些准备应付饥荒。储粮备荒是我觉得最重要最正确的口号。

这场饥馑让我体验到了绝望的滋味:当我看到娘再也没有东西下锅站到灶前发呆时,我小小的胸腔里都是慌张、疼痛和恐惧。

高小、初中是在构林镇读的,我那时已暗暗下定决心:一定要考上大学,过天天能吃饱饭的日子。我学得很刻苦,我的每门课业在班里都排在前列,我是班里的学习委员。冬天上早自习时,我走六华里赶到学校,天还没有亮,点上煤油灯便开始读书;夏天下大雨,没有伞,蓑衣也会淋透,淋透就淋透,到学校把衣裤拧干了穿上就是。没料到的是,"文化大革命"在我读初中时突然爆发了,我的大学梦只做了一小截。

"文化大革命"初期,我和同学们一起去破四旧立四新、斗争牛鬼蛇神。我们把班里的学生分成红五类和黑五类;我们把离过婚的一位女教师视为坏分子;我们把民国和民国以前的所有东西都视为旧东西,把一些好瓷器砰砰砸碎。后来,大串联开始,我随同学们步行去了韶山,看完毛主席的家乡后,又坐车去了长沙、株洲和上海。这是我第一次出远门,第一次看见构林镇以外的世界……因为学校不上课,又少有我喜欢的小说读,串联回校后,我便迷上了拉胡琴和打篮球。白天的很多时间,我都是在篮球场上度过的。

打篮球原本只为打发无书读的时间,没想到倒为自己打通了连接另一条道路的阻隔。1970年的冬天,驻守山东的一支部队来我们邓县招兵,领队的是一个姓李的连长,这连长酷爱打篮球且是团篮球队的队长,他这次来招兵还带有一个任务,就是为团球队再带回几个队员。他站在我们学校的球场边上看我们打球,偶尔也下场和我们一起打。我的球技不数一流,但身高一米七八,可能有点培养前途,他的目光因此注意到了我,于是,另一条道路便在我眼前展开了——这年的12月下旬,我去山东当了兵。

这一年,我十八岁。

多年后，当我回想当兵这件事时我才明白：一个人，可以影响另一个人的命运；一个机会，可以使一个人的人生发生重大改变。

我坐上了东去的运兵闷罐列车，我隔着列车门缝望着疾速后退的中原大地，心里有依恋，有不舍，但都很轻微，心中鼓荡着的，多是欢喜。

我终于可以独自外出闯荡了……

原载《作家》2010 年第 10 期

为了人类日臻完美

周大新

人们从事文学创作的最初动机可能多种多样并和世俗生活紧密相连,或为钱或为名或为权或为了获得异性的青睐;但只要他们一直沿着创作之路走下去,就会发现这条路的后半段上到处都写满了提醒引路者的文字:请你为了人类的日臻完美。

全世界所有的真正可称为作家的人,不管他居住于哪个国家属于哪个民族,不管他用何种语言何种方法创作,他们最后都会在那面写有"为人类日臻完美"字样的旗帜下站立和汇聚。

作家作为人类中的成员,又以人为描写对象,他们理应关心人类的发展。迄今为止世界上流传下来的文学名著,只要仔细分析就可以发现,它们都有益于人类向完美处发展。列夫·托尔斯泰的长篇小说《战争与和平》,让人们对战争这个怪物的狰狞可怕处有了极为详尽的了解,使人们懂得了理智地处理民族与国家间的争端以及抑制我们内心的一些欲望对于人类的和平发展有着何种重要的作用。它使所有看过它的人都对和平产生一种真挚的热爱之情,这样的书当然于人类的发展有益。莫泊桑的长篇小说《俊友》,把一个无赖的野心家塑造得栩栩如生,使我们对人性中的黑暗部分有了窥视的机会,这对于我们将来消灭这个黑暗部分提供了帮助,自然也有益于人类向完美处转变。劳伦斯的长篇小说《儿子与情人》把母爱写得独到深刻,让我们瞥见了母爱心灵深处的景观,使我们了解即使是最美好的人类情感有时也会带来负面后果。这对我们人类学会控制情感从而谋取到更多的幸福当然有益。无数的前辈作家已为我们树立了关心人类发展的榜样,我们后来者理应跟上。

人类的发展其实就是一个不断完美自己不断抛弃蒙昧和野蛮的过程。

众所周知,我们人类幼年时曾有过十分野蛮的行为。人类学、历史学和考古学的专家们发现,我们人类在一段时间里曾经自相残食。北京猿人头盖骨上的打击痕迹起初曾让研究者们百思不得其解,后来才明白那是人类自相残食的证据。北京猿人们在寒冬季节吃食匮乏的时候,就用打磨过的石器将老弱病残者打死去吃他们的肉。这种自相残食的现象在辽宁锦西沙锅屯洞穴遗址和广西桂林甑皮岩新石器时代早期洞穴中也有发现。此种现象同样存在于世界人类发展史。达尔文在他的一部著作中详细记述过南美洲火地岛居民冬天吃食老年妇女的情景。恩格斯指出柏林人的祖先韦累塔比人也曾有过一个时期吃食他们年老的父母。新几内亚原始部落有一种库鲁病,发现这一病因的病理学家卡尔登·戈杜塞克还因此获得了诺贝尔医学奖。随着生产力的发展和文明程度的提高,人类的这些野蛮行为已经变成了遥远的过去,我们今天的人即使说起这些都觉得有些脸红有些心惊有些不可思议。人类就是在不断与这些可怕行为挥手作别的过程中变得可爱和完美起来。今天,不要说吃人,就是打人也被视为一种犯罪行为,也会被送上法庭遭到惩治。两相比较,你不觉得今天的人已经挺完美可爱?

自然,这种完美可爱只是与尘封的历史相较而言,其实,今天的人类离真正的完美依然还有很大的距离。谁都知道,在今天的人类生活中,战争这个怪物照旧存在。就在笔者撰写本文的时候,前南斯拉夫的波黑地区以及卢旺达国内和南北也门之间,枪炮声正把大地上的安宁摧毁得一干二净,无数的老人孩子和正值芳龄的姑娘小伙被子弹和弹片轻而易举地夺去了只有一次的生命。据说,人类自有史以来已经进行了14520次战争,多少个充满弹性和灵性的活生生的肉体在这些战争中化作了一堆堆枯骨。正是战争在人类通往完美的大道上设下了第一道障碍。除战争之外,杀人、抢劫、欺诈、拐卖妇女儿童等丑恶现象都还存在。明明是同类,却偏偏要用假话、假货、假币、假合同去欺瞒、欺骗对方;明明知道别人失去妻子女儿是何等痛苦,却偏偏要拐卖了人家的妻子女儿;明明清楚别人挣个钱也不容易别人也要吃饭,却偏偏要撬门破窗去偷窃他人的东西。这些现象的存在,人类还说得上完美?还有就是人与人之间的冷漠。眼睁睁看着别人溺了水在死命挣扎,他竟可以扭头轻松地走开;明明听见受伤的人在路边呻吟呼救,他竟会掉过脸去置之不理;明明知道有人食不果腹正在挨饿,他却只管一掷千金大吃大嚼。你说这样的人类能算完美?再就是人与人之间的明争暗斗。你做出了成就,我想办法对你进行诋毁;你登上了一级台阶,我想办法让你滚下来;你这几天笑得快活,我想办法让你哭出眼泪。有这些丑恶的事情不断发生,焉能说人类已经十分完美?

面对人类今天的不完美现状,作为作家有责任用手中的笔去促进真正的完美早日实现。作家该用自己的笔对人类的完美状态做出自己的描述,指出什么是完美的人,什么是完美的人类社会,什么是完美的人类生存状态,从而去吸引人们向那个完美的境界迈进。陶渊明的《桃花源诗并记》里写的桃花源虽然并不存在,但桃花源里人们的生存状态千百年来一直吸引着人,这说明人们多么需要这种描述。作家也该善于发现人类生活中向完美方面发展的倾向,并用自己的笔去给以鼓励。生活中许多人不顾巨大的痛苦以惊人的毅力为他人创造着幸福的享受,这种想象被罗曼·罗兰发现后,写出了《约翰·克里斯多夫》,从而褒扬和鼓舞了许多为他人创造幸福的人。作家更该对人类生活中向邪恶和野蛮倒退的倾向给以谴责和抨击。当足可以毁灭地球的核战争的细芽在土下开始萌动时,女作家玛格丽特·杜拉斯用她的剧作《广岛之恋》,对人类提出了自己的劝诫和警告。作家还该对人类精神领域里尚未认识的部分进行表现和把握,从而促进人们在精神上向完美处转变。人类对自己一部分成员中情感上的低能现象并未有清醒的认识,加缪用他的小说《局外人》把这种低能现象淋漓尽致地展现在人们面前,从而使人们意识到克服这种现象的必要性和紧迫性。

在人类向真正的完美状态迈进的过程中,作家们有许多事情可以做,重要的是意识到这份任务并且不偷懒懈怠。每个作家,当他在自己的书桌前坐下并伸手拿笔向纸上写时,该忆起他所走的路上那一行行提醒他的文字:为了人类的日臻完美。

原载《海燕》1995 年第 2 期

小说与苦难

周大新

我们回视一下小说发展史会发现，世界上很多好小说，都涉及苦难，都把表现苦难作为自己的一个任务。中国的《红楼梦》，曹雪芹把黛玉与宝玉所经历的爱的苦难写得淋漓尽致；俄罗斯的《战争与和平》，列夫·托尔斯泰把安德烈·保尔康斯基所经历的战争苦难写得揪人心肺；法国的《红与黑》，司汤达把木匠的儿子于连人生奋斗中所经历的苦难写得惊心动魄；英国的《德伯家的苔丝》，托马斯·哈代把农村姑娘苔丝的苦难写得精确怵目；美国的《红字》，霍桑把社会残酷典法所加予海丝特·白兰太太的苦难写得凄切生动；德国的《少年维特之烦恼》，歌德把维特经历苦难后自杀写得荡气回肠。

正是因为这些小说写了苦难，才长久地吸引着人们去阅读。

中外的经典作家们为什么会在小说中去写苦难？

因为小说是要写人的，而苦难是每个人都必须面对的问题，是人生的基本内容。

我们可以回视一下历史上的大人物，你只要仔细了解和观察，会发现所有的大人物都经历过苦难。孔子，文化界的大人物，当年周游列国 14 年中，到处吃闭门羹，尤其是到了陈蔡之间被人围困时，饭都吃不上。曹操，这是政界的大人物，可他身为宦官的养子，处处被人歧视，且终生受头疼折磨，生前多次险遭谋杀，死了还被割头侮辱。胡雪岩，这是商界的大人物，资金链断裂后生意垮掉，又被朝廷治罪，家财散尽，连妻妾都要遣散，死前呼子孙于床前道：勿近白虎，语毕而逝。其痛苦之状可以想见。

我们可以回想一下现当代的作家，没有经历过苦难的几乎没有。鲁迅，很小就看见家庭衰败，经常要去药铺为大人抓药。后来娶了一个他不爱的妻子朱安，感情生活上充满痛苦。郭沫若，"文革"中亲生儿子被迫害而死，连问都不敢问，只能在纸上不停地写儿子的名字。老舍，含着冤屈跳进太平湖自尽，死时心中肯定充满悲苦。

我们可以四顾一下身边的普通人，看看有哪个人与苦难一点儿也不沾边。恐怕你很难找到。我们的爷爷、奶奶那一辈人，当年在日寇入侵时遭遇追杀，四处逃难；我们的父亲、母亲那一辈大都经历过大饥馑；我们的哥哥、妹妹，不是尝受过上山下乡之苦，就是遭遇过找工作之难。

就我自己来说,我的人生里也有很多苦难。童年时,经常被饥饿折磨。青年时,经历了一场历时八年的官司的煎熬。老年时,又尝到了丧子之痛。我自己认为,上帝给每个人都准备了一份苦难,苦难的种类和重量可能不同,但每人都有一份,谁都别想推开不要。你现在没有经历,以后会经历;你年轻时幸运,不要得意,年老时会给你补上的。

很多人我们从远处看,觉得他活得很好,很令人羡慕,其实你只要走近他,真正了解他的生活,走进他的内心世界,你就会发现他经历的苦难一点儿也不比你少,不过种类不同罢了,你根本不想和他对换人生角色。

这世界上,每个人都因为苦难活得不易。所以,写苦难是小说的一个基本任务。作家写人不写苦难,甚至有意避开苦难,那就对不起自己的良心。

世上的苦难究竟有哪些?从我们的现实生活和文学作品的表现内容来看,如果从大的方面给苦难分类,大概可分三类。

一是个人的苦难。涉及的是单个人,其他人感觉不到,容易被他人漠视。如穷困,个人生活很难正常持续的;如个人生命受到疾病和他人威胁,生命安全无法保障的;如家庭遭受车祸、爆炸事故破坏,失去亲人的。个人的苦难既有肉体上的,生理上的;也有精神上的,心理上的。

二是民族的苦难。涉及的是部分人群,容易被重视。但有另一人群会幸灾乐祸,拍手称快。如民族间战争的发生,遭受他族欺凌,等等。像鸦片战争、甲午战争、抗日战争的发生,给中华民族带来了深重的苦难。

今天的民族苦难表现最明显的,是巴勒斯坦人和犹太人。

三是人类的苦难。如地震的发生,飓风的出现,海啸和洪水的袭击,酷寒酷热和冰雪的折磨,等等。像印尼海啸、日本海啸、汶川地震、日本地震,等等。对这类苦难,所有的人都会给予关注并表示同情。

后两类苦难同样也要摊到个人头上,由我们每个人来承受。

苦难是从哪里来的?

我们追究一下,会发现苦难的制造者有三个:

第一个制造者,是自然界。地震、飓风、洪水、山火、泥石流,这些苦难都是大自然制造的。

第二个制造者,是人自己。比如战争、动乱、饥馑、谋杀、车祸、工伤、斗殴等等。

第三个制造者,是生命之神。这主要是指人遭受疾病折磨这类苦难。有些疾病,是我们不小心得上的,比如性病、艾滋病、肝炎等,但大部分疾病,是生命之神的馈赠,不是我们能抵抗得了的。因为按照生命之神的设计,人只能活一百来岁,再聪明再有能耐的人也不能一直活下去,那么到了你生命的后半段,他就必须让你的肉体出问题,不是得这病就是得那病,反正要让你得一种病,然后才有理由收走你的生命。

明白了苦难的制造者是谁,我们就可以为减少苦难而有所作为。

首先,我们要对自然界保持一份敬畏,一般不要去招惹它。尽量保持它的原状。

其次,我们人类自己要努力保持理智,尽可能在生活中不互相制造苦难。

最后,在锻炼肌体抗病能力的同时,坦然面对生命之神的安排。

苦难是作家的重要写作资源,但写好苦难并不容易。

我觉得作家写苦难应该在以下三个方面努力。

其一,预测可能要来的苦难。

小说家作为人类中的思考者,作为人群中最敏感的分子,他们应该能预感到人间可能出现的一些苦难,然后用小说发出预测。这方面,已有很多小说家为我们作出了榜样。

小说《1984》,是英国作家乔治·奥威尔在 1948 年写的,1949 年出版的政治寓言小说,也是一部幻想小说,作品刻画了人类在极权主义社会的生存状态,警醒世人提防这种预想中的黑暗成为现实。在我自己看来,这也是一部预测无隐私生活苦难可能到来的书。小说中预想的场面,在"911"之后的美国,为了对付恐怖袭击,曾经出现过。到处都是监视摄像镜头,随时可以监听你的声音。在有些私人公司,为了了解员工的劳动生活情况,在工作区和生活区安了许多摄像镜头,员工们做什么说什么,监控室都一清二楚。现在,有的电脑黑客可以远程打开你电脑上的摄像头,将你卧室里的情况录得一清二楚。在日本,有些变态的男人买了手机监听软件,专门监听年轻男女在手机上谈恋爱的对话。

小说《五号屠场》,是库尔特·冯内古特写的一部反战小说,一方面谴责德国法西斯的残暴,法西斯在德累斯顿的一个屠宰场里,像杀猪牛羊一样地杀害美国战俘,把战俘放在滚水里烫死;一方面又抨击了盟国轰炸德累斯顿的野蛮行为,一次大轰炸造成了十三万五千人的死亡。在我看来,这还是对今天战争强大破坏力的一部预测小说,不说核武器,单是美国一个钻地智能炸弹,就可以造成伊拉克藏在地道里的几百人丧生。今天大国间的战争一旦打起来,人间就真的会变成一个大屠场。

美国的科幻小说和电影也正在完成这个任务。《后天》,写温室效应正在引发大灾难,让地球回到了冰河世纪。《2012》,写世界末日到来时,主人公及世界各国人民挣扎求生的经历,人类重新坐进了诺亚方舟。

英国《星期日泰晤士报》网站 11 月 25 日报道,剑桥大学准备设立人机对抗研究中心,将研究超级智能机器人及计算机可能对人类构成的威胁。目前,机器在很多方面都比人做得好,国际象棋、飞行、金融交易等。人类可能会把地球的控制权拱手交给人工智能机器。这些情况,小说家都应该用自己的作品给以表现。

其二，发现已存的别人还没注意到的苦难。

世界上的苦难是多种多样的，有很多种苦难作家还没有发现和进行表现。

《旷夜无人》，是女作家李兰妮写的一部纪实文学作品。我把它看作一部纪实小说。这部书把一个人遭受抑郁症折磨的情景极其生动地展示了出来，这种苦难在这本书出版之前，还很少有人知道。而我们国家抑郁症的发病率约为3%到5%，目前已有2600万人深受抑郁症的折磨。这部书对我们了解这部分人的精神痛苦大有帮助。

《洛丽塔》，是弗拉基米尔·纳博科夫的代表作，写一个成年男人爱上一个12岁少女的故事。这部书不管别人怎么评价，我自己认为也是一部写苦难的书，不过作者写的不是正常人所遇到的苦难，而是一个心理变态和性变态者的苦难。一个成年男人，不喜欢年轻女性，却喜欢一个女孩，这显然不合社会规矩、法律和人的生理规律，主人公知道这是犯法的，但他却无法控制自己，以致不得不走上被审判席。这不是苦难？这种苦难只有有这种心理缺陷的人才能知道，纳博科夫用他的小说，让我们知道了。所以几乎所有的读者读后都极为震惊。其实，在人群中，这样的人绝不是只有这一个，不是不断地有变童犯出现吗？也许这种心理倾向会被人们所不齿，但作家敢于正视人性的勇气以及对人类苦难领域向纵深开掘的眼光着实让人钦佩。

其三，展示人与苦难搏斗和在苦难中挣扎的情景。

《春琴抄》，是日本作家谷崎润一郎的代表作之一，写的是美丽的盲人琴师春琴与佐助相亲相爱，但在春琴37岁时的一个晚上，有人往她面部浇了开水。佐助察觉出春琴唯恐看到她丑陋面容的不安心情，便用针把自己的眼扎瞎，以安抚春琴那颗悲哀的心。这部书把社会等级差异和残疾所造成的心理苦难惊心动魄地展示了出来，作家对人面对残疾这种苦难的描述让我们经久不忘。

《罪与罚》，是俄国著名作家陀思妥耶夫斯基的长篇小说代表作之一，小说写了穷大学生拉斯柯尔尼科夫在被贫穷反复折磨后，杀死了房东，抢劫了房东的钱。他杀人后，无法摆脱内心的恐惧，精神上极度痛苦。小说把这个穷大学生在穷苦的深坑里扑腾挣扎的情景写得震撼人心。

苦难是人生的正常组成部分，是所有写作者不该忽视的表现对象。祝愿所有人都能勇敢面对命运留给自己的那份苦难，祝愿所有想从事写作的人，都能从个人、民族和人类的苦难中找到自己想写的素材，进而创作出具有恒久艺术魅力的好作品。

原载《创作与评论》2013年第8期

瞩目我们所处的时代
——在中国作协文学创作座谈会上的发言

周大新

身为作家,应该努力去把握和表现这个精彩的时代。时代是一个特殊的时间量词。它没有标准的长度规定,既可用于个人生命时段的划分,如少年时代、青年时代;也可用于人类成长时段的划分,如旧石器时代、新石器时代;还可用于社会生活时段的划分,如盛唐时代等等。当我们把它用在社会生活中时,它通常是用社会生活中的大事件来命名的。因此,我们当下所处的时代有很多名字:网络时代、改革开放时代、经济全球化时代、信息化时代等等。我个人认为,就世界范围来说,我们今天所处的是一个政治多极化、经济全球化的时代;就中国来说,我们所处的是一个民族全面复兴的时代。我们所处的这个时代,给作家提供了前所未有的机遇。

如今,和平成为世界上大多数人的向往,协商成为世界上多数国家处理争端的政策首选,加上我国进行了卓有成效的外交工作,世界相对安宁。中国因此获得了和平建设的机会,这使作家也有了一个比较安静的写作环境,可以安心地去从事创作活动。有没有一个安静的写作环境,对作家其实是很重要的。我们当然承认战乱时期也会出好作品好作家,但谁愿意在枪炮声中、在生命随时会受到威胁的环境下写作呢?战乱时代,多少有才华的作家不得不离开书桌上战场,不得不丢下笔去四处躲避子弹炮弹,美好的年华没能用到写作上?"文革"时代,多少作家被迫放下笔?相比他们,我们今天的作家难道不幸运?

这个时代给作家提供了更加丰富的写作素材。今天,经济发展成为世界上大多数国家的追求,更是我国政府的工作重心,因此,人们的物质欲望连带其他各种欲望都开始释放和展示出来,五彩缤纷的人物和千奇百怪的事件不断涌现在我们眼前,没有哪个时代如此热闹过,人生的各种映像和人性的各种闪光成为我们观察人生、审视人性的绝好机会。

这个时代还给作家提供了思考人类未来境况和最后归宿的一些条件。如今,自然科学的发展呈现一种超速状态,前所未有的新技术不断出现,人类的未来生活图景已若隐若现:距离已无法限制人们当面交谈;视频可以跟踪人的全部行动;能飞到高楼窗前的汽车已经研制出来;最新一代的机器人已可以和人谈情说爱;动物已可以克隆;人的个别器官已能更换;换脸术已经成功;计算机很快可以读脑。《英国每日电讯报》网站今年9月22日报道,美国科学家雷·库日韦儿说,20年后,人的许多关键器官都能够靠纳米技术来替换,他写道:"我和许多其他科学家现在都相信,在大约20年的时间里,我们就能够为我们古老的身体软件重新编程,这样,我们就能阻止甚至逆转衰老。之后纳米技术就会让我们长生不老。最终,纳米机器人将替代血细胞,而且其工作效率会提高上千倍……纳米技术会使我们的智能大大提高,那时,我们只要几分钟就能写一本书……虚拟性爱将会成为家常便饭……将来的世界人类会变成有着人造肢体和器官的电子人。"这些令人意外的话是科学预言还是故作惊人之语?作家不应该不管不问。历代作家一直在追问:人从哪里来?人活着的意义究竟为何?人将向哪里去?人类最后的归宿在哪里?现代科学已把一些隐在远处的可启发我们思考的东西指给了我们,我们能不能抓住那些东西,要看我们作家进行形而上的思索探求的本领了。

这个时代也对作家的写作提出了更高的要求。首先,是影像对人们眼睛的吸引力从来没有像现在这样强,这就要求作家的文字要更有吸引力,否则,你根本不能把读者的目光由影像上拉到你的文字里。其次,是这个时代凡事习惯让市场说了算,对书,也习惯以市场印数来论其好坏,这就要求作家要有更大的定力,要坚持该坚持的。还有就是人们的生活节奏加快,人们用于阅读的时间变得越来越少,这就要求作家在写法上有崭新的创造,尤其在叙述节奏上要适应现代人的需要。我们如果不关注这些时代的新特点,我们写出的作品可能就会脱离这个时代,很难为这个时代的读者所喜爱。我们当然可以声称自己的作品是为下一个时代的读者写的,但回首我们民族文学经典产生的过程会发现,所有的后来成为经典的好作品,其实在作者所处的那个时代,就已经被一部分人接受了。

一个人所处的时代,不管是好是坏,都是不能自主选择的。它是父母带我们走进的,是社会要求我们走进的,是时间迫使我们走进的。但个人对自己所处的时代又有能动性,我们可以给时代添加新的内容,给时代留下自己的印痕。作为一个作家,应该使时代生活在自己的作品中长留下去,为后世人了解我们所处的这个时代存一份好的标本。

原载《文艺报》2009年11月3日

军事文学的新情况与老问题

周大新

目前有三个新情况:其一,是自1979年的南部边境战争之后,战争与我们军人的距离,从来没有像现在这样近。战争这只野兽,已开始缓步离开自己栖息的巢穴,正瞪大眼睛向我们窥视。其二,是世界上关注我们这支军队的人,从来没有像现在这么多。我们一艘舰艇的出航,一架飞机的试飞,一场演习的开始,一种新武器的试验,都会成为他们议论的话题。从我们军费的开支,将领的更换,到军方人物的谈话,他们都要进行评论和琢磨。他们不再用不屑的眼光看待我们,而开始不停地说我们是威胁。其三,是我们国内的军迷群体,从来没有像现在这样大。这些军迷不仅关心我军新武器的研制,还关心军队的编制是不是合理,个别的还能制订详细的战役计划。

我自己觉得,对于第一个新情况,我们军队写现实题材的作家应该给予注意。目前的局势正在迫使我们去想一些问题,比如日本军国主义为什么难以根除?和平意识为什么在这个族群中扎不下根来?比如为什么人类能在微观和宏观世界有那么多科学创造,却至今创造不出和平解决国与国、民族与民族之间争端的有效办法?

对于第二个新情况,我觉得我们军队作家应该感到高兴。既然关注我们军队的外国人越来越多,那么,我们就有理由相信,今后关注我们军事题材文学作品的外国人也会逐渐增多。据说外国情报部门专门有人研读我们中国的当代军事文学作品,想从中发现中国军人的真实心理状态,从而判断出我们的战斗力水平。这样,我们在写作时就还要想到,我们的读者中将会有一些非文学爱好者,而且是外国面孔。

面对第三个情况,我们得小心自己的作品遭到本国军迷的耻笑。军迷中的一部分人,也同时爱读军事文学作品。这部分读者既是艺术鉴赏者,同时也是军事专业上的挑刺者。我们在写作中涉及军事知识时,必须慎之又慎。

回顾过去的军事文学创作情况,我们当然取得了很辉煌的成绩,但原来存在的老问题依然存在。归结起来,大概有这么几个:一是写历史上的军人和战争时,少有新的思想发现。一些作品的思想蕴涵是在重复大家都知道的历史结论,还有一些作品在思想蕴涵上是在重复前辈作家已发现的东西。也因此,这些作品不能让读者精神一振从而得到思想启迪。二是在写当代军人和当代军队生活时,因为担心惹麻烦,不愿去触及问题。塑造和叙写的人与故事离生活挺远,甚至很假,很难获得读者认同。三是对未来军人和未来军队生活的想象不丰富,高质量的军事科幻作品十分稀少。美国因为历史很短,他们的军事文学在题材选择上回头看的也有,但关注未来的更多一些。他们很早就有关于机器人之战、无人机之战、空间之战的小说和电影作品,今天,这些幻想的文学作品中的战斗场景已经变成了现实,可我们至今还少有类似的作品。

一句话,我们得努力。

原载《文艺报》2013 年 6 月 28 日

我写《湖光山色》

周大新

我的故乡古属楚国,先人们当年的生活,有不少如今已变成传说,星散在故乡的村落、山坡、湖畔和田垄里。五六年前的一个冬天,我回到故乡探亲,文友们建议我去看一段楚国的长城。目睹它那雄姿依旧的身影是在几年之后了,当我站在它的身旁时,它那绵延许多山头的巨大身躯令我震惊不已,尽管我知道对它是不是楚长城学界还有争论,可一股要写点什么的冲动已在心中涌起,跟着便有一团东西在脑海中一闪而过,今天回想起来,当时脑子里一闪而过的那团东西,就是《湖光山色》最早的雏形。

中国的城市化正在不事声张地进行,大批城市的肚子像孕妇一样在快速隆起膨大,乡村因而随之发生巨大的变化。有农民渴望离开乡村,世世代代的生存之地变成了极想抛弃之处,其外部和内部的缘由究竟有哪些?和农民涌进城市这股潮流并起的另外两个现象,是大批城市人在节假日里向一些乡村和小镇涌去,是一些城市资本开始向乡村流去。这反向流动的两股人流和反常的资本流动,在告诉我们什么?会带来啥样的结果?这一个个问号一个时期以来,一直在我这个眼下住在城市里的农民儿子的脑袋里翻腾,它们促使我去思考,《湖光山色》便是这种思考的一个小小的果实。

人类生活的目的,可以概括为四个字:寻找幸福,表现这种寻找过程是作家们的义务。我于是把笔对准了一个名叫暖暖的女性。暖暖这个人物是由两位姑娘的形象重叠而成。一位,生活在故乡。那天上午我到故乡的一个小镇上采风,在镇文化站做事的她奉命来当向导,她的容貌、体形无可挑剔,加上不卑不亢的态度和标准的普通话,令我惊奇。交谈之后才知道她大学毕业后,先在武汉找到了一份工作,后因为种种骚扰和挫折,一气之下返了乡,并准备在这里结婚了。另一位,是在京打工的山西姑娘。她初中毕业后来京在一家保洁公司里做工,双休日再到附近的居民家里做钟点工,一小时挣六到八块钱。她的勤快和能干给我留下了深刻印象。在交谈中,我了解到她想挣一笔钱供弟弟读书,同时为自己准备一份嫁妆。她说到她对未来幸福的憧憬时,那副陶醉的样子令我感动。这两个姑娘的形象渐渐在我脑子里重合为一,最后变成了《湖光山色》中的主人公。

村,是中国政治链条中的最末一环,村干部,是站在干部队列最后边的那位。别看他站在最后一名,别看他不拿正式的工资,可他只要是一个管理者,只要手中握有权力,他就具有执掌权力者的所有特点,就可以成为我们一个观察和分析的对象。《湖光山色》中的旷开田,就是这样一个对象,解开他变化变异的密码,不仅对改造乡村政治有益,而且对我们正确捡拾民族文化遗产有意义。

人的命运的玄机,一直是我有兴趣琢磨的问题。世上的人都希望自己能得到命运之神的垂顾,能有一个好的人生过程和比较完美的人生结局,但如愿者实在不多。《湖光山色》中的主人公暖暖,一直在人生路上奔波寻找属于她的那份幸福,但她最后得到的却和她的期盼相错万里,这让我们不能不去审视她脚下的路面和那些路的拐弯处,也许导致事情发生变化的玄机就藏在那里。

原载《人民日报》2006 年 5 月 25 日

对乡村世界一腔深情
——由小说《湖光山色》谈起

周大新

创作《湖光山色》这部小说的初衷之一,是想把当下乡村变革中的真实境况表现出来,引起读者们对乡村世界的关注。现在看,这个目的部分地达到了,不少生活在城市的读者和同名电视剧的观看者,给我打电话表示他们对作品所描绘的乡村社会产生了很大兴趣,表达了想去豫西南乡村仔细看看的愿望,这令我很高兴。乡村世界的确值得生活在城市里的人给予更多的关切。

乡村是和城市有很多不同特点的另一个世界。在人际关系的维系上,乡村中人与人更多的是靠血缘、亲情关系联系起来,家族、宗族在乡村生活中起着重要的作用;而城市里的人则是靠单位、靠所从事的事业联系起来,家族、宗族对人际关系的维系几乎不起任何作用。在人与土地的关系上,乡村中人与土地的关系非常密切,土地归属上的任何一点变化都会引起轩然大波;而在城市里,人们对土地的归属权几乎毫不关心,只有在办房产证时才过问一下。在人的观念变化上,乡村中因和外界的联系受限,人的平均文化水平偏低,人的观念变化缓慢,传统的、守旧的东西相对多些;而在城市里,资讯发达,时尚潮流涌动,人的观念更新迅速,追新求异成为城市人的生活常态。在生活的舒适度上,乡村中因商业网点少,娱乐设施稀有,生活基础设施差,人们的生活有许多不方便的地方,就像我的家乡,乡间的道路之难走的情况,是今天的城里人根本无法想象的,三公里的路程,在不存在堵车的情况下,开轿车要走一个小时;而城市里,到处都是饭店、商场、影院、剧院、地铁、公交车、电梯,道路更是四通八达,人们生活起来很是舒服。总之,乡村和城市差不多是两个不同的世界,住在城市里的人要真正了解和理解乡村世界并不容易。

乡村又是城市存在和发展的坚强后盾,二者是联系紧密不可分割的两个世界。乡村是人类最早的聚居地,城市是在乡村的基础上出现的新型聚居区,这就决定了这两个世界的联系十分紧密。城市人口的补充和扩大,依赖于乡村。中国目前的城市人口中,有相当一部分是从农村里来的,若是向上追溯三代,会发现有更多的城里居民原来都是农村人。两个世界的分工也决定了他们的联系必须密切。城市一般负责工业品的生产,粮食和蔬菜及其他食物则都由农村负责供给。城市发展所需要的土地资源和水资源,也须由农村提供。尤其在中国工业化的进程中,农民勒紧腰带给予了很大的支持。没有乡村世界的贡献,人在城市里的生存就会非常困难。所以,今天生活在城市里的人面对乡村,永远不要有优越感,永远不要怀有歧视之意,相反,要对乡村世界怀有一份感恩之心。

乡村世界的现状不容乐观,很需要城市伸手相助。在我们国家,乡村和城市发展不平衡的情况有目共睹。乡村相对贫穷,城市比较富有,也因此,城市对农村人的诱惑力非常大,伴随着城市化的进程,大批的农村青壮年劳力流向城市,很多乡村只剩下了老人孩子留守。留守的孩子们的景况令人不安,他们既享受不到父母的爱,也很难安心读书。生活在城市里的人完全可以在这方面给乡村以帮助,让进城打工的农民能把他们的孩子带进城里读书并享受亲情。还有,由于历史的原因,农产品的价格和工业品的价格差距较大,种粮成本因此升高,只靠种粮的农民很难富裕起来,因此乡村土地撂荒的现象经常发生。为改变这种情况,城市可以有所作为,城市里生产农业机械的工厂和其他面向农民的工业品生产者,应尽可能地薄利销售,这会帮助农民降低种粮成本,从而激发他们的种粮积极性。再就是乡村学校因条件差,对优秀教师的吸引力不高,师资力量薄弱,使教育质量偏低。人的素质不高必会进一步制约农村的发展,城市的教育部门,应该想办法给乡村教育以支持,应该定期派出教师和教授到乡村的学校里讲课支教。城市可以帮助乡村的地方还有很多,乡村只有在城市的帮助下也实现了生产的现代化,农民的生活水平也赶上了城里人,中国的现代化才算真正实现了。

不管中国社会怎么变化和发展,乡村世界都不可能消失。中国城市化的程度再高,也不可能把所有的乡村人都吸纳到城镇里去。我们的国家和民族也不可能不要农田,不要田园风光。所以,把乡村建设好,使乡村世界变得更适宜人居住,是一个重要任务。目前,乡村世界正在进行各种变革,从乡村政治层面到乡村经济发展层面,从乡村文化建设层面到法制执行层面,这种变革的最终目的,是让中国乡村的发展水平赶上城市,从而使乡村世界也变得魅力十足。小说《湖光山色》想利用文字的力量来推动这种变革,电视剧《湖光山色》想利用画面的力量来推动这种变革,我知道这种推动的力量十分有限,但这表明,我们内心里对乡村世界怀有一腔深情。

原载《光明日报》2011 年 4 月 11 日

陌生的战场
——长篇小说《预警》文外谈

周大新

　　在人类历史上,由文明的高处向下退步的现象,时有发生。比如,对待同类生命的态度,在人类的幼年时期,人们是不加痛惜的。那时候,吃人的事情常有,一些老人和一些体弱者,常常被另一些饿极了的人吃掉,这种事,已被考古发现所证实。有了战争后,战胜方对战败方的俘虏,也常常杀死作罢。后来,随着文明程度的提高,人类对待生命的态度开始进步,由敬畏到尊重到珍惜,开始尊老爱幼,开始不杀俘虏,开始禁止种族灭绝,开始讲人命关天,开始谈人本主义。但是,近些年,在我们生活的世界上,又突然出现了一种现象:以毁掉无辜者的生命为快乐、为成就,一次毁掉的生命越多,越被称为"英雄"。一些人专门袭击学校,杀死少男少女;一些人专门袭击宗教场所,杀死叩头祈求保佑的人们;一些人专门袭击集贸市场,杀死买菜买米准备给家人做饭的主妇。怎么能如此对待同类的生命?这是为什么?这难道不是从"人是最宝贵的"这种普世观念上的倒退?!

　　人们把这种现象称为恐怖主义兴起。

　　恐怖主义的信奉者是用仇恨来聚拢自己的队伍的。他们不再相信爱和宽容,不再认可和睦与理解,他们专门宣扬仇恨,用仇恨来撕裂人心和人群。他们希望把隔阂扩大为仇恨,把小恨轻仇弄成不共戴天。他们用仇恨作为自己的主要食品,把自己养得浑身都是仇恨,他们用仇恨的眼睛看待一切。他们渴望见到血,血流得越多越好;他们希望听到他人的哭声,哭声越大越使他们感到快乐。今天,恐怖主义行为已不再是偶然出现的事件,不是个别人的行为,它是世界上几乎每天都在发生的可怕现象,是人类必须面对的一种严峻挑战,是人类成长史上出现的又一个重大事变。众所周知,最近的一个最血腥的事例是挪威的两起袭击案,同一个凶手,杀死了76人,凶手招供全部所为,可是拒不认罪!

　　在地球已经变成一个村落的今天,恐怖主义者自然不会忘掉中国。在网络和无线通讯发达的现代,恐怖主义思潮的蔓延十分快捷。中国不可能置身事外。于是,恐怖主义行动也开始在我们中国的土地上发生。在我们中国的城市里,也开始出现袭击无辜人群的恐怖事件——用长刀砍杀妇女,用石块砸死儿童,用棍棒袭击老人,把轿车、店铺和公交车烧毁……惊叫和哭声也开始在中国城市的街道上响起。过去我们在国际电视新闻节目里看到的镜头,也正式出现在我们的生活里。这让我们不能不心头一悚,不能不面对恐怖主义这个从本世纪初开始肆虐人间的怪物。

我们目前看到的和经历的,虽然已经很恐怖,但恐怖主义者并不满足,他们还在寻找新的恐怖手段,企望制造出更大更血腥的恐怖事件。他们现在迫切想找到的,就是大规模杀伤性武器。这种武器只有一些国家的军队才有,于是,他们开始把目光对准了军队。我新创作的长篇小说《预警》(十月文艺出版社出版)就是因此而写,我期望用我的文字,唤起人们对此事的警惕。我想用小说告诉我的战友,我们将面临一场新的战争,这场战争的样式和打法,是我们所没有经历过的,战场也不是预设的,我们将在一个陌生的战场上打一场陌生的战争。面对这场陌生的战争,应该说,我的许多战友都还未做好应对的心理准备。这个时候,像传统战争中发出空袭警报一样,先发出预警的信号,是可以减少损失的。

也许有些读者会不以为然,会认为我在耸人听闻小题大做故弄玄虚,但我感觉到了那种危险。身为一个作家,我有责任发出预警:在今天这个世界上,什么事情都可能发生。

许多年之前,有一位智者说过,人的进化是一个漫长而曲折的过程,任何一种诱因,都可能使人偏离前行的正途,停止向文明高地的攀登,人类史专家对人的任何行为,都不应该惊奇。也许他说得对,今天兴起于世的恐怖主义,一定也有诱因,就是这种诱因,把人身上的兽性遗存诱发了出来。我们不必惊慌。我们有理由相信,在我们消除了恐怖主义产生的诱因之后,恐怖主义行为最终会消失。

原载《光明日报》2011 年 8 月 2 日

《安魂》文外

周大新

一

送儿子去天寿陵园歇息之后,我没法不回忆过去,回忆时,除了痛楚之外,愧疚一直在折磨着我。就是在那时我决定,我一定要把我这份愧疚写出来,要不然,我可能活不下去。但当时,我还没有体力和精力去写这种沉重的东西,我写了一部轻松些的作品,让自己在写作中逐渐恢复到比较正常的心理状态。这之后,才开始写《安魂》。

二

儿子的离开,让我更真切地知道了人生就是一个不长的过程,这个过程的前一段,是你经过努力不断收获东西,让你感觉到"有";这个过程的后一段,造物主则强制你不断地交出东西,直到你重新成为一个"无"。儿子的走,让我的写作更多地变成了倾诉,让我觉得文学真是可以起到心灵救赎和抚慰的作用,没有文学,我会活得更苦。

三

经历的苦难多了——我这一生都没有摆脱苦难的纠缠,让我觉得人活着真是不易,也因此我对一切都能宽容看待了。不知不觉间,我使用的文字不再凌厉,语调也没有了尖峭。

四

我就是想把对儿子说的话说出来。我也知道儿子有很多话想对我说,因为他失语而无法说出了,所以,只有用这种对话方式才能实现我们父子的心愿,才能让我们俩都好受些,也才能对他的灵魂起到安慰的作用。

五

前半部分更多的是想安慰儿子的灵魂,使用的是现实生活中的材料;后半部分是想安慰我自己及所有即将面对人生结局的读者,使用的完全是想象中的东西。

听说全国因病、因意外灾难而失去独生子女的家庭现在已有一百多万个,而且每年还在以上千的数字增加。这些家庭经历了和我一样的苦难,那些父母长期活在痛苦之中,我希望我的这本书能给他们带去一些心理安慰。失独家庭的老人最缺少的是儿女的抚慰,孤独是他们要经常面对的问题。文学所能发挥的作用就是抚慰他们的心灵,减轻他们的精神痛苦。

选自周大新《摸进人性之洞》,安徽文艺出版社,2013年

关于历史文化答栗振宇问

周大新　栗振宇

栗振宇：周先生，总体感觉，您的作品当中史的味道很浓，比如《战争传说》中对于土木堡大战和北京保卫战的演绎，《第二十幕》当中通过一个丝绸家族的发展史折射出中国近现代历史等等，为什么您对于过往历史的演绎情有独钟？这个是不是和您作为历史学的研究生有关？或者其他什么原因？

周大新：我没有做过历史学的研究生。我觉得今天的生活是对历史的延续，要把今天的生活琢磨透，表达透彻，没有对历史的分析研究是不大可能的。比如说战争，我们今天的战争和历史上的战争是不一样的，打法、武器和战争的残酷程度都不一样。但是和历史上的战争，在基本元素上是一样的。比如说，所有的战争都要经过谋划，都要有两军的接近，战争的结果都是双方损失惨重，一方宣告失败。今天发生的事情，因为离我们太近，没有给你时间来思考，或者思考起来表达起来有很多禁忌。这时候就特别需要到历史上去寻找类似的事情。同样写战争，要写今天的战争就会有很多顾忌。比如我们写台湾问题，写起来就会有很多难以展开的东西。但是如果在历史上能够找到一个类似的问题，把它写透，那么对今天是必然会有启示的。战争是这样，其他事情也是这样的。要想把我们民族当代生活表现出来，没有对历史的回溯，恐怕是很难写好的。因为人都是从历史中走过来的，身上都被烙上了历史的印痕。只有把这个弄透了，才能把今天的人写透。所以我的作品对历史的回溯比较多。再者，我想我的作品常对社会重大问题发表看法，要对这些重大问题发表看法，肯定要追溯历史的渊源。写小说，归根结底是要写出你对自然界、社会和人生的感悟，这些感悟没有对历史的回望，没有比较，就很难发掘出来。比如写今天的官场生活，如果对历史上的官场生活一点不了解，那就不可能有比较，实际上今天的这种官场腐败现象，历史上都曾经发生过。只是过去官场腐败送的是银子，现在是纸币；过去提拔是通过吏部，现在是组织部门。过去的官场生活和现在有相似的地方。只有把历史琢磨透，你才能在表现当代生活上游刃有余。只有通过比较，你才能发现一些深刻的，你在作品中想要表达的东西。

栗振宇：您所说的重要的东西其实就是一部作品的主题吧？

周大新：是思想内涵。

栗振宇：我在阅读您作品的时候，感觉从早期的《向上的台阶》、《银饰》等，到晚近一点的《第二十幕》《战争传说》等,您所要表达的主题似乎隐藏得越来越深了,是这样的吗?

周大新:是这样的。因为很多东西,把它在作品中直白地说出来,反而不好。给别人的感觉可能就是一种说教。通过人物、故事把它隐藏起来,让读者在文字中间去感觉,可能得到的东西会更多。我前期的作品确实有直白的情况,给人的东西比较清楚,读者可能马上就会感悟、把握。现在,我愿意给人相对混沌的感觉,让读者自己从中去琢磨去发现,也许读者这样得到的会比我最初想表现的要更多一些。

栗振宇:我总觉得应该把您划分到新历史主义创作这一类型,因为新历史主义特别重视作品对于所涉及时代的文化的描述,这一点在您的作品当中体现得非常明显。比如,《第二十幕》当中对于丝绸制作工艺的描述,《银饰》当中对于首饰制作工艺的描绘,《香魂塘畔的香油坊》中对于小磨香油制作工艺的描述,等等,非常的细致。我估计很多南阳人可能都难以了解得这么清楚,那么,这些充满文化味道的内容是如何进入到您的创作的?此外,新历史主义的另一个特点就是对于过往历史的重新阐释,这一理念在您的《战争传说》中又体现得非常清晰,您是如何看待新历史主义的创作风格的?

周大新:我对新历史主义的理论没有研究,我在创作中也没有有意识地使用新历史主义的创作方法,我只是凭我的艺术直觉,感觉这样写好,能够把我想表现的东西表达出来。关于文化味的问题,我觉得我对历史着迷,首先是对文化的东西着迷。这些东西激发我的创作冲动。比如说《银饰》中的制作工艺,我就非常着迷。因为今天很多人戴首饰,可对其制作过程却不清楚,我就非常想弄明白,这个首饰到底是怎么制作出来的。这样,我靠阅读地方上的方志、野史还有口头传说来了解。我甚至在南阳街头还找过现在仍然在制作银饰的老艺人,看他们到底怎么做。这些细部的东西就是这样进入我的创作的,不是我首先想表达对历史事件的看法,然后再去寻找文化的细部。《香魂塘畔的香油坊》中的小磨香油制作同样是这样的。最初感兴趣的就是小磨香油的制作方法,然后才要去塑造人物,表达对人生的感悟。

栗振宇:这让我想到《银饰》、《香魂塘畔的香油坊》这一类小说,文化的东西只是一种依托,一种背景,真正写的还是人,表现的还是人生感悟,您觉得这样去创作有什么好处?

周大新:是这样的。这样写的好处就是让人物有生活的依托,给读者逼真的生活真实感。把人物放在非常具体的生活环境中,比如《银饰》中的银饰作坊,《香魂塘畔的香油坊》中的香油坊,具体的生活环境对人物性格有着非常深刻的影响。

栗振宇：说到这里，让我想起沈从文先生写的《边城》。个中对于湘西风情的描述，对于人物的塑造起了非常大的作用。您的这种创作理念似乎和沈从文先生有异曲同工之妙。

周大新：沈先生是我敬重的人。人就是生活在历史的流程中，生活在特定的环境中，各种各样的文化遗产都在人物身上发生作用。如果把这些剥去了，留下孤零零的一个人，那这个人肯定是不真实的。

另外，我们谈历史时其实是对过往历史进行重塑。我觉得我们现在的历史，都是历史学家们根据他们的看法和当时的需要写的。完全站在公正的客观的角度撰写的历史书是没有的。

栗振宇：正如西方有人说：所有的历史都是当代史。

周大新：有道理。所以说，作为作家，他不能盲从，不能满足于史书上的结论，要根据自己的艺术直觉和史料对那段历史重新判断、感觉。也可能他自己做出的判断是离历史真实很远的，但是谁敢说，现在史书上所得出的结论就都是对的？同样一件事情，就是前天发生的，今天找几个人来叙述，谈出的经过和得出的看法可能都不一样。那么，过去几百年的事情，让后人写出来，肯定是相差很远的。再者，文学的主要责任不是要告诉读者这段历史的真实情况是怎样的，它告诉读者的是某个人物对于这段历史的真实感受。在《战争传说》中，我的目的就是想把战争中人的感受比较真切地传达给读者。过去我们史书上对于一场战争的描述，只是讲是哪个皇帝哪个统帅领导的，打了多长时间，非常简短。你看明史上对于土木堡大战和北京保卫战的描述就那么几句话，死了那么多的人，几句话就打发了，这太不应该了。人死掉了，人在战争中痛切的感受都没有了，我特别不满足这样。我希望通过我这部作品告诉人们，历史上的每一场战争都曾经给人带来非常痛切的感受，非常大的痛苦。另外，在这部小说中，我得到的素材基本上都是传说（民间口头传说），这是些不会进入正史的东西，但是这些东西很可能让人们对于那段历史产生新的理解。

栗振宇：通过对中国当代文学史的考察，我发现很多作家的作品和其故乡有着非常紧密的联系，比如莫言和山东高密等，这一点同样在您身上体现得非常多，《走出盆地》、《银饰》、《紫雾》、《第二十幕》、《香魂塘畔的香油坊》、《左朱雀右白虎》等一大批作品都同您的故乡河南南阳有着非常密切的关系。故乡在您的心中是怎样的位置？在您的创作中又是怎样的位置？

周大新：故乡，是一个人的诞生地也是一个人人生长路上最初的出发点。不管是哪一个作家，在创作时都要进行回忆，故乡是他们最常忆起的地方。就像我吧，故乡的影响已经进入血液，让你无法丢弃。实际上，人一生要走很多地方，但是后来那些地方，都会促使你更深刻的认识故乡。人最初都是认为好地方肯定在他乡,于是想方设法离开故乡,但是等他经过大半生甚至一生的追寻之后,他会发现幸福没在他乡,还是在故乡。我走过济南、西安、郑州、北京,这些地方都会增加我对故乡的思念。同时,我觉得,因为人童年和少年时期的印象特别深刻,对很多事情的感受也特别真切,这种感受一直印在人的脑子里,就特别难以忘记。而后来走过的地方,就相对容易忘却。这也是人们为什么老是回望故乡的原因之一。我在山东生活了二十多年,在北京生活了十来年,在西安生活了两年,但是让我写这些地方的人,我都觉得难以把握,很容易失真。而我把人物放在故乡,无论怎么写,我都觉得很自如,写得游刃有余,写出来也会感动自己。有人说,你的故乡只是上一代人流浪的一个落脚点而已。据说我们周家是从山西洪洞县迁过去的,但洪洞县对我已经没有意义了,对我有意义的是南阳。是南阳给了我生命,给了我对世界最初的认识。那里的麦苗、青草、田埂都已经深印在我的脑子里。这是我生命的出发点,也是我作品最易进入的地方,这是没有办法的。另外,南阳是楚文化的发源地,因为楚国最早的首都在南阳境内;同时,南阳又受到秦文化的影响。所以南阳文化既有北方粗犷的一面,又有南方柔婉的一面,是一个文化交融地带,这造就了人们一些很奇特的性格和生活现象,所以我觉得这个地方值得我好好地加以表现。现在很多能在文学仓库里保留下来的作品,其实都是作家对于故乡的一种书写。当然这种书写是会变形的,作家流浪到哪里,就写哪里的生活,这样的著名作家也有,但是少。

栗振宇: 看来,这似乎可以说是创作的一条经验了!

周大新: 也是一种宿命。我还没有从理论上去思考过这个问题,但我感觉这似乎是一条规律。

栗振宇: 在您的作品当中,我发现有一类人物形象,就是那种对于时势洞察清楚、忧国忧民的角色,比如《第二十幕》、《战争传说》中等,这些人物的思想是不是主要就是您自己对于当时那个历史时期的思考?我觉得,如果将这类人物形象删去,似乎更可以增加作品的深度,也给读者更多一些思考的余地,您是怎么认为的呢?

周大新: 是的,你的感觉很准。这些人物的观点实际上就是我对个中事情的观点,但是我又没法直接站出来说,不能像托尔斯泰在《战争与和平》中可以大段大段的说理,所以就采取了这种办法:设计一个我喜欢的人物,让他来替我说。这可能笨拙一点,但是的确有些故事难以把我的思想完全表达出来,只好用这种办法来完成。你觉得如果将这类人物形象删去,似乎更可以增加作品的深度,就我而言,我觉得如果删去这些人物,有很多话就难以说出来。可这些人物说出来后,把某些事情又说白了,读者思考的余地少了,这的确是个问题,我在今后的创作中会尽量避免这种情况。

栗振宇:在读您的作品当中,我感觉到,在您现实主义创作的基调之外,还或多或少地存在一些魔幻的色彩,这在《紫雾》、《香魂塘畔的香油坊》、《第二十幕》以及《战争传说》当中都有所表现,您将这些富有魔幻色彩的内容放进小说是出于怎样的考虑?您对于魔幻现实主义是怎样理解的?

周大新:我从小就觉得有些事情对我是非常神秘的,我还没有办法去理解它。比如说,村里有人在夜里迷路,其实就在村子附近,但他就是走不进村子。这些说不清楚原因的事情让我觉着神秘,让我感觉好像生活中还有一些领域,我们还没有进入。还有,我感觉生活中似乎存在着一种平衡法则,有些人仕途非常顺利,但家庭生活就很糟糕;有些人事业上非常不顺,但是身体非常好;有些人前半生很富贵,但老境苍凉。人的所得和所失总是呈现出一种平衡状态,好像是有只神秘的手,在平衡着人们的得失。当我创作的时候,这些东西就影响我对事情的看法,影响我对事物的表达。我觉得把这些写进小说没有什么坏处,能够引发一些歧义,让读者有更多的渠道来进入作品,来思考作品的思想内涵。西方有魔幻现实主义这一个流派,这一派的作品后来也得到了世界的承认。我读过他们的作品,但我的作品中出现一些神秘的事情,与他们无关。

栗振宇:您认为军旅文学的内核是什么?军旅文学应该体现或者能够体现哪些审美特征?您认为当今军旅文学创作有哪些需要克服的弱点?军旅文学的前景如何?

周大新:军旅文学的内核,我觉得应该是呼唤和平。军旅文学的最终目的不是要宣扬战争如何伟大、呼唤新的战争,归根结底就是为了呼唤和平,让人们珍惜和平。军旅文学应该用各种手段和方法来达到这个目的。实际上,我们现在回顾一下历史上比较有名的军旅文学作品,像《西线无战事》、《静静的顿河》、《这里的黎明静悄悄》都是让我们看到美好的人生在战争中怎样被毁灭的,对战争产生一种厌恶感。对正义战争中的英雄人物进行歌颂,其目的也是想通过这些英雄来制止战争,创造一种和平的环境。军旅文学应该体现一种阳刚的、感伤的、粗犷的、男性的、激昂的、力量的美。军旅文学的内核和审美特征通常是通过英雄来完成的。

当前军旅文学创作首先要克服急功近利的毛病,不能急着去评奖,急着去获得各种现实的回报。其次,在人物塑造上,类型化的英雄太多,很多英雄人物都似曾相识。再者,在语言上,很多作品的语言是白开水,没有味道,缺少有独特语言风格的作家。总之,我们还缺少能够真正走向世界的军旅文学作品。当然,我们也应该看到,我们已有一部分作家,确实能够沉下心来,敢于独立思考,发出自己的声音。我相信,再过一段时间,会出现无愧于时代的大作品。

栗振宇:您是如何理解战争的?

周大新:传统的说法:战争是政治的继续,我认为很对。另外,我觉得具有决策权的领袖人物的个性对战争的影响也很大。一场战争是否进行、多大的规模、进程怎样和战争决策者的个性有很大的关系。有时候战争是在非常偶然的情况下爆发的,是一种政治的继续同时还负载着很多另外的东西。我们一定要注意它的偶然性。两个民族间的战争,很可能是两方决策者心理决斗的结果,所以我们不能忽视决策者的作用。重大的历史事件,有些是民众所为,有些是非常偶然的,是决策者一怒之下发生的,历史上有过这样的事情。

栗振宇:当前军旅文学创作有一个较为清晰的趋势,就是革命历史题材相对于其他题材更为受到作家们的重视,并且这些作品都产生了较大的影响,如石钟山的"激情系列"、都梁的《亮剑》、徐贵祥的《历史的天空》、项小米的《英雄无语》、姜安的《走出硝烟的女神》等,你是怎么看待这种趋势的?

周大新:革命历史题材可以大有作为,但在这个领域里写好也不容易。我们同时要放眼中国的整个历史,我们中国历史上发生过无数次的战争,这些战争都可以成为我们表现的对象。

栗振宇:有人说当今已经进入了读图时代,的确,相对于过去,现代社会读小说文本的人越来越少了,电影、电视、互联网对于传统的小说创作产生了极大的冲击,您认为作家们该如何面对日益丰富的文学传播手段?另外,在当今风起云涌的大众文化背景下,戏说文学、白领文学、快餐文学等文学样式充斥了我们的文化市场,军旅文学怎样才能在其中找到自己的位置?

周大新:这个问题提得非常好。现在读书、读小说的人越来越少了,但是小说文本仍然有电视、电影图片所不可代替的东西,语言的美好韵味和引发的各种感觉,其实妙不可言,这个我们必须看到。另外,作为作家,面对这种情况不应该抱怨,相反应该抓住机遇,比如说让我们的作品更多地改编成电影电视、通过网络上网,让更多的人接触我们的作品。当然要防止另外一种情况,就是为了改编电影、电视剧而写作,把小说写得粗枝大叶只剩下了故事情节,如果老这样写作,作品的质量会越来越水,读者也会越来越少。说到这个问题,我想说,军旅文学其实可大有作为,军旅文学描写的是人间最惊心动魄的搏杀行动,这些事情对人们尤其是青年人有很强的吸引力。关键是怎么写好,写好了就会赢得读者,就会经得起市场的考验,能在市场上赢得很好的效应。军旅文学不必担心会被飞速前进的市场经济抛弃。

栗振宇:苏联在近现代经历的战争时间比我国短得多,但相对于苏联文学而言,中国军旅文学缺乏经典,这种状况是让人相当遗憾的,您觉得这其中的主要原因是什么?中国军旅文学的经典还有可能出现吗?

周大新:苏联战争文学的成就确实是非常大的。我们国家缺乏军旅文学经典作品,我觉得有历史原因,过去我们常年打仗,没有来得及培养作家来表现战争;其次是政策上的原因,相当一段时间里,我们的创作管理过于严苛,使作家创作时有很多思想上的禁区,尤其是很多作家在"文革"期间受到了很大的打击,总是心有余悸,怎能写出好作品?再就是作家受到的教育不系统,作家的整体素质不是很高。我们中国发生过无数次战争,我们民族经历了无数次血与火的考验,一旦作家的创作准备完成了,肯定会出现经典作品的。

栗振宇:这些作品会具备哪些特征呢?

周大新:首先是对战争这个怪物的全面思考,是站在人类的立场上来看待和思考战争,作品表达的思情寓意是全人类都能理解的。其次,结构上非常新颖,超过了前人,在结构上有崭新的创造。第三,人物形象不是那种战争狂人,不带有任何民族歧视。第四,语言上能够充分体现汉语的优美特质,即使以后翻译出去,别的语种的人们也能感受到这种优美。

栗振宇:当前军旅文学创作似乎存在一种边缘化的趋势,原汁原味的军旅文学少了,这表现在:许多军旅作家都把自己的精力投入到地方题材的创作;许多军旅文学作品看似是军旅题材的,但其中主要内容却基本和军旅无关,军旅文学的内涵在逐步解构。从您的创作来看,非军旅作品占据了您所有作品中较大的比重,您是怎么看待这种现象的?或者,您认为在新的历史条件下军旅文学应该具有哪些必需的特质?

周大新:是这样的,的确存在这种边缘化的趋势,因为今天的主要生活内容是经济发展,军事活动作为经济生活的保障存在,而在战争年代,它是社会活动的主要内容,大家都很关注。现在随着整个社会的转型,作家们更多地把目光投入到经济建设和地方题材上,好像也是应有之义。当然,军旅作家还是应该有所作为,我想我以后肯定会写一部让自己比较满意的军旅文学作品。

栗振宇:在《战争传说》中,我感觉到您在有意避开塑造我们常说的英雄,这是为什么?请您结合自己的军旅文学观念,谈谈对英雄文化和英雄主义的理解。这个问题也请您具体谈谈。

周大新:先说说为什么避开塑造传统的英雄这个问题,我觉得过去军旅文学作品展开的方式,大多是先从最高统帅写起,然后写将领,底层士兵是战争的主要参与者,涉及却很少。我们中国的史书一直写的是官员史、名人史,不是写的民间史,老百姓是从来不进入史书的,军事文学作品也是这样,很少写到百姓。我创作这部小说就是想用下边普通老百姓的眼光来看战争,看战争对普通人的生活造成了怎样的影响,对他们的心理产生了怎样的冲击。实际上,我写的这个女人从非传统意义上讲,她也是个英雄,她没有领兵打仗,她只是一个间谍,但她把一场更血腥的战争避免了。我是一个从底层走来的人,我希望我的作品能够对普通老百姓的心理进行展现。战争真正的参与者是普通老百姓。他们心里边的感受和上层是完全不同的。把这些东西写出来,就能够给读者传达比较新的和比较真切的对于战争的感受。

选自周大新《我们会遇到什么》,江苏文艺出版社,2010年

来自天堂的心灵安慰

周大新　陈菁霞

　　这几年,随着年龄不断增大,我一直在想人的心灵安慰问题。人在现实世界的生活终有一天是要结束的,什么时候结束,以怎样的方式结束,结束以后的诸事安排,一般年龄过了五十岁的人,都或多或少地会去想这方面的问题。而在想这些问题的时候,人总是免不了会产生心理焦虑,心灵陷入一种不安定的状况之中。因为这个原因,我开始读这方面的书,思考如何使处于人生后期的人获得心灵安慰的问题。牛津大学历史神学教授阿利斯特·麦格拉斯所著的《天堂简史——天堂概念与西方文化之探究》(北京大学出版社,2006年),就是我近期所读的这批书中的一本。

　　麦格拉斯在书中,对"天堂"这个概念是如何来的,怎样变化的,以及如何塑造西方文化的等问题,进行了认真的研究和梳理。他带领我们将西方文化、文学史游历了一遍,向我们介绍了不同历史时期人们对于天堂概念的不同诠释和表达方式。他告诉我们,人类具有一种独特的能力就是想象,"天堂"这一概念就是来自于人类的想象。同时,天堂也是人类对历史发端的一种迷蒙的记忆,是对遥远盼望的一个许诺,它满足了人类想超越今生的渴望。他告诉我们,"想象中的天堂"不是指天堂是一个虚幻的概念,是不顾现实世界的残酷而故意虚构的,而是运用上帝所赐予人类的特定能力对神圣的现实进行塑造,并且是以人类的心灵图景来进行表述的,人类在想象天堂的过程中,有三个形象是至关重要的,即王国、圣城和乐园。天堂是天上之城,是一个没有边境的王国,是一个最令人开心的花园,里面满是令人愉悦和欢欣的东西——树木、苹果、花、流动的水,以及各种鸟的鸣叫声……他告诉我们,天堂并不是随便就可以进入的,"升华的爱"是最终通往天堂的请柬。他还告诉我们,人类想象出来的天堂可以激发人的兴趣,抚慰那些在忧愁和痛苦重压下的心灵,天堂就是我们的故里,天堂里众多亲人都在翘首期盼着我们的到来……

　　我在读这本书的过程中,开始明白人类其实很早就开始关注心灵抚慰这个问题了。天堂这个概念的创造,西方的文学家、神学家、艺术家都有参与,它被创造的目的,就是安慰和抚慰人的心灵。"天堂"这个概念,和中国人所说的"西天极乐世界"这个概念,有相同的地方,我们只要理解"西天极乐世界"这个概念,就差不多了解了"天堂"这个概念的内涵和外延。

人是自然界最精妙的造物,是肉体和心灵共存的统一体。人们对肉体必将消失所引发的心灵上的焦虑和恐惧,是人类必须解决的重大精神问题。西方人对天堂的想象,东方人对西天极乐世界的想象,都是想解决这个问题,这是对人的终极关怀。我们应该感谢前人在这方面所做的努力,有了这些想象,我们大多数人面对肉体消失可以做到平静对之。今天,不管我们个人离人生终点还有多远,只要一想到有天堂和极乐世界在等着我们,一想到天堂和极乐世界里有衣有食,有花有鸟,有山有水,有田有园,一想到天堂和极乐世界里充满了安宁和稳妥,不再有疾病和债务,不再有不公和欺侮,一想到在天堂和极乐世界里我们和自己所爱的人永远同在而不必分离,我们就会感到极大的安慰,就不会惊慌恐惧,就会在衰老和病重之后,从容和现实世界告别,就会使自己的心灵永远处在安宁平静之中。

　　今天,对于天堂和极乐世界的想象其实并没有终结,我们依然可以充分张扬自己的想象力,去想象那里的美好和欢乐,给那里增添更多赏心悦目的东西,从而使自己获得更大的心理满足。

原载《中华读书报》2010 年 12 月 1 日

飞离与栖落

周大新　石一龙

一、我想激起人们那种飞翔的冲动

　　石一龙：请先谈谈你近年的创作情况，也就是说你最近最关注的是什么？大家都知道你是一位时代性特别强的作家，我想这是许多关注和喜爱你的读者所想知道的。

　　周大新：在写完《第二十幕》之后，我读了一段时间的书，开始把目光由农村、军营转向大都市，用一年多的时间写我的第一部表现大都市生活的长篇小说《21大厦》。从1978年开始，我开始接触大城市的各种人物，开始在济南、西安、郑州、北京这些城市里走来走去，开始用一个乡村人的目光去注视人类发明的这种庞大的聚居地。但我一直没敢写关于大都市生活的小说，手中的笔总有些打怯。《21大厦》是我这些年都市生活积累的结果，也是我在写作资源上的一种新的寻找。城市化是中国现代化必须经过的一截路，大量的中国人已在和将在城市生活，作为一个写作者，没有理由不去关注表现他们的生存状态。

　　眼下，《21大厦》已经在《钟山》杂志今年第4期上发表，昆仑出版社已出版了该书，书的发行量和反应还都不错。我想让读者在这本书里看到各色城市人物的生活实相，看到各种各样的生存挣扎，看到千奇百怪的都市情爱场景，看到情感和良心市场上的热闹景象，看到心灵被切割的场面，看到爱与美被埋葬的过程，看到上一代人的沉思，看到新一代人的精神质量……这本书写的只是一座大厦里的几个楼层，可我想让读者去感受社会各阶层人的心灵和生命律动；这本书里人物的活动范围限制在一座大厦里，可我想让读者由此延伸开去思考我们这个纷纷扰扰的世界；这本书说的是当下的生活，可我想让读者由此去想我们民族几千年的过去和满怀希望的未来；这本书画的是地上的图景，可我想激起人们那种飞翔的冲动。

　　我们正处在一个飞速变化的时代，人们的物质生活、价值观念、道德标准都在发生深刻的变化。美和善继续在我们的眼前飘动，一些人灵魂深处的邪恶、自私和伪善也开始挣开束缚，在人们面前现出身形，社会的精神状态开始出现新的景观，《21大厦》很想把这种景观作一个展览。

　　不满此处到彼处去，这里不好到那里去，飞离此地到彼地寻找，是每个人的人生中都一再发生的事情。人生其实只有飞离与栖落两种状态。《21 大厦》想把这两种状态表现出来。

石一龙：大多数人，我说的是一般读者，是从你早期的作品《汉家女》认识你的，那个不想在家拾柴、烧锅、挖地，吃够了黑懊的农村姑娘汉家女为当兵不惜以自己的女儿身为赌注，对招兵的干部进行"讹诈"，给人留下了深刻的印象，至今难忘，请问你是怎样走上文学创作的道路的？

周大新：创作起点的情景如今已一片模糊。我很小就爱听大人们讲故事，后来又爱读中外的小说，不知不觉间就喜欢上了文学。我第一次写小说是在 1996 年，地点在山东泰安。我写的是一部长篇，说的是当年去台湾的老兵的生活，小说写有三十多万字，也几易其稿，但因艺术准备不足，写得不成样子，最终也没能发表。后来一气之下，就把它烧了，如今想起来还有些后悔，当时不该烧的，放到今天看看也许对了解自己的过去会有好处。在这之前，我也写过诗。当然那时写的诗不过是一些顺口溜而已。写诗是在我当兵后不久开始的，大约在 1973 年或 1974 年。当时我在一个炮兵指挥连当文书，文书的一个任务是出黑板报，黑板报上的空白处，需要用诗歌来填满，我便自编一些诗句填在上边。我发表的第一篇小说是《前方来信》，发表在《济南日报》上，时间已是 1979 年了。

石一龙：读你的每一部作品，总给人一股浓烈的时代气息，你笔下的人物和故事情节几乎都是在时代变革的大背景下进行的，有很强的典型性和代表性，因此你的大部分作品被拍成电影和电视剧，而且很受观众欢迎。特别是《汉家女》获"飞天奖"，《香魂塘畔的香油坊》改编成电影《香魂女》获 43 届柏林国际电影节"金熊奖"，你写这些作品时有没有考虑改编的因素。

周大新：写小说就是要把自己感受到的思考过的发现了的东西尽情地倾泻出来，这个过程是痛苦的也是痛快的，是一个暂时忘却一切的过程，不可能去想改编啦稿费呀这些世俗的问题，这些问题是书写出来以后的事情，书写出来了，谁愿去改编影视多给一笔稿费，那当然是好事。实际上，若由改编影视的目的去写小说，是不可能写出像样的小说的。但我并不反对甚至赞成小说被影视导演们改编成影视作品，因为社会上看影视的人总比看小说的人多，小说一旦被改编，其影响也相应扩大——这种改编自然不可能传达出小说里的全部东西，不可能像小说那样深刻，但它毕竟起到了扩大小说影响的作用。《复活》这部电影不可能传达出列夫·托尔斯泰的小说《复活》里的全部思想寓意，但它却让更多的人知道了《复活》这部小说。《尤利西斯》这部小说需要很强的毅力才能读下去，改编成电影后，不少普通人得以了解小说的大概内容。影视作品有着广大的观众，小说家借助影视扩大自己作品的影响不是一件坏事。

石一龙：前些年我看过一个评论，忘了是谁写的。把你归为"逃离土地的一代人"，因为你所着力刻画的作品，如早期的《泉》、《泉涸》、《汉家女》、《武家祠堂》、《家族》、《老辙》、《小诊所》、《紫雾》等主人公几乎无一例外地脱离农业生产，脱离土地，去寻找新的生活道路。你对此怎么看？你是否想用这样一群主人公从侧面反映中国社会前进和变革中的痛苦和沉重？

周大新：在今天中国农村的年青一代人中，的确有"逃离土地"的现象。谁都知道，干农活是又苦又累的，种田的收入很低，农村的生活又闭塞又单调，所以许多农村年轻人便都把离开土地到城镇生活作为自己的奋斗目标。这是一种符合人性本能的选择，也是中国现代化进程的一种要求。但人是离不开土地养育的，人对土地的厌弃和背离，造成农田的荒芜和被侵占，是会遭到惩罚的。逃离土地不是人类处理自己与土地关系的正确办法。我一方面认为年轻农民们应该逃离土地，对他们的举动充满深切的同情并给予鼓励；另一方面又对这种逃离的后果充满忧虑。不离开土地很难有好的生活，逃离土地也可能会带来更坏的生活，农民们的这种两难处境也使我的内心处于两难的惶惑之中，我的一些小说便是在这样的心态下写出的。小说并没有去刻意反映什么，只是想去表现现阶段中国农民的命运，那其实也是人类的命运：不停地去寻找好东西，不断地把手上的好东西扔掉。谁知道前边路的尽头等待人类的究竟是什么？

二、痛苦为何这样钟情人类

石一龙：你是否对痛苦有特殊的偏爱？你的作品大多以悲剧感落笔，令人感觉到你本人的生活总是沉甸甸的，充溢着深刻的痛苦，你把这种痛苦渗透在笔下的众多人物身上，构成了你作品黄土一样的厚重和苍凉的沉痛感，你想反思什么吗？

周大新：我不是偏爱痛苦，而是痛苦无处不在，我们应该对痛苦给予注意。一个人从出生到死亡得经历多少痛苦？患病的痛苦，失去长辈的痛苦，失恋的痛苦，家庭失和的痛苦，考不上理想学校的痛苦，找不到理想职业的痛苦，职务提升无望的痛苦，水灾、车祸、地震造成的痛苦，家境不好那种缺钱的痛苦，受歧视、轻视、蔑视的痛苦，朋友背叛的痛苦，战争造成的痛苦……可以说人一生充满了痛苦，人活几十年时间，浸在痛苦中的时候实在不少。痛苦为何这样钟情人类？是谁给了人类如此待遇？人为什么不能活得更快活一些？怎样才能减少一些人生的痛苦？这是我一直在想的问题。我期望用我的小说来提醒人们对频繁侵入我们生活的痛苦留意，告诫人们不要对其熟视无睹，告诉大家生命其实是可以用另一种方式度过的。我期望用我的小说使人们明白,我们所遭遇到的一大部分痛苦其实是人为的,是原本可以避免的;只有地震、洪水、飓风这些东西是上帝作为试验人的生命强度而特批给人类的。我期望用我的小说使人们懂得,人类要想部分地摆脱痛苦这个魔鬼的折磨,必须学会控制自己内心世界里一些原本属于普通动物的那类东西出来活动,人和动物有根本的区别,可人是从动物界来的,身上还有动物的遗存。

石一龙:从你的作品可以看到,你除了对中国历史、传统道德、变革中的现实所倾注的心血外,还特别关注中国女性的命运,在《汉家女》、《香魂塘畔的香油坊》等作品中,你对女性心理的刻画细致到了极点,对她们的命运也做了一些哲理性的分析。请问你是怎样把握这些的?

周大新:女性和男性相比,在体力上是弱的一方,生育和抚育后代又耗去她们的很多精力和体力,也因此,她们少进攻性和破坏性。她们的天性中温和的、爱和善的东西更多一些。这也是我在写作中特别关注女性的原因。我希望这个世界是一个和平的安宁的充满笑声的世界,人与人之间不再你争我斗恶语相向而是充满爱意,家庭与家庭之间不再你仇我恨拳脚相加而是和睦相处,民族与民族之间不再你打我、我打你征战不休,而是平等相待,国家与国家之间不再是你想欺侮我、我想吃掉你,而是共同发展。我的这种愿望在女性中可能会获得更多的支持者。而要实现这个愿望,就必须不间断地向人们的心中灌输爱和善这两种东西。在男人和女人中,谁来担负这种灌输任务更合适,显然是女人。这就是我总把女人作为我小说的主要人物的原因。

但作为一个男人,写好女人并不容易。男人对女人的了解和女人对男人的了解一样,只能是一个大概,不可能做到洞悉一切,尤其是心理中那些特别隐秘的部分。

石一龙:你的《豫西南有个小盆地》系列作品迅即推出,使你在文坛上有了相当的影响,这些作品集中体现了你面对现实生活的一些文学思考,而你的第一部长篇处女作却命名为《走出盆地》,这是你文学思考的一次新拓展吗?现在回过头来看这部处女作,你想说点什么给读者?

周大新:《走出盆地》是我的第一部长篇小说,她的确是我那阶段文学思考的结果。我在分析了人类的主要活动之后发现,人活着的目的,人类全部活动的目的,其实就是四个字:寻找幸福。人们不停地去劳动、去发明、去创造、去反叛、去打仗、去迁徙,就是为了寻找幸福。生活在南阳小盆地里的我的故乡人,他们世世代代也在寻找属于自己的那份幸福,为了表现他们那种可歌可泣的寻找过程,我写出了《走出盆地》这部小说。小说写的是一个南阳农村姑娘走出盆地改变自己命运的经历,寓示的却是中国人和中华民族冲开重重障碍和束缚,坚韧顽强寻找理想的幸福生活的历史。今天回头来看这部长篇处女作,觉得当时成书有点匆忙了,许多该展开的地方没能展开。如果写得再从容一些,放开一些,她的艺术魅力可能会更大一点。

三、留下这个时代的文学印痕

石一龙:有人将你的长篇巨著《第二十幕》称作"中国的《百年孤独》",有人说这里有"一句话炒作"的嫌疑。你对此曾做过解释,现在想起来是什么"中国味道",你能具体谈谈吗?

周大新:把《第二十幕》和《百年孤独》相提并论明显不恰当,《百年孤独》是获得了诺贝尔文学奖的在世界上有定评的名作,《第二十幕》只是我这个凡夫俗子的一部普通小说。有老师把《第二十幕》说成是中国的《百年孤独》,我只把这话看作是对我的一种鼓励。如果要说两者有共同点的话,那就是都写了一个民族的百年历史,但内容和写法完全不同。我在写《第二十幕》时,给自己规定的标准是:用最有中国味道的叙事手段,把中国一家丝织企业在20世纪这一百年间的经历活灵活现地讲出来,吸引今天的中国人去回味咀嚼这段历史从而汲取有益的养料,为后人寻找这个时代留下文学的印痕。

为使这篇小说有中国味道,我给自己规定了这么几条:一是必须有吸引人的故事,因为中国的小说最初就是从故事脱胎而来的;二是叙述时要不慌不忙,向鼓书艺人学习,今晚说一段,明晚再接着说一段,按下这头不表,且说那头……三是要有几个鲜活的人物在书中走动,最好能走到书的外边,走到老百姓的饭桌、茶桌前。

石一龙:在《第二十幕》中你用河南南阳尚达志、尚立世、尚昌盛一家三代惨淡经营"尚吉利"丝绸的家族史,展现了整个20世纪中国民族工业的发展图景,进而对20世纪的中国历史作出了人性透视,真是一幕波澜壮阔的人生话剧。而这部作品也足足用了你近十年的时间,你能介绍一下这部书的写作过程吗?

周大新:现在回想起来,写这部书最初的冲动,来自于一个小小的场景。那个场景是夏季的一个正午,我在一家商场的丝绸服装柜台前,看见一个姑娘穿着一件新买的丝织连衣裙在镜子前审视,裙子的颜色极其美丽入眼,姑娘也很漂亮,那一刻,丝绸的美和女性形体的美撼动了我的心,让我突然生出一个念头,日后要写一篇与女人有关的小说。

这个念头当时一闪而过。让这个念头在胸中停留下来是在我读家乡方志的时候。方志上记载,南阳在汉代是全国六大都市之一,丝织在那时就很发达;

到了唐代,南阳成为向中亚出口绸缎的基地之一;宋代时,南阳丝绸在全国已享有盛名。这时我想,说不定那个念头真有可能实现——南阳丝织业的发展中应该有故事可写。

我在读史书时注意到,每当一个世纪行将结束的时候,人们总是忙着去做新世纪的计划,而不重视对旧世纪的遗产进行清算。结果,很多计划和打算便告落空。19世纪末,多少人想在20世纪干一番宏伟事业,计划已经做好,结果,两次世界大战的枪声将他们的心愿砰然打碎,几千万人的尸体把他们的美好计划压在了下边。我想,我如果要写一篇和丝织业有关的小说,我必须着眼于人类遗产的清算,弄清我们过去的世纪里究竟收获了哪些东西。

我在用自己的方法对20世纪的遗产进行清算时发现,人类在20世纪通过两次世界大战和无数次局部战争所毁掉的生命和自己的创造物,并不比19世纪、18世纪少,人类在善待自己这个问题上所迈出的距离,并不比两个世纪长。我因此觉得人类应该经常回视自己脚下的脚印并从中获得警示。由此我想到,在历史学家用笔保留这些脚印的同时,我们弄文学的也可以做点事,譬如用小说的形式去把这些脚印保留下来。这些念头和想法掺和在一起,像火星一样逐渐变大并启动了我的想象闸门,于是才有了这篇小说。

书是分卷写成的,写一卷人民文学出版社出一卷,三卷写成又修改一遍,才又印成现在这个样子。我非常感谢人民文学出版社的领导和本书的责任编辑,他们耐心地等待我写作和修改,这份耐心和信任令我感动。

石一龙:有评论家说你作品中尚达志、云伟、草绒、卓远等人物的性格命运,集中体现了你从民族工业、权力经济、女性命运、知识分子良知等角度对20世纪的历史评价。而最令人深思的主人公尚达志,从某种角度讲,读懂了尚达志,就读懂了《第二十幕》,你对此怎么看?能仔细谈谈这个人物吗?

周大新:作家写出的人物,有时作家自己也难以说清楚。尚达志是我在《第二十幕》中着力描画的一个人物,我是怀着既爱又恨既钦佩又鄙视既尊重又轻蔑既想颂又想贬的很复杂的心情去写的。他的身上,既有中国男人最珍贵的东西,又有许多反人性的让人反感的东西。他是那种为一个既定人生目标活着的有惊人毅力的人,是那种把幸福做了畸形理解的人,是那种有着冷酷决心和强烈进取精神从不愿在人生路上踏步的人,是那种为了长远目标随时准备低头退让甚至愿去受辱的人,是那种把家族荣誉和事业成功视为一切的人。他是中国一个种类男人的代表,是中国文化发展到20世纪的一个产物,是人生路上一个奇怪的跋涉者,是一个堪作标本的人。

石一龙:你的小说《第二十幕》用小说的笔法写了一个民族一百年的历史,这是一个恢宏的工程,但是你成功地完成了。那么你在写作的时候有没有感觉到这个主题的沉重呢?另外,这个书名也很特别,你是怎么想到用这个名字的?

周大新:这部作品从开始构思写作到最后印出,差不多用去了近十年的时间。这十年间虽然也写了些其他作品,但主要精力在这件事上,总在想着怎样把这个活做完,做得尽可能好一些。十年间,它始终像一个沉重的背篓压在我身上,使我不得安生。当然,这背篓是我自愿背到身上的。忘记了是从什么时候开始,我生出了一个野心,想把我们这个民族在20世纪这一百年间走过的脚印用小说的形式保留下来,而且想在小说中对这溜脚印做番分析并得出自己的认识,进而弄清我们人类从20世纪究竟收获了些什么东西。我想这件事要是做好了,可能会有点意思。也就是因此,我背上了这个沉重的背篓。凭自己的学养和艺术准备,尤其是对20世纪50年代以前的事所知甚少,干这样一桩活就有点累。可我想,老百姓种庄稼不累?人活着总得干活,干吧!于是就干下来了。这个活是分段干的,也就是分卷写,我原来挺担心读者读时会有不连贯的感觉,你读后觉得是一气呵成,这让我放心了。至于书名,我想,如果把公元纪年以后人类在地球上的活动比作一出戏,那么20世纪的人类活动只是这出戏中的一幕,于是我就把书起名为《第二十幕》。这出戏还要演下去,但愿读者看完了《第二十幕》,对第二十一幕的剧情发展会有一个大致的预见。

第二十一幕戏会不会更加精彩?

四、写吧,写下去

石一龙:你在《第二十幕》中写了尚家丝织业的百年沉浮,在讲述故事的同时,似乎也是在讲述一个经济现象……

周大新:你注意到这点很重要。我虽然读了一些经济学方面的书,但对经济发展规律并不懂,我只是在写人的过程中感觉到,人聚敛财富、博取荣誉的欲望,是社会经济发展的重要动力之一。人的经济活动只有和其自身的利益联系在一起,他才会全力去干。我们国家现在允许私营经济存在和发展,可能也是基于这种认识。书中所写的尚家的丝织业,只有当它成了尚家自己的家业之后,尚家人才能也才会全身心地投入进去干。全书开始的时候,尚吉利丝织业是私营经济;故事结束的时候,尚吉利丝织业又成为私营经济,这既是这个世纪我们经济生活中的一种真实现象,同时也是一个象征,象征着我们的生活总是呈螺旋式变化,象征着人类迈步向前的轨迹在某些时候几乎成为一个圆圈,起点和终点极其相似。人类有时觉得自己无所不能,自以为自己可以跑出很远,已经远离幼稚,但实际上回头一看,离出发点依然很近,这有时真让人难以接受。这本书如果能让人读了以后自觉地回视并丈量我们所走过的直线距离,倒也算它存在的一种意义。

石一龙:以家庭小说的形式讲述故事,这在当前是一种很流行的结构方式,你认为你的《第二十幕》也是这样吗?

周大新:人最基本的生活空间是在家庭里和家族内,展示和透视这个空间的景致,由此来反映和表现一个民族的生存状态,并进而对人的生存意义和整个人类的生存境遇进行思考,是许多作家都在做的事情。但作家们做这件事情的本领、方法又各有不同,这有点像一群导游各带一队游客到异域旅游,有的导游让游客骑马去看各种奇异的植物,有的导游让游客坐车去看稀有动物,有的导游让游客坐船去看湖光山水,有的导游让游客徒步去看都市风景和系列雕塑。《第二十幕》与《古船》、《白鹿原》不同的是,它领游客看的是一个设计独特、可以旋转升降的舞台,且那舞台连通一个山洞,进洞每下一个台阶,都可以看见一个人性花园,花园里林立着许多灵魂标本,逐一看去说不定会很开眼界。

这个问题我还是就此打住,相信读者读完作品会得出自己的看法。

石一龙:《第二十幕》中有一个类似族徽的符号,你是怎么构思出这个符号的?它有什么象征意义呢?

周大新:一个早春的上午,我和一群文友到一处三国古城遗址游览,那古城据说当初是突然毁掉的,如今已经全部沉入水下,我们能看到的只是一片水面。这片水面如今被一家人承包养鱼,养鱼人告诉我们,他平日为鱼塘清淤时,偶尔还能挖出一些陶罐和砖头;在一些月光凄迷的夜晚,他还能听到一些人的笑声;在另一些无月的夜晚,他又能听到人的哭声。他说完送给我一块砖头,说是从塘里挖出来的,还指给我看那砖头上横竖相交的纹印,说,在有些夜晚,这些纹印还会发出光来。我当时很惊奇地望着那块来自地下的砖头和它上边的纹印。

一个冬日的午后,我站在一栋高楼上向下俯瞰,注意到下边的街道、电线和远处的田埂、水渠、林带都成横竖相交形状,在那一刻里我想,如果要用一个最简单的图形来表现这个世界,那这个图形就应该是由横竖相交的线条构成。

一个灯下读书的夜晚,我留意到一页书上竟有五个"网"字,于是我想,外部世界在人类意识里的一个重要映像,就是"网"。水网、电网、公路网、法网、情网、关系网,这些词汇的出现,不是无缘无故的。

一个寒风呼啸的夜里,我坠入一个噩梦中,一位持刀人对我说:你必须在天黑之前抵达旅馆,否则就杀死你!可旅馆所在的方向他又不告诉我,面前的路上又到处都是十字路口,我往哪里走?我糊里糊涂地拐着弯走,直到吓醒为止。

所有这些经历和遭遇,促使我在《第二十幕》中设计了那个类似族徽的符号。它确实具有很强的象征意味,体现了我对现实世界、历史文化、人本哲学和社会发展进步的一些思考,这些思考是什么,读者会从书中读出来,我还是别说出来的好,说出来就没有意思了。

石一龙:你的《第二十幕》写了20世纪中国人的生活情况,这对你来说是一个纯粹发挥想象力的过程还是根据自己的生活体验生发出来的感触?

周大新:我是1952年来到这个世界上的,对20世纪后半叶中国和世界发生的事耳闻目睹了一些,对前半叶发生的事就只有从别人嘴里和前人留下的书里去了解了。要把整个20世纪国人的生活情况和生存状态写出来,对我来说不是一件容易的事。一开始我感到没有把握,几次下笔又几次停下。但后来我想,写小说主要是作者依据自己的人生阅历、人生体验和对人性的认识去虚构人物和故事,是依据正史和野史去展开想象,是用现代眼光和自己对历史的思考去观照过去,启动自己的想象才是最重要的,所以我自己给自己打气:写吧,写下去! 也是巧,就在我写这部书的时候,我的家庭突然经受了一场巨大的灾难,这场灾难的沉重是我从来没有料到的,我差一点就被砸垮了,几次都想结束生命罢了。这场灾难让我第一次窥见了人性黑暗部分的形状,第一次明白了苦难在人生中所占的比例,第一次知道了命运的反复无常,第一次感受到了个人的渺小,第一次体会到人在这个世界上活着是多么不易。这场灾难使我的写作时断时续甚至要完全中断,但最终是珍贵的人间友谊支持我活了下来并且写了下来。事后想想,这场灾难对我的亲人和我的身体是造成了伤害,但对这部书的写作还是多少有些好处的。它改变了我原先的许多设想和设计,使书成了今天这个样子而不是原来的模样。

我平时喜欢看一些和考古有关的文章,我对世界上存在的不解之谜很感兴趣。对那些不解之谜,我个人的解释是,地球上曾有过一次或数次和我们今天一样甚至水平更高的文明,后来不知什么原因使得那些文明毁灭了,我猜测,毁灭的原因很可能和人类不会善待自己有点关系。我在写作这部书时,不觉间把这种猜测也写了进去。

五、越神秘越有艺术魅力

石一龙:在《泉涸》、《紫雾》中都有一种神秘的东西反复出现,像《泉涸》中突然枯竭的泉水和神秘出没的黑天鹅,《紫雾》中不祥的紫雾,这些有什么象征吗? 你是否在用此加强作品中难以名状的悲剧气氛?

周大新:《泉涸》中突然枯竭的泉水和神秘出现的黑天鹅,《紫雾》中不祥的紫雾,这些的确都有象征意义,至于象征什么,应该由读者去理解,不应该由我来多嘴。我在这里特别想就神秘问题说几句。我们讲科学并不就是否认神秘的存在,所有科学未达到的地方,其实就是神秘的地盘。我们生活中遇到的暂时不可解的神秘事情很多,这些当然应该进入我们的作品;另外,文学原本和神秘就有着紧密的关系,小说在某种意义上说就是制造神秘,写得越神秘才越有艺术魅力。

石一龙:你认为小说有技巧可言吗?读你的小说,在语言上有一种古味,这在《汉家女》中最明显,感觉像古时的笔记体小说语言的感觉,你是不是很喜欢中国古文并且受到了一定的影响?

周大新:小说写作当然有技巧,比如叙述角度的寻择,叙述节奏的确定,氛围的营造,故事情节的组接连缀,文字的挑拣组合,等等。

我对中国20世纪以前的文学作品读过不少,不管是小说、散文,还是诗词。之所以读这些,一是因为自己生活在20世纪,应该对过去世纪里中国人创造的东西有所了解;二是因为读这些确能给自己的写作提供帮助,读古文多了,会在语言表达上不知不觉地受其影响。文言文的精炼和雅致,是我们今天应该汲取的语言遗产。

石一龙:我们现在谈一下评论家的问题,从一般意义上讲,或特别是针对你自己的著作来说,你认为文学的批评说到底有何意义或什么指导作用?

周大新:文学批评当然有意义。那些对一个时期的文学发展进行梳理概括从而发现新的创作现象的文章,那些对一个作家的作品进行系统研究从而得出相对准确结论的文章,那些对某一部作品进行细致的让人心服的理性分析的文章,我都爱读。一个作家写出一部作品后,人们阅读时获得的东西和他在写作时想要给读者的东西往往并不一样,有时甚至完全不一样。评论家是有经验的挑剔的读者,好的评论家的文章会告诉作家他完成了什么,这种完成的价值和意义,哪些东西他想要完成而没有完成,为什么没有完成,这对作家今后的创作不会没有意义。就我个人来说,我从评论家那里得到的东西很多,我对他们心存感激。

石一龙:能讲讲你的写作习惯吗?你是否按预定方案写作,写作时会不会突然停止,搁一段时间再写,或者一口气写到底,你写时是想好结尾才动笔吗?

周大新:一旦有了写一部作品的冲动,那心里肯定已有了这部作品的大致框架。开头最难,每部作品的开头都要写几遍,直到找准感觉能顺畅地写下去才行。写作中有写不下去的时候,这时当然得停下,或是读点书,或是先写点别的,或是外出走走。结尾在动笔时通常已有安排,但写着写着会有变化,作品的结尾总是写作结尾时才最后定下。

石一龙:你写作有多少是根据个人经验?你认为自己是一个生活型还是知识型的作家?身为一个作家你有什么感想?

周大新：依靠个人经验写作显然不可能持续多久，作家主要的还是靠想象写作，想象力的强弱决定一个小说家创作生命的长短。当然，个人经验也很重要，个人经验可以刺激自己的想象力张扬开来。

身为作家，我觉得以写作为职业还是充满了乐趣的。眼见得一个没有出世的人被你创造出来并演绎着悲欢离合的故事，感动得读者们或热泪盈盈或皱眉沉思，那的确能让人享受到一种快乐。

身为作家，如果没有修炼到一定程度，心里也会经常不平衡。眼见得那些同年龄的当了官的前呼后拥耀武扬威，而自己还是万事求人；眼见得那些同年龄的经商发了财的，腰缠万贯别墅美女样样都有而自己还在计算那点可怜的稿费过日子，心里不可能不难受。可谁让你自愿地做了这样的选择呢？

身为作家，重要的是沉下心来写自己的东西，不要为各种各样的诱惑所动，作家存在的价值就在于他能提供作品。如果你写出了能够传世的能对这个世界产生大影响的作品，社会不可能不给你回报，尽管那种回报可能是在你死后才到来的。

石一龙：你读同时代作家的作品吗？你认为优秀的作家有哪些？

周大新：同时代的很多作家的作品我都读。看看别人是怎样观察、认识、表现同时代的生活的，对自己有时会有启发。我认为优秀的作家很多，在这里就不一一列出名字了。再说，我认为不优秀的作家，不一定人家就真不优秀。

六、人活在这个世上太不容易

石一龙：现在你离开乡村已经很久了，乡村中成长的经历给了你成为一个作家的许多东西，今天看你曾经的经历，包括城市的经历，你对城市的经历，对人生的了解是不是更深更明白了？

周大新：我自己的经历对我了解和认识人生当然很有帮助。我的乡村生活和城市生活的全部经历告诉我，人活在这个世上太不容易。以男人为例，一个农村人，五六岁就要放羊割草；十来岁就要学做田里活；然后一日复一日的劳作，攒钱以便娶个老婆；千辛万苦把老婆娶到家，通常第二年就要为孩子的出世忙碌；接下来再为儿女们的成长操心；同时要在地里同旱灾、涝灾、虫灾、风灾、雹灾搏斗，要同村里乡里县里的贪官、地头蛇作斗；到孩子们长大成人成家自立时，他已是白发满头了；疾病这时开始找上身了，疾病在乡村缠上人的时候总是早些，这之后，人便要在疾病的折磨中过日子了，吃药、打针，奔波在诊所和医院之间，直到体力衰竭；然后是张罗棺材，看着棺材做好，再去祖坟上看一眼自己墓坑的位置，这才回到家去等待最后时刻的到来；最后时刻到来时，或是因为难以忍受的病痛或是因为想起了遗憾的事,会发出哭声……这就是一个乡下男人的一生。人生是什么?人为什么要活着?这些前人问了无数遍的问题,我也常常想问。

石一龙:对你而言,写作意味着什么?是你对现实生活的记录还是反抗?或者别有意图?

周大新:对我来说,写作首先是一种倾诉。我把自己心里想到的、认识到的、感觉到的东西通过作品向读者们倾诉,倾诉会带来快感,会缓解自己心里的压力。人是需要倾诉的,尤其是像我这样性格内向的人。写作当然也是对当代生活的一种记录,只是这种记录是变形的,是掺了我的主观看法的,是一种艺术的记录,和史学工作者的记录是两回事。写作对我来说还有一个目的,那就是呼唤爱和善,我希望每个人的一生都能在爱的浸润中度过,我希望我们这个世界上能被善意充满,我期望自己的作品能对那些我看不惯的丑的恶的东西的消灭起些作用。

石一龙:那么在古今中外的作家中,你喜欢谁?谁给你的影响最大?

周大新:给我影响最大的作家是俄国的列夫·托尔斯泰。他在《战争与和平》、《安娜卡列尼娜》和《复活》三部书中所表达出的爱人、爱己和互爱的思想深深地影响了我。不管他在实际生活中是一个什么样的人,我都对他怀着敬意。

石一龙:你在写作的时候,对体裁有没有偏好?比如,你认为写中篇小说和长篇小说有什么区别?

周大新:我过去写过一些中篇小说,我自己体会,如果把写中篇和写长篇做个比较,两者的不同有二。其一,写中篇只需准备一到几个故事,而写长篇,则需要准备一长串故事。故事是小说的基本成分,只有故事不是小说,没有一点故事的东西也很难称为小说。故事是思想寓意的载体,是人物成活的依据,是引诱读者阅读的香料,是展览语言才能的舞台。故事太少或长度不够,写出的长篇小说会显得很瘦很瘪,像一个发育不好的姑娘,不丰满,缺少诱人的魅力。其二,写中篇起笔可以随意,而写长篇小说则要求预先把框架搭好,搭结实,如果没搭好就开始填充建筑材料,由于所用材料太多,重量太大,很可能会把你的框架压得摇摇晃晃甚至塌掉。中篇小说虽然也要搭框架,但可以边搭边填充,而且随时可以调整。

此外,在叙述方法的选择上,长篇小说在选择叙述角度,叙述节奏和语言样式时比中篇也更费思量,弄不好就会前功尽弃。我在写作本书选择叙述方法时,也很是犹豫了一段时间,在这方面出新的确不是一件易事,我想来想去,还是用了现在这种一般读者可以接受的方法。

石一龙:能谈谈你读书的情况和经验吗?

周大新：我读书并无一定计划，得到什么可读的书就赶紧读完它。而且读得很杂，哲学的、历史的、地理的、文学的、军事的、经济的、政治的书都读。在我读过的书中，翻译过来的外国书占有相当大的比例。我特别喜欢在冬天的夜里拥被半躺在床上读书。参加一些枯燥的会议时，我喜欢在读书中打发时间。坐火车、睡觉前、如厕时，没有书读是不行的。

石一龙：你的小说《香魂塘畔的香油坊》改编成大型豫剧《香魂女》，并进京会演，受到了广大观众的喜欢，作品以现实主义的笔触，描写了环环等几个当代女性的人生际遇，且有较为深刻的批判精神和发人深省的哲学思考。你比较喜欢豫剧还是小说？它是否扩展了小说意义？戏剧与小说存在着什么样的关系？

周大新：豫剧和小说我都喜欢。其实小说改编成戏剧，要的只是小说的故事框架和人物形象，两者有很大不同。小说是靠文字来传达作家的思想寓意，戏剧则是要把所有的内容用唱词唱出来，前者留下许多空白让读者在阅读时用自己的想象来补充，后者只需你坐在剧场里看和听就行。我特别喜欢看豫剧，这是从小就养成的习惯。小时候在乡下，只要听说哪个村里来了剧团，不管有五里还是有十里远，宁可不吃晚饭，也一定要跑去看的。自己的作品改成豫剧，不管改成什么样，我都高兴。

石一龙：近年来长篇小说的创作出现了空前的繁荣，你怎样看待这种现象？

周大新：这几年长篇小说出版的数量比较大，我因为忙着自己的东西，看得比较少。我觉着，数量大是好事，我们国家这么大，人这么多，不同文化水平的人们需要不同质量层次的长篇小说，只要有出版社愿意出，有读者愿意买，就出呗，好作品说不定就在这种宽松的环境里出来了。欧洲一个两千多万人口的国家一年能出几十部长篇小说，我们这个国家一年出几百部长篇小说不算什么。当然，呼吁提高长篇的质量是对的。

石一龙：你对军事文学再创辉煌有无信心？

周大新：当然有。这种信心来自于三个方面：其一，由于大量翻译作品的出现，我们从事军事题材创作的作家，对外国作家尤其是欧美作家的军事题材作品了解增多，对他们已达到的水平心中有数，差不多可以说都有了一种世界眼光。其二，我们从事军事题材创作的作家，经过这些年的学习和历练，艺术准备相对充足，开笔写起来，起点应该不会很低。其三，世界各国包括我们自己大量的军事和战争历史资料开始解禁，使我们了解过去更为方便；今天世界上的局部战争正在不断发生，这也会给我们的脑子不断带来新鲜刺激。

原载《青年文学》2001 年第 11 期

关注人类历史生活
——与周大新关于历史小说创作的对话

周大新　周 熠

今春,周大新的长篇历史小说《战争传说》面世以来,以题材独特思考深入叙事手段取乎其新而受到评论家和媒体关注。《人民日报》、《文艺报》、《文学报》等相继作了报道与评说。当今走红的批评家李敬泽的看法是:"周大新对战争的思考是深入、独到的。"为此笔者新近两次探访周大新,下面记录的就是关于《战争传说》为主要内容的现场对话。

周熠:《战争传说》新书上市后我看了,感觉很好读,也有些嚼头。你写了五百多年前的那场惊天动地的北京保卫战。不,严格地说,你只是以北京保卫战为主要背景,独写一个来自内蒙古大草原的年轻美丽的奇女子,在明朝的那场惊天之变中所推演的惊涛骇浪和爱恨情仇生死劫难:40万明军灰飞烟灭,英宗皇帝被俘,京师危在旦夕⋯⋯我想问的是,在你这本书中,历史真实与艺术真实各占多大的比重?或者说,该怎样解读书中的历史真实?

周大新:我以为不能拿通常的历史小说来套它,我甚至弄不清它算不算历史小说。这是我有意搞的一个尝试或探索。

周熠:是的,我也注意到了。现时的历史创作,评论家大体将之归结为三类:一是以正说正史为主的历史创作,即传统的历史主义和现实主义;二是以解构正史为主的新历史主义创作,即对"历史"重新审视或者颠覆;三是以戏说为主的趣味消费创作,以迎合时尚大众文化的娱乐审美需求。可你的《战争传说》似乎不属于这三种中的任何一个,都套不上。倒像是一种新面目新形式的东西。不知你有一种什么样的创作初衷?

周大新:我就是想关注人类的历史生活。

周熠:这是个新话题,请结合你的这部书谈得具体点。

周大新:如果我们要对人类的生活作一个区分的话,它会被分为三块,一块是已经过去的历史生活;一块是当下正在进行的生活;再一块是尚未实现的未来生活。人类的当下生活存续时间很短,几乎在片刻之后就成为过去,变成历史;人类的未来生活只存在于向往之中。因此,在一定意义上说,人类的全部生活,都是历史生活。从内容上说,人类的历史生活大致可分为政治生活、经济生活、文化生活和战争生活等。这任何一种生活里,都蕴藏着人类成长和发展的经验和秘密,也隐藏着生动的故事和鲜活人物。只要我们把目光朝其稍一聚焦,就会发现无数的故事和人物在朝我们微笑,他们或者被绑缚在正式的史书里,或是被囚禁在方志里,或是游荡在传说里,期待着作家的发现和解放,以让他们重见天日,能在当代人的眼前复原和复活。

周熠:这样就拓宽了创作的空间,不过同时也给作家带来了新的表现难度。

周大新:是的,由于时间的磨蚀和各种有意无意的遮蔽,作家在面对历史生活时,哪怕是昨天刚进入当代历史的生活,也常会在事件、故事和人物身上发现空白处,这就使作家在复原时遇到了困难。不过,愈是这样,愈让作家欲罢不能。因为历史生活存在的空白越大,作家想象驰骋的天地越广阔,创造出的作品也就越富有魅力。

周熠:大有用武之地。我翻阅了下明史,《战争传说》里面的大事和主要人物,在史书上只有寥寥数百字甚至几行,可你有血有肉地写下几十万字,简直让人无法可想又无话可说,甚至历史学家也难以臧否。因为你避开了正史,是在另一个空间里自辟蹊径自圆其说。这里是历史生活的北大荒,个中奥妙何在?

周大新:这正是我所琢磨的。有的评论家已看到了。我尝试采用的是平民视角民间叙述。如明朝那场土木堡之战还有此后的北京保卫战,四十万大军血光腾射壮烈无比。那其中什么故事都可能发生。可史书记载寥寥,平民的事儿根本没有。正史就是如此。中国历史上的王朝更替都有撰述,可千千万万的平民无人记载无人知道。记述战争,都是写双方的将帅大人物运筹帷幄如何如何,却未能关注平民士兵。而一场战争参加的主体却是平民士兵。这就给文学创作留下了空间地带和想象的自由度。史书没有的,承载不了的,就由小说家来完成。

周熠:这很有意义,也很具创新之思。不过在理论上该怎样概括它呢?

周大新:我也说不清。同一般的历史小说相比,或者可以叫超历史小说。其实这是前已有之。列夫·托尔斯泰的《战争与和平》,写作的时候那场战争也已成久后的历史事件,是靠托翁的文学想象对历史生活重新打捞开掘,让后人读起来仍然惊心动魄,历历在目。《飘》写的是美国南北战争时期的历史生活,也是后人采用民间视角。事实上人们对历史的好奇和兴趣,往往在被正史过滤掉而遗落或隐藏于民间的那些想象区域里。我写的《战争传说》,是小说家眼中的历史,不是史学家眼中的历史;是当时完全可能发生的事,当然也可能不发生。所以文学在史海中钩沉大有可为。当然,文学家回首并表现历史生活的目的,和历史学家不同,不单是为了让历史生活复原从而了解人类的历史生活景况。文学家的目的是为了从人类的历史生活中探察和发现美好的有利于长远生存的东西,用文学手段形象生动地将其展现在今人面前,从而给人类张挂起前行的旗帜;同时去发现丑恶的不利于人类长远发展的陷阱,用文学的手段将那些陷阱在今人眼前标示出来。

周熠: 读得出你对战争的思考是严肃深刻和富有人文情怀的。作家这样来写历史生活战争小说,对今后历史发展大有好处。问题是在表现这类题材的小说时应如何把握?

周大新: 我认为小说家在把历史生活作为对象表现时应当注意三个问题。一个要用现代眼光去观照。写历史生活不能为写历史而写历史,也不能只是复活历史,呈现不是目的,要用现代眼光现代意识去表现历史生活,要让重现的远久的历史生活对当代生活有近切的启示。二是要站在俯视的角度去审视。不管当年是怎样有名的人物,是怎样轰动的事件,是怎样惊心动魄的变动,只要它进入了历史,那么作家就可以用俯视的探究的眼光去翻查、去分析,从而得出自己的结论。三是要充分施展想象力。萨特在《想象心理学》中就十分强调这个说法,"艺术品是一种非现实的想象的创造物"。总之,人类的历史生活是一个大海,一个作家在这个海上张网,只要使用的网没有朽坏而且网得卖力,肯定不会空手而归。无数的前辈作家已经用他们的收获告诉我们,熠熠发光的珍珠和宝贝正在等着我们。

周熠: 一个有责任心有追求的作家是不会停步的,你下一步有何打算?要再写一部历史小说吗?

周大新: 现在还不好说,计划肯定是有的,但还是不说它吧。近期就是读点书,也没有什么目标,随便地读。再一个就是想去下面走走,呼吸点新鲜空气,充实充实吧。

原载《人民日报》(海外版)2004 年 5 月 28 日

大新真好

行　者

　　周大新前些年一直在家乡南阳居住,南阳的文友们便全都与他做了"亲密战友"——这并不是一件简单的事——他似乎和谁都能处得来,处得愉快,处得毫无间隔。这恐怕主要是他的善良、纯朴、谦恭使然,当然还有他不凡的成就赢来的尊重。

　　我和大新年龄差不多,但写作上我绝对是后学。20世纪80年代我正在做着文学梦,写不出来像样的东西,却很关注文坛,时不时翻翻各种文学杂志,忽然间不断看到周大新的名字,便认真拜读,从《黄埔五期》到《家族》、《泉涸》、《紫雾》、《老辙》,以及后来获全国短篇小说奖的《汉家女》、《小诊所》等等,觉得作品写得大度、老道、有味道,充满了命运感,现实主义加上一点象征手法,把农民的苦腮都挖出来了,很是心仪。后来又不断看到一些刊物为他开研讨会、他的某部小说获什么奖等消息。又知道他是南阳人,在军队里做干部,便想有机会结识他,也好向他请教。这里面肯定有追星的意思。大概是1989年,我才有缘见到了他,记得我当时有点会见名人时常有的紧张,但见他一点儿也没有名作家的架子,便放松了神经,与他谈了我读他小说的感觉,也听他谈了不少文学方面的见解。你应该写东西。他说。

　　我对大新《豫西南有个小盆地》系列小说尤其感兴趣。他曾在《圆形盆地》中说:

　　　　在遥远的那个地质年代里,当伏牛山、桐柏山渐渐隆起,把中原西南部的这块土地变成一个盆地时,大自然还不知它要在这个盆地里养育多少人。后来是原本栖居在黄河岸边的一些部落人的南迁,当他们中的一些人发现这个盆地宜于生存停下迁徙的脚步时,便成了盆地人的祖先。接下来是世代繁衍直到今天,盆地已拥有了上千万的子孙。

　　　　我在这拥有上千万人的盆地里东游西逛。我见过很多的死人和活人,我同好些个男人和女人交谈,我到过乡村、小镇、县城和州府,我进过茅屋、砖瓦房、洋楼、礼堂,我爬过山、涉过河、翻过丘……

　　这些话我当时读起来心里感到十分亲切,也十分感动。于是我以上面这段话作为引子,参考名家评论大新的文章,加上我自己的采访和感受,写了一篇报道性的文章,叫做《周大新情结》,在地方报纸上发表,文章重点谈了大新小说中透露出来的对家乡的挚爱,没有什么创见,大新见我还说了几句文章写得不错之类的话,给我以鼓励。

他还建议我去读鲁迅文学院,并主动去信联系。他还用别的办法鼓励我。如:南阳几所学校编一本叫做《南阳籍当代作家作品选》的集子,由于大新的建议,我的一篇散文以及与人合写的一部通俗小说的一章也被收入到这本集子中。看到自己的东西与大新等名家的东西列在一起,心里当然很得意。

后来根据大新小说改编的电影《香魂女》获柏林电影节金熊奖,我们都为他高兴。在我的建议下,南阳地委宣传部为他开了个小小的庆功会,参加会议的领导由衷地称赞了他热爱家乡人民、描绘南阳盆地变革的感情和成就。那是一个游子对家乡深沉而刻骨铭心的爱。

几乎是每一次去大新家,我都看见他在写东西,要么是读书。我便想,这么知名了,这么有成就了,还这么刻苦。那时候我还不明白作家们一种特殊的心理:总想写出来一部更好的东西。

大概是1991年夏天,在大新的支持下,我下决心摆脱一下比较繁忙的工作,去鲁迅文学院读读书,逼自己写点东西。做通领导的工作后,我刚好到北京出差,就请大新给何镇邦老师写了一封短函,到北京拜访了何老师。第二年年初,我收到了鲁迅文学院的入学通知书,赶紧报告给大新,大新说,你应该写两篇小说,到学校后请辅导老师看看。我就构思了两篇小说说给大新,他觉得可以,鼓励我写出来。但是我比较笨拙,两篇小说都只开了个头写不下去了。后来我明白,这是没有找到适宜于我自己的写作方法之故。到鲁迅文学院半个月后,有一天我忽然有所悟,就把我最近做的几个梦写了出来,我觉得我找到了我自己。但我觉得我这种东西刊物不容易接受,也没有拿给辅导老师看。鲁迅文学院放暑假时我把这些东西挑了几篇让大新指导,大新谈了他自己的意见,鼓励我继续写下去。他还介绍我把小说拿给《十月》的一位老编辑看一看,可惜那位老编辑不喜欢我这种东西。

1994年年初,我的小说在大刊物上只发了六七篇吧,大新就写了一篇文章叫做《新拳法——行者小说阅读随感》,在《文学报》上发表,给我以肯定,说我修炼出来了一套新的小说套路和修辞策略,这让一个初学者感觉十分温暖。

大新是个堂堂的男子汉,一米七八的个子,浓眉大眼,嘴巴也挺大,脸上棱角分明,但你分明能从他身上体会到一种女性的美,那就是善良。是一种女性的善良,温和,体贴入微,那目光在关注着你,那话语是温暖的,那双耳朵在倾听。与大新交往,就觉得他是一个真正的共产党员,心里装着别人,唯独没有他自己。他把他性格中倔强的一面全用到写作上去了。

这几年,南阳的几位文友先后患癌症而仙逝,如乔典运先生,孙幼才先生,大新都给了他们很多的关心和帮助。乔典运先后数次住院,大新多次去探望,还拿出来一笔钱送给乔的家人。孙幼才是南阳文学圈里年龄最长的一个,大新为他小说集的出版费了不少工夫,还为他写了序。他患癌症时大新早已奉调进京,但时不时打电话问候,又寄了一笔钱给他。近十来年间,我多次听老孙说:大新真好。老孙去世后,大新在《人民日报》上写了一篇悼念文章:《挺立一生》,写得情真意切又充满着人生哲理,南阳文友们传看后无不唏嘘。相信老孙九泉之下读到这篇文章会得到更多的安慰。他会再一次微摇着头,极认真、严肃地说:大新真好。

想来大新小说多写南阳,又用自己的言行给南阳文友们诸多真挚的帮助,使南阳一些后学得以进步,这对南阳文气的聚集当有一份大功劳。

大新宽容。即使朋友们交往,时间长了,也会生出一些龌龊,某某或是出于嫉妒,或是出于误会,说几句不负责任的话也是有的,但大新从来都不计较。他总像一位宽厚的长者,含笑面对一切,化解一切。

大新通透。他对人生和社会思考得很深入,多次在文章中说到平衡、偶然这些哲理性的概念。他在写给一位姑娘的信中说:"我想告诉你的是,人世间有一条规律,这就是人们得到的快乐和痛苦差不多呈平等状态。"他也用这种认识安排他小说人物的命运。因此大新对荣誉看得比较淡。他得到过全国短篇小说奖等奖项。长篇小说《第二十幕》在茅盾文学奖初评中得票最高,这本身就是一种荣誉,我打电话表示祝贺,他只淡淡地说,那可不一定。这东西你不能十分看重。这部大新最为用功、写了10年的有关南阳盆地的长篇到底没有评上,他仍然是一种很洒脱的态度。不过《第二十幕》后来获得了人民文学出版社的奖,实至名归,这很让人高兴。在这里我要向大新表示我真挚的祝贺。

大新坚强。从出生至今,大新经历了诸如饥饿、贫穷、困苦、突然袭来的灾难等等的打击,在一场大的变故面前,不坚强的人很容易被压趴在那里的。但他挺过来了,并将这种磨难所取得的经验转化到他的作品之中,小说写得更加老道了。

大新谨慎。记得有一次他要去郑州,我联系某单位,让他借人家的车去,他开始同意,后来又改变了主意,买火车票走了。他说坐火车安全。他认为飞机和汽车太危险,但也担心火车会出事故,他估计他最终有一天会死于火车相撞的灾难中。这种心理大新在多篇文章里坦白过:"我害怕的东西很多。我怕高,不愿登高,医生说这是恐高症。修理电灯,桌上再放一个凳子,我登上去就有些害怕。1984年在西安求学时,同班的人大都去登了华山,可我没去,我不敢。我缺乏冒险精神。我惧怕车祸。我每次坐车,不管火车、汽车还是三轮车,我都时刻担心会出车祸。我每次离开济南的宿舍时,都把东西简单整理一下,以便家人日后来整理遗物。"想来这是大新对生命的一种极端热爱的缘故。

但我弄不明白大新人与文之间的一个矛盾:个性的敏感和恐惧如卡夫卡,作品的博大、悲悯和地域特色却如福克纳。

大新锱铢必报。他严守你敬我一尺我敬你一丈的原则,谁为他做了一件什么事,他必有回报,否则心里便会严重不安。记不清楚什么原因,或者他离开南阳之前,我请他和一些朋友吃过两次饭,每一次他都非要回请一次不可。如果我知道他生病去他家看望他,拿了一点儿水果什么的,过后他必会提着什么东西到我家来一趟。这些是大新的优点,但未必是多么好的优点。

大新真好。

原载《时代文学》2001 年第 4 期

榜样周大新

阎连科

有一句社会公用俗语,叫"榜样是人们前进的动力"。而我每每想到兄长(好友)周大新时,便觉得我必须在做人的原则上有所倒退,有所放弃,不这样你就势必感到一个优秀的人对你言行的压迫,如一个优秀的学生对一个平庸学生的无言感召,使平庸者感到自己或者努力优秀,或者索性放弃,横竖不能一成不变一样。当然,变坏是一件让人惬意的事,所以在大新面前,我总是采取一种倒退与放弃并举的原则,以对抗一个优秀的人对我的无形压力和迫害。

索源追根,第一次见到大新是在济南的1991年秋天。那时候,他的《汉家女》和《小诊所》,已经连续获得全国短篇小说奖;那时候,许多作家一获奖就以为他能让太阳从西边升起来能让月亮发出金色的光,找不着北是件常有的事;那时候,我因不愿进济南军区创作室当专业作家,黑心烂肺、一心一意想调往北京,似乎是到济南托托关系要求放人。然而到了那里,才感到举目无亲,领导的权利宛若脱口而出的唾液落地后便成了金子样沉重而又珍贵;那时候,大新就恰逢其时地找到了一位首长的办公室,说你是连科吧?中午你到我那里吃饭吧。一股暖流顿时涌遍全身是不消说的,就是多年以后的今天,我还觉得任何地方的烧鸡和啤酒,都没有10年前大新买的香醇和爽心。

之后,便开始和他频繁交往。总也忘不掉济南那顿饭的情谊,而且在任何一次相处之时,他又总是在吃饭中间悄然离座,你以为他是去洗手间或干别的事情,待你去结账时,也才知道他早已提前结了。同搭出租车时,他总是争坐到前座,以备下车付钱时名正言顺。有关系稿发不出去时,他还会告诉你,他的好友在某某报社工作;谁评职称怕通不过时,他会不厌其烦地帮人家去和那些他认为主持公道的评委联系,介绍那人的创作情况。总之,你也许看不到他抗震救灾、见义勇为的英雄壮举,但在日常生活中,一点一滴,零零碎碎,甚或是和任何人在一起的每一分钟,你都能觉察出一个优秀的人在你身边无言无语的行为和感召。你看不到他为写作所获荣誉的得意,也听不到他对什么人事的抱怨,就是10年前他的生活中发生了常人无法抗拒的哀伤和灾难时,你也听不到一句他对某人某事的责怪和点评。一个人是一群人的无言塑像,一个作家是一群作家的无形榜样,这实在是一件了不起的事情,实在是一个人在做人上的一种事业,是一种许多人和作家永远无法达到的境界。8年之前,我们又在郑州相遇，他因电影《香魂女》获国际电影节金熊大奖，被记者们左拉右扯，而我站在一边。他觉得同为作家，一冷一热，脸上的绯红和不自在又宽又厚，仿佛他获奖倒有些对不起朋友似的。半年之前，茅盾奖评选结果公之于世，《第二十幕》从呼声最高到莫名地落榜，他的淡然一笑，如身上掉了一只扣子，或者说落在手上的鸽子因他不精心喂养而又愤然飞去一样，那无所谓的笑意，还有自始至终不对某些作品获奖多说一句的态度，都使你感到他无论是身为作家，或者身为人海中的生命之一，都不能再用一般的准则、原则去评述论说。他为文为人，都是那样自然淳朴，而且淳朴自然到了某种境界，你就只能对他尊敬，而很难向他学习。有人说，世界上最坏的人莫过于作家。在很多时候，我和许多作家朋友，都试图把他变成一个"坏人"，但再三想想，也就罢了。不是怕他变坏，而是怕他伤心。他总是为自己有了过错而伤心，为自己说了一句几句他认为不合适的话而自责。你想，他若果真做了什么错事，成了坏人，不知该有多少自责和不安呢。

　　人们中间，除了正常的普通人，还有人鬼、人精、人杰三种，如果把大新从正常的普通人中赶出去，他毫无疑问可归为人杰之列。当然，人杰也有错误，就如孔子有三纲五常之理，可也同样热爱妻小一样。大新虽为人杰，也有他的可供我们茶余饭后谈说的话题。然而，问题是我们可以说孔子作风不好的话，而且说出来丝毫不损我们什么，而当我们私下说大新的坏话时，会有些良心的不安，会觉得不是大新有坏话可供人说，而是因为我们是个坏人才去议说人家。有段时间，我曾经去琢磨为什么谁说大新不好就是因为谁不好这个问题，后来实在琢磨不透也就算了。总之吧，在作家的行列中，大新不仅是混乱的文坛上举足轻重而又令人敬重的优秀作家，而且是作家队伍中的人之楷模，有许多地方可供作家借鉴学习和模仿。就连他的小说，从20世纪80年代初《汉家女》、《小诊所》，到中途的《香魂女》、《伏牛》、《左朱雀右白虎》、《银饰》，直到近年的《向上的台阶》、《第二十幕》、《21大厦》等，20年创作不衰，佳作不断，这也实在让人生妒，总得在某一天，不在小说中倒腾他一下，也一定要在他的人品上挖出一个黑洞来。不这样，你便总也无法摆脱一个优秀的人对一个庸常的人的无形无言的压迫和残害。

原载《北京日报》2001年8月5日

研究论文选辑

在"传统"和"现代"之间
——周大新小说印象

陈骏涛

知道周大新的人也许不会很多,我也是新近才认识周大新本人并读了他的一些小说的。于是我了解到这位35岁的军人作家,从1982年开始发表作品,至今已有30余篇小说问世,其中有8个是中篇,可以说是相当勤奋的了。他的短篇《"黄埔"五期》、《街路一里长》、《汉家女》、《小诊所》,都有一定影响。他新近问世的两个军事题材中篇——写精简整编在军营内部所激起的一场剧烈动荡的《铜戟》和写南疆战场在战斗指挥问题上的一场尖锐冲突的《走廊》(均载《昆仑》1987年第3期)——可能将为更多的读者所关注。

周大新迄今为止所发表的小说大致可以分为两类:一类是写普通劳动人民的生活和思想感情的,多以他的家乡河南城镇为背景;第二类是写军人的生活和思想感情的,则以他亲身经历的军营生活为背景。他贴近生活,直面现实的人生,以表现军人的责任感和牺牲精神为己任,同时也真实地反映了军人内在的复杂心境。

周大新有几个短篇是写得相当有特色的。《"黄埔"五期》把陆军学校学员们的生活写得有声有色,作者在一个个平凡而富于情趣的生活速写中,极力挖掘当代军人的一种新的价值观。那就是小说中那位曾经在前线挨过血的教训的学员班班长冀成训所说的:"那些没有实际才能而又企望当上军官或保持军官职位的人,是军界最不道德的人!"《街路一里长》和《汉家女》则特别显示出作者的长于刻画人物性格并善于在人物性格的对立和冲撞中推进故事情节的才能。这几个短篇也是我所读到的作者小说中最切近短篇小说的艺术特点,读起来也最有情趣和兴味的作品。

小说艺术革新的浪潮对周大新也不无冲击,他也试图在一些小说中吸取一些新的表现手法,如叙述角度的变换、电影蒙太奇式的场面组接、情节发展中的时空交错等,但大体都还没有离开传统的"短篇故事"的框架。我以为,如何在"传统"和"现代"之间架起一道桥梁,既不丢失"传统"当中值得承续和发展的东西,又勇于吸取"现代"当中对自己有用的部分,使"传统"和"现代"融会贯通,化为自己的血肉,也许是周大新这类作者所可能择取的道路。周大新小说的局限或缺陷主要不在于新形式（包括新手法）的欠缺（事实上，他已经在这方面作了些尝试），而在于作品内蕴的不足，在于这些新形式还没有与具有"现代"意味的内蕴融为一体。在周大新的不少小说中，我们可以看到现实生活（包括军营生活）中的某些真实动人的侧面，可以看到一些不乏性格光彩的真实鲜明的人物，可以感受到革命军人的责任感、牺牲精神和某些新的价值观念，这都是应当肯定和发扬的。但是，在这些真实画面的背后，却难以捕捉到某些更深刻、更普遍、更丰富、更动人的东西，某些超越小说所描写的范围的、涵盖面和辐射力更大的东西，某些能够引发人们作更深刻的回味、联想和思考的东西，某些与我们整个民族精神、我们整体的社会生活、整个人类的共同意识相沟通的东西，而这些东西是我们目前的军事文学作品所已经达到了的。

　　如果要说周大新的小说根本就没有这种寓意超越的追求，那是不符合事实的。他新近的两部中篇——《铜戟》和《走廊》，特别是《铜戟》——就有这方面的自觉的追求。《铜戟》中所设计的"铜戟"，既是实体，又具有象征意味，它是军人业绩的见证，又是军人荣誉的象征，确实能引发人们去做某种超越性的联想。"铜戟"形象的成功，是由于它与小说整体的内蕴产生了不可分割的联系，是小说所不可缺少的一个形象、一种意象。但是《铜戟》中所设计的另一个形象——始终盘旋于上空的"战鸟"——却并不成功，就是由于它只是附着于小说表面的，形象极其模糊，使人很难捕捉到它与小说的内在联系的一种闪烁不定的东西，它好像是在一个完整的画幅中，拼贴进一个很难弄清与整个画面有什么关联的小画面。作者的本意是要激发人们去做某种超越性的联想，但由于形象的模糊不清，却不能达到预期的目的。同样的问题在《走廊》中也有，《走廊》一开头那位老爷爷敲了一下重孙子的屁股，莫明其妙的一声叹息，无论如何难以捉摸出它与小说整体的内在联系。其实，作品的"超越"意味不应当只是表现在对几个象征物的设计上（现在他似乎过于看重它），而应当表现在作品整体内蕴的追求上，是作品整体内蕴所辐射出的一种光能。这个问题需要作进一步的探讨，也是周大新在今后的创作实践中需要解决的问题。

原载《人民日报》1987年6月16日

浓郁的地域特色和社会风貌
——读周大新小说近作

冯 牧

周大新近年来以其独具地域文化色彩的小说创作而引人瞩目。最近,我一口气读完了他的近作《左朱雀右白虎》(《长城》1991年第1期),又读了手边可以找到的周大新的其他几篇长短不一的作品。这些作品大都标以"豫西南有个小盆地"这样的副标题,实际上是一批题材和主旨虽然不同,却明显地揭示了一种具有相似地域特征和社会风貌的系列性作品。

和周大新其他许多以描写农民的生活变革为内容的作品相比,《左朱雀右白虎》似乎出现了一种"变革"或差异:作家的笔触所描述的已不是把自己的生活与命运和土地紧密地联系在一起的农业劳动者(包括穿了军装或脱掉军装的农民),而是生活在这块土地上的乡镇知识分子——把自己一生的精力、热情和期望都奉献给先民所遗留下来的珍贵文化财富的发现与保护的知识分子。这些生活在乡镇的知识分子,不同于他们的亲友,他们主要不是依赖种地、养牛为生;但是,他们都具有一种和土地与农民割不断的血缘和亲情。他们珍视这块土地上的一切甚于自己的生命;他们珍爱几千年来由他们的祖先所开辟和建设得如此美好的自然环境;他们同样珍爱自己的祖先在这片土地上以卓越的才能和智慧所创造的"第二自然"——文化遗产。在其中,汉代画像石刻是最值得一切南阳人乃至一切中国人都引以为豪的人类瑰宝。在周大新的一些别的作品(如《伏牛》和《泉涸》)中,我们为人们对于土地所蕴涵的深情,为使这片土地迸发出更加巨大的生命活力并借以改造农民的生活境遇所付出的沉重代价而深受触动和启发。在《左朱雀右白虎》中,我们并未再看到那些终日在土地上汗流浃背地劳作的农民形象,然而,通过对于热衷于汉代画像石刻的发现与保护的老知识分子王莹质及其学生古涵和女儿王楠这些人物的命运的描述,我们不是也同样深切地感受到一种人们对于乡土与祖国,对于绵延了两千多年的人民智慧结晶的深沉的挚爱之情么!

这篇作品同作者其他作品不同的另外一点是:作品用了相当多的篇幅,以一种别开生面的方式,通过主要人物的叙述,生动而细微地为我们描绘了一座历尽艰辛才得以重见天日的汉墓的发现,以及墓中的画像石刻上所包含的丰富生活画卷。作品通过主要人物娓娓而谈式的亲切描述,让我们从那些栩然若生的宏伟画面上看到了历史长河滚滚前进的波涛;使我们惊叹地了解到,即使是在两千年以前的严酷的社会里,生活在这里的人们就已经懂得赞扬这样的美好品德:生命诚然是宝贵的和美好的,但为了维护人的尊严,为了追求理想的生活,为了坚贞纯洁的爱情,为了抗拒邪恶的力量,人们可以牺牲自己的一切乃至生命。从《左朱雀右白虎》所着力刻画的三个人物——三位挚爱祖国民族文化遗产甚于自己生命的土生土长的知识分子身上,我们还看到一种不仅仅属于地域文化而且还属于时代的鲜明特征:他们都具有一种强烈的爱国主义情操和自觉地维护与发扬祖国优秀文化传统的责任感;正是这种爱国主义精神才使得这几位平凡的教师、文化工作者和浑身带着泥土气息的农村知识分子做出了一番"我以我血荐轩辕"的壮烈事业。他们的爱国主义精神,已经不是一个空泛抽象的概念,而是一种浸透在每一根血管、每一个细胞中的强劲生命力。这种生命力,既是和他们所生活于其中的南阳盆地的劳动人民相通的,又是和深埋在沃土之中的伟大祖先的心灵相通的,同时,更为重要的,也是和他们所处的时代(国家生死存亡的时代),和这个时代的精神象征——鲁迅先生的心是相通的。

迄今为止,周大新的创作给我以较深印象的作品是《左朱雀右白虎》和另一部中篇《伏牛》以及几篇短篇小说(如《泉涸》、《小诊所》、《风水塔》)。这些作品给我带来的总的感受是:作者是怀着一种对自己故乡人民(特别是农民)的善良、敦厚、执着、顽强性格品德的钟爱与关切之情来塑造作品中的人物的。作者这种分明是饱含深情的描写,却又往往采取了一种深藏不露、貌似冷静而客观的手法。他描绘得较多的,正如一位论者所指出的,大多是一些由于改革开放浪潮的冲击而不得不离开土地的劳动者的形象。这些形象的动人之处和启人深思之处,是这些男男女女即使是暂时以这种或那种形式离开了祖祖辈辈所赖以生存的土地种植业,带着一种前所未有的新的追求和期望,来努力改变自己的生存状态(这种生存状态,已经延续了许多年,却从未彻底冲破过由于历史原因所形成的封闭状态),不论他们获得的是成功或是失败,在他们身上总还是可以清晰地感受到那种对于乡土及其历史文化传统意识所怀有的执着而又复杂的感情。在这种情况下,周大新笔下的人物往往带有某种复杂性和由于历史、社会、地域文化等诸方面因素造成的独特性。这种探索和追求,是无可厚非,甚至是值得称道的。

我在前面说过,《左朱雀右白虎》在这方面可以被看作是一个例外或"变格"。这篇作品,不仅给读者带来许多关于民族优秀文化遗产的生动感人的知识,而且,通过了两条情节线索(古代的和现代的)的交叉发展,描绘了生活在南阳盆地的几个纯朴无华的人物形象;这些人物,以自己美好的灵魂,以自己对于乡土及其值得自豪的文化遗产的平凡而真诚的耿耿深情,使我们受到了一种炽烈的爱国主义情操的感染;这些人物的心灵并不复杂,但都是真实可信的,使人钦敬的。在他们身上,具有一种来自生活深层的朴素美和厚重美。作者习惯于使用严谨的现实主义笔触来写人状物,然而,他在作品中也采用了一些具有象征性的浪漫主义色彩的手法(正如他在其他作品中也时常采用的),我认为,这一点,不但没有影响作品中人物与情节的可信度,还在很大程度上可以说是加强和加深了作品所特有的地域文化色彩和艺术感染力量。

原载《人民日报》1991 年 4 月 18 日

神话的复归
——周大新盆地小说原型分析

胡 平

自从卡夫卡的《变形记》、乔伊斯的《尤利西斯》、艾略特的《荒原》、福克纳的《喧哗与骚动》等诞生以来,神话的复归就成为世界当代文学史上一种重要的潮流。在中国,虽然目前寻找相应的代表性文本还比较困难,但我们仍能从一些作家的创作中大体确定无名氏故事的原型。我们不知道周大新究竟在多大程度上自觉到古代神话、传说、宗教、图腾、仪式和民谣对他的影响,而所有这些因素都的确可以在他有关南阳盆地的作品中发现。根据他的描述,这块盆地异常美丽,巍峨的桐柏山耸立于东,连绵的伏牛山卧于西北,苍翠的武当山、大漠山横向于南。盆地里气候温润、雨量充沛,生长了从温带到亚热带的各类动物和植物。盆地人的祖先从原始社会时期就在这块土地上刀耕火种,繁衍生息,一代代人的不辍劳作开拓了荒漠,创造了丰厚的文化,但由于大山的环围,终未改变闭塞、愚昧、贫穷的生存环境。毫无疑问,这里也更多地保留有初民时期人类的集体无意识,并且通过神话等影响到作家的童年经验,犹若他中年以后才醒悟到的:

> 故乡盛产故事,差不多人人都能讲出一串串的故事。在母亲的膝头上,在生产队的牛屋里,在飘着麦香的田头上,在夏夜纳凉的竹席上,我从乡亲们口中听来了无数个童话故事、神话故事、鬼怪故事和现实生活故事。几十年后我方明白,当初我从鸭嘴叔和其他乡亲们口中听到的那些故事,其实就是故乡给我上的最初的文学课程。

这样我们就更容易理解,为什么周大新许多作品自始至终都在讲故事,故事中永远包含动人的情节;为何英雄的奋斗、男女的爱情常被借以寓托不同的主题,无以名状的、神秘的氛围则时时笼罩着现代的场景;何以叙述似乎有意不掩饰鲜明的倾向,整个创作又保持积极进取、乐观向上的基调。这一切都依稀使人联想到古代神话的艺术特征。这些特征当然远不能概括周大新的全部创作,但已显示出作者文学观念的卓荦之处。神话本是文学的结构性因素和创作的素材,涉及了宗教、民谣、人类学、社会学、心理分析等重要意义范围。"文学的意义与功能主要呈现在隐喻和神话中"(沃伦),因为人类天然具有在精神上回复和依恋集体无意识的倾向,而神话正是人类集体无意识和种族文化积淀的原型呈现,体现了人类的普遍精神。周大新无疑更善于用神话的眼光观察世界,在原型批评理论看来,它意味着作者创造性幻想得到的自由表现,在幻想中捕捉到某种来自心灵深处的陌生的东西,一种人所不能理解的原始经验。

仿佛是受到神的启示,1986年的秋季,回乡省亲的周大新站在那块黑色的土地上,闻到成熟了的秋庄稼散发出的新鲜香气,望着乡亲们在田间劳作的情景,忽然意识到,自己最熟悉和最应该写的还是脚下的故土。那首使他激动不已的棉花谣改变了他一生的创作方向:

棉籽种在土里边,小苗出土锄七遍,
草死苗好土发暄,手扳棉枝打花尖,
花开满地蝴蝶舞,摘下新棉做衣衫,
……

可以想象,那种情景下,童谣所唤起的正是来自种族的温馨记忆。

一、盆地情节

周大新的盆地小说,主要包括两部长篇和若干中短篇作品,不妨认为,理解全部这些作品的枢纽是三则有关盆地起源的传说:

第一则:天宫里的三仙女偷看了凡间男女亲密相处的情景,春心萌动,与南阳天将偷情,受到玉皇爷的惩罚。玉皇爷认为他们是看到外界东西后学坏的,罚他们永世独居凹处。遂用五指在人间按出一块盆地,将二人押送其间。三仙女与南阳天将在那里生下子女,一家人唯靠吃毛豆为生。为了到外面学种庄稼,三仙女决心翻山越岭走出盆地,但受到玉皇爷法术的控制,永远走不到山前,终于累倒,身体变为白河水奔出盆地。

第二则:土地爷的小儿媳唐妮丧夫后难熬寂寞,与农人南阳相好。土地爷派地兵砌起伏牛、桐柏、武当诸山,禁锢二人于山围之中。后唐妮为到外界学会织布做衣,坚持不懈向山外走去,最后力竭而死,身子变为唐河水冲开山脚。

第三则:阎王掠民女湍花为妃,湍花后与阴府迷仆南阳相恋。阎王施魔术于阳间变出凹地一处,将他们囚禁在那里与世隔绝。湍花与南阳生养了子女,但深受不能建造房屋之苦。湍花决意到外界学习技术,日夜不停地走,终因无法接近群山扑倒在地,身体化为湍河水冲出凹地。

这三则传说中轮流出现了南阳地区三座大山、三条河流及南阳人祖先的形象,重复的情节显然是在强调某些基本的原型。联系作品,我们将发现,每一则神话都比较完整地传达了盆地人由观念和感情交织而成的典型的地域心理模式,它们涉及原欲、原罪、创世、命运、爱情、自由和重生,也包括了周大新系列创作的两大母题:"盆地"和"走出盆地",前者象征着生存状态,后者象征着生存的奋斗。

盆地人通过幻想出来的意象表达了他们对于自己生存状态的不安,世世代代居住凹地被视为上天的惩罚,也是造成贫穷与愚昧的根源。这种朴素的直观的认识自然深刻地影响了作者,特别是当他走出盆地又回到盆地时,感受便尤为强烈,大量创作都出于"盆地情结"的郁积和排解。在中篇小说《步出密林》中,作者将人们栖息的地方象征为莽莽的原始森林,靠捕猴、玩猴为生象征了落后的生产方式。作品描绘着闭塞落后的生存环境如何迫使人们在掠夺大自然中进一步恶化生态,其中猴类与人类互相敌视的情景令人惊心动魄。由于母猴的死,猴王向主人襁褓里的娃娃发起疯狂的进攻,将婴儿的半边耳轮撕去,又率众挣脱铁链与成年人格斗。以作者的角度,同情所向竟明显地偏朝猴类一方。另一个中篇《伏牛》里,出现了盆地人原始的牛图腾崇拜和有关牛的传说,传说里玉皇大帝规定南阳地界是牧养御牛的地方。初始牛类与地界上的人们有过一段关系融洽的历史,牛救助了周族的祖先并帮助人们驱灾避邪。可是,同样出于生存的围困,人类和牛类之间终于爆发一场恶战。与前一篇作品相似,作者透露的是对天人和谐的自然秩序的怀恋,以及对这种秩序的破坏感到的忧虑。两篇作品艺术上颇为圆满,特点是创造了一种亦玄亦真、似实似虚的令人迷惑的混沌色彩,从而打破时空进入冥冥的原初氛围。神话与实际生活的彼此渗透并未留下隔膜,反而使人感到亲近,非理性的感受激活人们遥远的印象。周大新的真实用意在于揭示一个残酷的真相,即封闭状态下人类与自然共同面临的绝境,作品中残疾人与老猴一起上吊、公牛与女人同时下葬的场面就是寓意颇深的细节。荀儿带领一家人告别捕猴生涯,步出密林,则寄托了作者对人们"寻求新生活的勇气和自觉"的希望。

"步出密林"亦即"走出盆地",它是周大新怀着对故土和故乡人民热烈的钟爱与关切之情发出的呼唤,也是凝聚在众多盆地小说中不懈的主题。我们在这些文字中再三看到。前述三则神话中三位女子跌倒继而爬起,爬起继而跌倒,不屈不挠向山外走去的原型幻象般重复显现。重要作品《铁锅》中,这个幻象是一对青年男女,他们立志把祖传的铁锅制造业发展传继下去而不惧磨难,经历日军的杀人毁炉、民团的强征暴敛、"大跃进"的砸锅炼铁、政治运动的游街批斗,主人公初衷未改。作者承认,小说里一次次被打碎又一次次被重铸的铁锅"也是一种象征",象征了盆地人在灾难打击面前所表现出的巨大的再生能力。

作者仅有的两部长篇小说也用来处理同样的题旨,幻象同样在两部作品中化为中心人物形象。《走出盆地》分为三部,取谐音冠以"一步"、"二步"、"三步"之标题,转喻主人公步履的艰难。盆地姑娘邹艾在人生道路上迈出的第一步是学医以及获得机会去当兵,因为"丢了这个出去的机会也许今生就永远出不去了"。在部队她迈出第二步,为永久脱离盆地而不择手段地获得高干子弟的爱情,建立了城市家庭,享受到从未有过的富裕和荣华。第三步,她成为寡妇又携女迁回家乡,依靠自己的能力创办起医院和药厂,后拒绝了女儿要带她出国的建议,决意留在本地建立世界一流的医疗场所。她也准备将来"出去走走",但只能是作为事业上的成功者受到国外的正式邀请。小说里主人公的运道划了一个圆又回到原来的起点,完成了情节上周而复始的结构,而作者已通过这一轨迹完成了主人公更高境界的塑造。他是想告诉人们:走出盆地并不意味着逃离盆地,而是面向现代化和走向世界。

这一命题的正面展开体现在更庞大的写作计划中,系列长篇小说《想望辉煌的世纪》里,作者将通过对一个丝织世家百年沉浮的历史的描绘,表现盆地人缓慢前进的情状,反映盆地人"寻求辉煌的热望和一次又一次遭受挫折的境况",问世的第一部《有梦不觉夜长》已描述了尚达志之父和尚达志两代人"追求—失败—再追求"的创业史,以后还将继续描述尚达志与尚达志之子两代人的奋斗历程。他将此书"献给生我养我、给过我欢乐也给过我苦痛、给过我荣誉也给过我羞辱、给过我温暖也给过我寒冷的南阳故土",表明了作者对故乡的历史、现状和未来的非同寻常的关切。公平而论,在当代青年作家中,像周大新这样对改变家乡面貌怀存如此强烈的情结的作者尚不多见,他始终在讲一个故事,一个关于盆地人的古老愿望的故事,但恰如弗莱引用的那首诗所道出的:

有一个故事而且只有一个故事
真真值得你细细地讲述

这个故事具有更广阔的背景,因为周大新倾尽心血去书写的不仅是南阳人的命运,也是"我们民族"的命运。依他所说:"医学家由一人之脏器解剖知人类的身体进化状况和构造,写小说则常通过一地域的人、事描写和透析,而展示人类的生存境况和内外宇宙的广阔。"在他眼里,南阳是中国的一块盆地,中国又何尝不是地球上的一块久经封闭的盆地!正是在这个思维空间上,周大新的盆地意识已与全民族的生存和发展联系起来。

二、魔法与重负

就像传说中所讲述的:盆地人向盆地的边缘走去,盆地的边缘却在后退,使他永远无法逾越……这里魔法的威力没有被夸大,而只是提出一个神秘的预言。多少年来,人们并未走出过盆地,仿佛身上荷有沉重的负担。如果说周大新也困惑于古老预言的效力,那么他的创作的主要意义就在于破译这种无形的魔法。事实上他的思索愈深刻,便愈痛切地感到人们面临的障碍何等严重:"我觉出我个人身上背负的东西太沉重,我们国人我们民族身上背负的东西也不轻,以这个负重量朝我们前方的奋斗目标前进,究竟走多远?能不能保证不再中途停下?保证不再后退?我们中国人作为人类的一部分,究竟能为人类的发展与生存作出多大贡献?我近一时期的作品,大都是围绕这些想法写的。"这就为我们研究他的创作提供了线索。

魔幻现实主义手法的大量运用表明作者接受了一个地域的"神奇的现实",似乎并不否认命运观念,以及某种超现实力量的存在,但他对现实的考察却是严肃和丝丝入扣的。

黑色的幽灵产生于作者的幻觉,它在盆地小说里时隐时现。当云纬憧憬着幸福的婚姻进入梦乡时,她看见自己向达志奔去,突然"有一个穿黑衣的看不清面孔的人拦在了前边",用手指向一旁,命她绕路而行。第二天她果真被迫与达志分别(《有梦不觉夜长》)。邹艾从梦里醒来,发现"一个好高的黑影正慢慢向床边移来",他缓缓抬起磨盘大的手向她和女儿伸去,又顷刻消失。一个傍晚,黑影在花坛旁再次出现,不久,公公与丈夫就先后去世(《走出盆地》)。银匠父子在梦中见了一团黑云和一只黑鸟,"那黑云慢慢向他的头顶移近,那个黑色的怪物又在那团黑云里现出了身子,只见它啸叫了一声,猛向他扑来",于是小银匠便命丧黄泉了(《银饰》)。这类黑色的幽灵象征了何物?命运还是恶势力?

应该说两者兼而有之,在中国的神话故事中,人的命运总是掌握在恶势力手中,总是由恶势力控制着人的命运。这使我们记起玉皇爷、土地爷、阎王爷的形象,他们拥有至高无上的权力,足以阻止人们翻越山界的企图。相信周大新已在写实内容中将恶势力附身于人间的统治者和手握权柄的人们,因为他们每每要与黑色的幽灵相继出现。作者钟爱的小说人物多为振兴民族实业的实干家,他们苦心经营、励精图强,终抵不得官、兵、匪和各种人祸的浩劫,其中尤以官患为甚。这就是盆地人百年里沉沉浮浮、再生不息又遭难不已的历史,我们几乎看不出这种单调的历史比神话故事简单的情节更复杂,但它是真实的过程。纺织业主尚安业积平生经验告诫其子:"记住,为工为商,切记不可惹官!"既然界限须划得这样清楚,就注定了此生受尽黑色幽灵的捉弄。秦一可看到邹艾到底没逃脱盆地,又回到他的手心之中,发出了得意的笑声,这笑声又与天庭中的笑声并无二异。邹艾脖子上挂着的护身符是一只桃木刻成的"手",有掌有指,活脱脱像一只真手,这只手意味着什么在《走出盆地》里未加解释;土埂梦见自己捧着一块大烧饼,急急往家里走,"黑暗中老有一只黑手伸过来,一会儿把那饼掰走一块,一会儿掰走一块",这只手意味什么在《泉涸》中也未加解释;但在《有梦不觉夜长》里却有一段旁证,当云纬眼望蓝天时她想到,"难道冥冥之中真有一只手,是他在给每个人划定命运之路"——可见这只手是命运与权力的双重征象。

周大新超越神话之处在于他能看到"魔鬼就在每个人心中",反映了他对世界秩序的新的理解。他刻画的一些受害者既可悯亦可悲,他们认识到自己的命运掌握在别人手中之后,便一心要作掌握别人命运的人。栗温保受官家压迫落草为寇,专与官家为敌,一朝大权在握就成为另一个压迫人的官家。邹艾从小晓得当官好,搂住她娘的脖子说:"我将来识字多了一定要当官,当了官保证多挣钱,让你享一辈子福!"《伏牛》里西兰幼时也明白做官胜似做事,当伙伴照进表示将来要养很多很多牛时,她立刻接口道:"你要养牛,我就当大队长!我要像荞荞她爹管你爹我爹那样管住你,让你听我的话!"——孺口之言,已道出中国文化区别于西方文化的特色,封建观念如遗传性病毒溶进代代人的血液,又何愁世上缺乏少数人对多数人的统治!他们每个人都是受害者,又都是助虐者。人间的法则也就视同为魔鬼的法则。

真正有少量人走出了盆地是在改革开放以后,他们富裕起来,逐步接近了梦寐以求的理想。作者为他们感到欣慰,但也对部分人的行径深怀疑惑。少数人的富裕尚与共同富裕相去甚远,尤其是当部分人将财富化为另一种人间权力,凭借它去剥削、掠夺和奴役多数人时,作者就看到了黑色幽灵的再次显现。在这方面,作品中包含的批判是毫不容情的。《老辙》中费丙成恃财无恐,为所欲为,乘人之危买下青太的房产,又迫使姚盛芳委身于己。作者尖刻地写到,街上人们又恢复了旧社会的称呼,尊费丙成为"东家",而他不过是旧东家强奸他母亲生下的"野种",鄙薄之意溢于书面。或许我们还应该注意到作者通过情节表达的另一种见解,即道德评价与历史评价的统一:恶未必一定能推动经济的发展,它也可能最终破坏生产力本身。《豫西南有个小盆地》系列小说中一些作品陆续在暗示这一点。《家族》里周家三兄妹撕破人伦亲情的面纱,将"厚黑学"运用于露骨的欺诈与争夺,结果是三败俱伤,三份家业毁于一旦。《怪火》中,"我家"成为首富后,弟弟为富不仁,随意玩弄妇女、草菅人命,终于引来一场"怪火",烧尽房宅家产。翻回作品开首,那里援引有"我们柳镇"于同治二年(1863年)、"民国"十九年(1930年)、1951年和"文革"第3年发生的几起蹊跷的失火事件,事件中富家、匪人、革委会主任等突遭横祸,近在咫尺的清白者却安然无恙。假若说这路"天火"暗合着众人"上天赏罚分明"的观念,那么《泉涸》就更明确地将天意引向古老的传说。传说中周族的祖先在乳地泉旁找到了赖以活下去的土地,经过一百多代的传袭,这块土地竟沦丧于一代逃离土地的农民。此时,传说中的奇景复又出现,泉水涌出几米高的水柱将土地上的工棚冲塌。不仅如此,作者还特意在小说里安排有一只来路不明的黑鹅,巧妙地将它与传说中给祖先带路的黑鹅联系起来,代表了远古的良知。在这些作品中,天地良心的重新发现正形成集体的默契,谁又敢说这种默契会对生活毫无影响或丝毫不改变其现状呢?周大新用小说的方式破译着束缚人们的魔法,它自然而然地指向集体无意识的复苏,却不是任何理性可以注释的,它只能导致它们产生,随即任其翩然离去。

三、爱情模式与仙女原型

周大新典型的盆地小说主人公通常是位事业上百折不挠的奋斗者,事业上的打击主要来自传统社会和传统观念的压迫,此外需要补充的是,这种打击往往还要通过爱情上的打击来体现。我们很难相信,生活里每一个奋斗者都会以牺牲爱情作为代价,但在这些作品里爱情上的牺牲确实是实现主人公奋斗者形象的主要手段,只要考虑到这种精神上的磨难如何强有力地反衬了人物的坚毅性格。《伏牛》中的照进为了使村长刘冠山同意贷款,不惜断绝了与西兰的爱情关系,娶刘冠山的哑女为妻。以后他事业上有了惊人的发展,自己却从未与哑妻同房。《有梦不觉夜长》里,云纬遭到强人绑票时,尚达志与其父为保护祖业不受损失,也忍下巨大痛楚拒付赎金,导致未婚妻他嫁。《走出盆地》中,邹艾为了事业和前途也曾违心地脱离了与开怀的关系,后又狠下心来兼并了开怀的诊所。总之,不少作品中强调了爱情牺牲的情节,并构成发展人物关系的主线。当然,为了使人物关系统一于主题,作者还需要将爱情线索与事业线索有机地扭合起来,譬如《有梦不觉夜长》中达志的绝情使云纬先后落入官匪手中,爱恨交加的报复心理又促使云纬凭借官匪势力对达志的纺织业施以高压,于是两条线索便集中为一条线索,一石而二鸟,构思上别具匠心。主人公们并非铁石心肠,只是外冷内热、含辱负重而已,无论达志、照进或祖宛(《铁锅》)都将深厚的爱情埋藏心底,唯献身于远大的事业。如达志,平生之愿是"让我们这个受苦受难的羸弱之国,也有身健力壮享受他人尊敬的时辰……"思想之崇高令人嗳叹。

缘何他(她)们的爱情生活多不圆满?原因之一是他(她)们相中的姑娘太漂亮,或小伙太英俊,容易惹事。招致恶势力和权势者的争夺。要知道世上真正漂亮的姑娘小伙为数不多,他(她)们是激起人们竞争和占有心理、推动社会发展的动力之一。作者在中篇小说《溺》里讲得再清楚不过:主并不允许世上的人尤其是女人都长得漂亮,他必须使这个世界保持某种自然秩序,"假若每个男人都会轻易地得到一个美女,那男人们就不会去攀比、去竞争、去追求、去进取,这个世界就会失去一部分活力"。根据同一原理,自古流传下来的神话传说都无意中模仿了这种自然秩序。《有梦不觉夜长》里教育家卓远就特意在梅溪河旁用一则传说劝慰达志:从前南阳唐王膝下有一丑女,一心想寻漂亮小伙为夫,百寻不能遂意。后唐王要她自己坐轿去相,她在凉河旁相中一个叫青溪的小伙,唐王即传令下来招他为婿。青溪本与腊梅姑娘相爱,两人绝望之下相抱投河自尽。以后,这河便更名为梅溪河。

所以,当达志或别的什么平民同时怀有事业和美女两个目标时,他就迟早要面临选择,二者必舍其一。作品中盆地人对此称之为老天或主所规定的"平衡法则"。于达志来讲,"你在这一方面失去,可能会在另一方面获得,你将来也许会在事业上有一番大的造就,成为一国之中有名的丝织业主";于邹艾来讲,人"两辈子一个轮回,苦辣酸甜都是一个定数,上辈子哪样享得多了,这辈子就享得少",对于"我"(《溺》)来说,虽然被主暂时委屈了,但主"以后也许会给你补偿,主是公平的"。平民们承认了平衡法则,也就不得已在爱情上做出割让。

不过,从文学的角度上观察,作者乐于构置爱情的悲欢离合恐怕还出于提高作品情感力度的考虑。文学艺术是人类情感的符号,爱情悲剧又几乎是所有情感形式中最富感染力的一种,故此历来为传统派作家所偏爱。读者移情于小说中青年男女的相恋,悲撼于他们的生离死别,进而把愤懑指向不公正的社会现象,千百年来多少文艺作品沿用这一模式寄托了严肃的主题。特别在中国神话故事中,我们看到相近的思维定势的无数翻版,牛郎与织女、董永与七仙女、杞梁与孟姜女、梁山伯与祝英台,乃至前述有关盆地的几种传说。倘若这类故事都有美满的结局,也就很难传颂至今。编故事的人肯定受到同一类潜意识心理的驱动,周大新亦然。

使心爱的人由别人侵犯、占有,刺激莫大于斯,这种表达情感的方式自《汉家女》和《香魂塘畔的香油坊》始已有之。汉家女过去和将来都不会属于那个年轻的突击队员,却宽恕了对方偷看洗澡并恳献贞节。郜二嫂属于自己的丈夫,但与实忠偷情又理解了儿媳的处境。姚盛芳被迫在另一个男人面前展露肌肤,秋芋当着未婚夫被日本兵挑开胸襟,碧兰夫人与少恒在树丛里交欢,西兰撞见刘冠山玩弄娘的乳房,更不必说邹艾、云纬的经历。即使是振平与荀荀嫂嫂并无瓜葛,也还是让他窥见"一大截暄白的胸脯"。周大新的作品必然揭示了某种隐蔽较深的从黑暗地带升腾起来的人类原始的欲望,这类欲望在阶级社会和现代小说中同时扮演着双重角色。在文明的禁忌下,一方面是以侵犯和占有他人的妻子为莫大的满足,一方面是以自己的女人被他人侵犯和占有为莫大的耻辱,从中演绎出种种强烈的激发和折磨人们情绪的故事。这也是从神话到小说的移位。

应该说周大新更善于描写女性,特别对女性的心理刻画入微。一般而论,女性形象本是他创作中最为成功的形象。作者自己也能意识到这一点,写到《有梦不觉夜长》时,意欲作些调整:"不想再写妇女的命运",而主要写"三个男人的追求"。但这部长篇新作中最动人的角色仍然首推云纬,尽管男人们的塑造也很成功。

由于作品中爱情线索的重要地位;由于作品中女性连接着男人与男人、男人与男人的事业;由于作品中女性成为男人与男人间争夺和牺牲的对象,女性始终处于矛盾的中心并得以充分的展示。可是我们还需要着重分析周大新作品中女性本身的性质,她的真正含义。

整体创作上,女性的精神常常代表着人类原始的生命力,而男性的状态则往往反映了原始人性的丧失和生命力的萎缩,这是女性形象较之男性形象更具魅力的最后原因。

我们已经了解,周大新笔下的女性与男性对待爱情的态度是截然不同的,前者热烈,后者暧昧;前者坚定,后者动摇;前者以全部身心去拥抱爱情,后者只肯在爱情方面作有限的投入。这种区别在《有梦不觉夜长》里表现得颇为具体。云纬嫁给达志本是有难处的,为此她不得不狠心使老娘孤身度日,经过激烈的思想斗争,她还是不能克制对美好感情的追求,在娘的应允下实践了自己的愿望。她对达志表白心迹时说:"我要不做孝女了,为了你,我什么都舍了,连娘也舍了……你日后为了我,也会把什么都舍了吗?"尚达志刚刚发过誓,想起爹的脸便"无端地打了个寒噤",——其实他是做不到的。果然,后来的关键时刻他在祖业和云纬之间无奈地舍弃了后者,说出"家产要紧"的话。爱情与性爱本是人类延续种族的基本动力,是人类感性生命力的集中体现,达志与云纬的根本差距,就在于达志缺乏感性生命的冲动。照进、开怀和祖宛都差不多。

达志能够牺牲爱情,是由于他完全接受了封建社会正统文化的教育,云纬娘作为女性比女儿更能看穿这位未来的女婿:"世上可以让男人爱的东西,除了女人之外,还有好多别的,比如权势、金钱、家族的荣誉、世人的尊敬等等,很少有男人一辈子都把心思用在爱一个女人上。"尚安业对儿子的教诲更为直截了当:"大丈夫当时时明白,人活在世上,要紧的是通过自己创立家业的成功去获得世人的尊敬","成婚是喜事,但与振兴祖业相比,不是大事!"达志对此不敢怀有异议。他尽力培育自己的理智,从卓远那里学来抑制天性的道理:"不论是男人还是女人,在去爱时都应保持有一定的理智,不能全凭感情,感情这东西有热度,过浓的感情容易腾成火苗,那火苗是会烧毁东西的","一个男人,如果仅为了一个女人,甘愿把别的一切都抛掉,他会获得世人的惊叹甚至赞叹,但他获得不了我的尊敬!"这位达志真的没有辜负众人的期望,终于从对爱人的怀恋和对叛卖妻子的内疚中解脱出来,全心全意地投入到发展丝织产业的事业中去。于是,一个被阉割了男人本质的又冒充另一种男人气概出现的中国男人形象便展现在读者面前,其英雄壮举大部分是靠牺牲一个托付终身的弱女子、将老婆奉献给权势者实现的,其理论根据便是"平衡法则":当事业与爱情不可兼得时,一个男人应该有勇气为了民族和国家的更高利益舍弃个人的幸福。

我们的确很尊敬这种精神,无论如何它鲜明地表达出盆地人执意走出盆地的奋斗信念,然而我们不会忘记,作者更深沉的思考在于指出"我们国人我们民族身上背负的东西",这意味着作者不想简单地颂扬盆地人奋斗沉浮的历史,而是要挖掘他们未竟目标的原委,这原委难免也会归溯到奋斗者自身的弱点。问题在于,一个患有阳痿症的拓进者是否在丢掉老婆以后便丢掉了"身上背负的东西"。

事实上也许刚好相反,恰如弗洛伊德提出的:"一个人若能对其爱欲对象锲而不舍,我们便不难相信他在追求别的什么东西时,也一样能成功。反过来说,不管为了什么,一个人若禁绝其性本能的满足,他的人生态度便难免和易谦让,不能积极地去获取。"尚达志父子奋斗、失败、再奋斗、再失败的经历准确地印证了这一观点。他们何止在女人问题上忍了,在发展事业的种种问题上都忍了,"忍"字是尚安业直到临终还谆谆训导儿子的人生信条。在各种恶势力的盘剥、敲诈、侮辱、掠夺面前,他们唯唯诺诺,唯命是从,且冠之为"当忍则忍","不能忍者不能成大事"之名,其实"大事"又何曾成就!他们所忍耐的倒本来是大事,是忍耐落后制度的统治,忍耐中国的实业被窒息的社会环境,也是忍耐盆地的生存状态。这些男人使我们看到一个民族人种退化的历史。

与他们不同,周大新笔下的女性则大都敢爱敢恨,从不肯轻易被封建文化思想束缚自己的情感。当达志竭力淡忘云纬时,云纬一时一刻不曾放弃对达志的报复,这报复与其说出于恨,毋宁说出于爱。当达志对官匪忍气吞声时,倒是这个弱女子在尽微薄之力惩罚着黑暗势力。郜二嫂冒天下之大不韪与心上人私通,碧兰夫人不惜降低身份主动与小银匠幽会,即使是相貌奇丑的"我"(《溺》)也不顾世人的嘲弄去追求女人自身的价值。这些证明着她们保留了人之成为人的最后一点原始的人性,而没有被囚禁人性的"文明"彻底异化。令人惊异的是,这种原始的人性在作者特意设置的情境中被考察得更为细腻:当男人们残酷地毫无人性地对待那些来自原始森林的动物们时,女人却表现出在爱与憎的感情流露上更接近于动物而不是她们的同类。

既是如此,盆地里事业上真正的强者反而常常是女性,如邹艾、荀儿、郜二嫂和秋芋,作者曾恰如其分地对秋芋的形象作出评说:"女主人公是一种爱的化身,在这个普通的女子身上,我寄寓了我对爱的全部理解和发现。"那是"一直留存在我们每个人血液中的那种对亲人、对故土、对祖国的真挚的爱,是我们民族凝聚力的根源,追溯并指出这种根源是一件很有意义也很值得做的事"。女性们心中充满的爱,的确是支持她们越过男人的疆土走出盆地的无尽力量。

于是我们便又回复到那三则古老的神话。三个故事中,走出盆地的正是三位女性。初始是她们肯先打破禁锢,大胆主动地向男子表达爱慕之意,她们宁可触犯天条也不肯为其他什么交换爱情。以后,也正是由于她们首先赢得了爱,才敢于公开向统治势力挑战,为着生存的事业继续奋斗,坚韧不拔地走下去,直到化为河水奔出盆地。而此时,男人们的作用未被提及。

也许"织女"云纬原本就被作者想象为仙女,"达志"的达志不过是一种反讽。

水,在盆地神话中是真正滋润大地并带来生机的力量,凡与水有关的传说都与女子有关,"哥是春苗居高山,妹是泉水流深涧"(《步出密林》);"男人要是土,女人就是水"(《走出盆地》);女子投塘而带来的香魂水,也成为造福后世的源泉(《香魂塘畔的香魂女》)。所以,有关盆地的原始意象中早已有女性崇拜的痕迹,由来如何则无从考证。

这里也是我们读周大新小说时难辨真意之处,实际上他认为"尽管男人们一个个耀武扬威不可一世,但他们最终要回到女人的身边,女人才是凝聚这个世界的核心"。这句话他绝不说给读者听。

周大新的盆地小说并非伟大的作品,但一切伟大的作品都含有神话的因素。现代文明社会在经济上取得巨大进步,而竞争和与之相伴随的潜在敌意已渗透进所有的人类关系中。人们不得不承受焦灼的压力,个人不得不与他真正的自我相离异,直至疏远人类原始的人性和本质。神话在文学上的复归便标志着人类企图重新寻找和恢复自我本性的努力。在这个意义上,周大新的风格或许更贴近于现代人的普遍心理,他的尝试是有价值的。

文学的内容是无限的,文学的感染则相对有限,它只能根源于人性深处与生俱来的情感形式,根据人类文化心理积淀的有限模式,这些形式和模式不能被清楚描绘,但在千古流传的神话、传说、仪式、民谣等中保留了它们的基本原型,发现和显现这些原型则是作家的任务。在这个意义上,周大新的尝试也是有价值的。

原载《文学评论》1994 年第 5 期

寻找女人
——周大新小说创作的潜在精神向度

梅蕙兰

在周大新的小说创作中,有一个不容忽视的重要现象,就是他善于写女人,也长于写女人。他笔下的女人,无论是主角、配角、用墨多少,也无论是他精心刻画的,还是大致勾勒的,大都能有灵有魂栩栩如生,以真情、真性吸引人、感动人。如今,从他笔下走出来的女人已经形成了一个色彩斑斓的人物系列,一个带有地域与时代色彩和文化意味的形象群体。

可以说,女人在周大新的文学创作中,已经构成了一个不变的话语中心,已经占据了一个永远的主角地位,无论他承认与否,对于女人生命力量、生存困境、心理情愫、命运历史的探寻追求,实际是他观察与把握社会、历史、人性并进入文学创作的一个视角与切入点,也是他创作精神上的一种潜在动力与文化追求。他在不经意间已经把自己的灵智、思考、情感、希望都寄托在了他笔下的那些女人身上,并由她们引领着他在艺术境界中开拓与升腾。因此,分析与研究周大新笔下的女性世界,也许能比较准确地索解与阐释其创作的奥秘与意义。

一

周大新的作品展示给我们的是一个男女失衡的两性世界,在他设置的家庭关系、社会结构中,男人们大都不能奉献坚实的肩膀和支撑风雨的手臂。他们往往猥琐病态、自私可怜、孱弱不忠,往往在关键时刻无情无义地抛弃女人并以贫穷或成就事业为理由推卸责任。而女人们则大都是家庭与社会变革的活水、动力与精神支柱,是真正的生活强者。她们往往善良、炽热、有同情心、富人情味;也往往比男人更具有家庭和社会的责任感,有不屈不挠的意志与忍辱负重的自我牺牲精神。

因此,无论从内在的情感精神上,还是从外在的社会形象上,男人都不能与女人相比相匹。郜二嫂的丈夫郜二东是个身心都残疾的废人,根本撑不起他的家,只知道听戏打牌。郜二嫂不仅担起了家庭的全部重任,而且办起了香油坊,吸引了日本人的投资;一面隐忍着情欲的焦渴与屈辱的人格折磨,一面又在社会上顶天立地,干着轰轰烈烈的事业(《香魂塘畔的香油坊》)。荀儿的丈夫沙高是个眼界狭小、唯利是图、缺乏人情与人性的小人。他只愿以玩猴为业固守旧的生活模式,甚至为了赚钱,无视人的尊严人格,不惜让为他逮猴致残的剑平与猴打斗。而荀儿却是他们家庭中最早的觉醒者与改革者,她不仅决然地买来面粉机向旧的生活方式告别,而且敢于把维系她们全家生活希望的一群猴子全部放掉,以柔弱的女性身躯,承受着丈夫愤怒的皮鞭。同时,荀儿也是一个极富人情深度的现代人。她对剑平的悉心照顾与人格尊重,把猴们重新还给大自然恢复其自由的生活,既显示了她天性中的仁慈与宽厚,又表现出了现代人的人道主义精神(《步出密林》)。邹艾的丈夫是个性格抑郁内向依赖父亲地位生活的弱者,父亲的猝死使他失去了精神上的靠山,又忍受不了世态的炎凉,绝望自杀。而邹艾却能够自强自立,从命运的深渊中奋然爬起,屈辱地回到故乡,重新追求自己的事业,建起了"康宁诊所",并发展为相当规模的"康宁医院"(《走出盆地》)。碧兰的丈夫吕道景(《银饰》)是个心理变态的畸形人,不仅不能在情欲上满足碧兰,理解她的苦衷与正常的人性,而且从物质上不断地榨取她,并以了解她的私情在精神上威吓她、要挟她,最后终于致碧兰与银匠父子于死地。《溺》中的吴家三姑娘的第一个丈夫汪世通是个流氓无赖之徒,骗了她家的金钱陪嫁,并不给她以妻子的地位。第二个丈夫是个没有生活能力的文弱之人,由得到她的救命之恩并依赖她生存与她结合,但当羽翼丰满依靠她的小饭店养壮了自己之后,就开始背弃她而移情于别人。《老辙》中的姚盛芳的丈夫因车祸卧病在床,姚盛芳一个弱女子担当起全家的生活与为丈夫看病的重担,承受着逼债的窘境与危机,但面对新东家费丙成的调情与诱惑却给予严正的鄙视和拒斥。最后,为还清债务虽同意卖身,仍旧凛然难犯,不失节气,在精神上彻底打败了费丙成,使他从此大病不起,一蹶不振。《铁锅》中的秋芹为了恋人郝祖宛家制锅业的兴办,不惜卖身挣钱,毁坏一个姑娘最宝贵的贞洁与名誉,但郝祖宛并没有保护她,而是迫于家庭的压力离家出走,几十年杳无音信。《伏牛》中西兰的恋人照进虽事业有成也实施了自己的报复计划,但却伤害了两个女人,也造成了自己情感与事业的分裂,人格上的残缺低下。就连做了地区副专员的廖怀宝(《向上的台阶》),之所以能一个台阶一个台阶向上爬也是以牺牲女人为代价的。开始为了副镇长的职位,抛弃了把爱情与贞洁都献给他的恋人姁姁;继而为保全自己的身家性命又丢掉了妻子、女儿,置妻子于造反派头目的追逐暗算不顾,使其堕入火坑。最后又选择小雨做妻子,也是由于其哥在省里工作,能在官场上给他做后台与靠山,能为他今后的晋升提拔铺平道路。

总之,在周大新的大部分作品中,男人们不是一种在场的空缺,就是一件活道具,抑或是一副没有灵魂与生命的躯壳,一个自私卑劣不忠不义的小人。而女性世界则绿意盎然充满生机与希望。周大新不受一切陈旧观念的拘囿,钟情于女人,理解女人,偏爱女人,毫不留情地剖示了男性世界的虚弱苍白,揭示了女人在家庭里与社会上孤立无援的地位和处境。她们从来就没有受到过男人的保护、丈夫的荫庇,而是独立地担当着自己的一切。男人们看重的是她们的外表与性别,并不尊重她们的感情与人格。在家庭中她们要么是浮载着丈夫漂流的帆船,要么是丈夫成就事业的铺路石。因此,这些女人无论处在什么样的人生际遇中都是可亲可爱的,无论具有怎样的不规举动都是无可指责的。即使是地主裴仲公的女儿姁姁,地头蛇村长刘冠山的哑女荞荞都是善良多情、深明大义,就连郜二嫂、碧兰、邹艾的偷情都是符合人性人道的;秋芋、姚盛芳的卖身也是自尊自爱、人格高洁的。周大新摒弃了一切道德的观念,从人性出发,揭示了特定生存环境中生命欲望的合理性,为女性的人格作了辩护。环环对婆婆说:"你这一辈也不容易。"分明也是作者对郜二嫂不正常性爱关系的理解、宽容与认同,就连汉家女对即将上前线的小战士的动情安抚,也写成纯洁的、毫无私情的一种人性理解与人类大爱,都充分表明了周大新在人性的深层中对女性情感世界的一种知性理解与审美把握。

男女两性在情感领域的失衡也导致了他们自我价值、社会形象的不同,生活命运、生命质量的不同。周大新常常在"贫穷"中使他们显出人格真相,贫穷使女人显出了赤诚与胆气,显出了可爱与创造力,却往往使男人变得可恶可恨、弱质无能。女人们并没有意识到要有自己的事业,并没有追求自身价值的自觉,但在穷困的逼迫下,无意之间都有一番追求,一番奋斗,在感情的付出中得到事业的成功。而男人则只能在忘恩负义的人性蜕变中成就事业。他们以不同的情感代价参与了社会与历史,书写了自己的形象与命运。也由于女人们真诚的爱,宝贵的情,终未受到男人的尊重,得到同等的回报而注定了她们要落入到一种感情悲剧与命运悲剧之中,但与此同时,在这悲剧的大地上却高扬着一种生命的最强音,超拔出了一种积极向上的人类精神。因为,只有承受过大的苦难,人生才能丰富厚重,只有爆发过激情的生命,才能催生出活力与韧性。周大新笔下的这些女人经历过苦难,抗拒过命运,品尝过爱情的苦果,所以无论从生存层面还是从精神层面上说,她们都高出了男人许多,为女性世界增添了光彩,增加了砝码和重量。

二

说到底,周大新笔下的女人,大都是乡土的豫西南盆地里的女人,是经历过一个打倒封建传统的时代而并未走进现代社会的历史夹缝中的女人。由于他们生长在乡土之中,缺乏文化的教化,文明的濡染,而更多地带着乡村世风的温情与质朴,更少地受到传统文化"三从四德"等封建观念的束缚,这使她们在情感表达上勇敢直率,没有文化的禁忌,没有文明的修饰,没有虚伪,没有矫情。她们对男人的牺牲奉献不是出于"原罪"意识,而是情感欲求的一种自我表达,生命激情的一种自然喷发。与城市女人相比,她们最大的长处就是活得真实、真诚,忠于自己的内心,敢于表露自己的生存欲望与自然天性,有一种古朴的原生的生命活力。与文化女人相比,她们没有缥缈的幻想与浪漫的诗情,没有高雅的志趣与多色调的追求,没有悲天悯人的情怀与深沉悠远的冥思。她们把脚踏在现实生活的大地上,实实在在一步一个脚印地向前走,而不好高骛远,不追求超世俗的精神享受,没有那种理性的自觉与精神上的超越,只知道人生要一个台阶一个台阶地向上走,使生活更好一些,生存更容易些。这是一种自然本真的生命状态与本能地改变自己生活命运的生存方式,也是一种蕴藏着人性能量与积极意义的世俗人生。

由于她们是乡土的盆地的女人也就必然地带有乡土的局限、农民的劣根性。尽管她们都有明显的走出盆地改变自身命运的意识与追求,但大山隔断了她们的视线,阻挡了她们走向山外的脚步。小农的生产生活方式限制了她们的眼界,弱化了她们创造新生活的能量。这使她们的人生不得不在一种求生存的层面下展示,她们对命运的抗争也不能不是一种执着而顽强的生存欲望、生存本能的表现。于是她们往往为摆脱生存困境而寻找变革的契机,苦心谋划设计,甚至为达到自己的目的常常不择手段、不讲方式、违背情理。汉家女为了走出盆地改变自己吃黑馍的生活现状,不惜用耍赖和威胁的手法,拿自己一个姑娘的贞洁与名誉下赌注。邹艾为进入高干家庭,改变自己卑下的地位身份,不惜拿爱情下赌注,精心设计圈套让巩副司令的儿子巩厚一步步地上钩就范。部二嫂为了让环环姑娘嫁给她的傻儿子,先设计把环环与她的情人拆散,然后又怂恿信用社到她家催款逼债,自己深受没有爱情的婚姻之苦尚不觉悟,还要违背人情人性地再让环环重蹈她的覆辙。由于缺乏文化素养,她们往往用一种朴素的衡量事物的标准处事做人而缺少思考与理智。她们的纯朴善良与同情心这时候又表现得粗陋、简单、感情用事。汉家女在同情心的驱使下,居然弄虚作假,代替别人应付上级的计划生育检查。在战场上救护伤员能吃苦耐劳、无私奉献并在记者采访时不顺风使舵虚伪地拔高自己,但在领慰问品时却显得斤斤计较,毫无谦让,而且为了自己复员走关系还偷偷拿走了两条烟。她们毕竟是大山里的世俗的女人,本能的求生存的生活方式使她们对自身幸福的追求有时候显得狭隘,天性中的敏感显出琐细,对人格尊严的维护又表现为一种恶意的报复。邹艾为了报复金慧珍对她的鄙视,不动声色地夺走了金慧珍的恋人巩厚并以进入高层干部家庭能掌握别人的命运显示自己的权力尊严而自得自娱。《伏牛》中的西兰对于照进那种耿耿于怀的恨与不顾一切的报复也是由于照进背弃了她的爱,爱不成便生恨是一种气量狭小自私的爱,虽不甘于传统意义上女性被选择被抛弃的地位,也不曾达到一种精神上的畅明与豁达,缺少现代人的理解与宽容。周大新在充分地写出女人们强者性格的同时,并没有忽视对她们农民意识女性弱点的剖露,对她们复杂心态多面人格的展示。尤其是他常常把笔深入到女人最隐秘的欲望底层,摆开情欲所酿造的生命难局与永恒困境,刻画女性心理情绪的变化与人格火光的闪现。碧兰在抑制与放纵情欲上的矛盾、徘徊以至于最后抛却一切的勇敢追求都既写出了人性的魅力与巨大力量,又写出了碧兰真实的心灵轨迹与被人性照亮的性格发展过程。三姑娘因相貌丑陋不被男性接受,甚至不被父母接受的屈辱给她带来的心理打击几欲使她决绝于世,最后倔强地活下来并寻找比她更丑的男人以证明自己的生存价值,既写出了三姑娘从对美的追求到对丑的寻找的心灵嬗变与人性压抑,又表现了她不屈的性格与自尊的人格。郜二嫂因偷情被媳妇发现后的变态反常,有一种被剥光的尴尬与精神上的轰然倒塌的感觉,由于环环对她的理解使她在感激中思索,坚硬的心灵中开始涌动人性的春水,最后主动提出让环环与她儿子解除婚约,这种明显的心理、态度的变化都写得既微妙生动,又合乎情理,有一种洞穿人心的艺术力量。

　　总之,周大新把这些乡土的盆地的女人置于各种各样的人生际遇与生活场景中,置于突然的家庭变故、情感断裂与命定的苦难中,来展示她们不同形式的生存困境与共同的悲剧命运。漂亮文静的淑女型女人碧兰处身于知府大人之家,可谓是荣华富贵,丈夫却是个有变态心理的畸形人,情欲的煎熬与森严的家规终使她陷入悲剧的命运。相貌丑陋的三姑娘无论她怎样地自尊倔强都不能改变丑给她带来的人生绝境,无论她怎样地钟情于男人都不能被认可被接受,且对于男人来说算不了什么,对于女人却是一种毁灭性的打击。主意正、心胸大的郜二嫂能与日本人合资开油坊,却偏偏遇上一个身心残疾的丈夫而迫使她过着半人半鬼的生活。有追求、有心计的邹艾想依靠丈夫的家庭改变自己的地位,却偏偏公公猝死、丈夫自杀,使她又跌入了命运的深谷。自尊自爱的姚盛芳却偏偏遭遇突然的车祸使丈夫卧病在床、债主上门威逼而不得不去忍受费丙成的糟践侮辱。周大新从各种人生角度探索和追寻着女人的命运,揭示出一个近乎残酷的生活现象:在女人的生活道路上总是布满了荆棘,长满了蒺藜,女人的生存比男人更艰难,更富于悲剧色彩。其实这不仅是乡土盆地女人的生存现状,也是整个女性世界的生存现状,是女人们的共同命运。

三

　　应该说,周大新笔下的乡土盆地的女人是从他心灵中走出来的,是从他自身的文化结构、审美感知、生活观念、情感模式中走出来的。一切文学形象都是作家心灵创造、文化积淀的产物。在周大新的作品与人物身上,明显的有一种传统文化的基因与文学内在精神的流动,有一种现代意识与人格精神的闪光。本来中国的传统文化是一种以男性为中心的文化,是一种把女人贬抑到男人的附属地位让女人为男人奉献牺牲的文化。但女人的这种文化定位在文人的笔下,尤其在神话传说、民间故事中却发生了一种变化与飞跃。为了强化固定男人的主角地位,女人对男人的奉献牺牲总是被渲染、夸张、敷衍、演绎。于是经过浪漫想象加工过的女性形象开始飞扬起来、生动起来、明亮起来,具有强者的性格与英雄的色彩。她们总是聪明过人、忠烈刚毅、有胆有识、足智多谋。这样歪打正着,女人的文化定位在这里开始了位移,她们便以英雄的身份进入了文学,以主角的地位进入了男性的生命之中。这样就产生出了像花木兰、穆桂英、白素贞、孟丽君之类的古典女强人形象。创造出了女子从天而降,从龙宫而出,去斗魔法、除恶人、去水漫金山、去盗仙草、去解救被吓昏或蒙冤受屈的男人的东方故事模式,并进一步演绎成为公子落难小姐搭救以身相许一类的文学模式。这样男人们便以一种弱文人的形象流传下来,木讷书生,多情公子,手无缚鸡之力,昏倒于月影花丛中等待着非凡女子的相助解救。作为一种文化载体的文学形象在创造与生成的过程中不知不觉地发生了意义的反转,解构与削弱了原本的动机与目的,以形象自身的力量校正了文化的偏颇,并长期流传下来,接续了上古神话中女娲转土造人创造生命,炼五彩石补天,支撑世界的文化渊源与女性形象原型,形成了传统文化中一支奇特的精神脉系。

　　无疑,生长在南阳盆地的周大新更多地接受吸纳了这种文学形象、神话传说、民间故事的营养,受到了这种文学精神的影响。他曾说:"故乡盛产故事,差不多每人都能讲一串串的故事。在母亲的膝头上,在生产队的牛屋里,在飘着麦香的田头上,在夏夜纳凉的竹席上,我从乡亲们口中听来了无数个童话故事、神话故事、鬼怪故事和现实生活故事。"在贫穷闭塞、文化落后的环境中,往往保存着更多的原始形态的人类文化与民间文化,特别是那种带有神奇色彩的文学故事。而讲与听这些故事又是人们最丰富多彩、最奢侈惬意的娱乐方式与精神享受。正是这些故事给周大新提供了最初的文学天地,并使他保存了对女人的形象记忆、审美感知与社会角色期待,开启了他对女人生命价值的文化关注与心理追寻,奠定了他文学创作的人物结构与形象原型。因此,他总能在作品中表现出女人的生命能量与主角地位,总是把她们塑造成与命运抗争的有意志有追求的强者形象。在长篇小说《走出盆地》中创造出了邹艾这个历经挫折而不衰的女性形象,由她之口表达出周大新自己对女人的价值认定:"男人要是土,女人就是水,没有水,土就会干裂成粉,就会被风吹走,就会寸草不生,就会毫无用处。"并从女人是"水"的意象中生发创造出了三则神话,让天上、地下、阎王殿里的三位女子倾心于小伙子南阳,担负起到山外寻找吃的、穿的、住的,寻找新生活的重任。她们跌倒爬起,不屈不挠,最终都扑倒在地变成了白河、唐河、湍河水不可阻挡地奔出了南阳盆地。很明显,这水滋养着大地,充满着活力,是生命一时一刻也不能缺少的流动的血脉,也是我们民族赖以生存与发展的精神内驱力的象征。周大新在女人的生命中寻找到了我们民族的生命活力与内在的精神血脉。女人在这里已经变成了一种精神的载体,一种从具象到抽象的生生不息地走向世界的生命力量。

周大新不仅以他的作品人物告诉我们,在生命与文学的底层始终存在着以女性为主角的神话与文化,而且通过他的作品传达出了一种现代社会心理对女性的角色期待与人格塑造,传达出了一个男性作家对女性生命的感悟与价值意义的发现;传达出了现代男性对女性世界的殷切探索与认知深度。女性是世界的二分之一,是和男性对称的一极。女人是男人的一半,是与男性最接近的生物。男人们的成功与辉煌在获得自我的满足、社会承认的同时,也要由女人来认可与验证。女人也毕竟是男人情感的一种归属与停泊地,她们不仅滋养着男性,也是男人们征服世界,创造奇迹的一种动力。为了获得优秀女人的欣赏、倾心与爱慕,男人们不能不去拼搏奋斗。其实,从现代意义与人性深层上讲,任何男性都不需要一个依附品,一个无知无能的女人;而是需要一个对等的人,一个能理解自己,能向她倾诉心灵悲哀的人,一个能支撑他的精神并使他获得另一半人类经验的人。任何男性都不希望女人赘着他的衣角成为他生活的重负与羁绊,而希望女人与他一道前进。因而根深蒂固的女性规范并非是现代男性所需要的。周大新把文学的主角让位给女人,把求生存的希望给予女人,把开创新局面的历史责任赋予女人,这本身就是对软弱苍白的男性世界的不满与鞭挞;也是对男性世界提高生命质量与人格品位的一种敦促,更是对以男性为中心的男权文化的一种主动放弃。尽管现代的女性作家用自己的心理体验与文学创造表达着自己的社会价值与生命意义,向男性世界申辩证明着女性的魅力与文学地位,但拆除男权文化的高墙,使女性彻底地解放并以本来的面目进入文学世界,终需要男女两性的同心配合、努力作战。应该说,周大新的创作表达了现代男性世界对女人的文化关注,是现代男性认识女性世界并与之正常对话的一种文学表达,是沟通男女两性,寻找文化对称和谐的一种文学努力。

愿周大新的创作在对女性世界的探索中达到更新更高的境地。我们热切地期待着。

原载《中州学刊》1995年第6期

论周大新小说中的男权意识

王 颖

南阳籍作家周大新,从处女作《前方来信》的问世至《湖光山色》荣获第七届茅盾文学奖,一直备受评论界的关注。许多论者认为周大新具有积极的女性观,"有一种男性的自省意识,他的作品体现了一种女性主义理论所提倡的'双性和谐写作'的理想书写方式"①。对此笔者不能苟同。我认为周大新对女性形象的塑造并没有超越"五四"以来中国现代作家对女性的认识高度,而是依然停留在以往男性作家惯有的对于女性形象的想象性书写上,而且正是因为这种传统的审美意识而受到了读者尤其是男性读者的认可。通过对作家笔下两种截然不同的女性形象的研究和男性形象的阐释及作家本人文化心理传承的分析,就可以揭示出作为男性作家的周大新潜藏着根深蒂固的男权意识。

一

周大新在进行文学创作时,常常把大量的笔墨放在女性形象的刻画上,他曾说:"我还是想把那些温暖的、深情的颂歌唱给女人。"②或许作家自己并未发现,正是他对女性的钟情使他不由自主地沦入传统作家惯有的对于女性的想象与书写,从而在作品中流露出浓烈的男权意识。美国女权主义者吉尔伯特和格巴的代表作《阁楼上的疯女人》把传统男性作家作品中的女性形象划分为两类——天使与妖妇,天使代表温顺贤淑,遵守礼教传统,恪守妇德的女性形象;而妖妇是指敢于反抗男性权力中心主义的压迫的女性形象。其实不管是天使还是妖妇,都不是真实的对于女性形象的塑造,是作家对于女性的想象性书写。而这两种形象的划分正符合周大新小说中两种性格不同的女性形象:天使——逆来顺受的弱者;妖妇——女性意识觉醒并敢于反抗男权统治者。法国著名女

---

① 张建永、林铁:《乡土守望与文化突围——周大新创作研究》,作家出版社,2009年,第190页。
② 周大新:《给"上帝"的报告》,长江文艺出版社,1996年,第353页。

权主义者波伏娃认为:"女人并不是生就的,而宁可说是逐渐形成的。"①女人软弱温顺的性格并不是天生就具有的,而是被她所生活的男权社会慢慢教化成的,"女人一开始就存在着自主生存与客观自我——'做他者'的冲突。人们会教导她说,为了讨人喜欢,她必须尽力去讨好,必须把自己当成客体"②。所以,当女性还是一个小女孩时,她就会想尽一切办法去讨好身边所有的人,尤其是男性,她们不惜把自己当成一个布娃娃供大家玩赏只为赢得男性的开心,可以说,女人从降生那天起,就被定位在服从他人的位置上,逆来顺受的性格使她们容易赢得男性的喜爱,所以男性作家乐意去刻画此类女性形象,通过她们的弱小与顺从,体现出男性的伟大与强悍。周大新的小说中也不乏此种弱者形象,如《第二十幕》中的顺儿、小绫,《伏牛》中的莽莽等。作为男性叙事的《第二十幕》为我们展现了众多女性形象,而作者对顺儿形象的刻画尤为深刻地描绘出生活在男性权力中心主义社会下的女性是欲做奴隶而不得的。在小说中,顺儿是尚达志的妻子,她温婉贤淑,是一个典型的贤妻良母形象,而由于身体的缺陷,从小自卑低人一等,丈夫就是自己的天,能否让丈夫开心便是她生命价值的体现。与其说顺儿和尚达志是夫妻关系,不如说他们是主雇关系,因为自顺儿进入尚家以来,从来没有展现出一个女主人的姿态,她和家里的雇佣没有任何区别,他们的结合只是顺应了家族的利益,根本没有爱情可言,没有爱情的婚姻是不道德的,而生活在封建传统道德社会中的她们根本没有资格去要求婚姻是否道德,她们如同案板之肉,任人宰割。作为顺儿的女儿——小绫,更能体现出男权社会中女性逆来顺受的悲剧命运,小绫的出生并没有给尚家带来多少欢乐,因为她是一个女孩,对继承家族事业起不到丝毫作用,所以当父亲为了事业急需用钱之际,不惜把她卖掉,而她也只能忍受这种不公的命运,长大后又被父亲当成物品一样送给好朋友卓远当女儿,女性的命运永远逃不出男人的手掌。在《伏牛》中,莽莽也是一个温柔善良的女性,与顺儿相比她更加漂亮,但也是因为身体残疾(哑巴),一出生便把自己定位在服务别人的角色上。而她与顺儿相比更显悲剧色彩,因为她的丈夫从一开始就只是为了利用她来获取金钱,对她根本没有任何情感,甚至至死也没有成为真正的妻子。她能做的只是默默地承担周家的许多工作,不惜起早贪黑,目的只是为获得丈夫周照进的一声赞赏而已,甚至在最后,她替不爱自己的周照进惨死在牛角下也毫无怨言。

顺儿、小绫和莽莽都是周大新塑造的天使型女性,作者让她们甘于奉献牺牲,将她们神圣化的创作实际上是把自己对于女性的审美理想强加在她们身

---

① 〔法〕西蒙娜·波伏娃:《第二性》,陶铁柱译,中国书籍出版社,1998年,第251页。
② 〔法〕西蒙娜·波伏娃:《第二性》,陶铁柱译,中国书籍出版社,1998年,第263页。

上,剥夺了她们作为真实的人而拥有的权利,生命力和创造力被泯灭,将她们物化,成为男性的附属,正是迎合了男权文化体制对女性的想象和期待。伍尔夫称这些逆来顺受的弱者为"屋里的安琪儿",这些女性在男作家笔下是作为"他者"的形象出现的,是迎合了男性的心理欲望,充分体现出男性权力中心主义的色彩。

  与天使形象截然相反的便是妖妇形象的塑造,她们要么失去贞洁,富有激情,充满欲望,以泼妇、疯子、淫妇的形象出现。如《聊斋志异》中众多鬼狐,《西游记》中的女妖精,《水浒传》中的潘金莲,《俄瑞斯忒亚》中的克吕泰墨斯忒拉王后,《美狄亚》中的美狄亚等等。这些女性对男性是一种威胁和挑战,男性作家在刻画此类女性形象时大都给这些女性安排一种坏的结局,从而告示广大女性,此种女性是不可取的,终究走向毁灭。同样,在周大新的小说中,除了逆来顺受的弱者外,他还不惜笔墨为我们展现出众多具有顽强的女性意识、敢于冲破藩篱、反抗男权的统治的妖妇形象。然而作家并没有给这些女性以完美结局,而是同样地走向悲剧,从而迎合了上述理论。周大新在《第二十幕》中为我们塑造了一系列敢爱敢恨、坚贞顽强的女性形象:盛云玮对尚达志的爱终生不渝,为了和相爱的人在一起,敢于反抗恶势力的压迫,追寻自己的幸福,但就是这样一个富有激情与活力的女性,最终却被迫嫁给知府大人做小妾。在男权所操控的制度下,女性的能力和追求不可能有得以施展的空间,往往还没开始便被扼杀在摇篮里。曹宁贞是继盛云玮之后又一个集聪明、睿智、坚强于一身的女性,作者花费大量心血去描绘宁贞的美丽与智慧,指出她在尚吉利的发展过程中有着不可或缺的作用,"为了尚吉利集团的发展贡献自己的才智与青春,尤其在尚吉利集团遭受灭顶之灾时,她巧设美人计,不顾自己的名誉向恶人挑战"[①]。但是在男人看来,聪明的女人对他来说是一股巨大的压力,所以这样的女人在男作家的笔下难以得到好的结局。具有时代新女性特色的宁贞不可能被那个时代所接受,最终陷入污浊的流言蜚语中,只有死亡才是她最终的归宿。同样为爱而痴的栗丽虽为副市长栗温保的女儿却勇敢地迈出封建家庭和共产党人晋承银结合,不但敢于反抗自己的家庭,更是对当时政党制度的反抗。但是栗丽最终也未能和自己相爱的人在一起,自己的孩子也被父亲亲手葬送,政党的交替使她变成一个地地道道的农民,反抗意识被泯灭殆尽。事实证明,女性的觉醒在男权统治下的中国难以走通。周大新安排这样的结局正体现出生活在男权统治下的女性,只能作出无谓的反抗,因为她们的命运早已被男性所

---

① 赵淑芳:《壮丽的升腾与无声的陨落——〈第二十幕〉中曹宁贞形象意蕴探析》,《信阳师范学院学报》2009年第4期。

归化。在周大新的众多作品中,还可以看到一些女性敢于通过自己的身体去鞭挞不公的社会。如《银饰》中的碧兰、《香魂塘畔的香油坊》中的郜二嫂,她们都是为了追寻正常的生命需求,敢于冲破封建藩篱,背叛自己的丈夫,做出让世俗所不齿之事,然而她们又得到了什么好的结局?碧兰最终被弄死,郜二嫂也没能和心爱的人终成眷属。身体的反抗可以说是女性反抗男权社会最好的武器,但是在封建等级森严的中国社会,即使有那些敢于通过自己的身体去冲撞腐朽的封建社会的女性,也无法摆脱男权统治对于她们的压制,最终只能走向悲剧结局。周大新对于这类女性的书写,有意无意地展示出潜藏在他内心深处不可磨灭的男权意识。这一类女性也正是许多男性作家所恐惧的,因为男性在她们面前会失去控制力,男性原本的压制顿然消失,她们不肯逆来顺受,不愿放弃自己的利益,不会牺牲自我去赢得男人的欢心,而是随心所欲,不受世人的摆布,勇于追求属于自己的幸福。所以周大新通过这类敢于反抗男权统治的妖妇形象的塑造,给她们以悲剧结局,也正是为了警示现实生活中的广大女性。

通过分析可以看出,不管是天使型女性的塑造,还是妖妇型女性的刻画,这两种女性都没有体现出真正的女性生命价值,两种极端女性的书写,都是男性对于女性的歪曲与否定,真正的女性既不是天使般只会奉献不图回报之类,也非妖妇般举止怪异凶神恶煞之类,男性作家笔下对女性形象的这两种划分本身就体现了其根深蒂固的男权意识。

二

男性作家的男权意识,也体现在作家对小说中男性形象的刻画上。陈忠实的《白鹿原》开篇就讲"白嘉轩这一辈子最引以为豪的就是一生娶了七房女人",简简单单的一句话就能体现出男作家陈忠实内心深处潜藏的男权意识。鲁迅的《伤逝》,名为涓生对于子君的愧疚,但实质上鲁迅还是把悲剧的根源放在子君身上,因为她的自甘堕落,不求奋进才导致他们爱情的悲剧,不能不说,鲁迅在创作《伤逝》时,男性高高在上的心理占了很大的比例。周大新也不例外,在他的小说中,这类男性形象的刻画比比皆是,最为典型的例子便是《第二十幕》中的尚家子孙三代:尚安业、尚达志、尚昌盛。尚家三代为了家族事业——尚吉利集团的发展,不惜牺牲身边的亲人。他们毕生的信念便是壮大丝织业,织出霸王绸,为了这一目标,即使牺牲亲人的性命也在所不惜。尚安业阻挠儿子的爱情,逼迫儿子舍弃爱情继承家业,每天早上都要诵读自己亲手为他写的《丝绸之印染》,连最后的遗言都是告诫儿子自己的葬礼一切从简,卧薪尝胆重建霸王绸。父亲未完成的夙愿,在儿子尚达志身上得以继承。尚达志为买机器,把自己的女儿小绫卖给他人做童养媳,抗战期间,为保机器而不惜失去儿媳容容的性命。他为了保全家族的事业,可以不顾儿女的死活,出卖自己的灵魂,正如凯特·米利特所言:"这种在家庭生活中所表现出的性别支配,性别冲突,在社会秩序中,基本上未被人们所验证,一类人对另一类人统治的古老格局,仍是文化中最普遍的思想意识,最根本的权力概念。"①

在小说《向上的台阶》中,男性为了权力可以牺牲爱情婚姻,男性为了获得权力,可以拿婚姻作为政治的砝码。《伏牛》中的周照进也是为了获得钱财和权力,舍弃心爱的人而娶一个自己根本不爱的人,因为他们认为只有获得了政治上的权力,才能更好地统治身边的女性。文学的创作可以引申为作家的白日梦,因为作家在创作的过程中或多或少会夹杂着自己的理想与夙愿,不管是童年时期的幻想还是成年之后未能实现的愿望,在创作的过程中都可以书写出来,以获得精神的满足。农民出身的周大新虽然不乏现代理念,但也难免会受到传统价值理念的影响,男性凌驾于女性之上的状况早已司空见惯,所以,在塑造小说中的男性形象时,也在不经意间流露出这种男性可以随意支配压制女性的集体无意识。这种"集体无意识不是一种自在的实体:它仅仅是一种潜能,具有观念的天赋的可能性,这种可能性甚至限制了最大胆的幻想,为幻想活动划定范域,从而在艺术的形成材料中,作为一种有规律的结构原则而显现"②。

三

男权意识的产生离不开中国千百年来传统文化的影响,同时也离不开作家生于斯长于斯的故土家乡。农村的贫困与落后无疑对周大新产生了一定的影响,军旅作家的他会受到军队等级制度的浸染,南阳独特的历史文化传承及南阳群体作家的文学成就,也对周大新的创作有着重要的作用。众所周知,农村地区是受封建文化浸染最为严重的区域,这里的交通闭塞、经济文化比较落后,封建残余思想浓厚,三纲五常思想是长期束缚女性的枷锁,因为在农村生产劳动过程中,男性是主要的社会生产力,而女性在生产劳动的过程中起着辅助性的作用,所以男性就有权力去压制女性,男性对于女性支配已成习惯,男性权力中心主义就明显地体现出来,这一意识形态已在人们心中生根发芽,所以从农

---

① 〔美〕凯特·米利特:《性政治》,江苏人民出版社,2000年,第20页。
② 陆扬:《精神分析引论》,山东教育出版社,1998年,第115页。

村走出的作家在文学创作时往往会明显地流露出这一思想。例如:路遥的《人生》中对高家林的塑造,及他身边的女性刘巧珍、黄亚萍的刻画都体现出传统观念对于作家男权意识的形成有着重要的影响。

1970 年应征入伍,历任副指导员、干事,作为军人的周大新,高度集权的军队精神在他心里已生根发芽,军队有着极为森严的等级制度,等级的划分,就会体现出鲜明的男性地位。作为军旅作家的周大新,有着军旅作家如阎连科、柳建伟等共通的特质:吃苦耐劳、甘于奉献、绝对服从、有纪律性、不服输、有较强的荣誉感、注重细节、团队精神。尽管他们在小说中没有直接描述军队生活,但这些品质会在男性作家的文学创作中不经意间流露出来,从而充分地体现出作家的男权意识。

南阳有着悠久的历史传统,历史小说的创作对南阳文化的张扬有着重大的影响,不管是二月河的帝王系列,还是姚雪垠的《李自成》,这些历史小说本身就体现出强烈的男权思想,因为历史是男性权力中心主义的一个传统,历史小说中的女性往往是男性英雄形象的陪衬,这一传统的延续无疑对周大新的创作产生重要的影响。而南阳历史文化中最早把女性当作政治工具来源于"吴汉杀妻"的典故,它的出现更体现出南阳历史文化传承中女性有史以来都难以逃脱被物化的命运。受这一历史文化的影响,周大新不可能在小说中把女性置于男性之上。

南阳又是英豪辈出之地:智圣诸葛亮、医圣张仲景、政治家科学家张衡、经学家范宁、史学家范晔、辞赋家庾信等。浓厚的历史文化激励着生活在这里的每一个男性,周大新也不例外。伟人的成功使他不愿只做一个无名小卒,成功的欲望、幼年的贫困促使他奋发图强,在这种文化氛围的熏陶下,男权意识便油然而生。所以周大新和其他男性作家诸如陈忠实、张炜、路遥一样具有很强的男权意识,因为男权意识已成为这些男性作家的集体无意识。"任何一种集体无意识都不能脱离本民族文化,并对本民族的心理产生重大影响。"[1]

从周大新的小说中,可以看出男性作家对女性身份的认识从古至今都没有给予明确的肯定。从"五四"启蒙思想的提出到周大新小说的创作为止,对于真实女性形象的书写在男性作家笔下还没有完全实现。启蒙尚未在中国作家尤其是男性作家身上得到成功。千百年来的中国文学作品中都还是男性对于女性的想象性书写,无论是古典文学中蒲松龄的《聊斋志异》,现代文学中鲁迅、巴金、老舍的创作,还是当代作家陈忠实、莫言、路遥的书写,这一男性权力中心主

---

[1] 游路湘:《背着因袭的重担——论鲁迅小说潜藏的男权意识》,《南京广播电视大学学报》2005 年第 3 期。

义传统自始至终都没隔断过,双性和谐、男女平等理想化的写作在中国还未真正实现。男性作家在文学作品中塑造女性时往往会落入俗套,流露出浓厚的男权意识。不可否认,周大新在小说中描绘了美好的人性,在这里面也有对于优美而坚强女性的书写,但这美好中仍透露出男权意识残忍冷酷的一面,真正独立的女性想象尚未出现,女性自我解放之路仍任重而道远。

原载《海南师范大学学报》2012 年第 2 期

根的谱系
——评《周大新文集》

邱华栋

每一个作家都有他的根。因此,这个作家的作品实际上就是他的根的谱系,向着黑暗的泥土深处延伸,并在泥土中,与地表的树一样蓬勃成一个展开的形象。周大新的作品就是这样。这次由吉林人民出版社一气推出他的文集五卷本,分《秘境》、《窘态》、《猜测》、《惊讶》、《花园》五册,共收录了他的中篇小说29部、短篇小说27篇,电影电视剧本8部,加上他的单行本长篇小说《走出盆地》和《格子网》,他的创作已经有了十分丰富的实绩。

从某种程度上讲,每一个作家都是地域性作家,作家的写作永远也离不开他的生存与生活的环境。在周大新看来,地域的划分与差别才构成了世界的丰富与多彩,五光十色与五花八门,人的生存也就有了更多的向往异域文化的兴趣,因此,因地域的不同而诞生出的文学作品也对认识我们人自身有帮助。而周大新把这卷小说起名为《花园》,是否有将南阳这一地域看成一个花园的隐喻在里面?

出于对本乡本土的世事与人物命运的关注,自然会形成作家独特的文化意识与世界观。在他的文集《秘境》卷中,收录的南阳文化小说呈现出了向历史纵深处延伸的风景,而这一卷小说集中的《银饰》、《伏牛》、《走廊》、《寨河》、《热闹》等无一不体现出一种悲剧之美。作者毫不讳言他喜欢看悲剧,因而,他笔下的南阳故事都以悲剧结尾。周大新分析了自己为什么喜欢写悲剧、喜欢看悲剧的原因:其一是人最终都有一死,而死亡是人类生存的最大悲剧;其二,描写悲剧恰恰是对悲剧的抗拒,是为了远离悲剧并减少悲剧。这恐怕是周大新观察故乡南阳的一个文化视点,从这一点上来理解他的作品,我们就明白了什么是中国,什么是国人的真正底层生存,只有写出底层生存的悲剧感,一个民族才会在对自己的观照中获得痛苦而又前进的力量。千姿百态千人千面,阅读不同地域作家所写的小说,也成了人们构成自己间接的人生经验的重要途径,这也是作家那种叙述的激情长久不歇的原因。

周大新是河南南阳人,这种先在地域符号跟随了他创作的全过程,并且仍在发展与延伸。在这套文集中,《花园》卷收录的9部中篇小说,写的都是他的故乡南阳这个特定地域的人与事。南阳,从古至今出了不少大文人政客的地方,也是人类诞生最早的栖息地之一。周大新一开始写作时所具有的叙述的激情,自然就是对自己的文化之根的发掘与探寻。这卷小说中,既有后来改编成电影并有着广泛影响的《香魂女》这类当代题材的本土小说,也有《蝴蝶镇纪事》这类历史延伸至当下的地域文化小说。周大新认为,他的这些小说中的人物虽然是南阳的,但他们却可以是中国的,以至人类的。了解这块土地上的人们过去、今天在想些什么又在做些什么,以及他们心灵上的焦灼和灵魂的归宿,会对我们了解整个人类的生存境况有帮助。

而在他的《窘态》卷中,他有意识地把笔对准了诸如卖字人家,玩猴艺人,做棺材的,卖铁锅的,看林人等各式各样的底层人的命运。也许周大新更信奉作家是一个历史观察者与秘书,是一个民间的讲述者,所以,他笔下的这些人物多为生存忙碌,苦难是他们生活中的基本内容。因而,一个有良知的作家绝对不能对苦难漠视,对人类苦难与底层生活的关注与体验才是文学家保持尊严的方法。

周大新的小说表现了一个地域文化意义上的庞杂的世界,一个底层的世界。在这个世界中,人们忙碌而艰难的生活着,并带有土地、文化和人种的鲜明烙印,这是根的谱系,是文化之树向泥土深处生长的结果。因此,作为一个民族作家、地域作家在今天这个全球文化一体化、对话化的时代里,恰恰是值得骄傲的。我想,这也是周大新创作延伸的真正起点!

原载《东方艺术》1997 年第 4 期

论周大新小说创作的审美意蕴

曹书文

　　周大新是近年崛起于文坛的河南籍省外作家,他的创作多以养育自己的那方水土——豫西南盆地为背景,以故乡历史、现实中所发生的一件件、一桩桩悲喜混杂的故事作为艺术审视的中心,并将自己对逃离土地一代人的观念、精神、情感的理性反思自然融入小说的情节叙述、人物塑造、象征寓意的构建之中,他的小说,既散发出一种清新与鲜活的泥土味道,又蕴含着悲怆酸楚般的苦涩与沉重,读后常给人一种欲哭无泪、欲笑无声的审美感受。

上篇：乡村变革的多维反思

　　从严格意义上讲,改革不仅仅是政治、经济体制的变更,劳动生产率的提高,物质效益的改观,更重要的是人的价值观念、民族心态的调整与更新,如果不对我们民族传统中落后、保守、僵化的观念进行彻底的剔除与清洗,没有整个民族观念意识的现代化,那么任何意义上的改革都将举步维艰,甚至与我们的改革初衷相去甚远。周大新许多以改革为大的时代背景的作品,透过主人公奋斗、追求、失败的艰难历程,对我们民族的传统价值观念、文化心态进行重新思考与重估。在传统社会中,由于生产力发展水平比较低,物质财富匮乏,人们要维持生存,必须"损有余以奉不足",实行均贫富,因此,"不患寡而患不均"的平均主义观念和吃大锅饭的心态便逐渐积淀为一种群体的文化心态,一种集体无意识。在改革伊始,这种观念、心态非但不能让大家尽快走上富裕之路,反倒成为影响改革进程的毁灭性力量。《小盆地》中苜儿对"我"的改革创意无动于衷,温家泉村的人们对山才的革新措施厉声斥责,其实最根本的原因皆源于他们一代代地固守着祖先"均温"的祖训,"有温共享"的观念已深入到每一个人的骨髓与血液。虽然叙述者在文本中始终未对"祖训"持或是或非的价值判断,但我们从山才奋斗追求的失败中不难感悟到,"盆地人"观念中的平均主义思想和心理定势已经成了他们走出盆地、改变现状、走致富自新之路的精神重负。

　　"老吾老以及人之老,幼吾幼以及人之幼","鳏寡孤独废疾者皆有所养"等这些思想原本是我们中华民族优秀的道德伦理的结晶,它对提高我们民族的道德素质,建设社会主义精神文明具有不可忽视的作用,但这种道德情操同样也有消极性的一面。在市场经济发达的现代社会,如果我们仍以一种同情弱小、怜悯不幸的人道情怀去面对市场竞争,其负面作用则不言自明,它非但不利于强化人们的竞争创新意识,反倒阻碍着经济的稳步发展与正常运行,进而影响到一个民族经济发展的水平和速度,从而使表面上看来最富人性人情的"人道"又发展成为一种"大逆不道"。周大新的小说《武家祠堂》比较形象地展示了传统的道义、良知是如何影响到落后地区的经济繁荣进而导致一个人的命运悲剧的。聪明灵巧的小伙子尚智从事服装的制作与销售,由于实行技术革新,使手工产品的成本降低,这样他便以"薄利多销"的策略在市场竞争中占据优势的地位,然而这种竞争客观上却损害了烈士妻子常二嫂的切身利益,她每天生意清淡,愁容满面。考虑到常二嫂艰难的生存处境,人们非常同情她的遭遇,于是,不少人劝尚智按原有的价格销售,尚智感到迷惑不解,本来他做了一件有利于顾客的好事,结果却出乎意料地激起了"善良"人们的义愤,他在不得已的情况下只好远走他乡寻找出路,常二嫂的生意开始好转。我们从周围群众的"同情弱小"的善良之举所导致的尚智出走的悲剧中感到一种无言的悲哀,一种无法言说的苦涩。搞市场经济,贵在平等竞争,商场如战场,优胜劣汰,实属必然,然而,在相当贫困落后的地区,人们的道德观念、同情心作为一种传统美德却限制着人们正常的经济行为,这种在日常生活中正义、善良的行动在当今社会神不知鬼不觉地化作了一道无形的精神围墙。

在自给自足的自然经济中缓慢发展起来的手工业,依靠世代的祖传秘方独特的工艺制作自立于社会,行与行之间有着不可逾越的界限,徒弟必须别无选择地服从师傅的教诲和行规,按照一定的思路和程序进行操作。这固然有继承传统精湛技艺之优点,然而在师傅强大的权威面前人们只有墨守成规,而不能开拓、创新,否则便是背叛师祖师宗的大逆不道之举。这种长期以来所形成的重继承轻发展,重技巧轻规律的生产、经营观念不仅淡化了一个行业技术革新的动力,而且这种惰性心态客观上造成了民族手工业缓慢发展的局面。《玉器行》中的邱爷是柳镇"一勋玉器行"的老掌柜,是誉满中州的玉雕大师,他凭着当年自己对邱家玉器行的贡献和自己精巧的手艺,在诸多徒子徒孙中形成了一种权威,他承传的一些雕刻制作工艺方法随之也成了弟子们遵守的金科玉律。尽管他已到了古稀之年,不大过问行里的具体事情,但他在邱家至尊的地位和影响仍然控制着玉器行里每一个人的言行举止和玉器行生存、发展的命运。近年来他由开始不满于孙女的生活习惯、反对她在玉器制作中对其他姊妹艺术的借鉴参照,发展到亲手打碎孙女精心设计制作的玉雕,潜在的原因莫不是孙女的言行举止无意中触犯了他的权威和自尊，动摇了他在玉器行中的威信和地位。小说借玉器行祖孙两代之间的对立冲突，形象地暗示我们，一个行业、民族，继承传统是需要的，但开拓和创新永远是希望所在，任何压抑人的创造力的思想观念和行为都将为人们所唾弃。

经济变革促使农村中一部分人率先致富，代之而来的是农村两极分化现象的出现。作家在生活中发现这样一种现象，"就是一些在旧中国受地主欺负的农民，采取地主欺负他们的办法来欺负今日还没有富起来的乡邻"①。针对经济发展和道德进步的非同步性，作者怀着一个艺术家的良知和忧患对此进行干预，并把自己的思索写进小说《老辙》中。作品中的主人公费丙成原是旧社会他母亲当年去给地主家帮佣时遭凌辱所生的"野种"，为此他精神上倍受伤害和摧残。然而改革开放之后，他凭自己的聪明和手腕成为当地的首富，从此他逐渐变得恃财无恐，为所欲为，乘人之危买下了冯青太的临街营业房，又用卑劣的手段迫使貌美的姚盛芳委身于己，并要那女人偷偷地为他生一个"野种"。历史在发展进程中又表现出惊人相似的一幕，经济的变革，使人们的物质生活得到较大的改善，但这并不意味着人的道德文明素质也会随之提高。由此，作者再一次形象地提出了塑造国民健康的精神人格、清除旧社会积淀在人们头脑中的精神污秽等这一十分重要的课题。

当然，周大新的小说不是典型意义上的改革文学。然而，他对传统农业社会中人的价值观念、文化心态、思维定势的整体反思在一定程度上有助于深化我们对农村变革尤其是人的精神人格重塑的艰巨性、复杂性的认识和理解，这便是周大新这类作品的价值所在。

下篇：情感悲剧的理性透视

如果说在《小盆地》、《武家祠堂》、《玉器行》、《老辙》等作品中作家对束缚逃离土地一代人的传统观念、思维定势、文化心态进行了形象的剖析和哲理的反思的话，那么他在《香魂塘畔的香油坊》、《蝴蝶镇纪事》、《屠户》、《银饰》等小说中则给我们描绘了一个又一个美丽的爱情神话。这些作品几乎篇篇必写爱情，且男主人公在事业追求、开拓进取的过程中必然会赢得异性的青睐，这些女性多温柔多情、美妙绝伦、善解人意、风情万种，融人性美、人情美与人格美于一体。她们与异性或青梅竹马、或一见钟情、或以扭曲的形态艰难地体验着爱情

---

① 周大新：《漫说故事》，《文学评论》1992年第1期。

的甘甜。令人遗憾的是周大新笔下的爱情故事最终都是以悲剧性的结尾而告终,如果说悲剧是将人生有价值的东西毁灭给人看的话,那么周大新小说中的爱情悲歌则是在激起读者对美的毁灭的哀婉痛心情感的同时,又从现实、历史的角度探索了造成悲剧的远因近源,展示其本身所容纳的诸多审美意蕴及男女主人公独特的爱情追求和情感素质。

《香魂塘畔的香油坊》是周大新众多爱情小说中知名度较高的一篇,这固然有其被搬上银幕获得成功所带来的轰动效应,但最根本的原因还在于作品本身的思想深度和人物独特的个性魅力。小说用一种近乎纪实的笔法描述了郜家两代妇女不幸的婚姻和命运悲剧。婚姻对于郜二嫂、环环来说,不仅仅是夫妻间没有感情的结合,而且是一种因贫困伴随而来的屈辱、仇恨,一种精神与肉体的深重创伤乃至人格的扭曲。作者由对郜二嫂婆媳爱情悲剧的叙写走向对造成女性情感、生命不幸的男权文化进行反思。在父权社会中,女性地位低下,她既可作为商品来交换,又可作为工具被使来唤去。父母把她作为商品换取了维持自己温饱的钱财,而丈夫则视其为满足性欲和生儿育女的工具,由此看来,女性的真正解放除了经济地位的提高之外,还取决于对"男尊女卑"等观念的重新解构和女性意识的真正觉醒。

如果说《香魂女》中的郜二嫂、环环的婚姻不幸更多的是由经济贫困所致,她们都是为了自己亲人的生存别无选择地牺牲了自己的青春、爱情乃至终生的幸福,那么在《蝴蝶镇纪事》、《向上的台阶》等作品中女主人公的爱情悲剧则更多地来自极"左"路线的摧残和唯心主义血统论的影响。豆英和姁姁都是天真、纯洁、柔美的妙龄少女,她们抱着对理想爱情的向往投入情人的怀抱,由于家庭出身不好,她们在真挚的爱情中还多少掺杂着一种受宠若惊的心态,在感情上,她们一往情深,以身相许,不计回报。然而命运偏偏与她们开玩笑,阶级地位非但不能帮助她们走向光明的人生之路,甚至还因此被无情地剥夺了爱的权利。尽管她们情感中没有丝毫的杂质邪念,爱得坦率、诚挚,但当情人一旦因为爱她们而失去政治前途、株连家族成员时,她们还是让理智战胜了个人的私情。正是因为她们爱得真诚,所以才不忍心对方作如此大的牺牲,而是别无选择地独饮这杯爱情的苦酒。姁姁在告别明天之后开始了另一次艰难的人生选择,豆英则怀着身孕嫁给粗人,孩子问世后以死殉情。相对而言,她们所爱之人远非像她们自己那样单纯、无私,他们常常在情与理之间顾虑重重,骨子里的功利观念导致他们辜负了情人的期待。这里男女主人公不同的抉择从一个侧面显示了爱情对男女双方的价值意义。对于大多数女性来说,爱情几乎是她生命的全部,她是用自己的生命、灵魂去爱其所爱。对男性来讲,爱情至多是他人生的一个重要组成部分,而这种重理轻情的价值观正好吻合了正统文化的婚姻观。在一般人的心目中,"世上可以让男人爱的东西,除了女人之外,还有好多别的,比如权势、金钱、家族、荣誉、世人的尊敬等等,很少有男人一辈子把心思用在爱一个女人上"。这种传统儒家文化所塑造的男性人格与极"左"路线共同扼杀了包括豆英、姁姁在内的女性的爱情。

生活中有些东西常常是偶然之中出现的,这种看似无关紧要的事情可能决定着人的命运和人生。面对着《世事》中四婶筱儿的悲欢离合我们恍若陷入世事如烟的思索,她当年瞬间的取舍导致了一生迥然不同的命运景观。1948 年南阳解放前夕,她为了完成舅父交给的神圣的使命,留下来与国民党军官周旋并从中探测军事情报,放弃了与情人同赴郑州就业完婚的打算。结果军官因泄露军情将被遣送外地受到惩治,她因涉嫌成了无辜的受害者。在途中休息时她借助军官的暗示和帮助,得以逃跑,不幸又误入歧途。在动乱的年代,她不心甘情愿又迫不得已地轻易成为他人之妇。尽管她挣扎过(亲自杀死自己的孩子)抗争过(向政府申辩自己为革命做的贡献),然而舅父的牺牲和周围群众对她与国民党军官来往形成的偏见使其无法证明自己的清白。这样,她与善良诚实的丈夫虽无半点共同语言而又不得不共同完成生儿育女的使命,认可于命运的捉弄。我们固然明白其人生、爱情是一场悲剧,但我们又很难将其丰富的内蕴条分缕析地加以申述。

与《世事》中主人公无可名状的悲剧不同,《银饰》所写的爱情悲剧则是人性人情的自然要求和这种要求客观上无法实现的冲突。碧兰靠父母之命媒妁之言嫁给了一个对她没半点兴趣的男人,致使碧兰正常的欲望得不到满足。她愈是人为地压制这种欲求,这种欲求愈是强烈,她无端地生出一些说不清的苦闷。与封建婚姻"存天理灭人欲"的本质相适应的是,青年男女任何合理的情爱要求最终只能是以悲剧为结局。她与银匠之间由开始的性苦闷的发泄,逐渐走向情爱的升华,然而作为封建礼教传统势力的代表——公公与婆婆一起不露声色地扼杀了碧兰和情人少恒的生命。由于人性、人情的涌动,人自然地会去寻求满足的渠道,而这种情欲由于与传统的贞操、道德针锋相对,于是悲剧便不可避免。这是一个恶性循环事件,同时也是封建社会女性的普遍悲剧。

一个民族爱的质量,也是应该作为衡量这个民族素质的一个参数。正是从这一角度,周大新的情爱小说才具有了它自身的意义。他由再现盆地人爱情婚姻悲剧上升到对整个民族情感悲剧审美内蕴的反思,由反思走向对民族爱的素质重建的设想。

原载《河南师范大学学报》(哲学社会科学版)1997 年第 3 期

周大新小说的地域文化特色

张德礼

曾以"军界道德"的评说者饮誉文坛的周大新,在20世纪80年代中后期把艺术眼光投向养育自己的故乡热土,开始了"豫西南有个小盆地"系列创作。十多年来,他从不同角度描绘盆地子民的生存及生命状态,向读者展现南阳盆地的独特风貌,使得其小说以其鲜明的地域文化色彩而引人注目。

一

南阳盆地是一片文化积淀丰厚的神奇土地。中原文化入世、务实、凝重、坚挺的理性精神,与荆楚文化浪漫、神奇、瑰丽、飘逸的诗性品格,经由在农耕文化底色上的融汇调和,呈现出南阳盆地文化厚重、质朴、刚劲、沉雄又保守、粗豪、顽韧、神秘的基本特色,并浸润着世代繁衍生息在这里的盆地人。大新自然不会例外。他从1952年降生在这里,就别无选择地受盆地文化的浸染。他"童年的大部分时光,是在田野里度过的",田野是他"认识这个世界的第一位老师"[1]。故乡给他"贫困、枯燥的童年和少年"带来了许多承载着地域文化因子的故事传说[2]。故乡的人情习俗,历史遗迹,文化传统,特别是彪炳史册的历史文化名人爱国恤民的忧患意识,建功立业的远大志向,都潜移默化地浸润着他。日积月累,形成了他最初的也是最本色的地域文化素质。这种文化心理又驱使他以南阳人特有的文化视角看取故乡,进而促成其小说满蕴地域文化要义的重质尚文、蕴藉淡远的艺术风格。这主要体现在周大新小说创作的理性精神、史诗意识和神秘色彩。

大新有强烈的使命感和责任感,"为了人类日臻完美"是其审美追求。他认为,作家面对"人类今天的不完美现状","有责任用手中的笔去促进真正的完美早日实现"[3]。因此,当他观照故乡的父老乡亲时,就以现实主义笔法,不加粉

---

[1] 周大新:《村边水塘》,文心出版社,1996年,第127页。
[2] 同上,第7页。
[3] 同上,第125页。

饰地描绘他们的生存现状,展现人生况味的复杂,批判人性的痛疾(《旧道》等),愉扬人性的美好(《风水塔》等),呼唤人性的觉醒(《香魂女》等)。他要用作品告诉人们:痛苦和欢乐总是紧紧相连的,面对它们,"不必乐煞,也不必苦煞,你在高兴欢乐时,就要准备迎接痛苦,你在痛苦中挣扎时,就要准备迎接欢乐"①。因此,痛苦和欢乐都不重要,重要的是"促进人在精神上向完美处转变","向那个完美的境界迈进"②。所以,周大新才能在众多小说家越来越鲜明地表现出先锋实验色彩时,依然直面人生,贴近现实,脚踏实地地走在现实主义道路上,并在艺术形式的创新上始终清醒地把吸收西方文学的表现手法同民族文学的传统结合起来,"靠一砖一石的辛勤劳动最终建成了他自己的宫殿"③,从盆地走向全国,走向世界。大新这种执着的审美追求和清醒的现实主义选择,既是他强烈理性精神的体现,也是南阳文化的浸润使然。

与他强烈理性精神相联系的,是其小说创作的史诗意识。大新自把艺术视角转向故乡热土开始,就呈现一种守望盆地的姿态,他要通过对"当代盆地人的真实生存境况"的描写,传达他们"对生命的热爱",向读者提供"一种带有盆地特色的独特的美的享受"④。于是,他以柳镇为中心,透视父老乡亲在社会变革时期精神世界及社会关系的新变化(《小诊所》、《香魂女》等),表现他们告别过去的艰难与沉痛和开始一种新生活的自豪与舒畅(《步出密林》、《山凹凹里的一种乔木》)。作者也把笔伸向盆地历史和人性的深层,描绘盆地人知足认命、随遇而安的生存意识和豁达乐观的生活态度(《世事》、《哼个小曲给你听》),揭示他们生命本体追求的合理性及其与现实冲突的必然性(《溺》、《银饰》)。特别是他的百年南阳长篇系列《有梦不觉夜长》、《格子网》、《消失的场景》,以南阳尚吉利丝绸厂的兴衰际遇为主线,在更广阔的时空背景下,生动展现了南阳自清末至今的历史变迁,也映射出中华民族的百年沧桑。如果我们把周大新的小说放在一起,就可以读到一部南阳盆地生动形象的发展史、民俗史,从中认识盆地的过去和现在,看到盆地人独特的生存及生命状态。很显然,大新已进入了小说创作的史诗追求时期,他要借豫西南小盆地写出中华民族的近代史。而史诗意识的实现又必须依赖作家对故园文化的切肤体认父老乡亲的挚爱深情,因为"艺术的真正生命就在于对个别特殊事物的掌握和描述"⑤。因此,周大新

---

① 周大新:《圆形盆地》,《解放军文艺》1988年6期。
② 周大新:《村边水塘》,文心出版社,1996年,第122页。
③ 莫言:《〈伏牛〉读后与一个"惊天动地的响屁"》,《小说家》1989年2期。
④ 周大新:《周大新致陈骏涛》,《昆仑》1988年5期。
⑤〔德〕爱克曼:《歌德谈话录》,朱光潜译,人民文学出版社,1978年,第10页。

史诗意识的追求更有助于凸现其小说的地域文化色彩。

南阳文化是楚文化与汉文化碰撞交融的产物。楚文化天马行空般的浪漫想象和炽热深沉的忧国忧民的现实感情,再加上汉文化经世致用的理性内涵的注入,在滋养出周大新小说创作的理性精神和史诗意识的同时,也催发出小说瑰丽、奇异、怪诞、幽冥的神秘色彩。它主要体现在小说中美丽动人而又神奇、诡谲的神话和传说上。南阳民间流行巫术之风和鬼神之说,也流传着丰富的充满神秘色彩的故事传说,这或许是大新小说里神话故事的原始材料。但更重要的是,大新从地域文化中秉承了浪漫想象这一艺术创造的精灵,为扩大作品蕴含量,调整叙述节奏,巧妙地在小说情节中嵌入自己创造的神话传说或象征意象,使作品平添了一抹神秘色彩。它们或于小说情节发展中迂回穿插,自成一体(如《走出盆地》里的三个爱情神话悲剧;《伏牛》中奇顺爷讲的关于牛的神话传说等),或作为小说情节的背景融入其中(如《香魂女》里香魂塘的水及名字的神奇来历;《泉涸》里有关桑叶田的传说),或用某一象征意象为小说创造一种气氛,寄托一种情感(如《屠户》里绕着肉案飞的"蛾儿";《泉涸》中的"黑鹅")。但是,它们一经作家的艺术处理而融入小说,就成为作品生命整体的有机部分。这对于拓展作品的文化意蕴,形成蕴藉淡远的艺术风格和鲜明的地域文化特色,有着不可低估的作用。

二

周大新小说的地域文化色彩,还体现在他塑造的各色人物形象上。因为,每一个人"从他出生之时起,他生活其中的风俗就在塑造着他的经验和行为。到他能说话时,他就成了自己文化的小小创造物,而当他长大成人并参与这种文化的活动时,其文化的习惯就是他的习惯,其文化的信仰就是他的信仰,其文化的不可能性亦就是他的不可能性"[1]。南阳农耕文化的哺育,铸就了南阳人典型的农民性格。质朴务实、吃苦耐劳、艰苦创业、重农轻商、重义轻利以及对土地的亲和与恋情,这些中国农民的传统特点在大新笔下的人物身上都有体现:历经挫折而不改初衷的邹艾(《走出盆地》);强忍悲痛,默默肩负起家庭重担的烈士妻子宁儿娘(《白门坎》);高考落榜后从编织玉米皮提篮起家而建成"棠梨草编工艺品公司"的邹尚毅(《人间》)。每个人身上都凝聚着负重、吃苦、争强的创业精神(当然出发点各异)。岑子无法排解的苦闷和困惑(《小诊

---

[1] 〔美〕鲁思·本尼迪克特:《文化模式》,华夏出版社,1987年,第2页。

所》),苢儿对扩大泉浴规模的本能抵触(《小盆地》),尚志被迫远走他乡的无奈与茫然(《武家祠堂》),无不透射出南阳人重农轻商及重义轻利的传统观念与现实的矛盾和冲撞。《泉涸》里父子两代的冲突,体现了两代农民对待土地的不同感情;《儿女》中芒芒对土地的挚爱,以及因爱而表现出的偏执与愚昧;《伏牛》中的痴男怨女与牛的情感,其因都根源于土地。这些人物身上承载着南阳人与土地间复杂而密切的关系。大新还凭着自己对南阳农村的熟识,用简笔勾画出家族政治的代表和横行乡里的"小皇帝"形象:《武家祠堂》里手执拐杖在镇上颐指气使的朝顺爷,《牺牲》里周家庄的当家人福德爷,《伏牛》里称霸一方的大队长刘冠山。尽管作家着墨不多,但有了他们,就使得周大新小说的地域文化色彩获得更深刻而普遍的意义。因为宗法观念"始终是东方制度的牢固基础,它使人的头脑局限在极小的范围内,成为迷信的驯服工具,成为传统规则的奴隶,表现不出任何伟大和任何历史首创精神"①。

  大新笔下的人物,大多还带着农民性格中狭隘、自私、愚昧、保守的劣根性。作家揭出他们性格的瘤疾,意在引导盆地子民洗涤沉病,走向更加完美的新生活。而这些性格所负载的文化因素又为我们提供了独特的认识价值。首先是戕害人性的"官本位"意识——从对官天然而生的敬畏与艳羡,到为升官和保官而不择手段、殚精竭虑、良知泯灭、人性扭曲。廖怀宝(《向上的台阶》)大概是典型的代表。《热闹》中的韩冬来也许已跳出"官本位"的樊篱,但因他荣升上校而引来的包括妻子在内的家乡人制造的那份"热闹",却着实表现了盆地人对"官"的特殊情愫。即使在周大新最近发表的《同赴七月》(《中国作家》1998年第4期)中,也亦然流露出对"官本位"意识的针砭。其次是强烈的报复心理。《旧道》里郑、纪两家,《紫雾》中周、龚两家,都演出了子报父仇世代相戕的悲剧;《伏牛》里的周照进、西兰,《人间》里的邹尚毅,甚至《溺》里的吴三姑娘都在向别人施展报复。报复,是人不断为同类,也为自己制造痛苦的心理动因,是人类祸患的本体渊源。因此,作家特意在《香魂女》中塑造了郜二嫂和环环,借以呼唤人们克服报复心理,扫除通向人类美好明天的自身障碍。

  大新小说中还有一些乐天认命、顺乎自然、豁达爽朗、知足超脱的人物形象,颇有楚韵及道家遗风。五爷面对苦难,不忧不愁(《哼个小曲给你听》),瞎爷事事知足,无疾而终(《无疾而终》),四婶筱儿对错位婚姻的认命态度(《世事》),刘石通阿Q式的精神自慰(《黄昏的发明》),无不透射出南北文化交融杂糅的痕迹。

  毫无疑问,大新奉献给当代文坛最成功的人物,是带有鲜明盆地文化色彩

---

① 《马克思恩格斯选集》(第2卷),第67页。

和时代特点的女性形象。她们吃苦耐劳,朴实善良,身上又散发着南阳盆地特殊的文化气息:一是对"家"的责任和奉献;二是对"贞节"的恪守与持重。南阳流行"男人是天,女人是屋"的传统看法,称男人娶妻为"成家",称妻子为"屋里人",男人是"外头人"。没了女人就不像个家,就没有了家;没有了男人,就"天塌了"。传统观念加给女性的"家"的意义,不是地位的尊贵,而是责任的沉重。于是,为了撑起自己的"家",她们总是负重劳作、默默奉献、委曲求全。郜二嫂忍受无爱的婚姻,荀儿承受丈夫的鞭打,邹艾的不屈与奋斗,都与她们肩负的家庭重任相联系。事实上,南阳女性的家意识与其贞节观念是相统一的。邹艾在新婚之夜煞费心机地制造假象以证明自己的贞洁,目的还在于建立和谐的家庭。《勒》中16岁的"她",在"生米做成熟饭"后,只得违心嫁给27岁的卢原齐,就因为"身子已经是他的了",贞洁已失,只有和他成家过日子。即使郜二嫂的偷情,也始终在贤妻良母的面纱下进行,骨子里还是对贞节的呵护。强烈的家意识与传统的贞节观的双重挤压,使南阳盆地女性的爱情与婚姻显得沉重而苦涩。这正是盆地女性命运的别样特色。

三

当然,周大新小说的地域文化特色,更直接地体现在作品所描绘的盆地风情、民俗习惯以及凝聚着南阳人创造才能的文化成果上。淤积的寨河、坍塌的寨墙,石板铺就的古老街道,瓦房与茅屋杂陈的村落,枝叶茂盛的洋槐树,鹅鸭嬉戏的村边水塘,春时的麦田,夏季的高粱,秋天的绿豆、红薯……这一切,经由大新笔墨的点染,绘出了南阳盆地独特的乡村风光。尽管构成这幅乡村图画的某些因素已呈过去时态,但生活在这里的盆地人的民风习俗却世代相传。农家子弟儿时饶有兴趣的"扯羊逮"和踢毽子游戏,南阳人最喜爱的家常便饭——芝麻叶面条、绿豆面煎饼,牛车迎娶的传统婚俗和贫穷折磨下的"转亲"陋习,端午节包粽子、炸油饼、煮鸡蛋和大蒜的古老节俗,占卜问卦看风水的迷信,人暴死不得入祖坟的禁忌,当奶做妈的为蹒跚学步的孩子刹断无形绊腿绳的虔诚,甚或连抽旱烟的习惯,蹲在墙根吐噜吐噜吃面条的憨态,幽默风趣的方言俚语,民歌小调……都无不记载着盆地人生动而本真的生存与生活况味,积淀着绵延已久的盆地民俗文化因子。周大新小说中的地域风情描绘,无疑是展示地域文化的浓重之笔。

大新在"文化怀乡"的艺术选择中,更注意对故乡人民创造的文化成果的展示。驰名中外的南阳汉画像石(《左朱雀右白虎》),历史悠久的烙画工艺(《烙画馆》),饮誉四海的南阳玉雕(《玉器行》),那记载着南阳沧桑历史的大量出土文物,那传说着世代英才的名胜古迹,那闻名遐迩的佛教圣地桐柏水帘寺,那曾有东方梵蒂冈之称的靳岗天主教堂,那震惊世界的西峡恐龙蛋化石群,都无不昭示着南阳历史的悠久和文化的丰厚。而《铁锅》对久负盛名的南阳马山铁锅铸造技术的艺术再现,更引人遥想战国时代就兴起于古宛城的冶铁工艺。"百年南阳系列长篇"里尚吉利丝绸世家的创业和奋斗,实际是南阳丝绸曾走出国门、赢得赞誉的历史回味。所有这一切最具南阳特色的文明成果,都在周大新笔下得到展现,更加强了小说的地域文化色彩。

应当说,大新的小说已对南阳文化作了全方位的展示,地域文化色彩已成为他鲜明的个人标志。但我们仍感到一种不足。这不足,是否因作家对女性形象的偏爱和审美理想的过多钳制,而造成真正男性形象的缺席呢?南阳曾是中国古人类的发祥地之一,在农耕文化的漫长发展史上,男人发挥着更大的作用。没有成功的男性形象,就难以负载起积淀丰厚的盆地文化。因此,我们期待着周大新以创作"百年南阳系列长篇"的笔力,塑造出世代繁衍生息在南阳黑土地上的农民——真正的盆地男子汉形象。

原载《南都学坛》1999 年第 1 期

以平民视角写平民
——周大新印象

林为进

从《香魂塘畔的香油坊》到《第二十幕》,从《紫雾》、《银饰》、《走出盆地》到《21大厦》……周大新这个名字在文坛越来越响亮。

农民的儿子周大新,生逢其时又勤勉努力,近年日子愈过愈好,事业也愈来愈顺遂。虽然早已进入"官"的行列,但不作秀、不摆谱、不装酷的他,在人们的眼里,怎么看也还是一个平民。周大新,虽然走出了"盆地"却没能忘记"盆地"里的坎坷,虽然脱离了平民的外在身份却念念不忘平民的痛苦和烦恼。他大大的双眼没有被红尘中的喧嚣所蒙蔽,仍然能够透过"紫雾"看清楚生活在其中的人们当下的欢乐与忧愁。

不少人写小说是为了好玩,也有人将小说视为一种作秀的工具,而周大新写小说却纯粹是自觉自愿地承负起一种天然的使命。他要用自己手中的笔,描述出"密林"里丛生的荆棘,以及走出"盆地"的艰难跋涉。

历来的圣人都劝导平民百姓老老实实谋生,本本分分做人。不过老实本分的种种美德,在严酷的人生世界往往变成"无能"、"平庸"、"麻木"一类的代名词,并得无休无止地承受、忍受数不清的欺凌与羞辱。善良非常可爱,但连接善良的却很可能是极大的委屈。这样,不论是"香魂女"郜二嫂,还是那个"步出密林"的猴子,都给我们颇有分量的拷问。

周大新写小说不轻松,我们读他的小说也很难像边喝小酒边聊天那样只慕神仙不慕官。他总是那么关心人的命运,感慨真诚、正直的人生为什么偏偏分外艰难。这无疑是一个相当大的课题,它不仅让我们记住自己仍然是活在滚滚红尘中的凡人,小说人物的烦恼,大多数是我们自己的烦恼,而且,也让我们想到"活着"本身就涵括极为丰富的内容,道德伦理、情感欲望、政治经济……一切的一切都必然地跟"活着"相联结。至此,还没有完全麻木的人,还没有真正悟透人生的人,似乎都难以无动于衷。而活在现实中的人,又有几许能够真正地悟透人生?反过来说,所谓真正悟透了人生的人,活着又还有什么意思呢?

平民的身份就像套在孙悟空头上的那个玩意,它使你很难完全地摆脱许多羁绊。《21大厦》的保安始终被所谓的上流社会所排斥,肉身走出"盆地"的年轻女人,要想精神也走出"盆地"仍然有很长的路需要她去跋涉和翻越,经历了20世纪百年磨难的老人,最终实现不了让"霸王绸"扬威世界的家族梦想,原因虽然很多,但关键却在于他们家族一代又一代都脱离不了平民身份的制约。即使创造出巨大的物质财富,他们仍然无法把握自己的命运,更没有能力影响历史的进程与流向。

平民有很多制约,有很多磨难,有很多的坎坷、委屈和烦恼,但也有自己的长处和优势。周大新虽然尽量客观地描述平民内在的缺陷和弱点,却以更大的热情表现他们乐天知命、坚忍顽强和积极进取。

在周大新的心目中,平民不仅仅是历史潮流的追随者,也是创造历史的主力军,更是民族文化和民族精神重要的捍卫群体。为此,他不仅在《第二十幕》中由那个百岁老人坚忍不拔、百折不挠的奋斗,表现中华民族精神的强韧与强悍,也通过《哼个小曲给你听》的五爷,表现了平民这个看似孱弱的群体,往往能够以相当坦然的心态去面对种种的挫折、坎坷和磨难,而《21大厦》那个保安,则以他的正直和善良,体现了平民坚持人格尊严和道德操守的自律与追求。

周大新之所以令人钦佩和尊重,不仅在于他一直持之以恒地以平民的心态、平民的视点、平民的角度去描述、表现和称颂平民这个社会的主体,描述和表现艰难中的美丽与善良,也在于他总是表现出尊重女性的高尚和纯净。他笔下的女性,不论身处什么样的环境,绝大多数都是那么美丽、善良和圣洁。可以说,周大新是一个懂得欣赏美丽的作家,也是一个脱离了低级趣味的作家。而一个真正懂得欣赏美丽,能够和平民大众同呼吸共命运、血肉相连、情感相通的作家,他的创作潜能和爆发力,都不容低估。周大新的分量,就表现在这里。

原载《人民日报》2002年9月15日

周大新小说论

梁 鸿

一、村落意识与乡村情感

考察 20 世纪 50 年代左右出生的作家作品，似乎无法避开"乡村—城市"这一处于复杂纠缠状态的名词范畴。

20 世纪 50 年代出生的作家，大部分是从乡村走出来，即使有的家在城市，也有过刻骨铭心的插队经历，他们对乡村、土地、原野有着浸入血液的情感和感受，无论写什么作品，他们的脑海深处总有一个灰色大地的背景，他们在这里寻找人生、人性和人类的悲喜剧。我曾在另外一篇文章里写道："相当一部分当代作家似乎面临着一种困顿的境遇，在面对这样一种乡村伦理和城市伦理的冲突时，他们犹豫，徘徊，摸不准城市的脉搏，害怕做出判断，却又总是不由自主地在文中形成判断。或者说，在描写乡村精神时，作家运用的是直觉，是未经理智篡改的'直觉印象'……当面对城市时，这种'直觉'的力量消失了，直接的判断、明白的是非感被容许凌驾于印象和体验之上，从而使作品失去'沉甸甸''湿漉漉的感觉'。20 世纪中期出生的中国作家在这一点上无法摆脱'乡村生活''原野大地'给予他们的直觉体验，也无法将自己真正融入城市伦理之中，这是无法超越时代的生命体验的局限。他们对'城市'这一不断扩张着的势力处于一种失语状态。这种对城市的失语状态和对乡村的直觉情感决定了他们创作的内容倾向和情感倾向，使众多中年作家披上一层意义暧昧的道德外衣，也使作品处于某种紧张的对峙、模糊的游移和双重矛盾之中。"

乡村伦理和城市伦理在作家意识中不对等的模式和关系必然导致作品中乡村和城市之间"紧张的对峙"关系，也必然会影响作家对小说道德秩序的设置和人物的定位。应该说，周大新的小说揭示了 20 世纪八九十年代中国城市和乡村之间的紧张关系，但是他更多地以乡村的目光来观望城市，在城市背后，用周大新的话说，有一个"圆形盆地"，一个抽象意义的中国村落，具有完整的村落道德谱系，不是理念上的传统伦理道德，而是与生存利益紧密结合的产物。周大新正是站在这一"村落"之中无限深情地注视着他的在大地上忙碌的亲人们，体味着他们的悲欢离合、爱恨情仇，因此，周大新描述的多是"豫西南小盆地"——他的故乡南阳乡村底层人的生活，把笔指向玩猴的艺人、做棺材的、卖字人家和许许多多在乡间默默地生、默默地死的人们。

如果说政治意识形态以一种强制性的力量影响着乡村生活的话,一个村落千百年来积淀出来的人情、文化形态、思维方式则是全面渗透性的,日常生活中的农民更多地受着村落意识和村庄道德的制约。因此,乡村伦理在面对经济改革、政治改革和价值观念大改革的时代,呈现出比以往任何时候都更为复杂、暧昧的态势。

在周大新的早期小说中,乡村伦理道德以几种面目出现。一方面,在面临经济改革和发展时,在农业文明基础上形成的乡村伦理道德受到挑战并且开始土崩瓦解。如村庄的平均主义、宗族意识常常成为农民发展的主要障碍,这种落后的村落意识在改革初期骚动的村镇里尤为明显。如《武家祠堂》中所描写的商品精神对乡村文化和道德图谱的冲击,这里,传统道德观成了阻碍社会发展的主导力量并且名正言顺,理直气壮。尚智因为技术革新而使服装成本降低,因此,他决定薄利多销,但是,这样一来影响到同样在镇上做服装的烈士遗孀常二嫂的生意,激起了镇上人们的义愤,不得已,尚智只好远走他乡。如果说是普遍生意人之间的竞争倒不会产生这样的结果,这种"同情弱小"的善良之举和道德观念作为一种传统美德不知不觉地限制着正常的经济行为,压制着新生事物的生长。另一方面,周大新更多地描述了在商业文化的冲击下,农民在走入商品世界的过程中所表现出来的狭隘的农民意识和不择一切的复仇手段。《第二十幕》中尚达志为保存家族的实业,牺牲爱情,后来甚至于卖自己的亲生女儿,在这一过程中,显示了乡村伦理道德对生命的轻视,对个性、情感的否定和践踏;中篇小说《家族》、《泉涸》、《紫雾》,长篇小说《走出盆地》、《第二十幕》等作品都在不同程度上反映了这种强烈的复仇意识以及由此而产生的乡村基本人际关系的变化。

但是,无论作者揭示的是怎样可怕的乡村场景,我们仍能感受到灵魂深处的乡村情感,它就像一条地下河,静静地流淌,虽然无声,但所过之处,却呈现出温润、透明的光泽。相形之下,周大新笔下的城市镜象则显得枯燥、丑陋,人物处于极大的精神焦虑和生存困境之中。正像我前面所说的,在周大新的小说中显示了乡村伦理和城市伦理的紧张对峙,《走出盆地》中主人公邹艾在城市的经历就始终处于这两者的冲突之中,三卷本长篇小说《第二十幕》通过一个农村家族百年的经商史展现了两者冲突的历史和中国政治、文化的沉浮。其实,在他的早期小说中,就有这样的倾向,一方面他承认农村必然走向城市化,另一方面却又忧心忡忡,因为他感觉城市化的背后是人性的逐渐荒芜,离开了乡村、大地、原野,人类也失去了基本禁忌,他害怕这样的结果。因此,当把城市作为一个完整意象来考察时,和他的"盆地小说"正相反,作者不再揭示村落意识、乡村伦理的病疾,而是把它置于城市文明之上。作者并没有否定城市物质文明存在的合理性,但却对城市伦理的精神存在进行整体性质疑,这在《21 大厦》中尤为明显。在面对城市时,乡村伦理以绝对的优势压倒城市伦理,它里面蕴含着人类的原型存在和人性的最高象征,它是作者的最后希望。

二、窥视者的身份质疑

似乎没有哪个当代作家比周大新更关注进入城市的农民的身份问题,农村人、底层人以何种方式获得自己在城市的生存权是理解他小说的重要线索。

一个非常明显的现象是,周大新的小说人物在从农村走入城市的时候,总是带着一股不成功决不罢休的决心,不管采取什么手段都要达到。进入城市之后,他们竭力寻求城市的认同,学习、模仿城市的规则、风尚和伦理秩序,但是由于摆脱不了农民身份和文化差异,他们又总是和城市处于冲突和痛苦的磨合之中,这决定了他们在城市的边缘存在,而乡村伦理和城市伦理的紧张对峙和冲突在这群窥视者身上表现得尤为突出。

窥视者始终都是城市边缘人。在城市,他们是弱者,因此他们畏缩怯懦、自卑敏感、胆小怕事;但是,他们又怀着必胜的决心,因此他们胆大凶狠、锱铢必较、泼辣好事、不顾一切,这是典型的弱者意识和弱者生存哲学。《汉家女》中的汉家女,《走出盆地》中的邹艾,《向上的台阶》中的怀宝,《第二十幕》中的尚穹,《21 大厦》中的小保安等都是窥视者。走进城市,既是他们为争取自己更好的生存机会的必然,但却加深了他们和世界之间的冲突。

《21 大厦》中的小保安和地下 2 层的打工者丰嫂、余太久、崔发的生活和大厦高层生活俨然是两个不可相通的世界,作品通过小保安的眼光把两个世界联系在一起,使我们看到两者的差异和可怕的隔膜。"很难见到阳光"是他们生存处境的最好比喻,面对被放逐的历史境况,生活在城市的农民按照自己最朴素的本能组成一个完整的精神世界以对抗城市施加的压力。他们也有欲望、渴求,但是在艰难的生存现实面前,只能以悲剧的形象出现,崔发因为找一个江湖医生给女友流产导致了女友生命危险,老梁因为贫穷不敢娶老婆,可是他们能互相体谅,有难同当、有福同乐,他们之间是一个辛酸、温馨的世界,这与高层人与人之间的相互倾轧、相互欺骗形成尖锐的对比。他们的物质虽然极端贫乏,但他们却保持着最朴素的人间情怀,保持着人性最基本的优美和崇高,正是他们保持着人性的基本底线。而生活在高层的人却恰恰相反,情感的枯竭、对物质的无限贪求、心灵的萎缩以及在各种新观念掩盖下灵魂的卑鄙,生命在物质的丰盈下反而显得焦虑异常,21 大厦每层形态各异的黑雏鸟像一个不祥的诅咒,冷漠地注视着他们没有希望的生活。

但是,窥视者只能是窥视者,任何想越位的可能都会被毫不留情地打消。小保安以为他获得了梅苑的爱情,以为梅苑认同他的情感方式,于是,他开始像在农村一样,悄悄地安排着婚礼,但是,梅苑的行为却无情地粉碎了小保安的梦。但是,小保安的死并不仅仅意味着一个善良、保守的农村人追求城市生活理想的破灭,并不仅仅是他不能接受梅苑城市生存规则和伦理规则,而是他无法忍受失去尊严的生活。人可能还有一种最基本的对尊严、对爱的追求,保安所看到的恰恰是城市人对这些追求的漠视和践踏,他所受不了的正是这一点。但是,不可否认的是,小保安对事物的判断充满着乡村伦理的道德本能,这就造成了一定的局限性,乡村和城市很容易形成简单的两极对立,作品无法消除对城市的"隔"的感觉,无法真正深入城市的精神内部。这也是周大新站在"窥视者"的立场上的必然代价。可是也正是这样,他小说的根须更深地扎入土地之中,而树叶则以更为坚韧的生命形象挂满枝头。

三、善恶辩证法

周大新的所有作品都渗透着一种很单纯的东西,即对善的追求和信任。这种对至善的追求使他的作品非常透明,有一种庄严,庄严之中又蕴含着温情和宽容,很有佛性。如果你认识了周大新本人,你会很容易感受到他作品中善的来源,他对善的认识正来自于他生活中对善的追求。他也毫不隐瞒自己的文学观点,"写作对我来说还有一个目的,那就是呼唤爱和善,我希望每个人的一生都能在爱的浸润中度过,我希望我们这个世界能被善意充满,我期望自己的作品能对那些我看不惯的丑的恶的东西起些作用"[①]。

但是,当周大新在他所熟悉的乡村大地逡巡时,他非常痛苦,他的灵魂在理智和情感、善与恶之间痛苦地抉择,他想象他的故乡原野是一望无垠的碧绿和湛蓝,是纯净而美好的世界,但是,看到的却是千疮百孔的人性之黑洞。这种情形使他经常陷入善恶的悖论之中。

可以看出,在《武家祠堂》里,作者陷于道德悖论之中。他清楚地知道尚智的行为是先进的、合理的、善的,而他又的确和村人一样对常二嫂持非常强烈的同情心,他不知道该怎样倾斜自己的道德天平。其实,问题还在于,当村人以

[①] 周大新:《答二君问》,《旧世纪的疯癫》,新世界出版社,2002 年,第 370 页。

"同情弱小"为名义——这一"弱小"又是烈士遗孀,与国家、民族等词语联系在一起——迫使尚智远走他乡时,有没有更为复杂的目的在后面?他们的行为动机真的就那么高尚、纯洁吗?他们真的是纯粹出于对常二嫂的同情吗?难道在其中没有夹杂着对尚智才能的嫉妒吗?其实,村人也只是利用这个机会把他赶出去,以一种"掩耳盗铃"式的心态继续自己封闭、贫穷的生活,这才是中国最典型的乡村道德文化的真实,是集体的"恶"的大胜利,而不仅仅是传统文化中"扶持孤寡的高情厚义"和商品经济发展之间的矛盾。但是,这一切又是在富丽堂皇、无法辩驳的理由下进行的,它也的确帮助了常二嫂的生活。这种暧昧难辨、相互纠缠的善恶的辩证存在表现在周大新充满情感的表达中。

其实,这正是周大新小说审美力量所在。雷达道出汉家女形象的实质,"我欣赏汉家女,如一小小宇宙,既恶又善,既浑身是刺又柔情似水,既泼辣无比又温存无限,既恪守传统又在非常关头打翻传统令人瞠目,她的一身集合着载不动的生力和情感"①。"既恶又善",这才是汉家女独特的审美价值。在汉家女身上,善与恶处于混沌状态,两者在她的灵魂中是平等存在的,作者没有特意抑恶扬善。这是一个鲜活真实的生命,是人性的自然存在,善恶之间有内在的张力,并导致人物进行自我选择。

但是,周大新似乎又陷入因果报应的模式中:善最终战胜恶,恶总是得到一定的报应,并且最后"恶"的主人公都有所悔改。《家族》、《泉涸》、《紫雾》、《伏牛》等小说都没有脱离这一模式。在《紫雾》中,一场大火之后,周素在面对龚家跪拜谢恩之时,禁不住良心的煎熬,跪倒在地,说出了自己放火的真相;《小诊所》中的诊所主人本是为了致富无恶不作的人,最后,却成了救火的英雄,这种安排在无意中替一直不满诊所主人的医生岑子找到了答案和归宿,主人公最后的"善"举为自己赎了罪。而在《21大厦》、《旧世纪的疯癫》中,小保安和振翼则通过另外一种方式完成了对"善"的追求。

在悲剧精神形成的时刻,作者把小说变为传统的大团圆结尾,善恶的较量有了结果,悲剧也最终变成了各得其所的喜剧。"悲剧,是中国所有文化的底色。但在这个底色之上,中国文化建立起了自己的乐感文化。"②"乐感文化"正是指作家消除苦难、消除人物内心与世界的对抗性的文化倾向,这无形中削弱了小说的力量,同时,也否定了"恶"的合法性存在。

其实,当周大新以一个写作者的身份去反观他的大地时,已经不是当初那

---

① 雷达:《周大新小说中的善与恶》,《解放军文艺》1988 年第 6 期。
② 王富仁:《中国文学的悲剧意识与悲剧精神》,《中国文化的守夜人——鲁迅》,人民文学出版社,2002 年,第 292 页。

个带着贫穷的记忆和逃出土地的愿望的年轻人了,他带着回忆者特有的温情、忧伤和美化的本能,此时他想的是理想中的、已经知识分子化了的乡村伦理道德,而不是现实中的乡村道德规范。作者把自己理想中的传统伦理的"善"同现实中的乡村伦理道德的"恶"进行较量,并且最后,总是"善"占了上风。

还有一点不能忽视的是,作者常常把违背乡村基本道德伦理与违背自然伦理重合在一块儿,他作品中的神话常常代表着自然界的伦理秩序和神秘的天命,它们关注着主人公的言行,主人公违背乡村伦理的行为就会遭到自然伦理的惩罚。在《伏牛》中,当周照进痛打妻子时,小牛"云黄"突然发怒冲过去用牛角刺照进以保护荞荞,这样一来,主人公的行为在神话那里寻求到了解释,强化了乡村伦理道德的合法性,当然,他这里强化的不是具体的乡村伦理,而是这其中"善"的存在的合法性,这其实模糊了乡村伦理道德整体的复杂性和藏污纳垢的性质,而使其成为一种简单的存在。这也反映了周大新思维深处的矛盾。他总是愿意把"善"想象成人的天性、人的自然属性,而"恶"则是第二位的,并且因此在字里行间不自觉透露出价值判断,实际上,正像他作品中所展示的那样,善与恶从来都是以一种辩证方式存在的,处于一种动态的转换之中。

四、"文如其人"的辨析

应该说,周大新在文坛上口碑非常好。所有作家、朋友在提到周大新时,都情不自禁地赞扬周大新的善良、谦逊,称他是一位"德艺双馨的作家",如果说"文如其人"的话,周大新是最优秀的代表,这反映在大新的为人上。"他性格平和,脾性温婉,与世无争,悟守中庸,重然诺,重友情,与这种人交往作为男人安全,作为女人幸福。"①"你分明能从他身上体会到一种女性的美,那就是善良,是一种女性的善良、温和、体贴入微,那目光在关注着你,那话语是温暖的,那双耳朵在倾听。"②"无论从旧道德标准还是从新道德标准来衡量,他都是个真正的好人。当然,大新有时也有点过于善良了。"③

并不是因为他们是周大新的朋友才这样说,当你认识周大新之后,你会发现他们说的一点都不过分。他善良,甚至善良到了羞涩的地步,对残酷、丑恶的东西本能的害怕;他对世界充满温情,希望所有人都聚集在"爱"的旗帜下。

---

①王必胜:《漫说周大新》,《时代文学》2001 年 4 期。
②行者:《大新真好》,《时代文学》2001 年第 4 期。
③何镇邦:《我的朋友周大新》,《时代文学》2001 年第 4 期。

但是,当善良被作为一种评价标准,当所有人都不自觉地把你的善良和创作联系在一块统一起来评价的时候,我却有一丝怀疑,这里面是不是有某种不易觉察的误区和危险?周大新这样剖析自己:"我喜欢穿素色衣服,因为它不起眼,不惹人注意。我最怕在公共场合让许多人注意自己。虽然我渴望成名,可又不喜欢被人注视。在有许多熟人在场的情况下我不喜欢拍照。我不愿在会议开始时再走入会场,因为那会引得众人来看自己。"①

这种拘谨的心态除了是因为一个长期从事文字工作者面对外部世界本能的内向之外,与他善良的性格有没有关系?它会不会影响作家创作时的心理?会不会影响作家对事物更深的探索?这又使我联想到另外一个问题,"文如其人"是否真的是一个作家的最佳境界?一个作家的性格势必会影响、渗透到作品之中,这是不可避免的。但是,关键的是,作者能否、如何避开自己的价值判断而进入生活深层的真实中去?

从整体考察周大新的小说,我总觉得,生活性格已经影响了周大新的创作心态。我们可以明显感觉到,当作者描写"恶"的时候心中的某种害怕,这种害怕既是作者的一种写作姿态,也是作者在面对人类"恶"的时候承受力的局限性和认识的不够。正是由于"过于善良",他对"恶"非常厌恶和惊叹,他不理解人类为什么会做出如此丑陋的事情,这种潜在的情绪使他无法深入思考下去。思维在此停住了,作者在这种时候经常打一个巧妙的擦边球,轻轻地滑过去。在一个巨大的混沌世界面前,周大新不敢进去探究它的存在状态,而更多地用情绪的激昂来代替冷静的探讨,然后,退回到"善"的世界里。《紫雾》、《泉涸》、《旧世纪的疯癫》这些小说都有这样潜在的模式,《21 大厦》也有点过分拘泥于小保安的眼光和价值判断,从而使城市的存在显得有些单一、苍白。

面对"恶"时,面对许多并不符合作家心中理想的世界、理想的人性时,作家该怎么办?是因为愤怒而谴责它一通,然后,掉头走了,还是勇敢地面对虚无,承受痛苦,承担痛苦或者干脆回过头来检视一下自己所依据的价值体系是否过于简单化了?也许,人性、人生更多的时候是一种混沌状态,是无法用善恶、好坏来评价的,而善和温情并不是爱的全部。实际上,许多时候,恰恰坏的因素充满好的特质,它昭示着人类的另一极存在。

但是,对于周大新来说,绝不是他没有认识到人类和社会复杂、多元的存在本质,而是当面对善恶的时候,他的向善的天性使他不由自主地把自己的情绪、判断带进去,并且把这种情结直接传达给读者;在善恶的临界点,作者总是不由自主地把天平倾向于善,把本来可以更为开放、广阔、多元的思维引向单一的结

---

① 周大新:《癸酉年自白》,《村边水塘》,文心出版社,1996 年。

构。其实,这一刻,恰恰是人性最具意味、最具包容性的时刻,生命在此刻处于一个十字路口,通向四面八方,每一方向都存在着,无论是善恶美丑,在小说家那里,它们应该是平等的。

其实,如何做到"文""人"分开,如何摆脱日常生活经验的束缚而进入一种自由的想象状态,可能是每个作家所面临的问题。我在这里想告诉周大新的是:要警惕!当人们把你的为人放在你的文章前面来谈论的时候,这也是危险的时候,最起码,它意味着你的作品已经形成某种模式,或者说,你的做人原则在某种程度上可能已经妨碍了你的文学探索和思想的维度,这将是一个极大的陷阱和误区。要想进入一个自由的想象世界,必须抛开心中的先验的价值判断和道德立场。在这个世界里,不但要抵抗和日常生活中的自己不统一的存在,更要抵抗和自己相统一的存在,在这里,作家必须有强大的信念,建立新的规则和境象。

周大新的世界是复杂的,仅仅用一种判断根本不足概括他小说的全部精神世界。周大新曾经宣布过自己的文学观念就是"为了人类的日臻完美",他始终在为这一终极目标而努力,"作家该用自己的笔对人类的完美状态做出自己的描述,指出什么是完美的人,什么是完美的人类社会,什么是完美的人类生存状态,从而去吸引人们向那个完美的境界迈进"[1]。他也的确在他的小说中做到了。昭示善的力量,美的力量和人类对追求美好世界的执着向往,这难道不正是一个小说家的主要任务吗?

尽管在当代文坛上,周大新已经有自己的空间和位置,但是他不断变化着,渴望获得进一步的发展。他对小说形式的探索表现出一个作家足够的敏感和领悟力。20世纪80年代中期他的长篇处女作《走出盆地》就已经显示出他对形式的独特把握。此后,他不断变化小说的形式,三卷本长篇小说《第二十幕》中作者用不断变化、衍生出新的意义格子网来作为小说的主要线索,《旧世纪的疯癫》改用书信体,《21大厦》中又增添了许多图画,同时,在文本结构上也试图有所突破,用一个人的眼光来观看多层次的城市生活并形成强烈的对比,这都是有益的尝试,它们显示了周大新对艺术不懈追求和始终如一的激情,显示了周大新不竭的艺术灵感。

原载《小说评论》2003年第5期

---

[1] 周大新:《为了人类的日臻完美》,《村边水塘》,文心出版社,1996年。

周大新小说创作的"变"与"不变"

徐亚东

探讨文学创作中的变与不变似乎难以称得上是一个艰深的理论问题,但这并不意味我们对所讨论问题的有效性或合法性的动摇。至少,从变与不变的角度切入作家的创作,我们可能会更清晰地透视其个体心理、文学传统、社会历史、审美理想、审美追求等因素与作家创作的一些关联,从而更深入地走进作家及其作品。本文试图从这一角度入手,对周大新的创作进行一些尝试性的探索。

一

在众声喧哗的当代文坛,著名军旅作家周大新秉承中原文化所赋予的厚重、坚韧的文化性格,以及绿色军营文化所孕育的高度责任感和使命感,坚守文学精神,默默耕耘,以其丰厚的创作实绩,发出自己的声音,标定自己的文坛地位。自1979年初踏文学创作之路迄今,周大新已跋涉二十多年,其创作经历了从军旅到南阳盆地再到都市题材的转移。每一次阶段性转向既有对旧我的扬弃,也有对固有的持守,从而体现出鲜明的变与不变互相交织的创作态势。

周大新的小说创作,依题材划分,大致经历了军旅题材、盆地题材、城市题材的阶段性发展变化(每一阶段也不是泾渭分明式的,而是有一定的交叉融合,这样划分只不过是便于论述)。纵观他的创作,每一阶段都贯穿一些恒定的艺术因素,因而构成他小说创作的"不变"。这些不变的因素使周大新的创作保持了连贯性,也为其小说艺术大厦涂抹上不变色彩,标示出周大新的"这一个"特色。

周大新小说创作的"不变"因素最根本地表现为一以贯之的现实主义精神。在周大新二十多年创作生涯及三次题材转移中,当代文坛文学思潮迭起,创作手法多元共存,特别是20世纪80年代中期,小说观念空前大解放,新观念、新方法、新技巧的应用近乎成为判定作家艺术成就高低的唯一标准,于是,便出现了诸多作家被"创新的狗追得喘不过气来"(黄子平语)的文坛景象。任尔东西南北风,周大新总是不为时潮所动,不逐新追风(并不拒绝纳新),始终持守文学为人生的现实主义立场,注重文学"关注人生,指导人生"的社会功能。"大胆地看取现实人生,写出它的血和肉来",在具体形下的艺术描写中抵达他的"为了人类日臻完美"的形上目标,从而实现文学对现实人生的关怀。"周大新是一位有高度社会责任感的作家,他总是从社会发展和历史规律的高度,来认识现实和把握人生。"①而这正是现实主义的精髓和本质所在。

考量周大新文学创作的现实主义精神,就知识谱系学角度而言,它呈现出较复杂的整合状态。其中,既有他阅读西方19世纪批判现实主义大师作品而孕育、积淀的批判现实主义精神,还有古代文学经典,如《红楼梦》等,所给予他的传统现实主义影响,也有20世纪五六十年代革命历史题材作品给予他的革命现实主义精神的熏染。因此,在不同的阶段,其创作的现实主义精神也就自然而然地有所交叉、有所不同。

创作之始,军人特有的责任感和使命感及"80年代军旅文学创作大潮涌动、气象万千的艺术氛围的影响"②,使得周大新把审美视角固定在熔铸其青春和梦想的军旅生活上,于和平、战争两个层面为当代军人画像,展示当代军人复杂、丰富的情怀。他的《第四等父亲》《黄埔五期》《月涌大江流》等作品,基本是把和平时期,军人在苦和乐、忠与孝、国家利益和个人利益上的两难选择作为叙事中心,以军人无不选择前者,抛却后者来展示当代军人的奉献精神,凸现其坚韧的意志和高尚的品质。这一切正是革命现实主义精神支配的必然结果。周大新的战争小说主要是对20世纪70年代末至80年代初南疆局部战争的书写。一方面,他承续了20世纪五六十年代战争小说叙事的一些传统,诸如英雄主义和爱国主义等;另一方面,他也逾越了一些规约,在英雄性、战争与人性等方面做了一些有益的探索。比如,他的获奖作品《汉家女》从平凡处下笔,于文化和战争的层面透视汉家女身上的人性光芒,烛照其人性的痼疾,从而拓展了英雄性的内涵。他的较有影响的中篇小说《走廊》则于战争背景下,对军人的心理进行深刻真切地扫描与透视。师长景凌耀从自负、虚荣到自责、愧疚的心理转换,曹大栓对父亲、妻子的情感,潘苏的大学、博士梦想无不是合乎人情、人性的心理的真实透视。这是持守现实主义精神的必然结果。

守望盆地,关注其现实和回望其历史,共同支撑起周大新"盆地"小说的艺术大厦。或者说,周大新是从这两条路径走入故土,守望故土。就现实而言,此

---

① 武新军、袁盛勇:《聚焦二十世纪——周大新第二十幕评论选》,人民文学出版社,2003年,第152页。
② 陈继会:《文学的星群——南阳作家群论》,河南文艺出版社,1999年,第195页。

时的乡土已非彼时他离去的乡土,盆地正处于转型裂变期。由于商品经济的激荡,他所熟知的略带诗意的那个乡土已经不复存在。对大新而言,痛苦是必然的。即便如此,他也非常理性地面对盆地现实,真实、真切地描绘盆地的现实情状,勾画乡土子民们的人生景况。他的盆地现实题材小说叙事的最主要主题就是对盆地子民转型期人性的透析。而且,往往聚焦于人性裂变过程中人性恶的剖析:费丙成"发财"后忘却自己"野种"身份的屈辱还想再种下屈辱(《老辙》);沙高为了金钱,非人性地对待人和猴子(《步出密林》);郜二嫂做了老板后用金钱购买环环的青春和爱情;郑、纪两家家仇的环环相报(《旧道》)……凡此种种叙事可以用盆地小说的"败德"叙事指称。败德的展示与"国民性"问题有着一定的关联,显现出周大新的理性批判精神和一定的批判现实主义精神。就他回望盆地历史的创作而论,周大新着力于从传统文化与人性的律动关系,走进历史,切入人性。而且,往往较多地透析传统文化负面因素与人性变异的关系——人性的压抑、扭曲等,以达到批判之功效。廖怀宝人生台阶的攀升过程中,痴迷权力,追逐权力,人性扭曲、变异,其异化状态无不源于传统文化的"官本位"思想及其在中国的根深蒂固(《向上的台阶》);郑少恒、碧兰的爱情悲剧则充分说明传统文化的"家族本位"、家族"荣誉"如何戕害人性,封建文化"软刀子"杀人的阴险本质(《银饰》)。这些历史故事的叙事彰显着周大新理性批判的精神力度。

如果说,上述小说从现实和历史两个纬度体现出周大新小说创作现实主义精神还缺乏历史纵深感和宏阔感,那么,他的长篇力作《第二十幕》则弥补了这一不足。《第二十幕》是周大新历时10年创作的一部反映盆地百年历史的长篇小说。自问世以来,评论界就为之侧目。既有从"家族小说"的角度,发掘家族精神,透视"个人、家族和社会的历史冲突"[1],完成对传统文化与人性关系的理性思索,又有从工商业题材的视角探寻其对此类题材的突破,还有一些非常个人化的随感式批评,更是对之进行多方位地阐释。总之,《第二十幕》的确带给当代文坛一些振动。在我们看来,《第二十幕》不仅是周大新守望乡土,营构自己小说艺术大厦最为成功、辉煌的一次艺术实践,更是他小说创作现实主义精神的一次精彩释放和全面展示。"《第二十幕》是一部充分体现现实主义精神的小说,或是一部依仗独立的艺术思考卷入现实的小说。"[2]周大新以尚家祖孙五

---

[1]〔德〕马克思、恩格斯:《马克思恩格斯全集:致斐·拉萨尔》(第4卷),人民出版社,1972年,第56页。
[2]武新军、袁盛勇编:《聚焦二十世纪——周大新第二十幕评论选》,人民文学出版社,2003年,第168页。

代为实现家族梦想,不屈不挠,不懈追求的历程为叙事主体,于家族命运崎岖坎坷的变迁中展现 20 世纪百年的历史风云,具有经典现实主义所具有的"较大的思想深度和意识到的历史内容同情节的生动性和丰富性的完美的融合"①。另一方面,周大新以犀利的笔触解剖、剖析传统文化诸内涵,云纬、草绒、宁贞等女性形象无不是周大新对人性善执着守护的最好言说,而宁贞的死则是孕育于传统和现实中人性恶对人性善的最终绞杀。女性形象的成功塑造,很大程度归结于他对历史和现实的深切透视。从某种意义而言,《第二十幕》也是周大新盆地小说创作的一个圆满总结。

20 世纪 90 年代末期,周大新移居北京,进入现代大都市,2001 年他完成出版了反映现代都市生活的长篇小说《21 大厦》。小说是以一个怀着改变自己命运,由农村进入城市的保安的视角展开叙事。保安可以视为农业文明的符码。保安的视阈内,有现代陈世美和秦香莲;有贪污腐败包养情妇的高官和出卖青春的女大学生;有物欲极大满足后精神极度空虚的女博士;有同性恋倾向的老画家;有为自己事业傍上国外老富婆的年轻化学硕士……有关他们的叙事无不指涉都市的败德、人性的扭曲和变异。正是以农业文明价值为参照,才能进一步凸现城市文明的某些畸形病态事象。尽管这里有一种伦理立场的预设,但从这一视角透视,的确发现了现代文明耀眼光环中的黑斑。《21 大厦》使我们不由得想起巴尔扎克的《人间喜剧》对资本主义文明的批判。它充盈着较为强烈的批判现实主义精神色彩。

二

如果说,现实主义精神构成了周大新小说艺术大厦的永恒根基,那么,强烈持久地关注女性,塑造女性形象则描绘出周大新小说创作一道恒定不变的绚丽色彩。周大新身上似乎潜隐着"女性崇拜"意识,他在创作的每一个阶段自觉或不自觉地把更多的笔墨倾注在女人身上,于是,一个个鲜活、丰润的女性形象便伫立在他所建构的艺术世界中。他的文本里,男女两性世界总是处于失衡的状态:男人世界是一个世俗的、龌龊的世界,充满着功利、算计、争斗、人性的撕裂和兽性的喘息。男性世界的男人们(除却军旅题材的军人)缺乏男人气概,显得比较委琐,与女性相比,很难称得上具有性格魅力。邰二哥、沙高、费丙成、廖怀

---

①〔德〕马克思、恩格斯:《马克思恩格斯全集:致斐·拉萨尔》(第 4 卷),人民出版社,1972 年,第 343 页。

宝、吕道景、蔡承银、尚穹、沈部长、老画家、邱总裁、吴发硕……他们无论什么身份、职业、地位，都有一些性格或人格的缺陷。总之，这是一个令人失望的世界。而女性世界则是一个较为理想、纯净的世界：美丽、善良、吃苦耐劳、富于牺牲……凡此种种美德把女性世界装饰成一个迥异于男人世界、弥散着母性光辉的圣洁天地。而且，两个世界的互相映衬对比中，女性世界的女性形象更加光彩照人：汉家女善良、淳朴、泼辣、正直；郜二嫂勤劳能干；环环美丽善良、以德报怨；盛云纬贤淑温柔，面对达志的背信弃义，仍忠贞不贰；曹宁贞善解人意、勇于牺牲。这一切无疑是中华传统女性众多美好品质的集中体现。随着社会的进步和发展，女性身上自然而然也会出现富有时代特征的新品格。具有强烈现实主义精神品格的周大新当然没有忽视这一方面，他在一些作品里挖掘了女性身上的现代品格：荀儿不满足于和目光短浅的丈夫一辈子耍猴、漂流四方的命运，而是办起面粉加工厂，体现出现代女性的远大志向；邹艾挑战命运，不向命运低头，虽大起大落，但终能自立自强（《走出盆地》）；宁贞独立、敬业；虞悠，一个现代女大学生，自信、乐观，富有爱心，她收留一个被遗弃的婴儿，然而不幸被婴儿传染上艾滋病，面对男友的不理解和最终离去，她平静如水，无怨无悔，体现出当代女性的坚强和坚韧品格（《21 大厦》）。即便是触及到女性的人性弱点，诸如不择手段的报复心理和行为，其动因总是或多或少源于男性世界的伤害，而且，这些人性弱点往往最终转向善。由此观之，周大新似乎有美化女性的倾向，带一点女性主义的色彩。

周大新何以如此关爱女性？周大新在他的创作谈里很少提及，也许是作家对这种倾向缺乏自省意识。古今中外文学史上不乏钟情女性、表现女性的作家及作品。如果说阅读此类作品给周大新以影响，那么，这也许可以归结为表层原因。如果从创作心理学的角度考量，应该还有深层的心理诱因。钟爱女性，甚至美化女性，也许是对男性世界失望的一种补偿，一种替代性的满足。认知心理学家皮亚杰认为一个人青少年时期的阅历和经验会对一个人的认知起着"同化"或"顺化"作用。周大新的青少年时期，尽管物质生活十分贫乏，但亲情，特别是母性、母爱的光辉一直环绕在他四周。这光辉既来自他善良的母亲，又来自乡场上的其他女性。在周大新回忆早年生活的散文集《村边水塘》中，父亲和乡场父辈们往往是缺席的，文本中更多提及的是母亲和乡场女性们。郜二嫂的原型，就来自周大新童年时期关心他、呵护他的一位贤淑、漂亮的近门嫂子[①]。这足见女性对其创作的影响。

作家正是在男女两极世界目前还不完美的透视中，呼唤美好人性，也正是

[①]周大新：《村边水塘》，文心出版社，1996 年。

在对女性人性美的发掘中,引领人们走向人性完美。

这种男女两性世界失衡的状态已经构成周大新小说创作的一个模式。对作家来说,它是双刃剑,既可以进一步突出你的特色,也可以钝化探索的锐性,禁锢创新的目光。突破模式,会出现新的艺术气象,对此,周大新也许有更为深刻的认识和理解。

三

周大新小说创作的"变",主要表现为在小说艺术上的不断探索和创新,尤为鲜明地体现在对小说的"故事性"的多样探索方面。无论周大新哪类题材哪个阶段的创作都体现出鲜明的故事性特征,但每一阶段对前一阶段总是有所拓展,呈现出发展变化的特征。这种探索和变化的根本动因源自他开放、发展的小说观念。"小说自诞生到今天,模样一直在变。""今天的小说与过去的小说相比已经面目大异,未来的小说同今天的小说相比,面孔和腰身肯定会有更大的改变,我们应该鼓励在小说创作上的任何一种试验和探索。"①正是这种对小说发展历史的理性认知所形成的发展、开放的小说观,提供给周大新源源不断的探索动力。此外,20世纪后20年当代文坛变革、创新的整体艺术氛围也是不可忽视的一个因素。加之周大新个人对文学女神的痴迷和钟情,它们共同作用,形成合力,推动周大新小说创作艺术上的"变"。

纵观周大新的小说创作,他的军旅题材小说基本还处于注重"写什么"而较少注意"怎么写"的阶段。当然,这也是众多作家创作初期所面临的一个普遍性问题。在此一时期的创作中,故事的叙事多采用第三人称的"全知全能"的视角,缺少视点的变化。叙事时间往往是按自然的物理时间展开,没有变化。叙述语言重描述而少表现,缺乏诗性。总之,显现出驾驭故事的叙述能力不强的特征。因此,致使他的小说呈现出重写实,轻写意,平实有余而空灵不足的特征。20世纪80年代中后期,周大新踏上"文化怀乡"之旅,守望盆地,自觉地建构自己的文学世界,开始一个较长时段的盆地题材创作。而此时的当代文坛,"先锋小说"家们正掀起强劲的反小说艺术传统的热浪,并以颠覆、解构小说传统故事性作为先锋性和革命性的指证,由此,也出现了一些被先锋批评家们热捧的"三无"小说。但周大新似乎静坐在主潮的边缘,一方面持守着故事性,另一方面及时吸纳新的艺术营养,悄无声息地进行着艺术变革。"我一直非常赞

---

① 周大新:《村边水塘》,文心出版社,1996年。

同更新小说观念,并努力去吸收外域的一些新的创作方法和技巧。"①他的这种艺术探索和变革一直延续至今。具体体现为以下几个方面的特征:(1)吸收叙事学的一些理论,开始注意叙事视角和视点的运用。他此一时期的作品,既有第三人称视角(《武家祠堂》),也有第一人称视角(《伏牛》),还有多重视角的交互使用(《走出盆地》);既有内聚焦视点的应用,也有外聚焦视点的运用(《溺》、《家族》)。叙事视角和视点的运用,不仅显得蕴藉、淡远,富有变化,而且增强了作品的阅读性。另一方面,周大新也讲究叙事策略,注意叙事节奏、叙事时间等细节、技巧问题。比如《家族》,他成功地在叙事中不断地楔入周五爷的梦幻,控制叙事节奏,造成"间离"效果,使读者能跳出故事,进行思索和有效阅读。(2)以写实为主,吸纳现代小说的象征、暗示、魔幻、意识流等创作手法,加深和拓展小说的诗情哲理和审美意蕴。他常用三种形态的象征物:物象、事象和人象。并以此更进一步去丰富和诠释故事的意蕴②。运用这种手法,周大新也经历了从不成熟到成熟的过程。《走出盆地》中有关南阳的神话故事固然对邹艾的命运和性格有很好的阐释和补充作用,但它与故事缺乏一种有机的联系,有硬贴上去的感觉。《伏牛》也有此不足。而后期的长篇力作《第二十幕》和《21大厦》中,象征手法的运用不仅娴熟而且较为成功。格子网和黑雉鸡及其鸟笼,这些象征物随着故事的发展,与情节有机地结合,更进一步地揭示作品蕴含的哲理,对人的生存状态进行形而上的思考。此外,魔幻、梦幻、意识流等手法的应用也提升了作品的审美意蕴。(3)有限的文体探索。20世纪80年代的先锋小说探索曾带来小说文体的解放,显现了小说形式的可能性发展空间,尤其更进一步激活了作家的文体意识。比之20世纪80年代,90年代作家的文体意识有弱化,甚或是泯灭的倾向。但周大新却在悄然地探索着。《碎片》(《当代》1997年6期)及《21大厦》(2001年)可以较好地说明他在这方面的探索。他的探索是有限的,也就是说,周大新不会像有的作家那样,彻底反叛传统,而总是比较中庸地温和地进行着,这与周大新"盆地"文化性格有着必然的联系。

原载《南都文坛》2004年第4期

---

①周大新:《漫说故事》,《文学评论》1992年第1期。
②陈继会:《文学的星群——南阳作家群论》,河南文艺出版社,1999年,第207页。

坚硬的"单纯"
——周大新论

李丹梦

周大新的创作实绩在"文学豫军"中是有目共睹的。自 1979 年开始发表作品以来,他已有五百多万字的作品问世。就小说方面来看,他除了在中短篇上笔耕不辍,有《小诊所》、《汉家女》、《向上的台阶》等诸多名篇收获外,还相继创作了《走出盆地》、《第二十幕》、《21 大厦》、《战争传说》等长篇。可以肯定地说,周大新属于实力派的作家,而这种实力是不事张扬、逐步累积而成的,在"中原突破"那躁动而激进的氛围里透出一份难得的安详与从容。

纵观以往评论周大新的文章,使用频率最高的两个词是"单纯"与"善良"。两者不单是就文风而言的,亦指向作者,在我看来它们应归属主体形象的范畴。这种文人合一(或曰混淆?)的评论相当程度上呼应、实现了作者对自我的写作期许;甚至存在这样的现象:由于涉及作者的为人,单纯、善良背后所隐藏的简单化与模式化处理的不足亦被轻轻带过,或略去不提了。这对于作家而言,究竟是幸运还是不幸呢?很难说。我们看到的只是,"单纯"在那里:作为一种潜在的强制机制,不为自己所见,却又自觉地苦思冥想,滋生和粘带出大量动人的故事。

从周大新的创作历程来看,他属于那种相当早熟的作家,这从他早期的成名作《汉家女》就已可看出端倪。小说以速写的笔法勾勒了一个名叫汉家女的农家妇女的形象,她身上集善良/刁钻、大度/小气、保守/大胆于一体。对此不妨举两个例子:为了参军成功,她不惜以非礼恫吓招兵的副连长;而在救助伤员的过程中,她又心软得不行,动不动便要掉泪。性格的多个侧面就这样棱角分明地组合在一起,既天然对立,又努力交融。这种由拼贴而粘合成的人物立体显示了一种外在的把握力量。它来自主体,犹如图画中的透视,在人物显形的背后凝聚的是一道透彻、分析的目光。人物在出场之际便已被这目光定性了,你有几斤几两,你行动的动机如何,你的光明磊落与委琐暧昧都暴露在目光中,被目光锁定、照亮。而目光出示、呈现形象的原则是相对"公正"的。它把人物性格中迥然不同的元素并置地"发放",此举基于主体对生活和人的一种实用而深刻的领悟:没有绝对的高尚,任何人都难以抵制和排除食、色、性的冲动和欲望;而在"发放"性格元素的过程中,主体又显示了他作为"过来人"的宽宏气度;既不过分褒扬,又不偏袒护短。作为一种恒久、成熟的气质,主体的"单纯"就这样被保留下来。从《汉家女》到《银饰》、《伏牛》、《21 大厦》,以及洋洋大观的《第二十幕》,皆是如此,且不断地被予以强化。

在《汉家女》里,我们领略了"单纯"那无所不在的"看"的威力。一个统一、笼罩性的视线,赋予主人公蓬勃、丰富的生命内涵。从这个角度而言,"单纯"代表了主体身上理性塑造与虚构的意志,它成为故事得以铺叙、敷衍的直接动力,当然是在所谓现实主义求真原则的名义下。然而,就"单纯"无法向自我开启这一点来看,它又站到了理性的对立面:一个"看"的"盲区",它在主体的下意识中不断扩大自己的地盘,化作了一个企图吸附在一切之上的无尽欲望。而其吸附的前提是,这个欲望能够在此找到与"我"——主体的关联。

为了进一步说明这一点,我们尚需回到文本。以《银饰》为例,明德府的长子吕道景是个一心想做女人的性别紊乱者,其妻碧兰因不堪忍受他的冷淡而与小银匠郑少恒私通,结果酿成了一场灾难:少恒被吕家设计毒死,碧兰被少恒的父亲所杀,而吕道景亦为家庭所不容,自绝于碧兰的墓旁。三个主要人物都走向了毁灭,一场经过精心策划的悲剧。我们发现,周大新的小说里很少有不是以悲剧作结的,不仅如此,如果细究的话,几乎所有的情节设置都是为了实现、满足这个悲剧的煞尾。而与其说这是构思的惯性与模式,不如说它透露了主体看待世界的一种"判断"和"预期",所有的故事都不能逾越"预期"的界限。也正是从这个意义上讲,周大新的创作衍变成了一种想象中自我的求证与支撑;而故事则是想象的证据。它作为一个整体的工程,若要进入预想的框架,其局部就不能有任何差池。这,便是"单纯"的控制欲望。

与《银饰》相似的情形在周大新的小说中时有发生。他在写人物时,笔墨总是不自主地用得太满、太密。如此,故事的模样倒是周正圆润了,人物却感觉差口气。在严密的叙述中,人物内里的泼辣被压抑、遏制了。他们行走在主体预设的轨道里,呼应着他"单纯"的逻辑,犹如生动的皮影。除了碧兰、吕道景外,荞荞与照进(《伏牛》)、梅苑与小保安(《21 大厦》)、娜仁高娃与卢石(《战争传说》)等人的身上也或多或少存在着类似的"强迫"与言不由衷。他(她)们的故事结构大体一致:原始的情欲让相异的身体走近、叠合,经由生物学意义上的沟通,引发诸如怜惜和占有的情绪,以及爱恨纠葛与伦理冲突。梅苑与小保安的矛盾便是如此产生的。《21 大厦》里的梅苑在遭人始乱终弃后,与农村来的小保安走到了一起。后者从她的身上读到了爱情的允诺与希冀,然而就在小保安想用婚姻来实现这种希冀时,却意外地撞见梅苑与先前玩弄她的男人幽会。原来,梅苑只是利用小保安的身体来获取性快感,并借此向男人世界施以报复;

而小保安所追求的希冀事实表明不过是一个不折不扣的身体"误读"。在此,我们不难看出,情欲成为了主体探索、切入世界的媒介和基点。经由情欲的书写进入人性维度的探讨,再上升至家族与社会,一个虚构和话语的通道就这样被开辟出来。它让人联想起弗洛伊德的"爱欲与文明"的古老命题。弗氏认为,文明压抑了人的生命本能,它以持久的征服人的本能为基础;爱欲本能隐藏在人的潜意识中,在特定的环境和时期它会爆发出来。个体的爱欲一旦和社会发生勾连,就会演变成宏观的社会问题。换句话说,爱欲中凝聚着政治、权力和历史,再错综复杂的文明史追根溯源,都可在爱欲冲突中找到其征兆或萌芽。就梅苑和小保安的矛盾来看,这绝不仅是一个简单的身体"误读","误读"的背后隐喻的是城市道德与乡土伦理的对立冲突。从小保安在自杀前与梅苑的争吵中,我们能清楚地体会到这一点。

> 你竟然又和他——
> 我愿意和他睡,你管得着吗?我想和谁睡就和谁睡!
> 啪,我的巴掌又抡了过去。
> 你再打我就报警!她抓起了电话。
> 你当初为什么要和我……愤怒和气恨使我的声音都嘶哑了。
> ……
> 你以为我和你睡了就是爱你?呸!自作多情!我啥时候说过我爱你?!我早就和你讲过,我不会再爱任何男人的!别以为我和你睡了就给了你管我的权力,你只是我的保镖,是给我提供性享受的人!……告诉你,我的原则是,和我睡完了,我过罢了瘾,让他走人!你不要把眼睛瞪那么大,其实,说到底,婚姻的目的,不就是两个,一个是满足身体需要,另一个是繁衍后代。这两个目的,不结婚用我的办法同样能实现!

显然,梅苑和小保安对身体(尤指女性的身体)的理解是不同的。小保安视身体为神秘的禁地,把它和契约(婚姻)、归属及权力联系在一起,这不能不说是乡土理念耳濡目染的结果。而梅苑的身体观大体可并入实用主义的范畴。在她这里,身体从层层裹缠的伦理负累中解脱出来,被还原为一个可以输送快感的、单纯的物,进而能够在城市的交换逻辑和消费原则中游刃自如。由此,梅苑和小保安的两性冲突就升格、衍变成了城乡对峙,一种无法调和的存在。它成为人物之间矛盾的实质。就情节的设置而言,主体也的确是如此看待梅苑和小保安的所谓"爱情"的。他把梅苑的性格设计得如此决绝与功利,便可作为证明。一种"单纯"而不乏深刻的洞察,将"爱欲与文明"的古老主题刻进了小说内在的肌理。事实上,周大新的绝大部分小说都可还原为对此主题的探讨。在他看来,没有孤立、纯粹的爱欲和人性,所有的爱欲纠葛背后都有着实际的利益驱动,对应着各自的伦理支撑和文明规范。譬如,照进对荞荞的性折磨,透露出由贫富分化所导致的人欺侮人的乡土政治(《伏牛》);廖怀宝的情感追求和放弃影射了权力场上的利益原则和运作方式(《向上的台阶》);而郜二嫂和任实忠表面仇恨实则通奸的秘密关系,呼应了乡土理念中贤妻良母的规范(《香魂塘畔的香油坊》);至于高娃和卢石的男欢女爱,则一直笼罩在冰冷的战争伦理的阴影下,真真假假,假假真真,连主人公本人也难以说清了(《战争传说》)。

这种在爱欲和文明之间执着地寻找关联的主体行为应当归属于现实主义人文关怀的范畴,但在我看来,它更像是一种社会学的冲动,有着追问和总结的力度。这从作家对人物的塑造上可以看出来。周大新常常把他的人物逼向伦理的绝境,让他在欲望的"快乐原则"和文明的"现实原则"之间做出唯一的选择。这种非此即彼性在一定程度上削减了人性本应有的丰富内涵,也降低了我们对人物命运的好奇心。而无论人物选择哪个原则,都将作为活生生的图式为主体的总结(或曰文学的概括)出一份力。主体的逻辑似乎是这样的:人要么屈从于情欲,要么受制于现实的利益,这或可谓之"单纯"的世界观吧? 不妨回顾一下周大新笔下的人物,他们的行为举止很少旁逸斜出,除了"快乐原则"和"现实原则",他们没有别的出路;而企图走中间路线也不可能。这种规整的行为方式使得周大新的人物出现了模式化的倾向。以梅苑为例,我们总觉得她在对待小保安的态度上过于僵硬和突兀。不管怎样,小保安在她最困难的时候帮过她,那么,按照常规人情来推断,即使梅苑要报复整个男人世界,在惩罚小保安时也应该网开一面。像《21大厦》结尾所描述的那样,她故意设置幽会的场面来刺激小保安,且眼看着小保安走上绝路也一言不发,我总感觉有些牵强。从梅苑和小保安的争吵内容看,她应该是理解后者的思维方式的,我指的是身体的乡土伦理学;而她自己也远不像她所表白的那样"新派",因为就她报复男性的手段——让对方成为取悦自己的性工具——来看,这明显是一种基于自己曾遭人玩弄的痛楚经历上的、朴素而本能的行为:所谓"以其人之道还治其人之身"是也。她相信这样会刺痛对方,因为自己就曾这样被伤害过。从这个角度而言,梅苑并没有背离、颠覆传统的身体伦理,不仅如此,其"英明"的"复仇"策略恰恰证实了这种身体伦理的权威性。梅苑唯一的"离经叛道"在于,她试图改变自己(一个女性)在传统的身体伦理中相对于男性的秩序。而这显然不是一蹴而就的事情,尤其在心理的层面。人不可能如机器一般抹去自己的记忆,那种带有强烈刺激的创伤性体验更是会长久地沉淀在心灵深处。根据心理学所讲的"趋利避害"原则,人在以后的行动中会本能地避开类似的体验场景。像梅苑这样一味重蹈甚至创造"覆辙"是有些反常的,我相信她在这样做的时候存在着自虐的念头,而绝非仅出于单纯的"享受"目的。但这种深刻的绝望感在梅苑和小保安的关系中根本没有体现出来,它使得梅苑的形象多少有些失真。就像吕道景死后被硬塞了一张表白心迹的纸条一样,梅苑那偏激、决绝的处世方式中也泄露了主体操作与控制的痕迹。具体说来,受制于"单纯"的世界观,主体在"看"人时总是不自主地发掘、强调其背后的实利因素,包括快感原则与现实原则。须说明的是,这两个原则在弗洛伊德那里本来归属于不同的范畴,前者指向人性的本能,后者针对的是社会功利的层面;但在周大新这里,两者却有些混同了。就周大新而言,无论是性爱的享受与沉迷,还是社会宏观层面的比较权衡,都可归结为一种利益的驱动。这种清晰的动机论构成了"单纯"内涵中最为坚硬的部分。我在前文说过:周大新的小说缺少天真与浪漫的情愫,其根源就在这里。一种力求深刻和概括的渴望,却在无意中落入了自身成熟与事故的"窠臼"。

不妨再来看一个散文化的短篇《揣度孔明》,作家对智者化身的诸葛亮在南阳生活的动机和日常情形作了一个揣度性的勾勒。周大新式的思考在此表露无遗。我们发现,小说的行文虽然温文尔雅,内里却带着硬度和不容辩驳的自信。诸如"先生(指孔明)你一开始并没有想到要来南阳,你只是觉得居住在荆州和襄阳离政治漩涡太近——你非常清楚,一个羽毛未丰的人很容易被政治漩涡卷得无影无踪。所以你决定移步北行,去找一个隐居读书等待羽毛丰满的地方。当你在马上远远地看到南阳城头时,你舒了一口气,你觉得住在南阳还比较合适:这里已经离开了漩涡但又离它不远,离漩涡太远的人也很难施展"①。显然,主体推测的依据是"世事洞明,人情练达"的智慧,一种"单纯"的基于功利(利益)的动机审视与判断,以不变应万变,进而成为主体构思、刻画人物的模式。

记得亨利·詹姆斯在评价巴尔扎克时曾说过这样一句话:"巴尔扎克的厄运就在于缺少一扇供他秘密出入的门……简而言之,他所缺少的就是魅力。"②周大新的情况有些类似。"单纯"阻断了他返视自身的目光;主体只是一味地去虚构、塑造,去到故事里寻求"单纯"的对应物,却没有给自己预留充裕的回旋空间。换句话说,主体放弃了对自身人格魅力进行持久而立体的塑造,其自我建设的工程在叙述开始之际就已然完成(或曰成熟)了。这使得其作品中的"声

---

① 周大新:《中国当代作家选集丛书:周大新》,人民文学出版社,2002年,第490页。
② 〔美〕亨利·詹姆斯:《小说的艺术》,上海译文出版社,2001年,第94页。

音"①趋向了单一化;在"单纯"之光的朗照下,一切都显得明晰、统一,而缺乏了经典作品所具有的那种模糊与大气。

在此要声明的是,我讲周大新的小说缺少天真与浪漫,并非想鼓吹什么罗曼蒂克的情调,而只是认为主体的表现方式可以更弹性一些,更矛盾、复杂一点,这样才显得自然,有人情味,相应地,作品也更易于沟通和渗透。换种说法,一部作品是否与我们有缘,我们是否能够接受它,在很大程度上是和主体这个"我"与我们(读者)是否心灵相契决定的。话说回来了,主体为什么就不能把他内里的脆弱、痛楚甚至阴暗的一面敞亮给我们看呢?这样只会激发我们走近他的激情,并增加小说厚重的质感,我指的是那种有血有肉的感觉。纵观中外的经典文学作品,它们无不饱蘸着主体复杂人格的汁液。作品中流露出的主体"声音"常常是裹着激情,但又矛盾重重、含混暧昧。"声音"里藏着欲罢不能、欲说还休、强颜欢笑,它与书中人物的"声音"一道,合成了一曲震撼人心的交响。正如我们在陀斯妥耶夫思基作品中时时感受到的那样,字里行间呼之欲出的是主体那歇斯底里、人格分裂、狞厉的呼喊,它构成了其作品特有的风格。相对说来,《红楼梦》里的主体"声音"是极为克制的,这造成了"薛宝钗形象是美还是不美"在后世的争论。但当你看到《芙蓉女儿诔》时,你却分明地听到了主体的"声音"——那优雅背后难言的酸楚与痛心。在《芙蓉女儿诔》中运用那样的溢美之辞,这在曹雪芹而言,似乎有点失控,有点踉跄,然而正是这失控、这踉跄使你怦然心动,潸然泪下。这里的"声音"显然非单纯的理性所能涵盖,它在《红楼梦》里保留了一方永远也读不懂、猜不透,永远都既清晰、又模糊的神秘空间,使得《红楼梦》带上了主体无与伦比的个性色彩。

在模糊的重要性这一点上,周大新并非毫无察觉,他也尝试着改进自己的风格。其中,最突出的表现是原型的引入,包括原始图腾、神话传说、风俗梦境等等。所谓原型,按照弗莱的定义,是指一种典型的或重复出现的意象。它具有象征的意蕴,但其象征的指向却是不明确的。这种意义的模糊性使文本带上了一定的神秘色彩,对"单纯"的明晰亦不失为一种中和与调整。但总的说来,这只是一种局部、边角的修正,"单纯"的意向性仍然很明显。就像《第二十幕》中反复出现的那个由五条横线和五条竖线相交构成的格子网图案,它刻在尚家大院的石柱上,由于年代久远,已无人能够说清它的来历和内在意蕴。如此,它便以源头意义丢失的形态介入到小说的叙述中。而随着故事的发展,我们发现它进入情节和场景的能力居然如此之强,以致任何重大事件的发生,主人公们

---

① 这里的"声音"是就作品给人的综合印象而言的。包括叙述语言,人物的声音以及主体的声音,等等。

都能从网格图里得到解释与启示。这种强大的概括性是和主体明确的全局观及思考能力相对应的,它通过不同的人物心理道出,一种巧妙的过渡,于是,故事又顺利挺进了。

对于《第二十幕》,我还想补充一点。该小说描述了河南南阳地区一家尚姓丝织世家五代人的命运遭际,就故事的结构与框架来看,又是一个探讨"爱欲与文明"的创作范例。值得注意的是其中所流露出来的循环的历史观以及宿命般的悲剧意识,它们在周大新的作品中具有相当的代表性。而之所以会导致如此情景,我以为是和主体"看"人的方式直接相关的。前文曾说过,主体倾向于从实利的角度去观察、塑造人物,让他们在"快感原则"和"现实原则"之间作选择。就像主人公尚达志,这是一个压抑型的人物,他一生都在与盛云纬的爱情及家族利益之间徘徊,最终他选择了后者。而他这种压抑的个性又传给了自己的儿子、孙子,他们和尚达志一样做着那道古老、冰冷的选择题。由于历史是由无数人的行为组成的,因此人物整齐划一的选择行为必然导致历史的相似性。而这种非此即彼的选择本身亦是悲剧宿命的根源。主体没有给人物别的出路,因为他看不出除了实利的驱使外,生命还有别的行动可能。这种人性观就其本身而言,实在是悲观到了极点。

周大新曾写过很多反映人与人之间相互仇恨的作品,诸如《紫雾》、《伏牛》、《老辙》等等,作品中的主人公们相互折磨,冤冤相报,无穷无尽……这些在我看来,便是他悲剧人性观的直接流露。周大新很少给仇恨中的人们指明光亮所在,他只是单纯地把这个恶性循环的故事讲清楚,不做任何超拔的非分之想。在此,"善良"成了一个可望而不可即的彼岸。一切都在故事中自然生长,在村庄里消涨起伏,自生自灭。这是周大新一贯的风格,包括他对权力的批判也是如此。如果说"诗到语言为止了",那么在周大新这里,小说到了故事,也就该止步了。他曾在一篇创作谈中写道:"由于自己的亲身经历,我对人世间人们互相折腾折磨这种现象十分憎恶……我记得那阵看到一种社会现象,就是一些在旧中国受地主欺负的农民,在新的农村经济政策保护下富裕起来以后,采用当初地主欺负他们的办法,来欺负今日还没有富裕起来的乡邻。这种现象使我思考了许久,也想了很多,难道社会就必须按这种方式循环前进?……应该想一个办法来中止这种恶的循环。"①究竟是怎样的办法呢?那就是讲故事。周大新用一个个绚丽多姿、婉转曲折的故事道出了自己的思考。他相信读者也能从故事里体会到与他一样的痛惜,因为这故事已被他的思考浸透了。故事是一个整体,包括人物性格的定位,情节的设置、走向等等。一种朴素的写作:把坚硬的

---

①周大新:《漫说"故事"》,《文学评论》1992 年第 1 期。

思考通过跌宕的故事从容地展开,这便是周大新。在他的作品里,透着一种虔信与坚定,针对故事的整体力量,亦针对自身的思索。这是他写作的基点,一个无法更动的确然。所有这些,都让人感动又慨叹。你可以说他的故事有理念先行的意味,人物有模式化的倾向,但不可否认的是,你的确在主体人格与故事之间感受到了心有灵犀的对应,既单纯,又不乏智慧。一种久违的"文如其人"的修炼,让周大新找到了写作的持久动力。

原载《小说评论》2006 年第 6 期

挣扎与突破：冲出"圆形盆地"
——周大新小说论

梁　鸿

在 20 世纪八九十年代的文坛上，周大新大概不能称之为"开风气之先"或独领过什么"风骚"的作家，但是，当我们考察 20 世纪中后期河南文学的整体创作时，却无法忽略过他的作品。这个"个性的敏感和恐惧如卡夫卡，作品的博大、悲悯和地域特色却如福克纳"①的作家，以一种不可思议的激情不断阐释他的"豫西南小盆地"，使我们在感受到浓郁的"盆地"地域文化和中国传统文化之间复杂纠缠的同时，也体味到人性、生命在社会文明发展之中的某种困境。对于我们的论题来说，他的小说又最为清晰地展现了河南作家或者说北方作家的心路历程，他作品的优点、缺点在大部分北方作家那里都可以找到影子，而他作品中"乡村思维"和"城市思维"之间的冲突表现得更为激烈，从短篇小说《汉家女》、《小诊所》到《香魂塘畔的香油坊》、《向上的台阶》到将近百万字的三卷本长篇小说《第二十幕》和 2001 年首次以城市为题材、从形式到观念较之以前有很大不同的《21 大厦》。周大新正以一种新的历史意识和小说审美意识逐渐在当代文学史上显示出自己的独特价值，它迫使你不得不把目光投向他的"世界"之中。

圆形盆地："圆"与"不圆"

1988 年左右，周大新开始初步设置自己的创作计划，他说："我写《豫西南有个小盆地》，对它的作用不敢妄想，但我估计人读了这些文字后，大约可以得出一个印象，南阳盆地是个圆的。"②他的长篇小说《走出盆地》、《第二十幕》（三卷本）和中短篇小说《步出密林》、《怪火》、《老辙》、《伏牛》等等应该都属于这一系列。"圆形"在中国传统哲学里面传达的是"满、全"等含义，"圆形盆地"

---

① 行者：《大新真好》，《时代文学》2001 年第 4 期。
② 周大新：《圆形盆地》，《解放军文艺》1988 年第 6 期。

意味着一个封闭、自成一体的世界,意味着生活在其中的人们拥有自己完整的一套文化符号和文化规则,并且从情感上完全认同它的价值和存在依据。但是也正因为它是圆形的,又决定了"外界"的入侵必须以某种近似于暴力的形式才能打破"圆"的规范,这就造成了"圆"与"不圆"之间绵绵不绝的矛盾和冲突。这一"外界"便是在现代文明冲击下的具有极强诱惑力的城市和代表着城市的物质享受、地位和某些观念。因此,周大新一开始便把自己的写作世界——"南阳盆地"——设置为一个先验的、带有抽象意义的传统文明的符号,但这一符号在周大新的文本中更多地象征着一种巨大的情感力量,它牵引着生活在其中的人们不断回望,思考并做出各种生活的、伦理的或情感的抉择。

不知是有意还是无意,在作者的"豫西南有个小盆地"系列小说中,有一个明显的模式:对土地的抛弃和远离伴随着主人公心灵的不断失落、错位,同时,也使主人公一步步走向恐惧、沦落的深渊,最后,一定会有某种惩罚的力量降临到主人公身上。《走出盆地》中的邹艾以各种手段来获得向上的台阶,想使自己活出个样子来,为此,她抛弃了乡村的恋人,她无情地诋毁自己的朋友,但是,最终,她众叛亲离;《步出密林》中的沙高残忍地逼猴表演,最后,惩罚降临到他身上,群猴反抗,攻击他的儿子,于是,沙家三代都只有半只耳朵;《伏牛》中的牛类和人类之间和谐相处,但是,一旦人自己违背了某种基本的准则,牛会不顾一切地维护它,并惩罚触犯它的人。因此,当西兰和照进拥抱的时候,小牛"云黄"替她做护卫;而当照进毒打善良的荞荞时,"云黄"则愤怒地惩罚照进,这是天怒。小说中处处透露出的信息是:人不能违背基本的自然界内部的秩序,这也是一种伦理秩序。

因此,在周大新的文本中,"土地"似乎并不具备实在的意义,它更多的是一种近乎神秘的、原型意味的暗喻——"地母形象",她宽厚、善良、纯朴,富有生命力,洋溢着温暖的气息,它是人性之中最基本最原始的向往点,是自然界存在的基本伦理秩序。同时,也应该是人类社会存在的基本秩序。"土地",或者说,"大地",一方面是生命根本的依托,另一方面,又成为一个神秘的咒语,诅咒抛弃它,背叛它的人。我们有一种感觉,周大新似乎从来没有对"土地精神"或者说"大地精神"的真正含义做理性的梳理,它是渗透在作者血液之中的,不经任何理性判断的感性判断,是一个先验性的判断,它是一个从乡村走出的作者对"乡村精神"所做的哲学本体论上的情感归依。

在这样一个"圆形盆地"世界中,人们按照盆地内部的伦理规则生存。在面对"外部"世界时,他们常常处于一种屈从心态,认为是命,或者说是穷命所致,因此,《金色的麦田》中姐姐虽然和天夫相好,并有了身孕,但是,却仍然顺从地嫁到城里去。"城里"是盆地人无法抵制的诱惑。《无疾而终》的瞎爷以超然达观、幸福的心态度过他并不幸福的一生,他幸福的依据是什么呢? 是忍耐、承受,承认并接受命运的安排,瞎爷几乎是盆地人的一个生存符号,以他快乐的形象给盆地人以希望,但却是一种宿命论支配下的希望。

　　作者给我们所展示的是"圆形盆地"文化观念的一体两面的存在。20 世纪 80 年代他的成名作《汉家女》一开始便以超越时代局限的透视力塑造了一个内蕴复杂的盆地女人的形象。汉家女封建、保守、粗鲁、爱占小便宜,但是,却正是她,以对人性最基本、朴素的理解满足了小战士的非分要求。在那一刻,她尊重的是生命的要求,这是盆地文化基本的生命观和道德观,与传统的道德观有着质的区别。历经 10 年、几易其稿的长篇三部曲《第二十幕》描述的家族企业——南阳尚家丝绸,在中国政治环境的影响下几起几落,展示了民族工商业在中国的悲剧命运,最终支持尚家丝绸没有彻底失败的却是尚家传统文化的根基,他们依靠自己顽强的家族式延续纽带使自己总能保持一点星星之火,作为传统文化的符号的卓远先生是尚家人的精神支柱。《左朱雀右白虎》则几乎可以说是一首对中国知识分子传统的颂歌。王涵、古楠夫妇为了维护宝贵的汉代石刻,不惜用自己的生命做代价。更重要的是,他们从这些石刻之中看到了中国古人的生存精神:尊重生命的自由选择。这些都是盆地文明中最有价值的部分,作者总是忍不住用饱满的情感语言去抒写。同样,作者也以清醒、甚至于苛刻的目光审视着他所爱的这块土地上的生存悲剧。《第二十幕》第三卷中的宁贞,在以自己的名誉做抵押挽救了尚家企业之后,最终,换来的却是她所爱的人对她的污辱,用传统文化中最具有杀伤力的语言,宁贞自杀了。《宣德年间的一些希望》以作者少有的冷酷写了在官文化支配下的少女的悲剧。值得注意的是,进宫的主意不仅是他的父亲——知府大人的,更是舒韵自己的愿望。最后的结局却是,舒韵所做的是陪葬宫女。这样一个戏剧性的结尾让我们感受到中国传统文化"恶"的一面对人的巨大制约。《瓦解》中的老万在"面子"观念的驱使下竟然预谋杀害自己的亲外孙,作者用一种心理化的情感流动手法描述了老万杀孙的心路历程,不动声色,但却惊心动魄。

　　但是,这都是"盆地"内的事情,是自家家务事,作者的"圆形盆地"意识使自己的描述形成一个完满的判断。这就在文本中产生了非常有意思的现象。当作者的目光回归到"盆地"内部时,作者是一种思索性的、反省式的语言,他描述、批判故乡文化的劣根性,但同时,这种批判和反省被作品中弥漫着对故乡温润、潮湿的回忆所笼罩,人物的喜怒哀乐浸透在宽广、温暖的情感中,那是一种近乎于庄严的宗教般的情感,是永恒的。但是,一当把目光投向城市,他立刻把故乡文化整体化,作为一种精神的优越感,城市成了"不圆"的、残破的象征物。这时候,"盆地文化"更多的是地母形象的化身。这在《21 大厦》里面尤其明显。

地下2层的底层人虽然日子过得贫寒,但是人与人之间却是朴素的温情,和楼上的人与人之间的相互倾轧形成明显的反差。

这就使作者一开始就陷入了两极悖论的难题:"走出"圆形盆地是人类必然的命题,就像作者在答记者问里说的。"我在观察中发现,飞,不仅是鸟的运动方式,也是人的一种隐秘欲望。人们对于此时此地的生活总是不满意,总认为好的东西不在自己身边而在别处,因此人们总是希望能飞离此地,去寻找新的栖息地。"但是,"走出"却又总意味着某种背叛,背叛人类"母性"的、"根性"的东西。实际上,我们考察周大新的作品,便会发现,这样一种似乎简单化的两极对立的设置有一个基本的前提和参照:城市,它是和作者处于一种对话状态的背景性存在事物。即使在进入北京几年后,周大新说他所喜欢看的仍是《南阳晚报》,而对北京的新闻,则总是想,看那干啥,那是人家的。"那是人家的",这句不经意的话却很有深意,"北京",换言之,"城市",被作者拒绝进入自己的视野和思维之中。这是对"圆形盆地"意识潜在的固守,是一种偏执,也是一种情感。

于是,在周大新的作品中,似乎有这样一种倾向:作者肯定城市发展对于人类存在的物质理由,但是却感受不到城市存在的精神理由。西方一位持文化守成主义观点的学者这样说过:"现代化是一个古典意义的悲剧,它带来的每一个利益都要求人类付出对他们仍有价值的其他东西作为代价。"[1]这样一来,总有一个悖论性的东西无法解决,或者说,作者为此很焦虑,他找不到一个自圆其说的理论:究竟该如何在作品中处理中国城市化的加速度?作者在作品中传达了他深刻的危机意识,在越来越物质化、经济化的城市文明面前,某种维系一个民族凝聚力的重要纽带正在失去,那将是文化的毁灭,是那一部分对人类"仍有价值的"的东西的彻底坍塌和最终的毁灭。在《21大厦》中,虽然我们能感觉出作者在有意探索城市的脉搏,努力呈现城市文明有序、科学的一面,但是,作者仍然没有摆脱自己的基本的情感价值判断,或者说,作者不愿意把情感投入到"城市"模式之中,21大厦高层的老画家、演员和学者,都是孤独的人,他们不具备城市的某种素质。真正代表作者心中城市观念的是不择手段往上走的梅苑和做情人的彭仪。作者并没有对她们进行简单的判断,却让我们感觉到,她们痛苦的经历和最终的选择是城市生存的必然法则。

相当一部分当代作家似乎面临着一种困顿的境遇:在面对这样一种乡村伦理和城市伦理的冲突时,他们犹豫,徘徊,摸不准城市的脉搏,害怕做出判断,却又总是不由自主地在文中形成判断。或者说,在描写乡村精神时,作家运用的

---

[1]〔美〕艾恺:《世界范围内的反现代化思潮——论文化守成主义》,贵州人民出版社,1991年,第212页。

是直觉,是未经理智篡改的"直觉印象",和周大新一样来自于河南乡村的作家阎连科说:"只有心灵中的故土和文化,才能使作品有弥漫的雾气,才能使作品持久地有一种沉甸甸、湿漉漉的感觉,才能使我们打开书页,仿佛在光秃秃的严冬中摘到几片冬青树的厚叶一样。"① 这大概就是"直觉"和"体验"的力量。但是,一当面对城市时,这种"直觉"的力量消失了,直接的判断、明白的是非感被容许凌驾于印象和体验之上,从而使作品失去那"沉甸甸、湿漉漉的感觉"。其实,这并不是我们这一时代作家的困境。我们可以这样说,城市伦理的发展进程及与其同时存在的以反城市伦理为内容的乡村基本伦理,这个二重性的模式永远地持续到将来。20世纪中期出生的中国作家在这一点上无法摆脱"乡村生活"、"原野大地"给予他们的直觉体验,也无法将自己真正融入到城市伦理之中,这是无法超越时代的生命体验的局限。他们对"城市"这一不断扩张着的势力处于一种失语状态。虽然他们蛰居在都市。于是,他们扭过头去,把目光投向自己的故乡,去挖掘那一方无限丰富的属于自己的"世界"。如莫言的"东北高密乡"系列、阎连科的"耙耧天歌"系列和周大新的"豫西南的小盆地"等等。在这些"故乡系列"的作品中,他们展现出惊人的"家族的相似性",即某种"圆形盆地"的意识。阎连科在《年月日》、《日光流年》中以一种反复的、几乎是强烈的暗喻方式暗示:外面的世界是"人家"的,出去的人最终都必须要回来。②只有在内部的生存才是有意义的,而出去只是暂时的逃避或为了获得一些利益。换言之,《年月日》中的先爷以身体滋养那株玉米,只是为了保留下种子,为耙耧山脉人们回来做准备;而《日光流年》中的几个村长为"活过四十"而做的奋斗,除了是人类对"活着"的本能需求外,还有一层就是:保持村庄作为一个"世界"的完整性。这种"圆形盆地"观念自然形成盆地人两种看待世界的眼光,形成"圆"和"不圆"之间复杂的缠结,也迫使作家不得不将目光收回到内部"纯粹世界"之中。这其实是20世纪八九十年代作家共同的"世界观",是他们认同了的"小说世界"的方式,并且,在某种意义上,它是中国小说甚至于世界小说目前为止给作家所提供的一个较为理想的操作范式。

符号的意义:"围猎"与"被围"

从"圆形盆地"里的"神话传说"到《第二十幕》中的"格子网"、《21大厦》中

---

① 阎连科:《仰仗土地的文化》,《小说选刊》1996年第11期。
② 郜元宝:《论阎连科的"世界"》,《文学评论》2001年第1期。

的"黑雉鸟",周大新的许多小说里总有这样一些神秘、具有隐喻意义的符号系统,这里面既有作者在创作观念上对"盆地意识"的某种突破,同时,也意味着周大新在小说文体上进行的一些探索,它们是探讨周大新小说所必须关注到的。

我们发现,这些阴影似的、具有暗喻意义的符号系统总是出现在这样的时刻:当小说主人公做出违背"普遍良心"或遭受某种危机的时候。要么惩罚,要么使主人公心灵受到极大压迫。我这里所谓的"普遍良心"有两层含义:一是指作者所认为的人类生存最基本的底线,如不伤害别人等,另一层则是小说主人公所接受的基本文化传统。这种具有暗喻意义的符号系统可大致分作两类:一类是神话故事和传说;一类是具有传统文化意义的象征符号。

南阳盆地处在中原文化与荆楚文化的交界点,"楚文化天马行空般的浪漫想象和炽热深沉的忧国忧民的现实情感,再加上中原文化经世致用的理性内涵的注入,如此文化土壤在滋养大新小说创作理性精神的同时,也催发出小说丽瑰、奇异、怪诞、幽冥的神秘色彩"①。因此,神话故事和传说在周大新小说中常常和小说主线索互为文本,使小说结构具有某种"叙述间隔"②的性质。正如评论家何镇邦在为周大新的《走出盆地》作序时所说:"由于在三个部分(即结构的三大版块)里都注意到叙事角度、叙事人称、叙事语调和叙事环境的变化,同时又注意到变化得自然,使这部小说读起来既丰富又自然,弥补了它单线纵向展示一个人命运容易单调的缺陷,创造了一种独具艺术风貌的长篇小说文体。"③在《走出盆地》中,随着小说主人公邹艾命运同时展开的是天上三仙女和门将"南阳"的爱情故事,"盆地"是玉皇爷为处罚他们私通而给三仙女和南阳的牢狱。作者用自己的想象力虚构关于"南阳盆地"的创世纪故事,在同时,却给我们提供了一个封闭的、具有无限容量的"圆形盆地"意象。这是作者对"圆形盆地"悲观的预言,还是给小说主人公邹艾的悲剧命运提供一个先验的民间寓言模式?

"玉皇爷安坐在王座上,面带冷笑地望着凡间的南阳盆地,望着盆地里不停向外走的三仙女,口中恨恨说道:我看你能走到哪里!王母娘娘看得心酸,就含了泪恳求玉帝:求您收了宝术,让她走出去吧,她不过是想给孩子们找一点新鲜吃的。玉皇爷猛拍一下座椅扶手喝道:给我住口!她既是

---

① 周大新:《周大新:为了人类的日臻完美》,陈继会主编,《文学的星群——南阳作家群论》,河南文艺出版社,1996年,第210页。
② 张德礼、徐亚东:《周大新盆地小说论》,《南都学坛》1998年第2期。
③ 何镇邦:《走出盆地》序言,周大新,《走出盆地》,百花文艺出版社,1990年。

看了外界东西学坏的,此生就永远别想走出这盆地……"①

如前所述,在这一段叙述中,有着明显的"外"世界和"内"世界之分。"玉皇爷"作为传统文化中权威的象征,拒绝"三仙女"走出"南阳盆地"。邹艾的命运和"三仙女"有着惊人的相似。邹艾不顾一切地想走出家乡,贞操、爱情、友情都放弃掉,终于改变了自己的地位,去除了自己的乡土痕迹,然而,"外"世界的凶险莫测使她不得不回到盆地内部的柳林镇;当她重振旗鼓,在故乡开诊所、办医院试图大干一番事业时,又是"盆地内部"的力量把她打垮,从少年、青年到中年,转了一圈,她仍然没有走出"南阳盆地"。"三仙女"的神话传说预设了邹艾的悲剧命运。

在周大新的另一部中篇小说《伏牛》中,作者在叙述西兰、照进和哑女莽莽的生活、情感经历的同时,并行着叙述了关于牛类和人类之间相互认同的传说。传说中"牛"和"人"之间的息息相通和生活中三位主人公的悲剧命运使生命与生命之间构成一个圆满的活性磁场,每一个人类生命都从中感受着一种神秘、圣洁却又无所不在的光辉。

"神话的最基本特征不在于思维的某种特殊倾向或人类想象的某种特殊倾向。神话是情感的产物,它的情感背景使它的所有产品都染上了它自己所特有的色彩。"②笔者以为,周大新用"神话"做文本的阐释代码其实正是为了表达小说主人公心理的"情感背景",这一"情感背景"作为一种具有隐喻和原型意义的心理指向决定或约束着人物最终的选择,在某种意义上,也决定着作者的思维方向和基本模式。它们也增加了作品的历史感、时间感,但是,从小说内部因素来讲,它们其实是把"时间"还原到人在那时那刻的"境遇"之中,从而再现一种对历史的"体验"和"过程",给读者一个印象的、直觉的但却更具张力的世界。

在20世纪90年代后期的小说创作中,周大新似乎强化了他小说符号系统的另一传统,即文本中时隐时现的具有文化意味和心理暗示的象征符号。在他的三卷本长篇小说《第二十幕》中,作者淋漓尽致地发挥了他这一独特的创作特征。"格子网"(五道横竖线相交)是南阳丝绸世家尚家院子里一块石头上的图案。关于它的来历,众说纷纭,作者似乎也不想给予它实在的判断。作为一个开放性的符号,在小说主人公不同时候不同遭遇时可作出不同的解释。我们简单地举出几种作者对"格子网"的阐释:它能帮尚家预知天气(实际用途上的解释);表达的是对这世界的一种认识,即认为世界是由两种东西交汇而成,人类

---

① 周大新:《走出盆地》,百花文艺出版社,第57页。
② 〔德〕恩斯特·卡西尔:《人论》,甘阳译,上海译文出版社,1985年,第105页。

是由男、女而成,生活是由苦、乐交汇而成,事业是由成、败交汇而成(一种哲学方式的认知);可能是一种中国古老的表示褒奖的符号(传统文化上的阐释);一个棋盘,一步走错满盘皆输(生活启示);那一个一个空白的方块,可能是人生一个个陷阱;一种天定的吉利的预示;等等。在将近一百万字的小说中,作者对"格子网"做了不下几十种阐释和理解,它作为主人公可以倾诉、可以求助、可以寻找依托的对象,几乎具有一种无尽的能量。它是一个神秘的象征物,以它恒定的沉默和极强的暗喻性渗透到主人公的心灵中。

这并非只是一种启示,而是人在本质时候不自觉的一种求助和祈求。

然而,在这众多的几乎有些繁复的阐释中,我所感到的却是作者内在的某种焦虑和符号意义本身的贫乏,它传达出一个信息:传统文化话语作为一种信念已经不能支撑主人公生存下去。《第二十幕》从20世纪初写起,尚家丝绸事业在百年中国的政治沉浮中沉浮,他们依靠的是自己坚韧、顽强的家族纽带,每一次大动乱,尚家总是首当其冲的受害者,"格子网"这一传统文化的符号不再具有某种启示能力。或者说,外在的力量,不管是土匪、官匪,还是外族的侵略、家族的内讧,从来都对尚家工业的生存具有生杀予夺的权力。尚家一代代人的努力始终局限于一种本能的、自发的行为,而不是自觉的,他们被动地等待着毁灭,或者就是通过卖女这样极端的方法才保存实力。因此,你可以说这是一部当代中国民族工商业的命运史,但是,更多的却是一部民族的生存史。尚家男人的发家信念绝不仅仅是为了发财,更不是为了其他更大的"国家、民族"之类的话语,他们只是为了光大祖上的基业。为了"祖上基业",可以牺牲掉一切,尚家的每一代人其实也都是这一延续中的符号,没有实指的意义。虽是经历了一百年,其精神实质却并没有变化,因此,云纬、绫儿最终都成了尚家的牺牲品,就连90年代的宁贞也逃脱不了这一悲剧,这是历史的怪圈。而"格子网"作为尚家人的图腾,却很少具有一种精神的飞跃或升华,而是充当了尚家人具有实利作用的家族图腾。

在某种意义上,"格子网"这一文化符号的运用其实是作者对中国传统文化本质的一种想象性叙述和阐释。我们甚至也可以说,作者在这里展示的是一百年来一幕幕文化、政治对个体的"围猎"场景。尚家人无论如何挣扎都逃脱不了"格子网"的周密列阵,他们所梦想实现的"大"的自我的完成始终是以牺牲个体自我为代价的。更进一步说,"格子网"其实是周大新解读人类命运的一个具象化的符码,充满着作者对社会、文化和生命个体之间关系的某种哲学断想。正如一位评论家所言:"'格子网'是小说解读人类命运的一个神秘而具象的隐喻,一个满载着哲学意味的意象。"①在另一篇散文化小说《14、15、16岁》中,周大新把这种政治、文化"围猎"场景具体化了。我们惊惧地看到,"文化大革命"期间一个造反头子因为无意间把火柴头灼烧到主席像上,而一下子从"围猎者"变成"被围猎者。"所有14岁的蒙昧无知的孩子都充当了残暴的"围猎者",在那一刻,人性在政治的强大力量面前是多么软弱、脆弱和盲目啊!

在周大新的新作《21大厦》中,那像鸟一样的大厦,和每一层的墙壁上的那只巨大的黑雉鸟,和"格子网"的意义正相反。"那鸟站在笼子里。""黑雉鸟"的处境正是人类的处境,是一个"被围猎者"。被关在墙壁里的"黑雉鸟"作为一个象征物时时提醒主人公的心灵世界里对自由的追求,就此而言,这种"向上飞的隐秘的欲望"对于生活在城市伦理之下的人们来说常常意味着灾难。当5层801的宋女士精神出现危机时,总会看见窗外一只大鸟往屋里飞,最后,宋女士真的像一只鸟一样坠楼而死;河南保安自杀时,同样看到那黑雉鸟的双翅。黑雉鸟像一道神秘的符咒,目睹着大厦内传统良心的破产、精神信念的崩溃。黑雉鸟茂密的森林栖息地消失了,然而,它却虎视眈眈地盘踞在大厦内,显现自己力量的存在。

不知道《第二十幕》和《21大厦》之间有没有某种联系。就数字而言,它们是有作者某种潜在的思维延续性的。从"格子网"到"黑雉鸟",周大新正在形成属于自己的独特的象喻系统,如果说"格子网"是对20世纪中华民族乡村生存伦理境象的隐喻,那么,"黑雉鸟"则是对21世纪城市伦理下的人的处境的暗指,它们是处在转型期的中国人身上所同时背负的两个阴影:"围猎"和"被围"。挣扎在像"格子网"一样的传统文化之中的民族以此来显示自己充满韧性的生存力量,而关在墙壁上的"黑雉鸟"却是孤独的,没有人意识到自己正处在"笼子"之中的境遇,或者即使知道,也甘愿往里面进,"黑雉鸟"只能在默默中期待着有人和它做精神的响应和沟通。但这两者的暗喻意义其实又是相通的,它们似乎告诉我们,随着现代化文明的进程而来的,不仅仅是繁荣、先进、有序的时代,还将是一个生命日益萎缩、精神日益荒凉的时代。这是作者对时代境象的一种基本感受。

"保安之死":自由的困境

20世纪最后10年是中国小说众声喧哗的10年。一方面,小说创作在以前

---

① 孙荪:《虚怀——周大新印象》,《时代文学》2001年4期。

所未有的速度、数量生产、流通,另一方面,小说形式、小说观念也以前所未有的景观激烈地分化、变异,可以说,现代白话小说正处在一个阵痛期。小说的意义,或者说,小说的道德观正在不断的衍生,作家创作越来越趋于多元化,他们更喜欢"存在"、"感性"、"精神"等标志着人的本质世界或个人化的名词;小说的叙述范围不断扩张,承载着"想象"的气球越飞越高,逐渐进入一个共时性存在的空间,小说真正进入小说的历史。

但是,在这些多元话语中,我们还能找出一些大致的倾向性。无论是可以命名的"先锋文学"、"六十年代写作"、"女性主义写作",还是更多的无法命名的也更具有独特意义的文学作品,作家无论是追求形式上的突破,还是语言上的大胆想象,有一个总体感觉,饱经各种文学外话语因素左右的当代作家们显然更认同昆德拉关于小说的理论,昆德拉把小说称为"道德判断被延期的领地",他认为小说的基本品格"幽默"正是"把世界揭示在它的道德的模棱两可中,将人暴露在判断他人时深深的无能为力中";[1]他们也更认同巴赫金的"狂欢化理论","狂欢式,意指一切狂欢节式的庆贺、仪式、形式的总和。这是仪式性的混合的游艺形式。……狂欢节上形成了整整一套表示象征意义的具体感性形式的语言,从大型复杂的群众性剧到个别的狂欢节表演。狂欢式转化为文学的语言,这就是我们所谓的狂欢化"。[2] 如刘震云小说所潜藏的"闹剧冲动"在某种程度上正是这种文学"狂欢化"意识的暗合,它同时显示了作家本人对历史的某种看法。应该说,在20世纪90年代,小说的意义和小说道德首次有了自己独立的意义和存在依据,这对于中国现代白话小说来说,无疑是一个划时代的变革。

但是,有一些问题始终存留在这些小说新观念之中似乎还没有解决:现实道德和小说道德是否完全相悖?人对"幸福、纯洁、自然"等等美好东西的向往有的时候可能会走向极端甚至反面(这在当代中国历史屡见不鲜),但不能否认的是,许多时候这些永恒的追求却恰恰成为人类生命的基本底线,作家该如何表达人类这些永恒的追求?仅仅用"模棱两可的道德"是不能涵盖一切小说理念的;我们也不应当再犯以前常有的非此即彼或矫枉过正的毛病,更不应当仅仅从伦理、政治的角度来理解"道德"这一名词。如果是这样,我们怎么理解生命道德呢?除了社会给人的约束之外,生命本身应当怎样理解自我的意义呢?同时,当作家通过人物的某种"狂欢化降格"(并非完全指巴赫金的"降格")来

---

[1]〔法〕米兰·昆德拉:《被背叛的遗嘱》,上海人民出版社,牛津大学出版社,1995年,第31页。
[2]〔前苏联〕巴赫金:《诗学与访谈》,白春仁等译,河北教育出版社,1998年,第160页。

展示人类生存的悲剧时,是不是也有另外一种例如比较理想主义的方式使人类的大悲剧呈现出另外一种意义?我们不要忘记,昆德拉还说过:"小说考察的不是现实,而是存在;而存在不是既成的东西,它是人类可能性的领域,是人可能成为的一切,是人可能做的一切。小说家通过发现这种或那种人类的可能性,描绘出存在的图形。但是再说一遍,存在意味着'在世之在'。这样,人物和世界双方都必须作为可能性来理解。卡夫卡的世界和任何已知的现实都不相同,它是人类世界的某种极限的和非现实化的可能性。"①这种"可能性的存在"领域不仅包括昆德拉所谓的"道德的模棱两可",也应包括作家对人在现实境遇中所做的"理想主义"的悲剧性理解。

读周大新的《21大厦》时,这些一直萦绕于心的问题又一次浮现出来。在目睹了21大厦里一场场现代文明的悲、喜、丑剧之后,那个单纯、善良的河南小保安最后自杀了,似乎有些不值,没有人关注这样一个小人物的悲哀、愤怒和巨大的悲怆感。这几乎有一些荒诞喜剧的意味。我们不禁想问那个可爱的小保安:城市与你何干?那本来就是人家的,你死什么死,那只能使你显得更窝囊!可是小保安听不见了,他以那纵身一跃的定格完成了他飞翔的使命,也替人类在上帝面前赎了罪。在那一刻,他看见了童年时代那三只在天空自由飞翔的斑鸠。实际上,周大新也可以按照另一种写作方式来写。小保安完全可以不死,从此以后,他像巴尔扎克笔下从外省来到巴黎的拉斯蒂涅一样,也像当代许多作品中的描写一样,随波逐流,认同这个世界的游戏规则,过上富有反讽意义的自由生活。但是,周大新却拒绝那"一撒手"的轻清、快乐和自由,他没有让保安看透一些,他拒绝这样安排小说的人物,这不符合他的心中的小说道德和思维指向。他曾这样宣告他的小说目标:"全世界所有的真正可称为作家的人,不管他居住于哪个国家属于哪个民族,不管他用何种语言何种方法创作,他们最后都会在那面写有'为了人类日臻完美'字样的旗帜下站立和汇聚。"②这种理念无疑先验地决定了周大新小说的理想主义色彩。他宁愿做一次堂吉诃德,不自量力地与风车作战;他宁愿做西绪福斯,无望地朝山顶一次次地推着巨石,却保持着精神的悲壮和一种永恒的向上的激情!

但是,"保安之死"绝不是对"城市伦理"的腐败、黑暗做一种现实的道德判断,这是周大新在文本中竭力避免的。我们与其说"保安之死"是我前文所提的"普遍良心"的破产,毋宁说它是一道警示,它以"保安之死"的无价值感和不能承受之轻来揭示他的"不能承受之重",这正是当代文化自由的困境!当我们处

---

① [法]米兰·昆德拉:《小说的艺术》,孟湄译,作家出版社,1992年,第44~45页。
② 周大新:《为了人类的日臻完美》,《村边水塘》(散文集),文心出版社,1996年。

于历史的"被抛弃"状态的时候,我们是否真的能把握住自己?或者说,哪一种选择能称得上是一种更高层次的"自由的选择"?"保安之死"揭示出"另一种自由"对人类永恒的重要性,即坚守使生命高贵、尊严的自由,那是一种"向天空飞翔"的无限向上的自由。它与道德无关,与社会处于什么阶段无关,与梅苑对保安的玩弄无关,与小保安落后的性爱观也无关,它是有关于生命本质意义的。它应和昆德拉的"小说模棱两可的道德"一起,构成"小说道德"的一体两面。这是当代作家所不应该忽略的。因此,在某种意义上,"保安之死"使21大厦失去了那提醒它不让它过快飘浮起来的、单纯但却具有本质意义的注视,使关在笼子里的"黑雉鸟"失去了期待的可能和希望。它该走向何方?

因此,"为了人类日臻完美"这一文学目标在周大新那里并不仅仅是一个具体的判断,也并不仅仅是他的理想主义色彩的表现。它显示了周大新眼中的"作家主体与文本"之间的新型关系,不是"反映现实美化现实",而是一种类似于终极式的追求,作家有义务在其作品中保持人对"生命每一种尊严"的追求向度,有义务向读者表达作家自己心中的生命价值尺度从而使读者达到一种精神的提升或启示。我们考察一下周大新的整体创作和他的一些自白性文字便会更深刻地理解这句话的含义。虽然是军旅作家,但是,周大新军事题材的作品却最少,即使有,也很少正面反映战争。在他的成名作《汉家女》中,战争只是小说的背景,并且,以一个富于悲剧意味的结尾揭示了战争对人类生命的冷漠和毁灭,而汉家女的行为恰恰是对人性的一种本能的理解。评论家雷达在评论《汉家女》时说:"写出她的农民意识并不难(正如时下许多揭露'国民性'的作品),难的是写出她虽不能超越农民出身带来的局限,但却能表现出比'农民'符号含义深刻得多的人性深度、灵魂力度和永恒的爱(我以为,人格的美、人性的美、人性的丰富程度与其人的社会身份、文化身份并无直接关系)。"①这种"人性深度、灵魂力度和永恒的爱"正是周大新所追求的终极目标。周大新害怕战争,害怕生命被任意屠杀,散文集《去看战场》在凭吊世界各地战场的时候,更多地流露出的是作者对战争的深刻厌恶和对生命无端遭受摧残的极端震惊,从这一角度,他重新理解"民族"和人类,他并不赋予它理性的概念,"如果我们每个民族的人都把他民族的人看成同类,把杀戮同类看作做人的耻辱,那么战争还会发生吗?"因此,他认同美国作家冯内古特的《五号屠场》,虽然二战期间美军轰炸德累斯顿是被官方认同的早日结束战争的正义之举,但是,却同样是一场野蛮行为。"在任何情况下不能参加大屠杀,听到屠杀敌人不应当感到得意和

---

① 雷达:《周大新小说的善与恶》,《解放军文艺》1988 年第 3 期。

高兴。"①这是周大新从生命的角度来重新理解战争,他捍卫生命的生存权,而不是笼罩在人类头上的种种"名词和名称"。这也正决定了周大新对人性的另一面态度。他喜爱探究丰富、驳杂的人的精神世界。《银饰》中知府少爷吕道景的易装癖和同性恋倾向,作者甚至赋予了比碧兰和少恒更多的情感。许多时候,你能从文本中感觉出作家心灵的细微情感震撼,善良、平和的性格使他对人性的许多特点持一种特殊的喜爱和审美的眼光。而对一切优美的东西,他又怀着无限的喜悦甚至于崇拜的心情描述它。

也因为这一点,周大新表现出和当代其他豫籍作家非常不同的地方。20世纪八九十年代"文学豫军"的兴起让文坛着实吃惊一阵。豫籍作家和最具中国原型意味的"中原文化"之间有着割不断的联系。他们善写"惨烈的苦难",如阎连科笔下的《日光流年》;善写乡村人性的"恶",如已故作家乔典运的《香与香》;善写中国乡村生存精神的"丑",如李佩甫的《羊的门》和刘震云的《故乡天下黄花》,等等。在这些文本中,有一种总体感觉,"恶"在作家的文本中处于至上的、胜利者的位置,它是弥漫在乡间的、极为抽象但却无处不在的巨大力量,而"善"只能处于一种尴尬、无能的境地,并且,最终,被严酷的生存现实所毁灭、扭曲。乌托邦般的和谐、朴素的"乡村精神"早已被作家舍弃,取而代之的是对"恶"这一在中国极具力量的隐喻体的更为复杂的审视和更为深广的探索。在周大新的《向上的台阶》、《宣德年间的一些希望》、《瓦解》等小说中也有对此非常独特的描述。但是,总体来说,周大新却更愿意或者说更多地感受到人性、生活善的、美好的一面,在写它们的时候,可以感受到他的心是欢快的,情感在哗哗地流动,《步出密林》中荀儿放猴归林的时刻是多么让人感动!在那一刻,不仅是荀儿这样一个普通农村妇女走出困扰自己心灵的"密林",也是因袭几千年狭隘的农村观念在逐渐走出"密林"!我想无论是谁,在看到自由了的猴子在空地上凝视人类的时候,心灵的某个角落都会慢慢湿润的,当沙老宽致命的"昏鞭"抽向自私、冷酷的儿子时,可以说是盆地人最本质、最朴素的生命意识的觉醒。如果说农民、底层人是周大新心中永恒的、温暖的神殿和他永远关注的对象,那么乡村就是民族生活的最后堡垒,失去了它们,整个民族就失去了希望和生命力。因此,他才在《圆形盆地》一文中说:"我的《豫西南有个小盆地》,说到底写的也是欢乐。"

在某种意义上,"圆形盆地"是周大新心灵中一个具有"子宫"意义的象征体系,他在文字里这样阐述的时候,肯定有一种温暖、踏实的生命感觉,那不仅仅是他的故乡,更是他对人类永恒渴望回归母体的一种表达。从《汉家女》、《香

---

① 周大新:《"人世"定义》,《去看战场》(散文集),解放军文艺出版社,2002年。

魂塘畔的香油坊》、《第二十幕》到《21大厦》，周大新正在逐渐形成自己的写作风格和独特的小说意识，并牢固地奠定了他在中国当代文学中的位置。但是，颇具意味的是，在完成了他的"豫西南有个小盆地系列"之后，在他有意把目光转向城市之后，却在无意识中又让《21大厦》中的河南小保安"飞"回了故乡那灰暗、寥廓的天空，究其终，他仍然摆脱不了"母体"对他的诱惑，或者，是他不愿意让生命失去"地母"的关注？故乡就是那风筝的线，你飞得越高，越意识到它的存在。但是，等有一天你完全摆脱了"线"对你的束缚时，你就失去了存在的本质意义。普通人如是，作家更如是。这是时间之洪流赋予给每个生命的最好礼物。正处在创作黄金时期的周大新以他一以贯之的沉默、清寂，坚守着他的"正午"时刻，因为在他心中，"倘不是这个正午，我的许多日子可能沿着另一条水渠向前流走"①。

但愿他能始终保持在那个"正午"的声音和感觉。

原载中国作家网 http://www.chinawriter.com.cn 2007年12月11日

---

① 周大新：《正午》，《去看战场》，解放军文艺出版社，2002年。

周大新小说的民俗事象及其文化心理

李丹宇

地域文化小说家周大新的小说创作大多把目光和情感执着地投向故乡南阳。在他的小说中充斥着大量的民俗事象,含有丰富的民俗信息。可以说,浓郁的民俗色彩和素朴的民俗美已成为其小说的一个明显标记。

周大新小说里总有一些神秘、具有隐喻意义的符号系统,这些符号系统又与民俗民风缠绕在一起,它们是探讨周大新小说所必须关注到的。

一、土地信仰

图腾崇拜来源于万物有灵的信仰,产生于人们对某种动物行为或植物作用的神秘感和依赖感。有些原始部族把某种动物或自然物当作本氏族部落的保护神加以崇拜和祭祀,遂产生了原始部族的图腾崇拜。图腾崇拜就是在自然宗教基础上发展起来的一种民俗信仰。而民俗文化中的民间信仰在规范社会成员中起着核心作用,使不同社会行为的人们严格按照传统习俗达到某种统一,相互间保持一定的协调,可以说民俗文化是散播于社会中的一种无形的"图腾"。图腾崇拜的痕迹不但保留在神话传说中,也保留在人们的日常生活习俗中。黄河流域的原始农耕文化中,对于大地的自然崇拜即具有典型意义。大地崇拜表现为地母崇拜,地母即后来俗称的土地神。祭祀土地神的仪式与农事相关联,在播种前要举行祈求丰产的仪式,获得丰收后要进行谢神仪式。

在中国古典神话和历史传说中,神用以创世造地的原始土壤称作"息壤",顾颉刚在其"息壤考"中考证认为神话中的息壤虽是神性土壤,却也会有人类的经验,即史前中国人对地质现象的土壤性能的细致体察。可见,息壤一般指称可灌溉而肥沃的上好土壤,又因息壤最终生成了大地,所以息壤又被认同于大地本身。吕微在分析大地黑土模型时说:"关中土壤表层由于长期施肥、灌水等改良措施已大部分呈黑褐色,而色黑正是息壤富含水、肥特质的外部表征。"①周大新的小说《泉涸》中一只"黑鹅"时隐时现,成为土地信仰的一种突出的民俗文化符号。周氏家族的祖产桑叶田里一块形若鹅的凸石间溢出地乳泉,因此这块地异常肥沃,养育了周家数代人,同时也引来许多贪婪的眼光,祖先们曾舍子保地,也曾杀人保地。祖传的桑叶田就是周氏家族的信仰和图腾。然而出生于桑叶田里的土埂却对这块肥土充满了仇恨:他在除草时愤怒地连麦苗一齐锄倒,送粪时把粪车推进河里,直至最后把凝结着周氏族人人格精神的桑叶田卖掉。周氏祖宗代代传唱的土地祭歌"土是爹,地是娘,有了爹娘有儿郎"在土埂这里终止,周氏家族敬土重土的信仰面临尴尬。当土埂算计着丢弃桑叶田时,黑鹅出现了。它出现时紧咬着爹的蓑衣不放,被领回家后总卧在爹的床头,但见了哥哥土埂就惶惶地躲到爹的身后。哥哥为卖桑叶田请客吃饭时,黑鹅发出惊惶、急迫、凄厉的叫声,并用羽毛蹭着爹的腿仿佛在乞求保护。桑叶田终于成为基建工地,地乳泉干涸后,黑鹅也消失了。无疑,黑鹅意象的原型意味就是黑土模型,是大地的精魂。

土地是中国传统农民赖以生存的信心和信念。人们对土地始终有着某种神秘的感觉,自古以来就盛行土地爷、土地神的民俗信仰,有不得挖掘土地的禁忌,到处可见各种各样的土地庙。荣格认为导致人形成情结的原因是"集体无意识",而集体无意识是一种从人类祖先和动物祖先那里继承来的意象。中国人的"土地情结"正是中国民族的集体无意识在个体心理中的表现。周大新笔下描写了许多关于农民恋土、离土的情节,除《泉涸》外,还有《金色的麦田》、《儿女》、《走出盆地》等,结局往往是离土后受到惩罚或重新回归土地,重复着人生经历中的一种原型经验。在周大新这里,土地是具有原型意味的暗喻,即地母形象,它是人类生命的依托和精神的支柱,如果背弃它,便会无所适从。这表现出作家在关注离土引发的土地信仰的动摇和传统价值观念的变异。"土地情结"的解构和乡土意识的淡薄必然会带来农民文化心理的变异,这正是周大新忧心忡忡的根本原因,是他对离土问题所做的文化思考,是他从民间文化习俗入手审视社会文化现象的努力。

二、原型意象

象征,作为一种表达方式,是"借助于特定具体的事物,寄寓某种精神品质

---

①吕微:《神话何为神圣叙事的传承与阐释》,社会科学文献出版社,2001年。

或抽象事理"①。或者说,象征就是人们通过具体物象或意象来表达某种抽象意念的一种手法。但同时,象征也是民俗事象中常见的一种表现形式。传统民俗事象中蕴含有丰富的文化内涵及共识性。这些丰富的文化内涵及共识性中的许多方面正是通过象征形式表现出来的,并且经过长期传承、历代沿袭,形成民间的象征民俗。这些渗透在人们生活中被赋予一定的象征意义、具有信仰色彩的物象和事象,已成为影响人们精神生活的一种力量。举凡生育、婚丧等人生礼仪习俗,祭祀、驱鬼等信仰习俗,春节、端午等年节习俗,乃至衣、食、住、行等日常生活习俗中的众多民俗事象里的诸多程序、物品、图案、符号、言语、动作等无不充满各种象征的意味。它们积淀在民众的社会生活习惯和心理深处,影响和左右着人们的行为规范和思维方式。因而,物化象征已成为民俗文化的一个重要特性。

在周大新的小说中有一个非常突出的现象,那就是文本中反复出现一些神秘而具有隐喻意义的特定意象。根据弗莱的原型批评理论即所谓原型就是文学作品中典型的反复出现的"一个象征,通常是一个意象"②,以及荣格的"原型是人类长期的心理积淀中未被直接感知到的集体无意识的显现,因而是作为潜在的无意识进入创作过程的"③的界定,可见,在其文本中反复呈现并带有一定神话色彩的意象就是小说中的一个原型意象。综观周大新的小说,其中的原型意象大致包含三种文化意蕴。其一,通过物象、事象象征民间的轮回观念,表达作者对国民劣根性的沉思。《老辙》里的费丙成是娘被地主柳老七强奸后所生,多少年因"野种"的地位受尽屈辱,但自己一朝成为"费东家"便重蹈"老辙"又去欺侮丈夫残疾后生活困窘的姚盛芳;《旧道》中市场经济下的新一代人仍走着那条父仇子报、世代相戕的《旧道》,坠入悲剧的又一个轮回;《家族》里的傻小四总在屋里兜圈子,正跑一圈、倒跑一圈,跑出来两个怪圈,象征着周五爷家族命运的轮回:五爷的儿辈又重演着手足相残的悲剧,女儿云娇重走前辈上吊寻死的旧路。老辙、旧道、走不出的圆圈这些在历史长河中已有约定俗成意义的文化符号反复出现在小说中,阐释了一种原始经验,可以说是对于作品内容的一种象征性的黏合。作者痛心于盆地人彼此仇恨、互相倾轧、环环相报等劣根性,他深刻意识到这是一种存在于民众中的严重心理缺陷,曾发出痛心的呼喊:"难道社会就必须按这种方式循环前进?……应该想一个办法来中止这种恶性

---

① 唐松波、黄建霖:《汉语修辞格大辞典》,中国国际广播出版社,1989年。
② 〔加〕诺思罗普·弗莱:《批评的剖析》,百花文艺出版社,1998年,第469页。
③ 转引自朱立元:《当代西方文艺理论》,华东师大出版社,2005年,第167~168页。

循环。"①其二,通过神秘的事象象征冥冥之中的警示或惩罚,表达作者那种深植于民间的善恶观。如,作者反复描绘和渲染火的意象。传统观念中火一方面代表温暖、明亮,给人带来光明和希望,但另一方面它又具有无穷的破坏力和摧毁事物的能力。因此火既象征光明、温暖、净化、神圣,又象征毁灭、灾难、惩罚。周大新小说中常出现的火意象多为后一种象征意义。《怪火》中我家成为首富后,弟弟为富不仁,玩弄女性,草菅人命,终于引来一场"怪火"烧尽房宅家产。同样的例子还有《小诊所》里五爷家的那盆点着的火的意象。再如,雾因其朦胧而常被用来象征神秘。《紫雾》中令人畏惧的"紫雾"贯穿整个作品,每当其出现肯定要出祸殃,"或人伤人亡,或人疯人痴,或见血见泪,或见火见水"。生活在同一个小镇上的周、龚两家人几十年间数代相仇,恩怨难了。紫雾的出现便具有了一种警示作用。由紫雾创造出的喻象氛围,极大地加强了作品的艺术感染力。其三,通过物象象征人物品格或人物命运,表达作者的价值取向。《屠户》中蛾儿意象六次重复出现,"那只蛾儿还在飞,不落、不停,就那样绕了肉案扇着翅,声不大,嘤嘤的"。小小蛾儿发出的声音也是那么微弱,但是它却具有牺牲精神。"飞蛾扑火"的民俗象征意义已扎根于民众的意识中。小说中的主人公珠儿虽只是一个卖肉的姑娘,却把自己的命运抛在脑后,不惜牺牲做姑娘的声誉为战死的英雄生下遗孤,以完成英雄的遗愿。《左朱雀右白虎》里出现在荒草丛中的两朵野菊花不仅是设置情节的道具,而且是人物命运和品格的象征。汉代应劭的《风俗通》中记载:"南阳郦县有甘谷,谷水甘美,云其山有大菊水,从山上流下。得其滋液,谷中有三十余家不复穿井,悉饮此水,上寿百二三十,中百余,下七八者名之大夭,菊花轻身益气,令人坚强故也。"②从中可知南阳菊花有延年益寿和令人坚强之功效。然而,菊,作为一种在中国土生土长的野生植物,不仅有着丰富的药用价值,而且作为一种花卉,还有着晚开晚荣、傲对秋霜的得天独厚、卓尔不群的禀性气质。因此从屈原以降的文人墨客将菊引入文学作品中时便赋予其高洁不俗、特立高标、孤芳独妍的精神内涵,常借菊花凌霜寒而不易色的意象作为有骨气的文人的象征。王涵、古楠舍命保护南阳人乃至中国人引以为豪的文化瑰宝汉墓和汉画像石刻,其炽烈的爱国主义感情令人钦佩。他们虽平凡却因真诚、坚强而高洁不群,菊花的物性与主人公的人格是如此吻合。此外,如红桑椹、梁祝蝶、流星等物象,作者都赋予其一定的象征意义,既隐喻着人物的品性命运,也折射出作家的情感态度。

---

①周大新:《紫雾》,北京出版社,1998年。
②应邵著:《风俗通义》,王礼器校注,中华书局,1981年。

三、祠堂意识

中国文化具有深厚的家族传统,家族或宗族观念根深蒂固。由于家族观念的顽强存在,孕育了中国独特的家族民俗,养育了代表这种民俗文化的基本精神,因此,由宗法血缘关系形成的家族、亲族民俗也永无休止地延展着。家族不仅是社会发展的产物,而且它本身又是重要的民俗事象。中国向有聚族而居的生存传统,这种传统的保留主要原因还在于祖先崇拜的观念。祖先在某地定居后,经过世代繁衍,始终守着祖坟,因而形成同姓族聚居的村落。村落里大都建有祠堂以扬祖先之灵,祠堂便成为祭祖的圣坛、祖先的象征,体现着家族的凝聚力。家族世代在此祭祀祖先的神灵,希望得到祖先的保佑,同时承传家族精神。这种祖先的神灵祭祀和祖先崇拜的观念一直积淀在中国人的心里,而南阳盆地受中原儒文化的浸润,家族观念也成为其中的一个常数。阅读周大新迄今所有的作品,我们会感觉到盆地人浓浓的祠堂家族情结。

首先,在周大新小说里,关于乡村地名和人物称谓就有家族传统的印记。其小说里故事的发生地多是以姓氏命名的村庄,如郜家营、柳镇、柳林、温家盆等,有些村名重复使用在许多小说中。对人物的称谓则显示了家族血缘关系,如郜二嫂、四叔、四嫂、四奶、五爷、石通伯等。在中国人的传统意识里,姓就是家族的徽号、祖先的荣誉,是每个人生命中极为珍视的一部分,而以姓为标志的聚族而居的生存传统成为一种不可忽视的民俗现象。周大新小说里的地名和称谓习惯保留了封建宗法社会以家族为聚居群落和以血缘为人际纽带的遗风。

其次,从周大新小说有关家世、家风、家祭、家教、家法、家争等与家族制度密切相关的民俗事象的描述中,可见扎根于民间的家族精神和家族权力。

"家世,是家族世系主要的职业特征所标志的社会地位"[①],在民众习俗观念中主要表现为讲究门第,尤其是婚配要门当户对。家世是家族民俗中的一项重要内容。在家族世系中,祖先生前所从事的事业对后世多代的职业发展和命运有相当的影响。周大新的《泉涸》就从自己家族、家世中开掘素材,写了远古始祖受惠于土地的恩泽和后世代代以土地维系生命的家族生存发展史。世代务农的社会地位使哥哥土埂经受了初恋失败的打击。乡文书气势汹汹地打了他一个极响的耳光,还责骂他"一个种田的……也敢妄想!再看见你同我女儿在一起,腿给你打断!"乡文书之所以大发雷霆,正是从门当户对的习俗观念出发认为土埂家的门第不配。在周大新的小说中,多以家族家世为切口描绘中国

---

① 乌丙安:《中国民俗学》,辽宁大学出版社,1985 年,第 156 页。

传统文化对于社会进程的影响，承传祖业的故事成为较固定的命题。诸如郝祖宛和秋芋含辛茹苦承传造锅业(《铁锅》)；尚达志以对祖传丝织业的执着而成为家族的楷模(《第二十幕》)；周五爷家族靠做冥宅为生(《家族》)；邱爷将玉雕手艺传给儿孙(《玉器行》)；沙家祖传玩猴和祖传镇猴"昏鞭"(《步出密林》)等，世世代代同操一业，形成所谓的"世家"。

尊祖始终是家族民俗的核心，尊祖而后敬宗，敬宗以睦族。所以家族里通过祭祀等一系列祭祖活动把族众的心理、精神维系在一起，通过祖训、家礼、族规等制度给家族中的个体规定行为范式，如果有违规范模式，就是损害家族的利益和荣誉，那么家族就要以族规家法施以惩罚。《武家祠堂》里挂在祠堂院老榆树上那口专为召集族人开会议事用的大挂钟就是祠堂意识的载体，每年三月十八，只要钟声一响，镇上人都要到祠堂里祭祀，在镇上最老的老人的指挥下，男女老少在大堂门口向着满堂的塑像鞠躬祭拜、烧香摆供。镇上老者朝顺爷施行族长的权威干涉尚智的生意以维护祖辈传下来的规矩，在祠堂里，尚智被族众按"老章程"唾弃，面对祠堂里全族人的威压和父亲的责骂，尚智不得不向那一列塑像跪了下去。《新市民》中坂子虽然进城做了新市民，但一旦违规，族长青荆爷仍然要用栗子坳的族规给以惩戒。《第二十幕》中尚家每一代人从小都要早起背诵家训"列祖列宗在上，生为男儿……有生之年，发誓不忘数代先人重振祖业之愿，力争使尚家丝绸重新称霸于中外丝绸织造界，再获'霸王'美誉"。尚达志的父亲用家族权威制造了儿子的爱情悲剧，尚达志又挥舞着家族权力棒砍断了嫖娼孙子尚昌盛的手指，卖掉了亲生女儿，扼杀了重孙当歌星的人生愿望。每一个家族成员都必须履行家族使命，做出自我牺牲。尚氏家族以家训承传着一种家族精神，即百折不挠振兴祖业。类似的描写在周大新作品中俯拾皆是，《玉器行》里邱爷定下家规"全家人要天亮即起；起床见面小辈问候长辈；晨起要做一气刻活之后再洗漱吃早饭"。《黄昏的发明》里石通伯祖上规矩：从五岁起必须每天照帖在石板上练。祖传物品的代代相承也象征着一种家族精神或祖先训诫，如石通伯家祖传的夜晚刻碑的照明工具、祖传的练字字帖象征着家族精神的延续；《家族》里含有算来算去一场空之意的无珠算盘，则是震慑整个家族的无形力量。家族规范代际相沿成习，一旦触犯它则会受到严厉惩罚。而家族间为了家族利益和世代仇怨发生的争端则意味着文化惰性的沉积，《如果上帝在》里，汪、费两个家族为争夺一块宅基地演绎了一代又一代的悲剧。《家族》中周氏两代人明争暗斗、你争我夺，家族精神面临失败困窘。

家族里的族长作为村落的民间权威，通过"家法"维护家族秩序，通过"家教"贯彻封建宗法制度，最终把封建宗法社会的人伦规范民间化为风俗礼仪，成为人人自觉意识和遵循的民间"法理"。周大新小说全面表现了传统家族是怎样以血缘关系为纽带和儒家文化盘根错节地缠绕在一起,凝构成稳固的民俗文化心理结构。综观其作品可发现他对家族民俗里那些反人性的不合理成分以及阻碍社会变革的部分持着批判和反思的态度,并且以家族结构的分崩离析预示着家族精神的没落。土埂抛弃祖传桑叶田做了悖逆家世的选择;尚达志所执掌的祖业虽经过殚精竭虑的经营,也曾出现过短暂的辉煌,但终究未能逃脱岌岌可危的命运;尚智明显不满朝顺爷对自己的干涉最后离开祠堂远走宛城;坂子叫来警察使青荆爷的惩罚无奈收场;尽管邱爷在家里有着无上的权威,他立的家规邱家大小十几口人很少有人敢违背,但三孙女峥峥却我行我素无视家规。《瓦解》中的万正德极想用祖爷惩戒其姑姑万枝柳的办法来保全万家的声誉,无奈儿子与一个三十七岁的离婚女人结合,女儿又在试婚后抱着孩子回到娘家。为了不使家族蒙受耻辱,老万铤而走险去谋杀外孙女,结果落了个妻离子散的处境。这些对家族意志和家族变革的精彩刻画,成就了周大新小说丰厚的精神底蕴。

四、子嗣观念

与祠堂情结相关的是子嗣观念。祖先崇拜的宗族观念使中国人将传宗接代看作生命的唯一意义。正因为中国人以家为本位,而家的扩大是以父系一方单子发展为原则的,所以决定了"子"的意义大于妻的意义,子的延续是第一位的。"不孝有三无后为大",只要血脉有传便被视为大孝和至善。因此中国人传统的子嗣观念根深蒂固,与之相应的民俗也就应运而生,这同样体现在周大新小说的民俗描写中。

人类要延续,家族要发展,最终都由男女双方的婚姻关系所决定,因此子嗣观念首先体现在婚姻习俗中。《走出盆地》中写到南阳盆地一种古老的习俗"一门双承"。弟兄两人只要有一个儿子,就由弟兄两人同时出钱为这个儿子娶两个老婆。两个媳妇同一天娶,同住在三间堂屋里。一个媳妇住东间,一个媳妇住西间,新郎轮流去两个媳妇的屋里就寝,一夜一换,而且到哪个媳妇屋里就必须全身上下都换上该媳妇的婆婆做的衣服。其中一个媳妇生子续接哥哥家的香火,另一个媳妇生子则续弟弟家的香火。小说的主人公邹艾出生时,其爷爷一听是女孩感到异常失落,就因为她是丫头片子,爷爷不愿摆席"做满月"。按当地风俗,满月席上老辈大人抱着孩子绕各桌走走让客人看看夸夸,可邹艾的爷、奶、爹都嫌她是丫头抱出去丢人而互相推搡不愿去抱。按习惯满月时由爷奶给孩子起名,可爷爷却一直不开口。这种生子承续香火的仪式不仅在老辈人和男人的思想中顽固保留,就连女性自身也视生子为人生之最高愿望。解放后在工作队女队长的干涉下,邹艾娘终于能脱离畸形婚姻获得人身自由,但她并不为之高兴反而痛苦万分,提出的唯一要求就是希望邹艾爹偷偷来她这里住以使她再生个儿子。

入赘婚也是一种古老的婚姻习俗,并且仍在我国各民族中传承。入赘就是"从妻居"。在男权社会中,这种习俗似有冲破男尊女卑习惯势力的意义,然而细究其质,仍是子嗣观念的一种反映。《第二十幕》起始以赵姓上门女婿引出尚吉利丝织业的发展源头:"尚家的兴旺得益于一个上门女婿。"因为尚家在20世纪20代上只收获一个闺女,无奈之下为女儿找了上门女婿续香火。上门女婿赵田景改为尚姓,为尚家生了四儿两女,并用自己的木匠手艺改装了尚家织机使尚家因而成为富裕的绸缎织户。尚家回报他的也是破例允许他的第四个儿子改姓赵以延续赵家的血脉。另一种至今仍在某些地方流行的婚俗形式"换亲",是两个氏族的男女互换其姊妹为妻或互换其女儿为媳的做法,是一种对等交换的议婚形式。换亲婚俗流行的原因主要是由于经济贫困,但也有其他政治、历史等原因。如周大新的《蝴蝶镇纪事》中富农赵留耕的儿子由于成分不好三十八九还未娶亲,只好换亲,即把他的妹子嫁给一个右派的儿子,把右派的女儿嫁给一个地主的儿子,再把地主的女儿给自己。这种以人换人的对等式婚姻从一定意义上说还是子嗣旧俗观念的反映。

另外,婚姻仪礼风俗也不乏子嗣观念的印记。比如,《第二十幕》中描写尚立世和容容的婚礼,经过花轿迎娶、拜天地、吃喜酒等仪式后,晚上闹洞房前,尚家专门请来一个邻居嫂子铺床。这位嫂子拿了一个笤帚把床腿、床撑、床帮扫了一遍,然后开始铺被褥。在整个扫、铺的过程中她都是边做边唱仪式歌,其中铺床时唱道:"先铺褥,后抻被,鸳鸯枕放在床头上,四个鸡蛋床角摆,花生栗子撒一床,核桃红枣配成双。床头铺把干麦秸,引个白胖小乖乖;床尾铺棵干白菜,引个闺女做国太;床中铺个小竹筷,引来男女双胞胎。"唱词中既含有人们希望儿女双全、多子多福的强烈愿望,也含有人们希望儿女健康、平安、富贵的美好愿望。

与婚俗相应的是产育习俗中对子嗣的看重。《新市民》中栗子坳的风俗,女人怀了娃娃头一桩要做的事就是种一棵栗子树,因为当地人认为怀上娃的女人种的栗子树结的果多。在这里人们赖以生存的物质民俗和怀孕生子的精神民俗皆是人生中的头等大事。《红桑椹》中所写豫西南的风俗则是怀孕女人每日吃五颗红桑椹,连吃七日,这样生下来的孩子五官正、七窍通、肤色好、身子壮。从中可见人们对子嗣的重视和厚望。

子嗣观念还表现在信仰民俗中。正因为人们把宗族血脉传承和家族人丁兴旺视为理想价值的最大实现,所以祈求赐子、救子就成为民众中较为普遍的俗信。《滨河地》中家后娘曾有的五个孩子连续夭折,因此听信算卦人的言说到土地庙烧香祈求土地爷宽恕赐子,之后果然生下健康的郝家后并平安长大,于是她几十年如一日用手摇纺车纺线来还愿,从无间断,虔诚地向掌管着白河岸这块土地的土地爷表达着感激之情。《家族》中五奶奶在送子娘娘座前跪求赐子的那个蒲团已被跪烂了两个洞,足见跪拜者之多。一旦子孙有难民众就祈求神力的保佑。《银饰》中老银匠向苍天祷告不要让其唯一的儿子死,不要使郑家的香火和郑家的银饰手艺失传。儿子死后他哭喊道:"苍天你不公啊,我就这一个儿子!"绝望中他花掉积攒起来预备扩建铺子的所有积蓄给儿子买了最上等的棺木,请了最好的响器班子,糊了最全套的纸扎。他的希望随着儿子的去世灰飞烟灭。

　　传宗接代意识成为周大新小说民俗描写的潜意识显现。其小说中凡描写产子时皆以生男为大欢喜,而以断绝香火为大悲痛,甚至一些军事题材的作品中,军人、英雄与老百姓一样有着子嗣为重的世俗观念。《走廊》里一营长曹大拴很想要一个儿子,"只有一个女儿始终使来自风陵渡附近农村的他觉得此生有块心病"。《屠户》里战士董一宝牺牲前的最大遗憾就是没有孩子能接续董家的香火。其恋人珠儿未婚先孕本打算打掉孩子,但得知一宝牺牲的消息及其遗愿后,硬是忍辱负重把孩子生了下来。她明确表示,她是为了不使董家绝后。作品结尾孩子的爷爷奶奶来接孙子时有这样一段描写:"扑通!小继卫的爷和奶,突然间双膝落地,当爷的发出一声苍老低哑的叫:'你们使俺董家一门香火不绝,俺们跪下了!'"这里珠儿对恋人的悼念和对英雄的崇敬之情与延续生命、传宗接代的传统意识混为一体,具有了复杂的内涵。《红桑椹》中郭涌连长不幸牺牲后,其妻陈小椹为其生了儿子。诸如此类以生子续接香火来延续英雄的青春、生命的描写显然已成为周大新的创作无意识,笔者觉得这是另一种意义上的大团圆结局。

　　文学作品的生命力,往往取决于作品民族化的程度,而文学作品是否有民族独特性则和它所展示的民俗化内容密切相关。周大新笔下的民俗描写大大增强了作品的地域特色和民族特征,增强了作品的思想深度、历史纵深感和真实感,从而赋予其作品不朽的艺术魅力。读者阅读文学作品的重要动机就是希望通过审美来了解生活、了解世界、了解人类,而民俗描写最能贴近人民群众的生活。无疑,周大新的作品大力书写民俗事象已具备了完成这一使命的重要条件。

原载《当代文坛》2009 年第 5 期

写属于我们中国人自己的文字

梁鸿鹰

  每个优秀的作家都致力于构建一个完整的属于自己的独特文学世界,在这个世界里,承载着一个写作者的梦想、体验与思考,印记着生命独特的 DNA,更体现着本民族的文化风韵。而就周大新而言,他的文学世界永远没有离开他所源自的土地和从中走出的人民。无论是那口标准的河南话,还是始终如一的朴实、谦和与本色的做派,似乎都无不标示着周大新灵魂与创作的归属。
  周大新的文学生涯起步于军旅生活,在军营的磨练和部队文化的熏陶中,在与哨所的厮守、基层连队的历练中,周大新成长、积累、探索,伴随他个人成长的历程,文学创作欲望的生长日益强烈。不过,依他的看法,在 1985 年之前,他的创作还是盲目的,仅依靠自己在部队的生活积累,没有多少艺术上的准备,几乎完全是跟着感觉走的。但应该看到,部队生活赐予他的是真正的写作资源血液的原浆。如此熟悉的部队生活,如此可爱的战友,如此炽烈的勇气与冲动,不能不让他在笔耕的道路上进发、再进发。历经跌跌撞撞的摸索、踏踏实实的揣摩,终于迎来创作的得心应手,看那篇流利、舒缓而畅快的《汉家女》,火候刚好之成熟、意蕴表达之饱满,无法不让它立刻震动文坛。而且这部作品乡土与军旅生活交织的特点已显露无遗。他的创作从一开始就流淌着军旅与乡土的双重旋律,而且基本上是贯穿始终的,在一个人的创作生涯中,像他这样能够把部队的氛围与农村生活的经历如此完美地联系在一起,且在不长时间内取得突出成就,当属少见,而一直延续到 30 多年后的《预警》,更属罕见。
  部队作家具有很强的乡土情结似乎是普遍的、自然的事情,周大新由对军人、军营生活的描写,不断回到乡土题材上亦属必然。"童年对一个人的影响是决定性的,终生都无法摆脱。随着年龄的增加,人们都会不约而同地回望故乡。虽然我也在城市生活了几十年,但城市生活总是进入不了我的意识深处。""人必须和自己生活的土地联系起来,才有可能深刻。"在既有的创作航道上,湍急的波涛、涓涓的细流,还都不能满足他的创作欲望,"我是在农村长大的孩子。乡村生活是条水面宽阔、流速缓慢的大河,船行河面,可以看清水底的景象。我的父老兄弟都还在乡村,我很想把农村发生的巨变表现出来,一方面是让城市人民关注到这些变化,另一方面也是给乡村读者带去一些抚慰"。这种自觉意识并不是每个从乡间走出的人都能有的。

他对乡村生活描写的史诗性巨制是完成于1998年的《第二十幕》。这部缜密而感性的中国农村全景画,融入的远不仅是作家对中国历史与现实的思考,更显著的成就是对我们民族文化的解剖。正如不少评论家指出的那样,作品中尚氏家族对振兴祖传丝织业这种物质层面的家族文化的追求固然是作品的滚烫魂魄,但对栗温保等人疯狂追逐权力的官本位文化的顽固的鞭挞,以及对以卓远为代表的知识分子精英文化在官本位文化挤压下的生存困境的反思,也许才是作品真正撼动人心之处。作品从本质上讲是展示了三种文化形态的交错、碰撞、互融,具有极强的文化批判深度,蕴含了现代文化重建的忧患与梦想。这部作品是周大新创作一个新的标高,不单单是为当代文学增添了新的乡土文学巨制。就他个人而言,也算是完成了一部可以安放灵魂的作品,因此他说,这部作品"算是我对家乡生活的总结,我想写完这部作品就对得起我的家乡了"。

不过,此后周大新的创作也无法脱离刻入他心灵的农村和乡土。即使是由《21大厦》这样以城市为主要描写场景的作品,我们也能看得出他对乡土、对农民兄弟的一往情深。进入新世纪之后,以写女性命运见长的周大新在长篇小说《湖光山色》中塑造了一个当代乡村的女性形象暖暖。这个形象并不像有人说的那样,是作家远眺生活的、观念的产物,相反,它正是反映了作家对日益躁动的、复杂的现实的新认识。暖暖本来已经在城里开始打工,父亲的病让她重返家乡。虽然她按照自己的意愿选定了婚姻,渐渐地发现,她看好的淳朴男青年旷开田,竟也无法避免在物欲与权力的诱惑下变质。更让暖暖想不到的是,当她希望利用本地的旅游资源使这个村庄摆脱贫困的举动,却给整个村庄带来了意想不到的骚动与灾难。作品确如作家说的那样,是"传达了我对乡村生活的设计、理念,传达了我希望农民弟兄生活好的理想。有人说带有乌托邦性质,是我对现代化进程中农村生活发生巨变、人们内心变化的真实展现,希望这种展现能给农民兄弟送去安慰,也是一种对他们启蒙性质的提醒"。

客观地讲,如果说长篇小说《预警》是周大新创作道路上与以往作品反差最大的一部,倒也未尝不可,因为他这次是想避开人们所熟悉的题材,转向人们很少触及的领域,他认为:"恐怖是世界性的问题,甚至是面临人类成长史上的重大事件。人类文明发展到对生命珍视,是巨大进步。现在又对生命漠视,战争是成年人之间的互相搏斗,恐怖主义是让毫无过错、完全无辜的老人妇女儿童付出代价,这是人性的倒退,应该成为作家关注的领域。军人还没意识到进入反恐战争,但早晚要面对这个问题。"其实作品的意义远不止这个,它同样是多义的。它对当代军人发出了预警,也对社会发出了预警。作品提醒人们怎么根除滋生恐怖主义的土壤,因为腐败最容易滋生恐怖主义分子。作家还希望作品提醒读者:每个人一生中不知会遇见什么,有很多陷阱或不测就在前边的路上等着你,谁也不敢保证自己就掉不进去——生活需要我们有遭遇意外的思想准备,这便是作品更为普世的意义。他要表达的是,从艰苦年代走出来的人意志力特别强,而在当前这样一个略显浮躁、充满诱惑的时代,一方面市场竞争的残酷性日益增加,另一方面传统价值观的约束力却逐渐变松,人们的道德观念呈现多元化趋势,人们很难把持得住自己,他认为,一个人对自己的精神财富要经常"盘点",要多想一想:"我的信仰、信念是什么?意志力是否够坚强?我的道德信条是什么?不放松精神财富的培养,不要太在意得失,这样才不会迷失自己。"

也许我们不应该把周大新的创作生涯与他的艺术进步分开来认识,从《汉家女》、《香魂女》、《第二十幕》、《21大厦》、《湖光山色》到《预警》,周大新的创作已经形成了鲜明的文化个性,也许,"人生值得相守的东西不多,真爱给人最大的动力。我也希望真爱存在下去、维系更多人的人生",是其中的一个,也许,他要用创作昭告人们,执守于博大的道德律令,植根于祖国文化血脉,才能获得心灵的宁静,找到创作的路标。说到底,我认为周大新的创作是植根于中国伟大传统的创作,是与民族文化紧密联系在一起的创作。他充分尊重中国人的欣赏习惯、叙事习惯,从作品的起头、发展、收刹,到结构、情节、语言,都有着我们文化血脉的独特底色。

追踪他的创作道路,我们会发现这是一个典型的"老派"中国作家走过的道路,即使是身处由科技推动的人类文明大踏步前进的今天,他的作品恰恰在很好地蕴含我们民族永远珍惜的传统文化精神方面显出了力量。人们不能不惊异于周大新作品叙事之庄重、语言之素朴以及情节之简练,东方文字的端庄、静谧与美丽往往从不同作品不自觉地自然流溢,而每一位认真的读者在他所描写的不同时代的作品中,总能感受到浓郁的中国风格与气派扑面而来,理由很简单——他的作品一直很好地保存了我们民族文化的精神,是属于我们中国人自己的文字。

原载中国作家网 http://www.chinawriter.com.cn 2010年6月12日

文化的自决与文学的自觉
——周大新小说的文化形态学诠释

石长平

从形态学来研究文化,德国历史哲学家斯宾格勒首开先河。他认为文化形态学就是研究各种文化有机体所经历的整个生命历程,世界历史就是各伟大文化的历史。"人类的历史没有任何意义,深奥的意义仅寓于个别文化的生活历程中。"[①]斯宾格勒的理论中有合理的成分,但他过分夸大了文化的差异性和不可通融性,从而走向了相对主义。与斯宾格勒不同,英国历史学家汤因比在其《历史研究》中集中探讨了各种文化的起源、生长、衰落与解体的机制。由于文明是文化的高等形式,文化形态意义上的文明是一种思维和信仰形式,一种存在模式或一种生活样式。因而在他看来,每一种文明的深层内涵都与人类文化、精神状况密切相关。不同文化形态是可以也必然会相互影响相互融合的,作为文化的最高形式或高等形式的文明,其生长在于人对一系列挑战的成功应战,在于人对于环境的反省意识和自决能力,这些环境的挑战主要有艰苦地区的刺激和压力的刺激等。[②]文学从来就是文化的重要组成部分,而文化也以不同的方式深刻地制约和影响着作家的思想和写作,并在作品中或隐或显地体现出来。

汤因比等人的文化形态理论为我们解读文学文本提供了别一视域。在周大新的诸多小说中,主要有两种意义的文化形态出现。从民族国家角度上分,第一种是中国的本土文化与西方文化,这是大文化形态;另一种是从地域环境上区别,则是在中国本土文化之中衍化和表现出来的乡村文化与城市文化,这应当被称为亚文化的形态。这两种不同意义上的文化形态,在其小说中显明地存在着,很多时候,它们以一种支配性的因素左右着人物的命运,引领着故事情节的缘起和重大转进。不仅如此,从历时性上看,从写作于 20 世纪 80 年代的中篇《香魂塘畔的香油坊》到 2006 年的《湖光山色》,小说中对于文化形态对立融合的反映暗含着时代变化的路线图,那就是从本土文化/西方文化到乡村文化/城市文化的演变。也就是说,前期小说中主要表现中国本土文化与西方文

[①]〔德〕奥斯瓦尔德·斯宾格勒:《西方的没落》(上册),陈晓林译,商务印书馆,1963 年,第 108 页。
[②]〔英〕阿诺德·汤因比:《历史研究》(上卷),郭小凌等译,上海人民出版社,2010 年,第 93 页。

化的融合,后期小说中主要表现乡村文化与城市文化或者说农业文明与工业文明的冲突和融合,从而契合了中国从改革开放之初中西文化的碰撞到 21 世纪农村文化与城市文化之间的冲突与融合这一历史事实。这既表明了周大新的文学文本之于文化的文献记录或历史承载意义,也昭示了他所一直持守的现实主义的创作范式对于现实社会的深刻反思和理性批判,并借此表达出在社会转型期作家的文化忧虑和文化建构立场。

一、本土文化与西方文化的文本反映

何为西方?人们对这个问题的回答各有所恃。但一般而言,有以下三类答案:西方是与东方遥遥相望的地缘政治体;有先进生产力的发达资本主义国家的总称;指人文风俗与东方迥然不同的欧美各国。我认为,西方是那些有先进生产力的发达资本主义国家的总称。而所谓西方文化,是指包括哲学、人文精神、宗教信仰、政治制度、法治精神以及企业管理等在内的文化体系。在此意义上,应当包括地理位置处在东方的新加坡、韩国和日本等。日本战败后,美国在日本推行民主制度,从制度和文化上更加西化。新加坡文化的西方色彩更为浓厚,其文化结构恰恰是英国的价值结构,是欧洲法制精神的结果。因此,至少在政治制度、法治精神、企业管理等方面来看,这些国家的文化也应当被涵盖在西方文化形态之中。

在对文化形态的研究中,汤因比提出了"挑战—应战"理论。他认为,"挑战—应战"是文化形态学理论的一条基本法则,汤因比借此阐述文明进步的动因。在他看来,文明进步的动力在于:人类社会不断遭受挑战,具有创造力的人引导文明社会的大多数人应对挑战。旧的挑战被克服,新的挑战又起,如此循环往复,文明社会方能迈步向前。事实上,文明的产生与进步正是客观环境与人类实践交相作用的结果。没有客观环境的挑战与个人欲望指导下的应战,人类文明就不可能有发展演变。因而,汤因比文化形态学说中更多地侧重于不稳定的人性因素。他认为文明起源于环境(包括自然环境和人文环境)的挑战和人的应战,文明的生长在于人对一系列挑战的成功应战,在于人的自决能力。"对于一系列挑战的某一系列胜利的应战,如果在这个过程当中,它的行动从外部的物质环境或人为环境转移到了内部的人格或文明的生长,那么这一系列应战就可以被解释为生长现象。"①这一生长就是文化形态的融合和转型过程,它改变了原有的文化内涵和形态,也就改变了人的本质力量和价值观念,改变了人的命运乃至一个地域里族群的命运,在环境刺激下,在自决能力和应战能力的不断历练中,为其发展提供了新活的动力源。

写作于20世纪八九十年代的《山凹凹里有一种乔木》对此有最好的体现,"艰苦地区的刺激"构成了环境向人挑战的契机,而异质文化参与迎战并改变旧有的文化形态。小说中齐、逯、洪三姓几代人居住在一条山沟里,形成三个相对分散的自然村落。这个到处长满了名贵中药山茱萸的深山却几乎与世隔绝,如果要到外面的街市上去,需要走上三天的山路才能到达。由于周边没有其他居民,所以三姓之间就相互嫁娶,几辈人下来三个村庄的人都成了亲戚。近亲结婚已经给逯家带来了两个傻子:逯二北的姑姑和哥哥。当年轻的逯二北与齐家姑娘天兰结婚后,他们始终担心的事情还是发生了:生下的孩子是个傻子。满怀恐惧的他们一起到山外的医院检查。医生问明情况后告知他们是近亲结婚的原因,说要想生出健康的孩子,就得各自离婚,在山外另找对象。但深山僻壤,家境贫寒,逯二北哪能到山外找到媳妇?无奈之下,他奶奶想出了借种生子的荒唐想法。夜半时分,矛盾痛苦之中的二北赶走了山外男客,在自杀未遂后,长时间生活在断绝香火的绝望之中。几年后,来自新加坡的商人看到满山遍岭的山茱萸,花大价钱买下了这些中药材。从此二北发财了,他体面地离了婚,又走出深山在山外街市上开了一家以山茱萸等中草药为主料专事养生的"药食店",娶了财会学校毕业的大学生肖琳,他的个人生活乃至逯氏家族迎来新的生机。

山茱萸是名贵滋补药材,它可以滋养茁壮逯二北强健的身躯,但却无法拯救逯家即将断灭的家族命脉。在这里,二北所根植于的文化是典型的本土文化象征,而新加坡客商余先生代表着一种外来文化,它是西方文化的一种。西方文化在此扮演了拯救者的角色,没有它,逯家和齐、洪两家都将自行灭亡。封闭带来了贫穷,穷困加剧了封闭,这正是那个时期本土文化的现状与表征。山茱萸在某种意义上是两种文化交融的一种中介,看似金钱带来的命运转折,其实是先进文化对落后文化的活力注入,它赋予山茱萸以新的价值,激活并生成了一种新的价值观、认知观和生存方式,促使原有的文化内涵发生变化,进而悄然转变其旧有形态,而形成了一种新的文化,文明开始在新的节点上转进。

《铁锅》讲述的是麻山镇郝家对制造铁锅这一祖业发展史的曲折故事。郝家世代以此为业,但到了近代以后却屡屡受阻,先是日本人入侵,接着是国共战

---

① 〔英〕阿诺德·汤因比:《历史研究》(上卷),郭小凌等译,上海人民出版社,2010年,第206页。

争，造锅的事业两度中断，战争中老三郝祖宛离乡逃亡，从香港辗转英国。新中国成立后，哥哥郝大宛和秋芹响应号召重操旧业，创办了东方红铁锅厂，但好景不长，不久又在大炼钢铁中被迫中断。直到20世纪80年代，已成为利物浦大型锅厂的董事长郝祖宛回乡投入巨资，麻山铁锅业才浴火重生，郝家世代的手工作坊将在现代化的生产线上获得巨大的活力。而这一活力来自英国的资金、生产方式和管理模式，这一活力来自于西方文化，在这一文化的春风吹拂下，根植于本土的文化之树才能老树生花，得到凤凰涅槃的重生。西方文化在这一文本中依然是以拯救者的姿态和作用出现的，尽管人还是郝家的人，但他不仅仅是叶落归根的游子，更是西方文化的使者。

开始于1988年、写成于1998年的《第二十幕》，描述了代表中国民族工商业的南阳"尚吉利"家族在整整一个世纪所经历的艰难的创业历程。全书以尚家祖孙五代人为"尚吉利"织绸作为主要线索，表现了作为工商业者的尚家、知识阶层的卓家、官宦之人的栗家以及盛家等几个不同家庭几代人在一个世纪中的命运沉浮。在展示民族工商业兴衰史时，文本还展现了广泛而深刻的社会文化图景，中国传统的儒商文化与西风东渐过程之中的碰撞抵牾与吸收融合，在更深层面上反映出作者对民族精神和民族文化的理性审视与哲学思考。

对具体的人而言，文化的先在性是无可逃避的。南阳"尚吉利"丝绸织造业一开始就必然建立在本土文化的土壤之中。而它在一个世纪中所经历的兴衰荣辱，却自始至终都与西方文化有着千丝万缕的联系，外来文化或隐或显的影响尚家的事业，在"尚吉利"丝绸发展发达的每个阶段，西方文化都以不尽相同的方式给予很大的影响。

作为民族工商业，西方文化的影响首先在商业文化上以销售模式和资金融入等形式进行一系列挑战，而代表本土文化的"尚吉利"丝织业在此刺激下的应战成功，贯彻文本上中下三部的始终。清朝末年，面对朝廷式微、民生艰难的时局，产品销售的多寡决定着商贾的成败生死。"尚吉利"丝绸首次到美国旧金山万国会参赛后，费城皇冠绸缎公司经理汤姆逊订购一千匹丝绸，以大单买入的方式促使其发展。民国时期，在北平展销会上，英国人威廉以及美国和法国商人共买入六千多匹。抗战时期，丝织业遭受了巨大冲击，在重庆得到美国大使夫人弟弟的订货单，使积压的货物有了销路，资金周转得以实现，同时也使尚家看到，即使在战乱年间，外国人对南阳丝绸的兴趣依然不减，大大地增强了尚达志扩大生产的信心。新中国成立后，先是在五六十年代的广州展销会上获得了英国人威廉15万米的货品订单，然后是改革开放后又在日本展销会上获得了一百多万米的订单，最后是栗温保的孙子在纽约唐人街开了梦宛丝绸，成为20世纪90年代"尚吉利"丝绸在美国的最大代销商等。这些文本中所叙写的事实都显在地昭示了:在不同的历史时期,每当尚家的丝绸行业生意凋敝、销售停滞的关键时候,代表西方文化的公司或商人都及时出现,以大批量买进的形式给尚家丝织业注入资金,企业得以继续运转,生产能力得以提升。其次是科技文化的支持。清末民初尚家到汉口买机动织机是最好的明证,从效率低下的传统手工作坊到较为现代化的机器织造,尚家丝织业才在南阳城中立着了脚,才成为当地最大的现代丝织企业。行为来源于主观思想的指导,所有这些商业实践正是建立在对一种文化形态的肯定和吸纳的前提下。认同洋人的文化,跟洋人打交道,事业才可能发展发达,在近代以来的中国社会现实中,它不仅是商业规律,而且是中国传统文化在吐故纳新后方可获得进步的历史趋势。

在这个意义上,《第二十幕》不仅仅是近代中国民族工商业从艰难举步到渐入佳境的发展史,更是本土文化在外来文化冲击下的客观环境里挑战—应战成功的历史写照。它也不仅是要告诉读者,擅于坚守、勇于拼搏就可能企图事业的延续和辉煌,也许更想昭示的是,广于包容、善于吸纳一个时代先进的文化更是一个民族生生不息的智慧源泉。唯有此,某一民族文明乃至全人类文明才可能向前演变发展。当然,这种影响不是谁吃掉谁的吞噬兼并,而是文化间"互为主体性"的一种逾越。"这种逾越是指文化之间在保持独立发展中的互相比较、互相转化。"①

二、农村文化与城市文化的文学表达

一般认为,亚文化是整体文化的一个分支,它是由各种社会和自然因素造成的各地区、各群体文化特殊性的方面。如因阶级、阶层、民族、宗教以及居住环境的不同,都可以在统一的民族文化之下,形成具有自身特征的群体或地区文化即亚文化。亚文化是一个相对的概念,是总体文化的次属文化。一个文化区的文化对于全民族文化来说是亚文化。亚文化对于深入了解社会结构和社会生活具有重要意义,对于表现这样一种社会生活的文本也提供一种清晰的视角。进入 21 世纪,中国在改革开放之路上已行走了二十多年,西方文化中的许多新锐因素业已被国人接受认同,体现在思想观念、思维模式、政治和经济生活等诸多领域,已然内化成为一种新的文化——现代城市文化。此时,文化冲突已不体现为本土文化与外来文化的冲突,而是以城市与农村文化或者说现代商业文化与传统农业文化之间的激烈碰撞和艰难融洽。由于文明的生长在于人对一系列客观环境和外来因素的挑战—应战中,人的自决能力进一步凸现出

---

① 方汉文:《文学逾越与文化形态模式》,《社会科学战线》2002 年第 3 期。

来。在外界的刺激因素作用下,人性中非理性因素的作用也使必然性中带有了更多的偶然性因素。因此通过表现人性的嬗变来观照反映文化形态的衍变成为这一时期周大新文学思考的关注点。

2006年的《湖光山色》正是这一文化形态冲突转型的真实记录。它描述了一个曾在北京打过工的楚王庄的女孩子楚暖暖同命运抗争、追求美好生活的曲折经历,展示了乡村社会在城市化进程中发生的巨大变化。文本既展现了暖暖在城市文化的影响下对已有乡村理想的更新,也展现了旷开田在城乡文明冲突中经受不住权力与欲望的诱惑由善而恶的嬗变,展示了当前乡村文化的变革。在这一变革过程中,在城市文化的影响下乡村文化的变更,使人们既看到了在城乡文明的冲突中因权力欲望的诱惑而产生的人性的扭曲,又看到了城乡文明对垒下的乡村文明自我持守的艰难和坚韧。作品对于文化的思考是具有穿透力的,两重文化形态的碰撞互融,显示了作者文化批判的力度和深度,蕴含着对现代文化重建的理想期冀。

应当说,《湖光山色》是从文化的角度提供了新时代乡村的一种典型叙述。这里,城市文化更显明地表现出双面人的角色,既是拯救者又是伤害者,呈现了相生相克的悖论。首先,北京的谭教授象征城市文化积极的一面。由于他的到来和思想启蒙,给这个独处一隅的楚王庄带来了生机,楚长城和凌岩寺等历史文化被赋予了新的文化价值和经济价值,城市文明唤醒了沉睡的乡村农业文化,给主人公暖暖和楚王庄的命运带来了前所未有的改观。以薛传薪的五洲公司为代表的城市文明呈现出了其消极的一面,表现出其对乡村固有的文明价值和文化秩序颠覆和毁灭的一面。它来到楚王庄,带来的是拜金主义和拜物教,带来了膨胀的物欲和私欲,唯利是图和极端个人主义与乡村文化中残存的封建专制意识迅速结合起来,激活了积淀在人集体无意识中的邪祟与罪恶,金钱、权势乃至淫荡堕落,成了支配人们理想和行为的动因。饱受权力之苦的受害者旷开田变成了以权欺凌他者的害人者,楚王庄原有的宁静被完全打破,朴素淳厚的民风被物欲人欲吹得荡然无存,男人们纷纷加入嫖客行列,清纯的乡村女孩成了娼妓,善良和正义在乌烟瘴气中掩埋,文明在此呈现出了明显的退化,遭遇了前所未有的文化危机。城市文化中追逐经济利益、倡扬自我个性等在道德监督和法律约束相对缺失的环境中,与农村文化旧有的畏官、欲贪等封建思想和人性固有弱点结合起来,成形一种畸形的价值观念,支配了农民的思想和行为,颠覆了乡村文化中原有的价值观念,破坏了原有的乡村秩序。这里,城市文化扮演了戕害者的角色。

当城市文化中积极向善的因素被谭教授和暖暖带到乡村,而城市文化中丑恶的一面被薛传薪这样的人带进乡村时,两种文化的冲突便难以避免地开始了。小说以詹石蹬、旷开田这两个人物形象在冲突中人性的真实演变来展示这一冲突对文化中人的深刻影响。一个由丑恶后悔悟、渐生向善之心,一个由良善而走向丑恶,文本在情节的舒缓发展中生动合理地表现了人性的动态折转。通过对人性的截然变化来叙写文化之冲突和交融,这是对文化形态撞击交融的一种真实而深刻的表现。

顾乃忠认为,文化与人性的关系在某种意义上说是一个事物的两个方面,即文化是人性的外在表现,人性是文化的内在本质。因此人或人性的演进与文化的演进实际上是同一个过程①。周大新说:"作为一个小说作者,回顾这30年自己的创作,觉得有一件事是一直在坚持做着的,那就是对人性所进行的持续不断地探索,从而使自己对人自身的认识前进了一步。"②对人性的深度展现和揭示就必须在一定的文化背景下进行,特别是在不同文化形态交锋的时候人性的善与恶表现得尤为突出和充分,在此意义上,对人性所进行的不断地探索也正是对文化形态的不断关注和探索。

需要指出的是,作者有意把叙事场景置放在南水北调的"丹湖",不仅是因为这里秀美的湖光山色与善良淳朴的民风可以抵御和消弭城市文化中消极的东西,在城市文化与乡村文化的碰撞中最大程度地持守和保存这一地区特有的社区亚文化形态的本质,更重要的是,这里也是一个隐喻,暗含着乡村文化与城市文化之间的相互依存相辅相成的深刻关系:城市文化以其新锐和开放性影响着乡村人的思想观念与生活方式的更新,而农村文化则以其原生态的生存理想和传统的道德价值哺育着在社会转型的大变动中日益浮躁和失范的城市文化。

巴赫金说过:"在文化领域内,外在性是理解的最强有力的杠杆。异种文化只有在他种文化的眼中,才得以更充分和更深刻地揭示自己。在两种文化发生这种对话性相遇的情况之下……它们却相互丰富起来。"③周大新小说以文学文本的形式艺术地记录了不同文化形态在中国现代社会转型期内的表现和相互影响,在不同的社会历史时期里的互为独立又互为开放的演变轨迹,既表现了作家通过异质文化进行对话来推动文化形态的创造性转化和优化,对南阳区域文化这一亚文化形态的价值与命运的理性沉思,对社会问题的文化根源性观察批判,也彰显了作家的文化建构策略和对文化生态下个体生存的人文关怀。

原载《郑州大学学报》2014年3月25日

---

① 顾乃忠:《文化与文化形态学》,《江苏行政学院学报》2001年第1期。
② 周大新:《周大新中篇小说典藏》自序,河南文艺出版社,2009年。
③ 〔前苏联〕巴赫金:《巴赫金论文两篇》,刘宁译,《世界文学》1995年第1期。

百年沉浮
—— 读周大新《第二十幕》

林为进

周大新在跋涉于当代文学的人流中，或许还不属于最显著的一群，但无疑是一个极具创作潜能、潜力，且韧性极强的追求者、跋涉者、攀登者。早在 20 世纪 80 年代中后期新写实主义的浪潮中，周大新的创作就颇为引人注目。他对女性命运的特别关注，善于编织故事而又不忘抒情的风格，以及细腻的叙述，都别具一格。到了 90 年代，周大新将更多的精力投之于长篇小说的创作。《走出盆地》虽然尚不足以显示他的创作能量，但关于文化的封闭性以及冲出封闭、拓展自我的思考与表述，反映出周大新对人的关注已从一般意义的"命运"、"际遇"进入文化内涵的揭示与表现。这样，也可以说他的创作正趋于成熟。因而，当他拿出足以跟《白鹿原》相媲美的长篇新作《第二十幕》（人民文学出版社，1998 年 7 月）时，令人惊喜可并不惊异。因为周大新十多年来的创作是一直向上的。甘于寂寞、默默耕耘的他，应该也能够有此收获与回报。

生于南阳的周大新，对故乡怀有一种永远的情感。他所有的创作不论短篇小说、中篇小说，还是长篇小说，全都取材于南阳，以带有一定特异性的南阳小盆地文化为背景，倾注了他的大量热情描述那块土地的人生和发生在那块土地上的各式各样的故事。《第二十幕》同样以南阳为背景，不过，内涵已非"南阳"所能包容。

以"第二十幕"为书名，初看的确不无生涩之感，但读完全书又会觉得不以这一书名不仅很难表现出作者的追求与抱负，而且也不易将全书的内容加以概括。顾名思义，"第二十幕"也就是表现发生于波澜壮阔、悲悯沉悒的历史长河中第二十个场景的多幕故事。

多灾多难的中国，从充满屈辱、羞耻趋于沉沦的第十九世纪进入第二十世纪，所上演的多幕历史剧，既有悲壮雄遒的抗争、苍凉沉悒的探索、奋发向上的追求，也有自欺欺人的滑稽。对中国这艘古老的航船而言，迎来第二十世纪，面对的有险滩巨浪、漩涡与陷阱，可也同样迎来了跨越浅滩、冲破坚冰继续远航的机遇。

历史不会忘记二十世纪，文学同样对二十世纪充满了兴趣。可是面对那么多你方唱罢我登场的历史人物,那么丰富、那么曲折的历史内容,辛亥革命,北伐战争,国共冲突,海峡风云,从"反右"、"文化大革命",直到改革开放……一系列的事件,要想有一个比较全面也比较准确的把握和描述,的确不是很容易。周大新以他的艺术敏感,捕捉住了一个相当不俗、极具内蕴的切入点——描述民族工业发展的艰难与曲折,表现中国百年来的沉浮与起伏。近现代的世界历史证明,工商业发展的速度、广度和深度,决定着一个民族、一个社会是进步(进步了多少),还是停滞不前、发展缓慢。以蒸汽机为代表的工业革命,使17世纪的英格兰一跃成为日不落帝国,同样美国牛仔也是因为有了20世纪三四十年代汽车和飞机制造业所带动起来的整个社会工业的发展,才有可能取代英国成为世界第一强国。而古老伟大的中国,到了近现代之所以步履维艰,于相当程度上可以说正是"重农轻商"的价值判断与思维模式,拘束和制约了黄色巨龙的腾飞,使之跟不上世界前进的步伐。

在重视等级的中国,能够起到推动社会发展作用的商人,历来地位都很低。明代,再有钱的商人都不准穿绸着缎,敢于违例,则立斩不饶。充满骚乱和动荡的中国的二十世纪,以夺取和稳固权力为第一要务,历史的表层除了战争还是战争,工商业者无疑是处于一个非常不起眼的位置。为此,反映中国近现代史的创作者,多年来一直没有注意到他们的存在。大新选取这一角度切入,是奇兵突起,也是他对中国社会和历史有了相当的研究和思考后作出的一种选择。而这一选择,可以说是极具艺术眼光的。由此,不仅可以表现对中国文学而言仍然比较新鲜的人生故事,而且透过新的视角、新的层面去揭示中国近现代史,也准定会有新的认识和新的发现。

织绸世家尚吉利大机房,虽然已有上千年的历史,可地处相对闭塞的南阳一隅,又是为人所轻视的商人,于波澜壮阔的历史长河,无疑是非常渺小的一种存在。而在周大新的笔下,这种似乎渺小的存在,却并不缺乏悲壮的雄遒与苍凉的邈远。《第二十幕》由尚家五代人为织出无愧于祖先的"霸王绸",历经百年的追求,由他们的悲伤和欢乐,由他们的挫折与成功,不仅表现了工商业者在中国这一文化土壤和人文环境中生存与发展的艰难,还表现了有明显中国特色的"政治"与"经济"的关系,战争破坏,官吏肆虐,天灾匪患,官府不仅不全力支持工商业的发展,而且时不时加以刁难和打击;也由主人公尚达志为了承继先辈的志愿,为了家族的责任和荣誉,为了既定的目标,忍辱负重、含辛茹苦,既多情又无情,既善良又冷酷,既懦弱又顽强的表现,写出了真正的中国民族工商业者的精神。这种目标坚定、百折不挠的精神,无疑跟《红旗谱》中的朱老忠,《白鹿原》中的白嘉轩一脉相承,也是中国文化的一种体现。

表面看《第二十幕》像是一部"家族小说",它的故事基本都是围绕尚家几代人的经历际遇去营构,可由尚家为织出"霸王绸"的奋斗和挣扎,故事又不仅仅属于这个家族。由尚家求生存谋发展的故事,我们从中并不难看到近现代中国的运行轨迹。

《第二十幕》长达近百万字,读来却不嫌其长,可以说是得力于其既生动又文化内蕴丰富沉实的故事。是故事又反映出深邃的历史穿透力和强大的历史表现力,而"历史"又依附于"故事"而存在。这无疑是一部优秀小说的典型体现,也是周大新作为一个小说家的高明所在。只有故事而缺乏历史蕴涵,没有历史穿透力和历史表现力的小说,自然算不上成功的优秀的小说,同样,只有历史架构而缺乏故事的小说也很难称之为优秀。

周大新的聪明和成功,就在于他不摆出令人厌烦的唬人架势,只是老老实实地发挥他善于讲述故事的长处,对百年来中国历史的众多大事件,他在作品中多是一笔带过,集中表现尚家几代人的际遇和行为于平和冲淡、娓娓道来的故事中,读者不仅很容易就被引进那特有的人物环境和艺术氛围中,自然而然为尚家人的奋斗与追求、悲伤和欢乐所感染,而且由他们的艰难与顽强,体会到中国民族工商业者生存和发展的不易,并因此理解、认识中国近现代史是什么样的状况。

《第二十幕》给人的启示是多方面的。小说首先是小说,故事是小说的基础,虽然陈旧,可《第二十幕》的成功,又一次告诉我们游戏离不开规则,小说同样难以绕过"人物"、"故事"、"语言"、"场景"这些基本要素。而"小视角"写出"大文章",则再一次印证了只有"小作家",没有"小题材"的至理名言。求"大"不一定能"大",而小人物、平常事,也并非表现不出历史的沉重和人生的悲壮与苍凉。小说的神秘,小说的奇妙,或许就在那大小、深浅与轻重厚薄之间吧。周大新能很好地驾驭似乎不好把握的矛盾,因此,他创作了一部不仅好读耐看,而且沉实丰富,隽永秀美,具历史蕴涵和审美力量能在相当长时间内存在的小说。

原载《东方艺术》1999 年第 3 期

家族小说的新变
——读周大新的《第二十幕》

韩瑞亭

家族小说的流行或许是20世纪90年代以来国内长篇小说在结构样式上的一种趋向。诚然，以某一家族兴衰际遇的命运史，映照出特定时代的社会变迁与人间沧桑，以家族中不同人物的各种纠葛演化的生活史，透射出这个家族所处历史环境的纷纭状貌与世态人情，大抵是这类家族小说得以涵括较大的生活容量和具有一定历史深度的缘由。在中外文学历史上，采取此种结构样式获致成功者不乏其例。且不必说《红楼梦》这样的国粹，本世纪以来高尔基的《阿尔达莫诺夫家事》、加西亚·马尔克斯的《百年孤独》，也都是实例。然而，这类通用的结构样式却并非所有写家均可百试不爽的妙方。如果没有厚实的生活积累的资本，没有对所涉生活资源的长久咀嚼与独到领悟，没有寻找到适宜发挥作家个性和叙述才能的新颖特异的视角，即使有效的结构样式也难免产生平庸之作或游戏之作。"若无新变，不能代雄"，艺术上的汰选法则原本并不宽容。20世纪90年代出现的《白鹿原》和《尘埃落定》，之所以在同类家族小说的艺术成品中超群出众，正是缘于它们在艺术蕴涵与视角上的新异变数。而周大新的长篇近作《第二十幕》，则提供了以新变求脱俗的又一力证。

《第二十幕》是一部结实、丰厚、内蕴饱满的长卷式作品，它在近百年中国社会动荡不宁的历史变迁的宏阔背景下，铺写了尚家五代人为追寻实现这个以丝织业传家的家族梦想，而坚忍奋斗、升沉起落的坎坷历程，展示出那种颇具中国内陆色彩的工商世家既雄心勃勃又相当脆弱的社会特征与历史命运。同样是叙说家庭的兴衰史，这部小说却不同于《白鹿原》，不像后者那样由解剖宗族统治秩序这一宗法制农村社会的生存根基入手，深切而有层次地揭示宗法制农村社会的稳固形态、维系它的宗族观念及其在近代走向衰落的历史文化底蕴。它也不同于《尘埃落定》，不像后者那样由末代土司家族第二继承人的冷漠目光，洞观一个边地民族的世袭王朝在历史的夕照下归于消亡的秘密。《第二十幕》并非取政治的或文化的视角楔入历史生活，却是由社会经济的视角去演示百年中国的生活历史，叙说传统的作坊式经济向现代的市场经济转变的时代进程，以及在此进程中所经历的挫折与磨难。这种艺术视角的选定颇见匠心，它是从构成一定社会基础的经济生活这个主要动力场来扫视中国社会的深层变动的。中国几千年的农业文明向现代工业文明的转化,离不开现代工商业的萌生与发展,但在中国这样一个有着重农轻商传统和官僚政治积习严重的国土环境中,民族工商业的发展又何其艰难,近百年急速动荡的历史环境更为之增添了数倍的险峻与反复,小说对于尚家五代人为再造"霸王绸"的家族梦想的百年苦斗的描述,其寓意所向或许在于揭示这两种文明转接交替所必须承受的漫长而剧烈的历史阵痛。小说对尚达志这个人物的成功塑造,是发掘和表达这种"意识到的历史内容"的重要笔墨。尚吉利大机房传到尚达志这一代,已经进入20世纪,正值古老的农业文明在现代工业文明的迫压下强自挣扎、走向蜕变的时期。尚达志从5岁起就在父亲耳提面命的严格家训中学习继承千年祖业,为着尚吉利机房的生存发展,他含辛茹苦、忍辱负重,不仅牺牲了自己的爱情,断送了女儿绫绫的幸福,也失去了儿媳容容和儿子立世,家业几起几落,家族损失惨重。然而,家族的荣誉和梦想却如不息的火种一样在尚达志心中屡屡燃起重振家业、光复旧物的欲望,每一次挫折与败落之后他都以双倍的艰辛努力使尚吉利机房的织机在南阳土地上重新轰响起来,显示了这个家族薪火相传的生命活力惊人的强韧。直到晚年,尚达志这种欲望又变为对孙子昌盛兴办尚吉利集团的智力支持,在改革开放的时代环境下将尚家的丝织业推向新的巅峰时期。这个百龄老人在遗嘱中依然不忘叮嘱他的后人合力实现家族的梦想。尚达志这个人物无疑带有中国传统的民族工商业者的某些典型特征,他的勤勉刻苦,精明干练,治家极严,善于经营,且具有在各种恶劣环境中趋利避害的应付能力,固然体现了这类社会经济力量的代表者的优异素质,但是他在历届官府代表者及权力政治压力下的忍让与屈从,他那治家立业的传统观念中的保守与僵硬,却是由这类家族的特定生存环境所酿成的天然弱症。尚达志及其家族在近百年里起伏跌宕、兴衰交替的命运变幻,尚氏家族始终未能成长为独立的经济力量的代表,未能最终实现造织出"霸王绸"的家族梦想,正可以从这类优质与弱症混合杂糅的特殊形态中透析其深层缘由。

  小说以尚氏家族为中心,同时还写了晋金存、栗温保这两个官吏家族以及卓远这个知识者家族,表现这几个家族与尚家的各种联系与纠葛。这种主副线错综交织的艺术构思,不仅为尚家的百年兴衰铺展营造了宽广宏阔的社会历史环境和时代氛围,也在几个家族相互冲突、彼此映衬的艺术描绘中,使尚家这类内陆的民族工商业者所具有的社会特征,尤其是它的脆弱性与保守性等历史局限被剖示得愈加深化。从尚达志到尚昌盛,在尚家近百年的创业史中,尽管时代环境与社会条件不断更迭,尚吉利集团比之尚吉利机房有了较多的现代气息和较大的生存空间,但是尚家这类民族工商业者的传统瘤疾依然存在,因为造成这类先天弱症的历史土壤并未完全消失。只有伴随着社会变革的深入和国民性改造的彻底，才有可能建立起真正的现代工业文明。尚达志家族在20世纪演出的一幕幕悲喜剧，也许不过是即将上演的真正史剧的一个序曲。

《第二十幕》所涵括的丰厚饱满的艺术内蕴，或许使它能够成为近年来不多见的重量级作品之一。这不仅体现于它在尚氏家族命运沉浮的艺术的描写中，融汇了近百年中国社会频繁变动的政治、经济生活形态以及南阳盆地文化的厚重积淀，使之呈现为一种百年中国社会世相的微缩景观，而且体现于它的人物形象的多类型刻画，尤其是人性描写的繁复与深切，使一个个异态纷呈的鲜活灵魂跃于纸上。

小说从亲、友、恋、仇等构成各类人物关系的情感层面及心灵层面上，描绘了人性的多样形态及摇曳变化。如对盛云纬与尚达志几十年感情纠葛的描写，就是透过回旋跌宕、一波三折的感情历程，将这个女性心灵的丰富层次展示得丝丝入扣。前期的盛云纬因尚达志怯于压力、顾及祖业而未能与之结合，她对尚达志由爱生恨、爱恨杂糅、外冷内热、冷热交织，由感情的创痛导致性情的变异；后期的盛云纬对尚达志一往情深，愈老弥坚，在实现最终结合的期待中，却落入对尚达志"重物轻人"的深深失望中。作为贯串全书的主要人物之一，盛云纬的形象便是在她的人性内蕴的多层面发掘，在她与尚达志的情感与心灵的对比与映照下成功地塑造起来的。草绒、顺儿、栗丽、宁贞这几个女性人物，门第不同，性情各异，或倔强，或柔顺，或孤傲，或纯真，在叙写她们各自的生活道路和人生命运时，也多有对她们灵魂的艰难跋涉与人性的幽微隐曲的精彩描绘。与这几个倍受压抑和磨难却依然闪射出善良美丽的人性光彩的女性相比照，在尚达志的人性中更多地浸透着家族的利益和责任，对于家族的荣誉和梦想的追求已成为他最强烈的生命欲求和生存目的，他的人性已为此而扭曲变形，瘢痕累累。故而，他对云纬的痴情之逃避、迟钝、拖延等等有违常理的反应，他对子孙们严厉多于慈爱的情感方式并非偶然，他为惩戒孙子昌盛的放浪行为而心狠手硬地命其剁伤手指，他为扭转重孙旺旺的人生选择而不惜用药物毁坏其清亮歌喉，如此冷漠酷厉的亲情足以令人惊心动魄。小说对尚达志这个人物艺术刻画的深度，或许在于表现出那种渗入人的血肉灵魂之中的传统意识能够将人的天性改变到何等畸形程度。

周大新曾经表示，他企望在这部作品里搭设起一座座人性的花园，呈示出一个个灵魂的标本。我们从小说的众多人物所裸露出的五色杂陈的灵魂状态，不难见出作者在人性描写方面所作出的此种努力。这位天性善良的作家，尤其注重展示人性中善与恶的对比和较量，常常在人性的流动变化的描绘中显示出善克服恶、抑制恶、战胜恶的趋向，比如尚昌盛对于曹宁贞曾经闪过的一丝邪念如何被后者的纯真善良所感化而消失,又比如浪荡成性的尚天由于自身行为引发父亲的暴病而幡然悔悟,都是写出人性中善与恶、邪与正逆势转化的有趣笔墨。但作家又是清醒的和现实的,他并不回避善与美的东西被恶与丑的东西所摧残毁坏的人性悲剧,有关容容和宁贞之死的描写便是显例。应当说,在人性描写方面的突进和发展,是这部作品在艺术上值得重视的特色。

　　这部小说的叙述笔调似乎也应提及,因为它是属于这位作家创作个性的东西,又是同其他作家区别得十分明显的地方。这部小说的调子不属于粗犷豪放一类,亦不属于沉郁凝重一类,它的叙述婉约平和,柔中有刚,细针密线,宛转抑扬,若晓风拂柳,细浪推舟,却并不缺少劲气和力道。而大量有生活实感的细节和风俗描写,则为这种看似淡远平实的叙述灌注了连绵不断的底气。倘如这种叙述笔调能够用精纯深邃的哲思予以浸润磨洗,倘如能稍稍疏松一下过于密实的写法,以便为生活底蕴的充分开掘与升华留出更多空间,或许可以使作品进到更为深刻厚重之境。

原载《文学评论》1999 年第 3 期

以小见大的长篇巨制
——读周大新的《第二十幕》

白 烨

读过许多中外长篇小说,印象较深的总是那些浓缩了丰厚的历史内蕴、呈现了独特的民族精神的作品,如雨果的《巴黎圣母院》、肖洛霍夫的《静静的顿河》、安德里奇的《德里纳河上的桥》、福克纳的《喧哗与骚动》、马尔克斯的《百年孤独》、李劼人的《大波》、陈忠实的《白鹿原》等。由此,我坚定地认为,长篇小说与其说是一种艺术形式的类别,不如说是一种精神蕴含的量级。以这样的一个眼光来看当前的长篇小说创作,总不免失望连着失望。但1998年确乎不同,先有阿来的《尘埃落定》让人意外惊喜,后有周大新的《第二十幕》令人大喜过望,在长篇创作总是数量与质量不成正比的20世纪90年代,1998年真可以算作一个丰年。

洋洋三大卷、近百万言的《第二十幕》,是个典型的以小见大的长篇巨制。作者通过尚达志、尚立世、尚昌盛一家三代苦心经营"尚吉利"丝织行的过程,既写出了民族工业发展的步履维艰,塑造了工商业文明的典型代表尚达志,又通过治家兴业中与各种权势力量的矛盾与冲突,以及斗争中的此消彼长,从一个独特的方面折射了近百年的社会演变。可以说,仅此两点,《第二十幕》便足以傲然屹立于当代长篇小说之林,在艺术地吸纳历史和熔铸思想上做出了自己的独到贡献。

涉及民族工商业的长篇小说,现代以来可谓凤毛麟角。比较有影响的作品,早年有茅盾的《子夜》,后来有周而复的《上海的早晨》,但都在民族工业的主题之外别有所图,重心并不在民族工业及其代表人物的集中而纯粹的描写上。当代以来的长篇创作,写得比较多也写得比较好的是属于农耕文明的本族文化作品,如梁斌的《红旗谱》、柳青的《创业史》、陈忠实的《白鹿原》、张炜的《古船》等。《第二十幕》以对工业文明的本族文化集中而深刻、准确而生动的描绘,弥补了在题材、主题和人物诸方面长久以来存在的一个不应有的空缺。现在我们可以说,撑持着中国社会民生、民计的,还有"尚吉利"这样的民族工业的从小到大;体现了民族精神、民族气概的,还有尚达志这样的把纺织当家业更当人生理想的执着追求者。作者在浓墨重彩地描写"尚吉利"从工具到技术上的由简到繁的改进、在管理方法和观念上由旧到新的演变的同时,显然在主宰"尚吉利"命运的尚达志这个人物身上,倾注了满腔的热情,寄寓了丰盈的念想,使得这个人物一步步地超越一个手工业者的局限。他深谙丝织,更熟稔社会,又洞悉政治,为了"尚吉利"的生存,他可以和商界、官场明争暗斗、不屈不挠,也可以扼杀儿女们在他看来是越规逾矩的情爱和理想,毫不手软。为了家传的祖业和人生的理想,他练就了严以"克己"和"忍让"权势的两手,他的自强与自制、自尊与自私,使人们敬而重之,又敬而畏之。他和《白鹿原》里的白嘉轩一样,都不失为民族文化和传统精神的典型代表。

《第二十幕》在以"尚吉利"百年丝织史为主线的叙述中,作者融入了他对于社会的观察,对于历史的思考,使本书从一个重要的侧面,构成了对于20世纪中国社会的独特透视。比如,民族工业的发展在近代以来的中国历尽艰辛,原因在于不同时期的不同政治派别构成的权力中心的种种阻碍:栗温保只想以权谋利,利用"尚吉利";尚承达只知道求权保官,以种种手段限制"尚吉利"。他们分属截然不同的政治集团,但在冷眼对待"尚吉利"上却惊人地殊途同归。还比如,作品里写到以卓远为代表的知识文人阶层,不仅在民族斗争和阶级斗争的紧要关头仗义执言,唤起民众,而且在"尚吉利"发展的不同时期,都坚定地给予舆论上和道义上的支持。这里,作者有意无意地揭示了一个很重要的历史真相:百年政治对于民族工业经济的萌生与发展,基本上没有给予过积极的推动,有的只是消极的作用;而不被看重的知识分子阶层,才真正是立身民间、扶正祛邪的健康力量所在。这些都很发人深省。

《第二十幕》的下卷,特别写到"尚吉利"在改革开放年代的如鱼得水和巨大发展,这与其说是描写"尚吉利"的时来运转,不如说是在反映清明政治和健康社会的滋养生机。百年辗转,终上正轨,"尚吉利"的历史正是近代中国历史的一个有意味的浓缩。

原载《文化月刊》1999 年第 4 期

世纪风景的沉重演绎
——评长篇小说《第二十幕》

张学昕

  周大新长篇小说《第二十幕》以整整一个世纪为时限进行文学叙述，对几个家族的生活进行全景式的审美观照，以至演绎出一个民族的兴衰与起承转合。作家在新的历史意识与历史体验中，通过近百万字的描写折射出即将谢幕的这个世纪的全部丰富性。历史、社会、人生、政治、经济、文化、伦理构成的这个民族的百年沧桑，构成了作家对历史现实深刻的文学体验以及对历史的亮点与盲点孜孜以求的追寻与捕捉。周大新的叙述使我们强烈地感受到在时间深度上的人类生活。无论是历史还是现实，也无论这历史与现实怎样的沉重，它终会以一种方式存活下来。可以说，《第二十幕》所表现的这个民族20世纪风风雨雨的历程，是一部百年国人的精神史，它以文学戏剧的形式存活下来，成为一个世纪的审美化石。作家在他的写作中，以其对历史生活的心灵感知去体味，获得对"历史记忆"的意义追寻。在对时间空间的超越中，在纷纭难测的隔世中去发现意义的踪迹。狄尔泰在强调人文创造中主观理解和体验的重要性时说："历史世界的第一性要素就是体验，而主体在体验中，同自己的环境处于积极的、生动的相互作用之中。这种环境作用于主体，同时也受到主体的作用。"唯有这样，理解与体验历史和现实，作家的写作才能进入历史人事的精神生活深处。面对即将落下大幕的20世纪的人类生活、作家的审美方式、审美目光如何洞悉、如何寻找那条充满荆棘、坎坷而又易迷失的"林中路"，也就是如何能在世界黑夜的时代里道出神圣。周大新用一部《第二十幕》回答了这个疑问："哪里有贫乏，哪里就有诗性。"我们在阅读中，感受到了作家对诗性的发掘。

  确切地说，作家在这部小说中处理历史、现实与审美选择的关系时有着自己独特的艺术追求。一方面，他以"长河小说"的形式铺陈出百年中国历史的来龙去脉，沧桑变化，获得"史"的宏阔表现，而且，在作品中自觉地追求中国传统历史演义小说的艺术效果，执着地运用民族化的叙事方式与叙事手法，对生活进行"民间还原"。作家根据民间自在生活方式的向度，即来自中国传统村落文化的方式和来自现代经济社会的世俗文化方式来观察、表现、描述生活，开拓写作的视界。作家虽然从文化审美的较高层次表现、审视历史和现实，但充分尊重历史的客观存在,注重民间的审美趣味,在主流意识形态和知识分子话语之外,创造了一种新的现实语境。一个世纪的中原历史文化、人的生存与精神归宿,在"讲述神话的年代"被呈现出来,这是对历史所进行的重新叙述和再度编码。另一方面,作家透过历史的表象,在写作中追求生活内在诗性的表现,即在镜像式展示历史图景的同时,其充满哲理的诗情倾注于严酷、艰辛的存在状态下人性、人情的美好与光辉、扭曲与晦暗的发掘,渗透了作家浓厚的情感投入,使历史、现实生活中的生命形式获得现代话语的完美表现。

因此,从审美叙事的角度讲,《第二十幕》既有别于以往17年追求"史诗"的历史题材小说创作模式,又不同于近年"新历史小说"的叙事选择,这部当代小说中的近现代、当代史,为我们提供了如何把握文学与历史,叙述与事实的新的途径。

《第二十幕》的叙述是在中国近代、现代、当代史这一宏大背景上展开的。小说几乎涉及了近、现、当代全部重大的历史事件:晚清八国联军入侵和义和团起义、军阀混战、抗日烽火、国共之争、共和国建立、工商业改造、三年自然灾害、"文化大革命"、新时期的改革开放……对这漫长历史发微抉义,自是历史学家关注的话题,而小说家在对历史的叙述中则有独具风骚的选择。周大新在小说的叙事语言和结构上并没有刻意追求文体的新颖和别致,追求语言上的"陌生化"效果和语法上的破例。作品全部三卷九部,采用与历史时间契合的线性结构叙述方式。历史流程是经线性的、时间性的,而社会结构则是纬线性的、空间性的,以尚氏家族为轴心的若干家庭与人物的性格力量展现及悲欢离合,在小说中却是在时间之流中一次次凝固在一个平面可视的结构关系里。苍老的是时间和人的生命本身,永远鲜活的是人在历史岁月中的精神定位,历史与叙述构成了经线上的纬度选择。

中原丝织业世家尚家在命运面前顽强的生存能力在百年风云中表现得淋漓尽致,这种时盛时衰的经历追溯到了千年之前的盛唐。小说设定于1900年拉启世纪的帷幕,在中原古城一条叫"世景街"的尚家大院徐徐展开。"世景"无疑是取"世纪风景"之意,从一个家族的兴衰审视一个民族的起伏消长。尚氏家族自尚安业起,经尚达志、尚立世、尚昌盛四代百年,由孤独、封闭到族门大开,拥抱世界,历经忧患,饱经沧桑:晚清的晋金存为帮清政府敛取赔款,使尚家家业走向崩溃,尚安业气绝身亡;尚达志从头开始,走向坎坷的复兴之路,其中又经军阀割据地方匪患栗温保的洗劫、抗战八年日伪的掠抢、国共三年之争……及至尚昌盛承继祖业经政府的工商业改造、"文化大革命"十年浩劫,直到新时期改革,尚家再逢盛世、重整旗鼓。无数次遭受劫难和血泪的洗礼,都没能使尚家一蹶不振,他们又无数次抖擞精神,重新站起。从这个家庭的精神意志可以印证我们整个民族的品性。我们惊奇于家族乃至民族的兴衰起伏中,是什么基石有力地支撑它的生命,是什么力量使它在不断的破坏中建立起奇特的修复机制?小说透过历史的表象,对此作了政治、伦理、人性的挖掘和沉思。尚安业为了家庭和事业能再度勃兴积蓄财力,嘱令后代对他的丧事从简,不许铺张,仅用一草席裹尸入葬;尚达志在日军的枪口下为保住丝织设备令儿子儿媳引开敌人却惨遭屠杀;为延续世代家传基业,多少代尚家人的"晨读"从未中断过,铭记族人的"铁训"。每个家族中人对于未来的职业别无选择。第五代人尚旺酷爱歌唱且有天赋,但被太爷达志和父亲昌盛用耳屎弄哑了嗓子。这近乎残酷的家政不允许任何有违祖业先辈的旨义。

在婚姻的选择上,尚家的选择也是近乎不近情理的。任何情感性爱与个人意愿都无条件地服从于家庭的利益,人性天性受到极大压制。尚达志与盛云纬的情感与婚恋,正是家族家业的牺牲品,造成了他们一生的痛苦和缺憾。在尚家,甚至个人的生命选择维度也由无形的家族控制和调配。尚达志为重振家业,不惜卖掉女儿去做"童养媳"以积累资本,从这种人性、人情的畸变,我们看到了家族这个最小社会单位其"核能"的巨大,同时其对人性的压抑和对生命、灵魂残酷的扼杀也令人瞠目,难以想象。在不同的社会环境下,无论是太平盛世还是动荡岁月,这个家庭对外部世界的应变能力与姿态都取决于家族内部的自我完善和自我约束。在纷纭复杂的世事沧桑中这个家族为了再创自己先辈曾经有过的辉煌,将重新织出"霸王绸"树为几代人不懈追求的方向,为此,他们付出了沉重的代价。这里小说极力表现的是家族在这一次次的颓败中又重新站起。我们也因此看到了由无数个尚氏家族组成的整个中华民族所走过的自强不息、摆脱苦难的振兴之路。可以说,这个基调贯穿了全书的叙述。

在这种叙述氛围笼罩之下,人物性格的成长历程也充满了悲壮气息。小说着力塑造的两个人物无疑是尚达志和盛云纬。唯有他们两人目睹和感同身受了百年沧桑历史的全过程,既承载了个人生命和家族的苦难,又隐忍着民族的艰辛和挫折。达志青年时代的爱被封杀后,在后来的生活道路上,他的灵魂、思维方式似乎已经被捆绑在家族的战车上,个性也开始逐渐消融到家业兴衰的起伏中。任凭时代风云怎样变幻,他都矢志不渝地顽强应对着现实中发生的一切变故。作家也注意表现达志性格的矛盾性、复杂性,表现构成他性格矛盾的多重组合。他的性格不是单一的、停滞不变的,它是复合体,处于流动状态之中。在长达一百多年的人生历程中,作者除了主要揭示他所能承受的"生命中不能承受之重",也多次表现他生命中对真诚性爱的追求与渴望,在描绘他刚毅不屈执着坚忍的同时,还特别抒写了他与云纬半个多世纪的悲凉柔情。小说中描写了许多女性,最见作家功力的属云纬的形象塑造。作为女性美的化身,云纬这一形象，其情绪、性格、感觉、色彩都非常鲜明独特，不同凡响。可以说其中寄寓了作家美好浪漫的希冀与理想。她为了自己一生钟爱的男人，不惜"与狼共舞"，强作欢颜，把一切痛苦都深埋心中。她的善良，她的爱与恨，充分地表现出中国女性中少有的襟怀与畅达。美好、智慧、开阔、真诚，集于一身，这是小说中最具理想色彩的人物。她与达志这一代人在希望与渴望中挣扎、奋斗，负载了一个世纪的沉重，直到耄耋之年才迎来新时代的曙光。

  小说试图在叙述中揭示个人作为历史进程中有意识或无意识的参加者，对历史承担的责任。卓远作为时代、历史的"沉思者"，表现出惊人的睿智和胆略，丝毫没有一介书生精神的羸弱，他是历史勇敢的参与者和自觉战士。而人在历史过程中所扮角色的客观性和偶然性都不可避免。偶然的境遇既能造成历史的骤变，也能改变人物的性格，主人公命运的低谷可能就是走向生活巅峰的转折。栗温保偶然做了一次"强盗"，却决定了他一生的强盗命运，甚至影响了一部分历史的表现形态。作家对这个人物的刻画流露出对世界的幽默与无奈。小说在叙述中反复多次提出对"格子网"形图案的猜测，表现人类对自身命运的时时追问之苦和对宇宙规律的不懈探寻之役。这或许也是作家在表现人类的"存在性烦恼"、"存在性追问"。另外，小说在叙述方式上，表现为叙述者在空间上完全不受限制，全知全能视角，但在时间上却严格按事物的发展作顺时态叙述，而且叙述者在小说中是隐形的。文中还经常出现如"许多年以后"、"那件事现在想起"、"在那样一个晚上"等《百年孤独》式的语式，给历史与现实之间留出了心理时间的空隙，增加了阅读的弹性空间。

  这是一部成功的现实主义小说，具有史诗式的姿态。小说篇幅浩瀚，人物众多，虽然没有从重大题材切入，但仍不失为大手笔写作。作品笼括了一个世纪社会生活的全貌，展示其历史演变的过程，反映了"全景社会"中各阶层的生活风尚、社会心态和错综复杂的诸多历史事件，体现了作家自觉的历史主义精神。可以说，作家将自己的理性主义史学与充满激情的对生命独特个性体验的诗学做了完美有机的融合。尽管作家在把握小说内在结构上呈现出较深的哲理诗性观念，但丝毫没有影响作品对历史和人物想象的发挥。特别是在世纪风云的大舞台背景下，作家充分而准确地表现了社会政治、经济、文化、宗教、历史、心理的各个层面，是一种全方位、多视角、多层面的艺术描绘。

  归结起来说，作品对历史进行的文学叙事是极其成功的。这取决于作家在经历了现实的情感、观念变化后返顾历史时所获得的新的感性体验。作家能够超越以往的历史经验话语，将个人化的历史认识和历史经验组织进作品，既能超越历史追求新的高度，而又避免陷入茫然无序的表达与语言真空。这样，作品才能在历史的积淀中拓展一片新的艺术天地。从对外宇宙的社会生活观照到对内宇宙的人生的探究,从表现个人性格到铸造民族精神的坚韧和博大,从个人的命运变奏到时代的风云际会,小说在 20 世纪历史大幕开合之中,表现了我们民族对人类的文明与进步的追踪。正如亚里士多德在论述小说与历史的区别时强调的:"诗人的作用是描述,但并非描述已发生过的事,而是有可能发生的,因此诗较历史更具哲学性与重要性,因为它陈述的本质是属于普遍性的,而历史的陈述却是特例的。"

我们可以把周大新的这部《第二十幕》看作是一部独具风格魅力的"历史小说",亚氏所讲的"诗的或然性"与"历史的必然性"在这部小说中形成了纠结复杂的辩证过程,而且这种辩证过程在读者的阅读中是可以不断调整的。因此,无论是就 20 世纪历史和文化的复杂性而言,还是周大新这部长篇小说创作的复杂性而言,都不是我这篇小文所能言尽的。但是,作家已经给我们提供了一种观察角度和方法,让我们与他一道去总结过去时代的意义与意识。只是这种总结与回顾太过于沉重。

原载《南方文坛》1999 年第 6 期

历史的生命感与生命的历史感
——评周大新的长篇新作《第二十幕》

梅蕙兰

在人类即将步入 21 世纪的门槛之时，在热闹的新历史小说拆解了"正史"的严肃性和神圣性而走向大众消费的文学情势下，周大新用他潜心 10 年精心创作的长篇新作《第二十幕》，及时而冷静地表达了他对 20 世纪的回眸和解读。应该说，这是一部具有史诗结构、伦理意义、"正史"品格的小说精品；也是一部具有独特文学意味和审美价值的 20 世纪中国社会、政治、经济、文化、民情、风俗的历史长卷。

历史是什么？是生命在时间河流里流淌的痕迹，是文化在时间淘洗中的积淀与延续。20 世纪是一个多灾多难、动荡激烈、风云翻覆的百年。周大新在这样一个宏阔的背景上，通过中原古城南阳一个丝织世家的兴衰变化以及与此有关的几个家庭中人物之间的情爱纠葛、命运沉浮重构了一个小社会，演绎出了一幕 20 世纪中国社会的话剧。在这里，周大新对 20 世纪历史的解读与描摹，实际上就是他对南阳这块他生于斯长于斯并热恋着的故土家园的解读与描摹，对生存并延续在这里的人与文化的生命感悟。于是，本应宏大而粗犷的历史叙述，在这里很自然地具象化为有关家族、血缘、爱情、生命的细致景观，并由此构成了社会史、家庭史、命运史三维联系的话语空间，使作品中的人物在相互矛盾与冲突中凸现出一种生命的张力与丰富深厚的文化内涵。

于是，在周大新的历史倾诉中，流泻着一种浸润着家乡故土情韵的蓬勃的生命意识，并由此铸造出了一群鲜活的人物形象。可以说，以尚达志、盛云纬、卓远、栗温保为代表的四个家庭系列中的几乎每一个人物都充满了故事性，都有着不平常的人生遭遇和戏剧性命运。尤其是尚达志贯穿作品始终，活了一百多岁。从少不懂事的孩童到历练成一个倔强执着、勤劳、节俭、精明、大度、不乏狡黠与开明的老实业家，生命中始终都回响着一个主旋律，织"霸王绸"光耀祖宗。其间经过多少次的曲折坎坷，多少次的复苏、兴起、毁灭，多少次地攀上希望的顶峰，又多少次地跌入失望的深渊，仍百折不挠、九死未悔，执着地坚守着自己的追求。并且他这种继业、建业、兴业的精神作为一种生命的根与源、一种血脉、一种传统流贯在他家族的生命中，代代相传，成为一种不死的灵魂，一种生活的目标和生命的意义。对此,周大新都具体而精心地写出了历史情景中的锻打与铸造,展示了"钢铁是怎样炼成的"这一艰难困苦的过程。为了保住尚家的祖业,昌盛与官场中欲望膨胀的尚穹反目为仇、法庭相见等等。一部家庭史,可以说浓缩了来自社会、家庭和个人的外部灾难、内部冲突、自我矛盾,凝结了几代人的血泪和生命,从中也映照出了20世纪中国民族工业发展的历史和命运。应该说,在尚家的历史和人物中,周大新让我们触摸到了历史的疼痛,感受到了中华民族顽强的生生不息的生命力和不屈不挠求生存求发展的创业精神,捕捉到了民族文化的灵魂。

如果说尚达志及其家庭的命运是一部艰难痛苦的创业史,那么,盛云纬及其家庭的命运则是一部大起大落的社会发展史。尚达志是民族工业发展史的直接书写者,盛云纬则是社会历史的见证人。如果说事业是尚达志生命的主旋律,爱情则是盛云纬生命的最强音,这个美丽、善良、多情、勇敢、聪慧的女人,一生都在渴望、追求着与尚达志的爱情结合,并为此付出了自己的一切,不仅最终都不能如愿,却由此坠入了社会的矛盾中心,介入并亲历了社会动荡的波峰浪谷,造成了自己大波大折的戏剧性命运。当她渴望着与尚达志结合做尚家的女主人时,却不知不觉地成了晋金存眼中的猎物。当她正准备躲开晋金存与达志远走高飞之时,却被栗温保抢走了晋家的聘礼并被强行抬进晋府做了通判大人晋金存的三夫人。当时局变换、政权交替,晋府变为栗府之时,她成了栗府的仆人。解放后,当栗府变为新政权的中心之时,她又作为新市长晋承银的母亲住了进来。"文化大革命"中,这里又成了红色司令部,抄家批斗,承银遭难致死,她又变成了阶下囚从这里搬了出去。当落实政策,承达从五七干校再搬回来时,她又一次回到了这里。历史翻天覆地的变化一次又一次直接地颠覆了她的人生命运,始料不及地制造了她跌宕起伏的人生悲喜剧。其实命运把她抛进晋府等于把她抛进了政权的交接地、社会矛盾的中心,这是一个极具象征意义的历史场景,她在此几番进出,身份不同、地位不同,每一次身份与地位的变化都划出了一个时代。然而,不论她身份地位怎样变化,尊崇也好,卑微也罢,历史给她带来的命运,都使她离自己的内心追求越来越远,终不能实现与达志的爱情结合。在这里,历史的更替演进都具体地表现为人物命运的变化。历史的节骨眼,也是人物命运的转折处。周大新撇开了轰轰隆隆大刀阔斧行进的历史的正面描述,不动声色地把历史化为自然的人物生存的场景细节,并由此把握住了历史这只大手对人的命运的捉弄和摆布,使人物成了历史话语的直接言说者。使社会史、家庭史、人物的命运史这三者紧紧地交织在一起了,形成了一种恢弘而细腻、深刻而明晰、朴素而绚丽的历史倾诉。

《第二十幕》之所以具有史诗的意蕴、"正史"的品格,还在于周大新对历史的解读和状写,是深入到历史内部、廓清了一些迷雾、矫正了一些偏颇的触摸着历史心跳的本质与真实的解读与状写。新历史小说使历史本身在意义的颠覆和拆解中被多种多样偶然性所支配,慢慢地变成一团迷雾,致使个人对历史的反顾变成日常的私人话语与个人的编纂行为。而周大新在这里仍怀着神圣的理想和激情,发掘历史的意义、历史的精神、历史的诗性、历史的谬误和缺陷,从而与读者构成了一种公共立场,使历史成为一种镜像,不仅有助于我们解读历史,也有助于我们解读今天和当下的生存。

因而《第二十幕》展示给读者的是一个尘埃落定的历史,是剥离掉了喧嚣和浮华的历史,是贯注着作者当代意识与文化精神的历史。在这里作者通过卓远、卓月、左涛的命运,表达了对"文化大革命"的历史审判,抗战中卓远费尽心血,不惜为撤城军队下跪,让其帮助保存下来的文化典籍被全部烧毁,同时也烧毁了卓月、左涛的青春、理想和爱情,他们的爱情悲剧极具象征性地表现了"文化大革命"对整整一代人的生活的破坏和精神的毁灭。在栗丽的命运与承达的思想转变中,作者表达了对极"左"思潮的反省与审视。栗丽这个反叛了自己的家庭,积极帮助共产党抗日,并胁迫父亲抗日的时代激进分子在解放后本应受到区别对待,却武断地不容申辩地遭到了被抛弃的命运。由于唯成份论"左"倾思潮的影响,承达对亲生父亲达志充满了强烈的政治偏见,不仅不认父亲,害怕影响自己的政治前途,而且以死抗衡竭力阻拦母亲与父亲的结合。本来在新的政治制度下,应该支持工商业者大力发展生产为新中国注入经济实力之时,对资本主义工商业的改造公私合营却严重地挫伤了他们个人投资发展生产的积极性。当尚达志视为生命的丝织厂被摘下了自己的招牌以后,他感觉到的是尚家的祖业完了,表现出一副失魂落魄、心灰意冷的样子。另外作品中卓远到抗日战争前沿阵地采访,亲眼看到国民党部队与日本人殊死决战,贾营长割破指头写的决心以及接到撤退命令的愤怒,他对着话筒吼"我能顶住,凭什么叫我撤?我还没有弹尽粮绝,我还有力量抵抗"。这不仅写出了作为中国人抵抗异族侵略的勇敢、正直和责任心,无疑对于我们抗战的历史也是一种更为完备的书写和补充。

尤其在曹宁贞的悲剧命运中,表达了周大新对市场经济条件下人性畸变的焦虑与担忧,也是他对当代人的生存境遇和命运的一种深刻透视。宁贞是美的象征,宁贞的死是美与美好人性的毁灭。为了保住尚家的工厂不被毁掉,她主动下地狱,以似乎自毁的方式,以牺牲一个姑娘圣洁的名誉,来阻止被欲望支配并拥有特权的尚穹伸向工厂的黑手。然而她却不得不在尚穹的侮辱报复、未婚夫的唾弃谩骂、昌盛的误解鄙夷中对生活产生绝望,结束自己的生命。三个男性的打击与整个社会的压迫毁灭了上天对美的造化,也毁灭了人们对美的追求和向往。这是周大新对市场经济所带来的恶的鞭挞和批判,也是他在当下道德滑坡,人性畸变的社会环境中给人们的一种警示和启悟,更是他对未来人类社会中美好人性的企盼与呼唤。

总之,周大新的《第二十幕》是一部充满了历史的生命感与生命的历史感的20世纪的史诗。

原载《中州大学学报》2000年第12期

多维空间中的人性探索
——评周大新长篇小说《第二十幕》

武新军

一、引言

  为紧紧捆缚在政治战车上的文学松绑，寻找与重建文学的独立性与审美品格，是 20 世纪 80 年代文学创作与研究的一项重要使命，在完成这一历史使命的过程中，我们时不时地会听到这样一种忧虑的声音：文学是否会从强化政治的极端，滑向冷淡甚至漠视政治的极端。面对 20 世纪 90 年代以来越演越烈的私人化躯体化乃至下半身写作的潮流，这种忧虑的声音变得日渐强大起来，学人们开始思考文学重返公共空间（当然包括政治生活）的可能，这时候，类似茅盾《子夜》的具有史诗品格的长篇小说《第二十幕》的出现，应该是现当代文学创作又一个令人欣喜和鼓舞的重要收获。

  新文学运动以来所有的创作经验和教训告诉我们，文学是人学，文学所要表现的对象是人生和人性的常态兼及其变化。但这绝不意味着可以把人性从政治、经济、文化层面中剥离出来，进行孤立和封闭的分析和描述。优秀的文学家（如茅盾、老舍等）不排斥对人的自然属性的关注，但更多的恰恰是深入到由政治、经济、文化所构成的动态的社会结构中，进行人性的思索和追问，尽可能地把社会剖析和心理分析结合起来，写出社会变迁所引发的人性的善恶爱恨情仇相交织的复杂样态，他们描绘的，既是社会发展史的某个片断，同时又是民族心灵变迁史的某个环节。

  周大新二十多年的文学创作，正是沿着这条路子进行着充满艰难和痛苦的探索。除却极少数作品（如《银饰》），是单纬度地向生命个体的潜意识层面突进外，他的大多数作品，都可显示出作者在复杂的社会历史变迁中把握人性问题的努力：《登基前后》、《向上的台阶》、《蝴蝶镇纪事》从人性的角度对近代以来不正常的权力机制进行反思，揭示权力机制和根深蒂固的官本位思想对美好人性的扭曲和异化；《武家祠堂》、《新市民》、《伏牛》、《家族》、《牺牲》、《老道》等作品对人性的追问，更多地与当代的经济变革扭结在一起，在传统道义准则和（伴随市场经济所产生的）新的价值观念的冲突中，我们可以感受到作者在人性问题上的焦虑和困惑。从作者对传统与现代的双重依恋与双向批判中,我们可以领略到,他试图在传统的创造性转化中重建美好人性的期盼;《紫雾》、《金色的麦田》、《走出盆地》、《铁锅》等作品,则在把人性善恶的思考向历史领域推进的同时,开始从政治经济文化的多维空间里审视人的精神状态。

《第二十幕》洋洋洒洒近百万言,可以说是周大新长期思想和艺术探索的一个大的总结,作者为之耗费了近十年的心血。作者曾说,他期望在这部作品中搭设起一座座人性的花园,呈现出一个个灵魂的标本。当然,这一浩大的工程,亦非"不知有汉,无论魏晋"的向壁虚造,而是深深地扎根在20世纪中国的现实土壤里,在政治经济文化乃至宗教等多维空间的相互激荡中,进行人性的拷问。以文学的形式,直接面对并深刻反思中国近现代化转型的苦难历程。

《第二十幕》对人性的审视,是在三条线索齐头并进而又相互交织的叙事结构中展开的。小说的主线,呈现了20世纪中国生产力的逐步发展史,写尚家五代人(尚安业、尚达志、尚立世、尚昌盛、尚旺旺)为实现丝织业称霸全球的家族梦想,忍辱负重历经坎坷屡败屡战的奋斗历程。另一条线索构成了百年政治权力的反复更迭史,写晋金存、栗温保、蔡(晋)承银、蔡(尚)承达、尚穹等人在政治舞台和权力场上的角逐争斗。线索之三是以卓远为代表的追求思想自由的知识分子,勇于而又无力承担历史责任的悲壮的抗争史和命运史。小说通过以上三类人的尖锐冲突,以及这种尖锐冲突给云纬、栗丽、草绒、绫绫、宁贞等众多善良的女性所带来的精神磨难,完成了社会历史分析和国民精神分析的双重使命,达到了审美性和历史反思的统一。

二、人性探索的经济纬度

市场经济逐步取代自然经济,使人们的道德观念和生活方式发生了深刻的嬗变,这种嬗变对置身于其中的生命个体来说,应该是一次痛苦的灵魂裂变,对于文学创作来说,应该是一方蕴含丰厚的沃土。令人遗憾的是,在这方沃土中却并没有开出多少能够令人击节叹赏的花朵,俗话说物以稀为贵,我特别推崇周大新的《武家祠堂》、《香魂塘畔的香油坊》、《新市民》、《老道》、《怪火》等一系列短篇小说,原因正在于此。

之所以这么说,是因为在传统的道义准则和功利的价值追求(发展经济)之间,周大新避开了此是彼非、此善彼恶的二元对立思维模式的陷阱,从建构美好人性的角度,对两者进行了双重的批判和审视。《武家祠堂》中众乡亲急公好义怜贫惜困,在道义上同情失去丈夫(为保家卫国而牺牲)的苇儿嫂。这种美德诚然宝贵,但它又是何等严重地摧毁了男主人公尚志艰苦创业、发展经济的梦想。郜二嫂香油坊的发达(《香魂塘畔的香油坊》),哥哥嫂嫂弟弟个体交通运输业的红火(《怪火》),费丙辰面粉厂和服装店生意的兴隆(《老辄》),繁荣了经济,固然是人心所向众望所归,但伴之而生的资本专制对人性的扭曲又是何等可怕:郜二嫂曾因为一袋包谷一叠钱,嫁给了身心残疾的郜二东做童养媳,在无爱婚姻的牢笼中饱受煎熬。她手中有钱后,又用12500元剥夺了环环终身的幸福,迫使她嫁给了自己的傻儿子;"野种"费丙辰一生的屈辱,是因为他的母亲迫于生存而委身于地主柳老七造成的,他赚钱后,又把罪恶的淫欲向穷苦无告的姚盛芳发泄,制造着新一轮的苦难;"我的哥哥嫂子"在经济上翻身之后,也会变得为富不仁,无视他人生命的存在和摧毁他人人格的尊严。作者对笔下人物命运的不同处理,都是在期盼着如何终止或避免人性中这种恶的循环,思考着如何为发展经济营造一个良好的人文环境。

　　让我们再来看《第二十幕》吧。当作者直面20世纪中国的苦难史时,一种强烈的忧患意识肯定时时伴随着他,在自然灾害、污吏横行、异族入侵和民族内部频繁的权力争夺中,人民的吃穿住以及生命的安全等基本的生存问题,长期没有得到很好的解决,振兴民族经济已经成为当务之急。正是这种强烈的忧患意识,使作者对资本扭曲人性的批判有所减弱,而把批判的重点放在抑制民族经济向前发展的权力机制以及官本位思想上。但我们不要误认为,作者在大力肯定尚家五代人发展民族经济的艰苦创业精神时,他心目中资本扭曲人性的忧虑已经不复存在,或以为了强调发展经济的重要性,他已经把重建美好人性、提高国民精神素质的人文精神远远抛开。我认为,作家之所以弱化对资本异化的批评,很可能是他在两难的悖论中作出的不得不如此的选择。

　　事实上,作者对尚家五代工商业者人格范型的分析,在很大程度上仍然是一种人文的关照。以尚达志为例:他是那样多情,对盛云纬的爱终生不渝,又是那样无情,因祖业而割舍爱情,为积累资金而把女儿卖做童养媳;他是那样善良,热心救济饥饿冻馁的儿童,又是那样冷酷,为祖业后继有人竟用哑药断绝了孙子当歌唱家的梦想;他是那样顽强,又是那样懦弱,在创业的道路上能够一次次跌倒又一次次爬起,而在当权者非分的要求面前却始终不能挺直脊梁。尚达志复杂的人格,正是20世纪中国特殊的政治经济与文化环境的产物。

　　毫无疑问,盛云纬是作品中人性内涵最为丰富的人物形象。她一生的悲剧命运,根源是由于当权者和实业者的矛盾冲突,更恰当的说是实业者向当权者的妥协造成的。作者通过对云纬内心世界深刻独到的精神分析,实现了对20世纪政治与经济症候的审视和批判。云纬对达志的爱恨情仇奇异交织瞬息万变:一方面,她始终如一地爱达志,这种爱不仅仅是两性的依恋,不仅仅因为他曾给过自己对两性生活的美好希望,其中更有着对他执着的创业精神的敬佩,对他创业梦想屡受当权者的摧残与破坏的同情;另一方面,她又恨达志,恨他为了发展丝织业,竟忍气吞声地看着她被封建官僚晋金存霸占为妾,觉得自己在他心目中"还比不上不会说话的丝织机",恨他为45两官银卖掉了女儿,"不要活生生的女儿,宁要一堆机器",这一点,使她对尚达志终身不能原谅,她临终前还念念不忘:"尚达志,我这辈子做的最大一件错事,是爱上了你,你从来没有全心全意的爱过我,你爱的是物不是人。"云纬的不幸遭遇,正如鲁迅先生所说的那样,叫出了没有爱的悲哀,叫出了无所可爱的悲哀。云纬的悲剧和她对幸福生活的企盼,在大力发展市场经济的今天,尤其值得我们深思。

三、人性探索的政治纬度

周大新对权力体制与人性关系的观察与思考,最早是从《河中太阳》开始的。这篇小说写两个满怀创业激情的复员军人,被卷入庸俗不堪的权力网中处处碰壁,在人格和精神上饱受的种种非人折磨,一个无可奈何地举手投降,另一个仍在进行悲壮而无力地抵抗,小说揭示了权力场摧毁人格尊严的强大力量。《向上的台阶》通过毫无操守的权力追逐者廖怀宝,进一步对权力场形成的心理基础——官本位思想进行了分析:官本位思想的滋生,固然与几千年的封建专制的文化传统有关,但它之所以能够走出庙堂,并且深深积淀于民间,更重要的是根源于人性的本能,做官后即可获得吃、穿、住、他人的尊敬以及性的满足,官越大,获得满足的程度便会越高。

惟其如此,官本位思想才会那样根深蒂固难于更改。从20世纪初晚清官僚晋金存"男儿有志,就该到官场里比试比试"的人生哲学,到栗温保做皇帝的强烈欲念,再到20世纪末尚穹母子"做啥也不如做官"的遥远共鸣。官本位的思想,决定了无论是阿Q式的农民起义者栗温保还是无产阶级革命家晋承银,在掌握政权之后,很快就忘记自己当初让农民有吃有穿有住,发展民族经济的承诺,主动或被动地投身于充满血腥的权力争夺。此外还有尚穹这类在改革开放后成长起来的年轻人,不惜以损伤民族经济的发展为代价,一味挖空心思地在官场上投机钻营。

为揭示权力机制(当然是指被异化了的不以人类幸福为务的权力机制)和官本位思想对人性的扭曲和异化,作者通过犀利的精神分析,精心展示了栗温保人性中善的因素日渐泯灭,恶的因素日渐膨胀的心灵畸变史。栗温保本是一位纯朴善良的农民,饥饿的摧迫和晋金存的迫害,把他赶上了武装夺取政权的道路,这时的他是那样的可亲可爱:竖起"三有"的旗帜,期盼人人有吃有穿有住,严斥强抢民女的肖四,怒骂殴打贫农的士卒,当他夺取政权成为权力机制中的一员时,这种人性的光辉就日渐暗淡了,为保住官位,他在自责自劝中剿杀白郎的农民起义,经不住官场的腐蚀,又在自责自劝中背叛相濡以沫的草绒另觅新欢,他终于被权力的魔杖夺取了灵魂,变成他曾用鲜血和生命反对过的晋金存式的污吏,把罪恶的黑手一次次伸向尚吉利大机房,用暗杀的方式对付敢于仗义执言的卓远,绞尽脑汁地巩固自己的权力,为了爬上更高的职位而围剿共产党的军队,使成千上万的无辜者血流成河。

  周大新对权力机制的批判,也是从构建完美人性的目的出发的。基督徒草绒目睹栗温保灵魂蜕变后,坚决反对丈夫把儿子引入官场,她告诫儿子秉正,要堂堂正正做人,可以经商做工种田,但绝对不能当官,表现了对官本位思想的抗争。知识分子卓远始终拒绝做官,是为了维护自由思想者的权利和尊严,是对"易弯最数腰,能软当推膝"人性弱点的反抗。云纬与尚达志终生相爱而至死不能结合的悲剧,实际上正是由不正常的政治气候造成的:先是云纬被晋金存霸占为妾,达志无奈与顺儿成婚,晋金存与顺儿去世后,云纬又担心儿子参加革命会牵连到尚达志,好容易革命胜利了,她又不得不扮演革命家母亲的角色,不能与资本家同流合污。惟其如此,他们一次次苦涩的性爱才显示出正义性和人性的魅力;惟其如此,当云纬目睹儿子蔡承银惨死于"文革"造反派的群众专制,看到旧官场的程式又重演了一次时,她让孙子们发誓永不靠近官场的举动,才会掷地有声振聋发聩使人警醒。

  作者对权力争夺摧毁美好人性的描述,最精彩的片断当推弱女子栗丽的第一次性生活。她把这次性生活,看成一件能把爱人蔡承银与父亲栗温保在"人"的前提下紧紧联系起来的事情,她要使两个政党不同信仰不同的人成为翁婿关系,她想要个孩子,把他们变成孩子的父亲和孩子的姥爷,使他们不忍心互相残杀,她的这一靠伦理亲情弥合权力之争的天真想法,最终被无情地粉碎了。这使我想起作者另一篇小说《旧世纪的疯癫》里那个相似的性描写场面:三爷爷振翼与日本少女神谷惠子的第一次性爱是那样的有力和疯狂,他们要用力打破国家、民族、宗教和家族的界限,要"走到那个只有人的地方,只有男人和女人的地方,只有幸福和快乐的地方"。当然,他们这一美好人性的梦想,很快就被日本侵华战争卷得无影无踪。由此我们想到,目前笼统地反对躯体写作的态度并不可取,如何使文学摆脱政治厌倦症,如何把性解放的非人的文学导向个性解放的人的文学,如何把躯体写作引领到复杂的社会生活的层面上来,才是我们应当深思的。

四、人性探索的文化纬度

作者对人性问题的探索,还有一个文化的纬度。我们知道,建立在自然经济基础之上的儒道佛三位一体的伦理结构,尽管容易与专制的政治合谋,而且会限制经济的自由发展,但是在过去,它还是基本上能够有效调整生命个体内部理与欲、义与利的矛盾冲突,有利于个体人格的完善和人际关系的和谐。近代以降的政治经济和文化的现代转型,使这种传统伦理范型失去了规范现代人精神情操的能力,而适应现代社会的现代伦理又长期未能建立,从而使物欲权力欲的恶性膨胀失去了行之有效的调节手段,这必然会导致人性的扭曲和异化。长期致力观察和思考人性问题的周大新,在《第二十幕》中的一个可贵的努力,是对传统伦理的现代命运进行了批判性的审视,试图寻找传统伦理向现代创造性转化的可能,寻找能适应现代社会的、使人性归善精进的人文资源。

卓远出身于书香门第,传统文化的教育和现代民主思想的熏陶,共同塑造了其优秀的人格。这种优秀人格,使他能够抵制物欲和权力欲望的侵蚀,成为一个生活于政治体制之外的自由思想者,使他能够长期坚守在知识分子的岗位上,站在人民的立场上,行使对当权者劝谏和批评的职能。他反对晚清政府征收苛捐杂税而被晋金存砍去五指,反对国民党的经济和金融政策险些被栗温保暗杀,反对大跃进而被尚承达限制了人身自由,他能够坦然面对这些当权者的威逼利诱不为所动,是因为他更多继承了儒家"富贵不能淫、贫贱不能移、威武不能屈"的优良传统,这种优良传统,在 20 世纪的中国是难能可贵的,但其作用的确又是极其有限的。正如抗日战争胜利后,知识者和平建国的方案和梦想,又一次被国内战争的枪声粉碎时,卓远所叹息的:"当权者并不需要知识人的这份聪明,他们需要的是权力……中国知识者之所以会在设计国家未来的大事上没有发言权和决定权,恐怕是因为他们没有和资本结合,没有让自己站在雄厚的经济基础之上吧!"此话正确与否,姑且不论,卓远个体人格的形成及其命运却是值得我们深思的。

在小说中,作者从正面审视了基督教佛教对抑制人性之恶、净化人类灵魂的积极作用。在被丈夫背叛后,草绒在基督教中找到了心灵的安慰,基督教使她放弃了对丈夫的仇恨,放弃了以恶报恶的念头,他们夫妻间的冲突,转化成为基督徒与世俗的权力追逐者的冲突。她听从上帝的召唤,一次次劝丈夫要爱人类,要同情孤寡贫弱,要爱惜他人的生命,不要因贪权嗜利而滥杀无辜,她反反复复向丈夫宣讲快乐悲伤幸福痛苦相互转化的平衡法则。尽管她对丈夫的规劝终归无效,我们还是在她身上看到了人格的尊严和美好人性的闪光。

知识分子左涛,在"文革"期间曾经参与焚毁古籍的暴行,"文革"后受到了应有的惩罚,他从佛学中汲取了善对名权利色的智慧,找到自己安身立命之所。在佛的感召下,他尽其所能地到处收集各种珍稀版本,开始了对自我罪恶的忏悔。尚天在父亲尚承达权力的荫庇之下,心灵中美好的东西一片片磨掉,成为一个只知吃喝玩乐任情纵欲的浪荡子。他瞒着父亲,利用市长父亲的头衔弄权作恶欺男霸女,倒卖假酒的恶行把父亲气得脑溢血瘫痪,终于使他看到了因果报应法则的存在,他能及时对人生道路进行反省,在很大程度上,是因为听了水濂寺和尚和左居士的话:"人做的坏事,佛祖都在看着,一旦他觉得该施惩罚,那惩罚马上就到了。"

周大新对目前国民精神状态的深思与困惑,不仅仅是他个人的,更是当代多数人文知识分子正在面对和必须面对的问题,所以,对于作者从不同角度再三表白的平衡法则,对于其作品中时常出现的因果报应思想,我们把它看作是作者对人性的深刻体悟也好,看作是他重建美好人性的一种策略性的选择也好,不管是何种看法,我们都应该对他的探索给予同情的理解。抱着这种态度,我们再读他最近创作的中篇小说《浪进船舱》,我们便能够理解他何以会从佛教基督教道教的相互比照中,反思共产主义的优良传统,寻找那并不算遥远的历史记忆。

以上从不同角度分析《第二十幕》,只是为了论述的方便,这难免会把有机的作品解读得支离破碎。说实在的,恰恰是多维空间的冲突和悖论里的各种人性煎熬,带给了我们心灵的震颤与冲击,构成了作品的审美魅力。这种魅力,单靠理性的分析恐怕是很难传达出来的。如果仅从创作方法上说,作者在多维空间中观察和思考人性问题,是勇于正视现当代文学创作经验和教训的,所以能够有效避免单一视角的偏狭,如写政治而流于政治实用主义,写经济而滑向唯科学主义,写文化或宗教而在玄学思辨的道路上越陷越深,从而远离了现实主义的创作道路。要说启示,这就是《第二十幕》留给我们的最大启示。我们期盼着作者在这一创作的道路上,能够取得更加丰硕的成果。

原载《中州学刊》2003 年第 5 期

原型与召唤
——评周大新的《第二十幕》

王黎君

南阳盆地的传说中蕴涵着一个古老而神秘的预言：盆地人为改变生存境况而欲走出盆地，但随着他们对盆地边缘的靠近，盆地的边缘却应和着他们的脚步不断地向后延伸。周大新描写南阳丝织世家为实现织出"霸王绸"的家族理想而惨淡经营的长篇巨作《第二十幕》，就是暗合"走出盆地"这一传说预言的小说。书中主人公尚吉利大机房的掌柜尚达志，就以对尚家图腾符象格子网的读解和梦的形式，对自己的命运做出过形象的阐释：他是被粘在一张由苦难纵横交叉构成的蛛网上的苍蝇，尽管蛛网的四周是快乐幸福，但只要他一爬近蛛网的边缘，一只巨大的蜘蛛就会在他面前迅速地又布下一片网格。类似于传说预言的图腾阐释和梦境显然已经设置了尚吉利百年沧桑的风雨曲折。这种难以跨越盆地的宿命预言，使小说中多次出现了原始图腾、神话传说、风俗梦境等积淀着人类文化传统的原型意象，昭示着人物命运的慷慨悲歌和小说文本的情节演进。因此，我们有必要对在作品中不断呈现反复阐释的尚家图腾符象和多次进入情节的梦境做一次理论的爬梳；以原型批评和接受理论作为文本分析的理论支撑，从而展现出小说的审美意义和价值贡献。

一

五条横线五条竖线相交构成的格子网，是刻在尚家院子里石柱上的图案，由于年代的久远，已经无法说清它的来历和内在意蕴，只留下一个神奇的传说：刻有图案的石柱，是尚家的先祖在饥荒年月用仅存的窝头施舍一老人所得的一块小石头所变。如此，网格图案以确定意义丢失和传说的形态开始介入了文本的叙述，并随着故事的发展显示出不断进入情节或具体情景的意象色彩，使书中人物对任何重大事件的发生，都能从网格图中得到解释和启示。而且，谭家村每隔十年烧纸祭拜网格图案的风俗；美国艾丽雅家族的族徽、汉代古墓的祭坛上和古代岩画中存在的网格图案，又从一个侧面旁证了图案本身的古老和神秘气息,传达出原始图腾符象的特质。因此,根据弗莱的原型批评理论,即所谓原型是一种典型的或重复出现的意象,以及荣格对原型的原始神秘色彩的界定,可见,在文本中反复呈现并带有一定的神话和神秘色彩的网格图案,正是小说中的一个原型意象。

格子网作为一个特定的意象,一个原型,必然具有其象征意蕴,但它的象征指向是不确定的,其意义的界定将由达志们去体验,去"填空",这种意义的神秘和模糊性无疑使文本呈现出一种不确定的"召唤结构","召唤"格子网的接受者在其可能的范围内充分发挥再创造的才能、做出自己的理解和阐释。而小说中的人物如达志和卓远等作为格子网的接受主体,基于个人和社会的复杂原因,面对接受对象,心理上也会有一个既成的结构图式,即接受理论中所谓的形成一种期待视野:期待从格子网中看到某种特定情绪的展示;期待格子网所含的情感世界、人生态度、思想倾向等能合乎自己的理想。小说文本中多次出现的对格子网含义的解读,实质上正是达志们基于自己的"形象期待"和"意蕴期待"而做出的合乎自己想法和理想的阐释。

考察达志们在不同背景不同心境下对网格图案的不同阐释和接受,我们可以粗略地梳理出两个层面,即对现实命运的思考和形而上的思索。达志对格子网的读解就多带有概括现实苦难的成分。他最初的解释源于婚恋的变故。达志与织户云纬相爱,但通判老爷晋金存对云纬的垂涎,父亲"不可惹官"忍字当头的强硬姿态,使达志只得在家族织业和爱情之间选择了前者。格子网第一次以命运预言的方式进入了达志的视野:那横竖相交的线条,正如城里的街道,云纬本该沿着竖纹向他一直走来,可突然间,她在一个十字口拐向了另一道横纹。达志的这个解释在无意间揭示了他与云纬一生相恋但永远都走不到一起的宿命。然而他的解读亦随着现实命运的改变而反复。当军阀栗温保霸占不成烧毁尚吉利的厂房机器之后,达志眼中的格子图就成了先祖先宗对后人的警告:任何一条路的两边都满布着陷阱,那一个一个空白的方块就是陷阱的形状,自己就在陷阱里扑腾。在文本的叙述情境中,达志不可能逃离权力系统对他的控制和迫害,尽管晋金存被栗温保驱除了,但新一轮的农民掌权者栗温保的迅速腐败,又将他推入了更深的深渊,掉入了栗温保设置的抢劫陷阱,最终只得以一半利润为代价获得了家族丝织业的平安发展。可见,周围的各种世事正如一张蜘蛛网,笼罩着忍辱负重发展民族工业的达志,他在为实现家族理想跨出的每一小步上都浸润着艰辛的付出和牺牲。

如果说达志对格子网的解释多蕴涵现实思考的成分的话,那么卓远、左涛等的读解就更富形而上思辨的色彩。在卓远的接受视阈中,格子网表达的是对世的一种认识,即世间万物是由两种东西交汇而成的,人类由男女交汇而成,生活由苦乐交汇而成,事业由成败交汇而成。根据卓远的这种理解,尘世间的我们应该坦然面对生活中的苦乐成败,因为苦乐成败纠结,这本身就是生活的本真形态。正如考古队长对古代岩画中的网格图案的分析:人最初的目的和最后的结果之间并不是一条直线,它拥有很多改变运行方向的岔路口,从而得出与最初目的完全不一样的东西。这就是生活。左涛则由于"文化大革命"中迫于压力指出了卓远的藏书处,致使古书被毁而一生心怀歉疚和忏悔,最终皈依佛门。不同的经历和思考方式使他对格子网的阐释更多了几分哲学和玄理色彩,他认为格子网是在暗示:人不仅要看到在场的东西,还要看到不在场的东西,不在场并不等于"无",图案中的线条是提醒观察者注意在场的东西,空白格子则是提醒注意不在场的东西。确实,线条色彩的强烈视觉撞击功能总是能将我们的视线粘住,明晰的外在形象也能使我们的思考多一分理性分析的清醒,但对不在场的无形之物,实体的人有时就会陷入一种恍然不觉甚至迷乱。其实无论是卓远、考古队长还是左涛,他们的解释无一不对应着文本中人物的命运。达志与云纬一生的爱情悲歌,尚家丝织业发展的曲折坎坷,都是苦乐交织成败交汇,他们的最初目的和最后结果都不尽相同,各种事件的过程中密布着不在场的陷阱和岔路。

综观上述达志们对格子网的不同接受和阐释,可见,他们都试图还原格子网的客体内容,但每个人的解释显然又因不同的期待不同的读解而都多少偏离、"误读"了格子网的本义,产生了"异变"。这正是由于格子网的意义的模糊性、多阐释性,使它具有了多种美学品格,提供了超越人们期待视野的想象空间,使期待视野受挫,从而具有了丰富的含义空间和艺术魅力。而且我们读者作为小说文本的接受者,对格子网以及达志们对格子网的阐释自然也形成了自己的理解,上述梳理中就已经包含了笔者对格子网的解读以及对达志们的阐释之阐释,也就是说是一种寓意,一种昭示,是人对命运的困惑与探索。因此,对于小说文本中的格子网这一原型意象,存在着小说中人物和文本读者的"双重接受",这无疑是扩大了小说的审美意域。

二

格子网是小说文本提供的一个接受客体和原型,它作为一个象征符号具有宽泛的解读意义,呈现出思考的多元性,并以特定意象的呈现形态召唤着它的阅读者的理解和阐释。梦,是小说中多次出现的又一类似意象。美国文学批评家费德莱尔在分析马克·吐温的小说《哈克贝利·费恩历险记》时认为,美国文学中描写儿童心理的作品传达出了一种美国文化传统的模型,它具有两种形态,即同性恋和依恋黑人,这两种观念和感情交织而成的文化模型,也就是他所说的原型。由此我们可以推演出,中国文学中描写家族的作品也传达出一种文化传统的模型:梦的方式。这也符合费德莱尔对原型的观念界定,即"原型是由观念和感情交织而成的一个模式,在下意识里广泛为人们理解,但却很难用一个抽象的词语表达,同时它又是那么神秘,不经过周密的考察是完全无法分析辨明的。这种复杂的心理情结需要通过某种神秘的故事,既体现它又像是在掩盖它的真正含义"①。梦就是这样一种既能掩盖又能体现真正含义的神秘故事。当然,人生如梦是我们整个文化体系中的一种观念和感情模型,并不仅见于家族小说,从庄周梦蝶到《红楼梦》中的贾宝玉梦游太虚幻境,莫不如是。但毫无疑问的是,小说中的梦应该算是我们家族小说的传统表达模式,是一个原型。

《第二十幕》中的各种梦境,就是以预言的形式进入小说的情节,并以自己的神秘点醒着小说的深层寓意的,其中包括人物的命运、情节的发展等多种内涵。如云纬在那个抗战胜利之夜,终于能与达志互相厮守,可当晚的梦却将未来的现实提前展示在她的眼前:在开满鲜花,有纵横相交黑土铺成小路的花园里,她能听到达志的说话声,可沿任何路径走都找不到达志。后来在一个交叉路口碰见一高个黑衣人,就问他何路可遇见达志,此人手指一木牌,上书"地府花园,无人"。抗战的胜利,各自丈夫和妻子的去世,使他们对期盼已久的爱情结局充满了憧憬,以为一切的障碍都已消散,可故事的发展,现实的处境,使他们又一次次地错过甚或放弃了结合的机会,达志只能在死后将自己的一半骨灰与云纬合葬,最终完成了地府相见的宿命。这个梦的内涵显然也与达志对格子网的解释互相呼应:云纬在努力地靠近达志,但又总会在一个岔路口转身而去,他们永远都走不到一起。

宁贞的黑衣长裙姑娘之梦,则昭示着爱与死亡的关联,是对爱与死亡的思考。黑衣长裙姑娘是在宁贞挖到古墓那一夜走进宁贞的梦境的。梦中的黑色长裙姑娘带她去看风景,上坡过桥路途曲折,终于到一四方平台,却见四周白茫茫一片,宁贞就回头问:风景在哪儿?姑娘笑:在这儿!说着抬手从自己的头顶抽出一缕一缕细如蚕丝的东西,宁贞惊问:这是啥?感情!姑娘笑答。宁贞越觉惊异:感情原来是这样的?刚想上前看个仔细,却见那女子猛将自己的头从脖颈上取下朝她递来,说:你看看清楚!宁贞定睛一看,竟是一个骷髅。爱情与死神神秘地结合在了一起,随着那细如蚕丝的感情的抽离,美丽的人生也黯然

---

① 〔美〕费德莱尔:《好哈克,再回到木筏上来吧》,《当代西方文艺批评主潮》,湖南人民出版社,1986年,第363页。

而逝。宁贞的将来清晰地镌刻在了那骷髅上。而宁贞又是作家着力塑造的完美人性的象征,她为尚家丝织业的发展竭尽所能,并最终以美丽为诱饵击碎了被金钱欲望支配而又有权力依托的尚穹对自家祖业的毁灭性打击。但她的行为也遭到了尚穹的诽谤报复,不得不在一片误解声中绝望地结束了自己的生命。这是一次真正的美的毁灭。当所有的美丽离去之后,留下的就只是骷髅了。宁贞的梦境与命运显然寄寓了作家对在权力和金钱双重欲望支配下人性畸变的焦虑和对人生命运的深刻透视。

当然,梦作为一个接受客体,是含混而虚幻的。虽然在每一个梦的背后都有确定不移的隐义,但又都借伪装的形式体现,使梦呈现出晦涩隐秘的特质。正如上述云纬与宁贞的梦。为此,我们读者就会对这些梦做一些"还原"和"填空"的接受,即在解读这些梦时作一些"实"的"填空",并试图"还原"梦所呈现的客体含义。同时,梦的隐秘内容又会对读者形成一种昭示和召唤,构筑起对梦的接受期待,从而使读者以一种接受主体的解读姿态去呼应梦境的召唤和昭示,构成一种主客体的"对话"。

三

《第二十幕》讲述的是一个丝织世家在20世纪的兴衰起伏,它将以骚乱和动荡为表征的整个20世纪中国设置为自己的叙述背景,而格子网和梦这两个原型意象,更是串起了百年历史的各个时期,并汲取若干个历史时代放进小说的故事空间,超越个人生命的时间限度去回望历史,在小说结构上呈现出一种"时间的召唤",格子网和梦其实就是一种结构形式,具有形式上的意味。

格子网作为一种形象,一种图腾,它与作品中的人物的命运对位。格子网的横线和竖线,以直观符号的形式,呈现出意义阐释的多种可能性,近百万字的小说内容在某种程度上就浓缩在这一横竖线交织的网上。一如北岛的一字诗《生活》,一个"网"字包容了广阔的生活内涵。正因为此,格子网在达志的眼里看到的是永远都不能走近他的云纬,而在小瑾,一个能为自己的婚姻幸福寻求妇联支持和置家庭反对于不顾的女子眼里,格子网预示的却是:两个人不论站在任何地方,只要在走动,就有相遇的可能。她与昌盛的爱情婚姻虽然历经磨难,但都由双方的努力而一一排解,与达志跟云纬的结局形成了极大的反差,这也正如他们对格子网的不同的理解。而且格子网这一符号,以其图腾符象的神秘性和意义阐释的多元性,吸引了众多书中人物从各种不同的角度做出了合乎自己理想和身份经历的读解,从工商业者达志、自由知识分子卓远、大学教授月儿,到考古队长、绸缎商人、和尚、居士等等,从而集中了小说中人物形形色色的命运,聚拢了各类人物,完成了结构上的统摄作用。

格子网还以情节的点染和故事发展的昭示姿态呈现于小说文本的叙述中。20世纪中国的历史表层也许除了战争就是动荡,小说的讲述既然以此为背景,就必然无法逃离战争的创伤,对格子网的解释也就充满了那个时代的浓郁气息,格子网成了映衬补充和推动小说情节的存在物。于是,当日军入侵南阳后,达志从格子网中看到的是一片布满沙流、道路、田畴的国土,从中领悟到的是稍不留意,来自异域的人就会把这国土夺一片走。他对破碎的山河做出了自己的形象理解。作为普通的百姓,达志期待的当然是国家的安定和富足,使他能致力于家族理想的实现,因此抗战的胜利使他满怀憧憬,挖出了掩埋的机器,准备再一次听到织机的喧嚣,但国共战争的随即爆发,又将他的希望湮灭,他只能将目光再次投向格子网,解读祖先的警示:人世是一个洞眼很大的筛子,任何希望放上去都有可能从洞眼里漏下去。而卓远则以一个知识者的清醒和爱国者的良好愿望,从格子网中读出了不同的内容:不要期望有永久的和平,也不要相信有永久的战争;人不会满眼看到的都是善行或恶行;不必对世事过于乐观也不必过于悲观。格子网还昭示着抗战胜利的即将到来。这些对格子网的阐释显然是对故事情节的极富分寸感的点染,以三言两语的概括将一个狰狞的现实强调于读者的眼前。

梦作为小说中又一类似格子网的原型,主要也是作为一条"虚线"穿插于小说的叙述中,为现实的故事情节埋下伏笔或者推动情节的发展。云纬就是从多次走进她梦境的娘的身上看到了死亡的临近的。梦中的娘总是将一个拖把递到她的手上,然后拉了她的手要去梨园。而村里曾有的两个梨园的中间都有一块主人家的坟地。云纬不久就沿着梦的启示走向了生命的终点,走的那一刻,脚下绊着一个拖把。立世的悲剧也早已在达志的梦中预示。那时的达志常常被一个梦境纠缠,他被大火包围,儿子立世则张着两手向他惊慌地呼喊。随即"文化大革命"开始,一场灾难逼近了家庭:家被抄,厂房成了红卫兵的战场,立世为阻止红卫兵小将们烧厂房而被活活烧死。似乎任何灾难的临近都有一种神秘的力量借助于梦境的形式昭示世人。从通货膨胀纸币贬值、绫绫(达志女儿)为保护卓远而被杀、承银在"文化大革命"中不堪迫害自杀,到昌盛、小瑾的家庭风波、昌盛遭遇遗产官司等等,都有梦的事先预言,从而带上了命定的色彩,在一定程度上也表达了著者对存在某种超自然力量的认同。但毫无疑问的是,带有原始神秘意味的图腾符象和晦涩隐秘的梦境这两个原型意象的设置,显然增添了作品的魔幻色彩,拓宽了小说的含义空间。

原载《当代文坛》2003年9月

展示多层面的人生世态
——读周大新《21 大厦》有感

林为进

小说创作,从古典到现代除了十分重视人际关系的描写外,对时间和空间的处理,也一直是许多创作者极为关注的重点问题。应该说,除了个别的特殊的,绝大多数创作者所选择的都是在流动的时间和变动的空间中组织故事、描述人物的行为,因为流动的时间和变动的空间,能够减却创作者许多束缚而提供更大的自由。即使是在邮票大的区域表现出人类生存困境与迷惘的福克纳,实际上也没有将自己的描写空间局限在一个封闭的环境内,而留下变换场景的一定余地。

周大新一贯为人憨厚,作风朴实。他以往的创作,所选择的书名往往题旨鲜明而又锋芒内敛,极力躲避花哨,像《走出盆地》、《第二十幕》全都言简意赅,既概括出作品的内容和描写方向,又避免过于抢眼。这次,却出人意料地露了一点内秀。他的长篇新作《21 大厦》,无疑是一个别致独特的小说名字。它可以是一部以此座建筑为案发地点的侦探小说,也可以写成由一个大型工程引出的贪污受贿案件,还可以编织出一个扑朔迷离,线索繁多,或神秘浪漫,或温馨恬静,或冷酷恐怖的家族故事……厚道的周大新其实从来就不欠缺才情与灵秀,他调皮地绕过常规思维,抛出一个晃眼的气球后,不愿在花哨的形式中浪费更多的精力,而是十分严肃地进入关于社会和人生的思考与审视。

仅仅是这一点,我很佩服周大新的勇气与自信,他将人物和故事全都安排在一个有限的空间中。虽然那是一座高耸云天的 58 层大厦,内部不乏迷宫式的复杂建筑,但相比于昂头可见天空的其他场景,其特殊的封闭性使之显得异常狭小,自然也就受到更多的局限和制约。应该说,周大新的勇气和自信是以创作的实力为基础的,他相当自如地驾驭着谋篇布局,既不捉襟见肘,也没有生硬晦涩,显得颇为潇洒从容。

《21 大厦》像是一部寓言小说,又像一部警示小说,可骨子里仍然是一部内蕴丰实的社会小说。《21 大厦》里随处可见的、关在笼子中的黑雉鸟,是象征,也是提示。局限于大厦内的人就像被关在笼子中的鸟,除了"大厦"这一有形的"笼子"外,天性中同样存在渴望自由、期盼振翅高飞的人,但又不得不接受法律、道德、舆论、规范、纪律等束缚。同时，还得面临嫉妒、欲望、贫穷、疾病、灾难、战争等的制约和磨难。那一切，比起困在笼子中的鸟，似乎是更为严密。

幸福的内涵在每个人的理解上虽然各不相同，但它无疑是人类所有成员的共同祈求。不过，要想获得真正的幸福，又都不是一件容易事。现代社会、经济时代，那曾经为莎士比亚所愤愤诅咒的金钱，往往却成了"幸福"的基础和杠杆。老实、善良的底层人生，如生活在《21大厦》地下二层的保安员黄白顺、叙述人"我"、清洁工丰嫂、老梁……往往因没钱而得不到"幸福"。老梁由于贫穷，不得不拒绝爱情和温暖。同样是因为贫穷，因为地位低下，"我"虽然品德优秀、相貌堂堂，却为以色相诱惑大款终成有钱人的梅苑所鄙视，只想玩弄"我"的身体，而不肯施予平等感情。

反之，有钱同样也并非就一定幸福。如女博士宋晶明，因一项发明而一夜暴富，有了大厦顶层的豪华私宅，有了名牌汽车，却缺少情的慰藉和性的滋润，抑抑寡欢而自杀。邱总裁富如王侯、权倾一方，到头来竟然感慨自己似乎成了一个机器人，一生为金钱、名气而拼搏，得到了许多一般人难以想象的荣耀与光彩，也失去了许多人的基本享受。这不由得让人想起著名演员黄宗洛老先生在一部戏中的台词"庙修好了，人也老了！"希望、奋斗、欢乐、痛苦、满足、遗憾……起起伏伏、曲曲折折地交织出永远也不可能达到完善完美的人生。

周大新由《21大厦》这个有限的空间，展示了多层面的人生世态，善良而命乖运厄的白领丽人、行为怪异而收入颇丰的画家师徒、贪污受贿的部长和情妇、一掷千金的豪富、勤恳工作而收入甚微的保安员、清洁工……有限的空间，浓缩着一个社会的版本。

有人尽情放纵的挥霍人生，也有人无可奈何地在生活的重压中呻吟挣扎。贫富不均，早已是一种现实的存在，但当这一沉重的社会现象如此对比鲜明地呈现在读者面前时，的确不能不引起人们对于社会、历史、现实与人生的诸多思索。公平、公正、平等、博爱……虽然是富有良知与智慧的人所追求的理想，但离实现仍有一定的距离。更为深刻的是，周大新还以凝重的笔墨，描述了人生的缺陷和弱点。欲望，想过上更美好的生活，想获取更高级的享受，应该说是一种推动历史进步、社会发展的基本动力；不过，当欲望失去控制时，又难免不融进邪恶的成分而严重破坏社会秩序与人际关系。真个是"欲忘忘未得，欲去去无由"。

《21大厦》不仅是一部形式新颖、表现出创新意义的小说，也是一部内容丰富、思考深刻的小说，同时还是一部比较好看的小说。由此也告诉我们，小说及所有的艺术，形式的创新固然重要，但更重要的还得是内容与形式相和谐，思想和艺术相统一。

而一个作家、一部作品的高低、雅俗,不仅表现于对世俗功利得失的态度,表现于人品人格的尊贵和鄙俗,更见于对人类自身是否抱有悲天悯人的胸襟和气度,否则很难称之为真正意义的作家。

周大新令人尊敬,既在于他笔耕不辍的勤奋,更在于他总是表现出对弱者的同情,对正义与善良的颂扬。尤其是对生命尊贵和尊严的不倦赞美。有了这种自觉而又可贵的"生命意识",正是周大新执"创作之舟"不论风平浪静,还是波翻潮涌,都奋然前行的基本动力,也是他的小说创作总是那么凝重,那么浑厚的原因所在。

原载《文学报》2001 年 8 月 16 日

谁来拯救城市的囚徒

贺绍俊

都市生活成为当代作家越来越关注的内容,这应该是顺理成章的事,因为不仅仅都市化的浪潮几乎席卷了全国大大小小的城镇,而且随着商贸经济的扩张,当代文化明显向都市倾斜,都市文化成为了最显在的主流文化,也成为了文化消费最有诱惑力的空间。尽管如此,乡村作为城市最主要的对立面,仍然是我们体察都市文化的基本参照。正是从这一意义上,我更加看重那些来自乡村、过去主要以农村生活为创作素材的作家是如何表述都市的生活经验的。周大新的《21大厦》就属于这种类型的作品,它给我们带来一系列有意思的话题。

首先,作者设定的视角便是适宜于表达自己经验的最佳视角。这种视角是通过作品中的第一人称人物来实现的,这个人物是一个现代化高层建筑的保安员,这位保安员来自农村,他因为当兵的经历从而打开了原来封闭的乡村化的精神世界,于是他不愿困守在乡村,只身来到京城闯荡。小说的情节结构正是通过这位保安员的眼睛而铺展的,但显然地,这位保安员在小说中的作用绝不止于结构形式上的穿针引线,它更深层的意义就在于,保安员的眼睛是一双带着乡村质朴情感的眼睛,是一双积淀着乡村式的传统思维、传统文化的眼睛,城市的一切人和事,在这双眼睛的注目下,就会发生有意思的折射,我们通过这种折射,体悟到了一种城市文化与乡村文化之间的冲突、交融和整合。

毫无疑问,保安员的眼睛就是作者本人的眼睛,非常贴切地契合了作者的身份和思想。在小说中,这个被大家称为"小谭"的保安员无一例外地受到各类人物的欢迎,人们都将他视为可放心依靠的对象。那位身心疲惫的白领丽人宋晶明要认他做弟弟,并将后事托付于他;那位被贪官所累的小情人彭仪在穷困潦倒之后会将他作为倾诉的对象;吴发硕为摆脱女上司的性骚扰要来求助他;邱总裁想取得情人的谅解也要来求助他。小谭在城市中所充当的这样一种特殊的角色,其实就寓含着一个耐人思索的哲学命题:城市人陷入难以自拔的困境,这种困境需要乡村精神来解救。这也许不是作者主观要表达的命题,但事实上,当作者的目光停驻在城市的困境上时,他就不期然地接近了这个命题的边缘。他的思路就会被这个命题强大的磁场牵引过去。这可以从小说中得到证实。比如,他所构思的这座大厦与大厦内的大鸟雕塑互相呼应,一方面城市就像一只巨大的笼子,城市人困顿在这个笼子里面,身体和心灵都受到了束缚;

笼子里的生活虽然非常方便,但生活在笼子里的人被名利、事业、竞争、情欲所羁绊,几乎失去了最宝贵的自由。另一方面,他又希冀自己能够像鸟一样长上翅膀,冲出樊笼,寻找一片自由翱翔的蓝天。那位白领丽人宋晶明,她看上去事业成功了,可是她的心灵空空如也,她孤独、痛苦,终于了结生命。而她选择跳楼的方式,似乎是在冥冥之中得到飞翔的召唤,她在生命的最后一刻体会到了自由飞翔的感觉。宋晶明的死也许在暗示人们,你若要做城市人,你只能吞下城市的苦果。

　　作者写这部小说,显然是对城市的问题有了太深的感触,而在这部作品中,作者不仅仅要展示这些城市的问题,也试图寻求解决问题的途径。作者在寻求中同样绕不开城市与乡村的关系。也许解决城市问题的法宝就存在于乡村之中。于是作者给主人公小谭托了一个梦:"我在梦中看见了清油油的豌豆田,看见了金黄金黄的谷穗,看见了大片的红薯地,看见了在田埂上自在踱步的羊,我在田野里快活地奔跑着,直到看见了那只鸟,是一只展翅欲飞的巨大的鸟的叫声把我惊醒了……"作者来自乡村,他在小说中很率直地表达了他的乡村眷念之情和他对乡村精神的爱恋。从城市问题入手,我们可以如此归纳城市和乡村的区别,城市是欲望化的,而乡村是人伦化的。现代舒适的城市使人的欲望不断地膨胀,把传统的人伦情思挤压到了边缘。小说中"我"——小谭与梅苑之间的故事进展便最具典型性,故而这两人的故事也是贯穿始终的重头戏。梅苑最初的出场,是一位弱势的受害者,她的受害是由于城市对欲望的纵容。但这并没有导致她对欲望的痛恨,而是催发了她自身欲望的膨胀,最终一步步走上一条以欲望报复欲望的路。梅苑算得上是一个城市的标牌,她的周身弥漫着欲望的甜腥和糜烂气息。当她还是弱者时,她出于对小谭无私相助的感谢,还存有一些人伦的情思,但随着她以后一步步获得成功,她的欲望也获得无休止的扩张,便连这点可怜的人伦情思都丧失殆尽,她之所以还维持着与小谭的关系只是因为她将其作为"提供性享受的人","一件供我这个女人使用的东西"。至于小谭,从他危急时刻义不容辞地救助梅苑起,他的内心一直充溢着纯朴的人伦情思。他视她为一名弱者,他给予她关怀,后来尽管他们之间更加熟悉亲密,但他并不赞成她的一些行为,给她告诫。即使在那个月圆之夜,在她的诱惑下,他最后的理性防线自动崩溃,但事后他仍是出于人伦情思,考虑着要与梅苑结婚,他期待在他的感召下,梅苑会成为自己的一位好妻子,他甚至将原谅她过去的一切。从一定意义上说,小谭是乡村精神的载体,他是乡村派往城市的使者。他从梅苑身上看到了城市人的堕落,他以为能够拯救她,他不顾梅苑的彻底堕落仍然一厢情愿地憧憬着未来:"我们会有一个比现在更好的家……"但作者却无情地给我们安排了一个悲剧性的结局。小谭迎来的不是在婚礼上佩戴同心锁，而是梅苑与另一个男人的欲望发泄。梅苑是一个咄咄逼人的形象，她始终让我们感受到欲望对人伦的蔑视。而小谭的言行则表达了人伦对欲望的质问。

但作者清醒地认识到，小谭身上的这种质朴的乡村精神，是不能解决城市的问题的。解决城市问题还得从城市本身入手，于是作者为我们设计了一个理想型的人物，这就是中科院的老科学家卞老爷爷。这个人物虽然着墨不多，且有些单薄，但他在整部小说中起到画龙点睛的作用。他认为，人类创造的文明既造福于人类，也成为人类的敌人。他对此保持着高度的警惕。所以在他看来，大厦就是一只束缚人的笼子，使人远离自然和自由，所以他把自己的住所重新装修成乡村田园风光，他惬意地坐在田边读书。也许这就是作者理想中的城市出路。显然这种理想化的设计有点朦胧漏洞，这大概正说明作者无意识中已陷入那个绕不开的哲学命题，不过他是从生活实感出发，他发现了城市失去的可贵的精神还保存在乡村之中，但他也明白，城市不可能再回到乡村。

如果将周大新的这部小说与他过去写乡村的小说比较一下，我们会发现，作者更熟稔的还是乡村经验，那些细节和心理刻画完全出自个人切身的经验。而他对城市生活相对来说不是那种深入骨髓式的熟悉，因此读《21大厦》多少感到作者笔下的城市生活有点理念化，作者对城市多少还有点隔膜，这就决定了小说的许多情节基本上是在理性的指引下设计出来的，它缺乏了那种来自感性的真切和生动，缺乏那种非常强烈的城市情绪的感染，这一点就不如当今一批新生代的新都市小说。但很难说这就是一种不足，小说应该有多种类型，而这也许恰恰是周大新的都市小说区别于其他作家的都市小说的一个重要的方面。他的小说不是一个城市人在那里尽情尽兴地宣泄和放纵地表现自我，他的小说是以一个局外人的身份不断地拍打着城市的大门，对里面的问题发出惊呼。但我不知道，因拘在这个大厦里面的、正在拼命填充贪得无厌的欲望的、陶醉于金钱物资的熏染的城市人，能否读懂一位怀着乡村质朴情感的作家发出的惊呼。

原载《书摘》2002年第1期

窥视与追问

雷 达

周大新的长篇小说《21大厦》显现出作者以往作品中所没有的一些新质。这不仅因为,周大新这位擅长表现农业文明悲欢的作家,在题材上大幅度地向都市转移,体现出直面现实的精神,时代感异常强烈,即使就作家本体的文化心理而言,其价值观念和人文态度也有了比较大的调整和转换。如果说,他著名的长篇小说《第二十幕》主要还是一种纵向的反思,以家族史为架构,思索百年中国乡土社会中的工商文明一脉的坎坷与曲折的话,那么,《21大厦》的架构就更接近于立体化的思维,以一幢建筑物为象征,试图切入并剖解当今社会各色人等和各种欲望诉求,以及贫富日益悬殊的商品化的冷峻现实。

这部作品不是巴尔扎克式的冷峻解剖现实或分析社会与都市结构的全面铺叙之作,作者的志向也不在建构新的"人间喜剧",不以冷静的理性见长,它关注的其实是人生的意义和价值,追问的是当今人们的各种活法儿和活着究竟为什么。事实上,整部作品的指向,都是道德化的、拷问型的。

作品不断窥视和追问在物欲的强大挤压下,现代都市人的生存焦虑和精神困境。作品最突出的特点就是放大了窥视欲。我们知道,对一部长篇来说,有时候最重要的就是叙述人的确立,立得好、新颖、独异,能达到陌生化效果,作品几乎就成功了一半。《21大厦》里的这个谭保安形象设计得就很绝妙,妙就妙在他是个退伍的农村兵,又进城当上了保安。"保安"是个新生事物,是城市的边缘人:他一头扎进了城里,另一头还有根绳系在乡下老屋的房梁上。保安的身份职业,又是有条件进入上层人的内部的,上层人需要他们来保卫,他遂得以用窥视者的眼光看一切、琢磨一切,这就带来了极大的差异性和趣味性。试想,一个乡下的憨头小伙,突然每天看着搔首弄姿的红男绿女晃过眼前,看着这些人匪夷所思的行径,能不受到莫大刺激吗,能不想入非非,进而非要窥探个究竟吗?

于是,在谭保安的一双窥视的目光下,在价值落差极大的追问里,展现出了一幅幅惨不忍睹的景象(作者主要是批判某些负面现象的)。在这里,物质和金钱有时也救不了人命,活泼的生命像中了毒似的枯萎下去。比如,宋的故事就很惊人。宋是一个收入颇丰的高智商的女博士,紧张、焦虑、缺乏关爱,日益陷入孤独不能自拔,渐觉无力应对世界,更无法安置自己的灵肉,最终因创造力的丧失，心灵的枯槁，厌世悲观以至自杀，可骇可痛。而书中的每一悲剧，皆因物质的东西过于壅塞，致使生命无处安顿了。意味深长的是，谭保安最后也一样陷入了这一痛苦冲突不能自拔。他本来幸运地得到城里女子的青睐，一心做着美好的乡土姻缘梦，到头来不幸成为女性的猎物和玩物，当了别人的消费和享受对象，对他这个乡下人来说，真是莫大讽刺。他受不了如此剧烈的刺激，终从21大厦飘然陨落。

  小说的象征层面也值得一说。每一楼层都有一个黑雉的符号，且不断变幻，既吉祥又不祥，含义比较复杂。这种大鸟阴郁之形神，给我的感觉是冷酷，是生存竞争，弱肉强食，但那强烈的飞翔欲，却又代表人类欲飞的情结和对超越的向往。然而，欲飞，又飞不起来，人为肉身所限定，难脱物欲之枷锁——这大约才比较接近作品的原意。

原载《光明日报》2002年2月7日

小说家发现的历史
——读长篇小说《战争传说》

胡 平

周大新的军事题材长篇小说《战争传说》是一部积蓄已久的作品。周大新写出过《汉家女》，有过长期军旅生涯，但是从《汉家女》到《战争传说》，历时久矣。我以为是由于他十分看重军事题材创作，花费了很多时间来思考诸如人类与战争之关系等重大问题的结果。

《战争传说》描写的是一场发生在五六百年前的著名战争，即明朝中叶的北京保卫战，包括它的前奏土木堡之战。正是在那次战争中，明英宗被瓦剌掳去，而于谦成功地保卫了北京。作者对这场战争进行了多年的艰巨的考察和了解，他的导师施铭先生曾勉励他："研究战争理论就是要先研究透一场战争，只要把一场战争琢磨透了，很多理论问题也会随之明白。"作者以学术与艺术的双重精神对待这一题材，他研究和体现的不仅是一场具体的战争，而且包括对战争理论、战争本质和全部战争史的认识。这也是《战争传说》能够超越现代战争题材作品而达于深入之境界的缘故。专攻过北京之战的作者，应该能够写出有分量的学术论文，更不缺乏对战争进程大量细节的掌握。但他还是借用小说的形式，以奇异的视角，借一名瓦剌女间谍娜仁高娃的经历再现这次战争。女间谍往来于敌对阵营之间，接触双方上层人物，目击战争场面。该让读者知道的都写到了，该节略的都节略了，效果之一是突出了主要人物及其命运。对于北京之战当然还可以有另一种正面的、传统或通行的写法，不过承载的东西会完全不同。有趣的是，作者这一精致的构思同样来自历史留下的残篇断章。大新在搜求文献资料的过程中，发现了一本"纸张发黄变脆的线装故事抄本"，它记叙了一个瓦剌女子亲历战争的情景。于是，这个故事被作者看中，生发开来，构成了长篇小说的主体。史学界通常注重对历史事件的"整体"的、"全方位"的、"宏观"的解释，但有的历史学者却注重个体的亲验。《战争传说》体现了另一种历史观点和历史真实。从一本发黄变脆的线装故事抄本上，周大新看到的不仅是私人视角，相信也包括对"传说"的发现。"我在民间听了不少有关这场战争的口头传说。这些传说内容离奇而有趣。"固然传说并非信史，但其生命力印证了至今存活于民众中的有关战争的民众的诠释。相信这一发现也是作品最后定名为《战争传说》的由来。

　　惯常的战争都是由上层人物发动的。全面描写一场战争,纵然是主体化地从君主、将军描写到普通的士兵,也难以真正展示战争对芸芸众生意味着什么。因为只要划分出"正义"与"非正义"之双方,在此名义下,一切万民生灵的伤亡便无暇顾及。中国五千年的战争无以数计,而描写战争的最好的作品,如《三国演义》,也难免落入尊刘抑曹的窠臼,使读者痴情于杀戮的结局,忘却古战场白骨累累。我想,这正是周大新怎么也不愿以旧套路重现历史画面的深层原因。《战争传说》有关战争的理念是超越普通战争观念的。小说中最触目惊心的场面乃王山一家被诛的情景,作者写道,刽子手杀王振夫人时,王山媳妇忙捂上自己孩子的眼睛,几岁的孩子不懂事,还在要求妈妈把身子上的细绳解开。妈妈哄了孩子,"孩子就在她妈妈的腿间钻来钻去地玩了"。刽子手走到他妈妈身边时,孩子竟又提出要吃奶,于是当众哺奶,直到孩子小小的生命倏然消失在刽子手的刀下。这一幕即可视为人类战争的缩影,揭示着人类凶残阴暗的战争心理。我以为,周大新对战争题材创作的贡献,首先在于他极为理性和冷峻地正视了战争本身,他站在自己的角度,发现了另一种历史的真实。

原载《人民日报》2004 年 1 月 13 日

一个女人的战争
——《战争传说》读后

李敬泽

在周大新的《战争传说》(长江文艺出版社,2003年)中,基本元素是:历史、战争、仇恨、情欲、阴谋。

这些元素都是华丽的,华丽不是漂亮,亮堂堂的不是华丽,华丽是明亮和幽暗,是暴烈和柔弱,是庄严和诡异,是神经质,是莎士比亚的戏。

所以,看《战争传说》,让我屏住呼吸的是这样的景象:一个女人潜入当朝权阉的府邸,她来自草原,现在她进入了一个辉煌的大城、文明的中心,这个城市和这个文明因为它的优雅、精细而变得慵懒,生命的活力正在消散,掌控帝国权力的人是一个宦官——没有身体或者说只有剩余的身体的人。而这个女人,她有旺盛、美妙的身体,她却必须用她的身体去诱惑那残缺的身体,进而窥探甚至操纵那神秘的权力。因此,她不仅是个女人,她还是一个复杂阴谋中最关键、最精巧也最脆弱的环节,她承担着巨大的历史主题——游牧民族与农耕民族贯穿古代史的交往和斗争。现在,在一位雄才大略、野心勃勃的统帅的理想中,这场斗争将会做出"历史终结"式的彻底了断。

我很难分清这是我在《战争传说》中看到的,还是我看完《战争传说》之后想到的。这部小说的重要特点就是它有非常广阔的意义空间。周大新讲了一个曲折、传奇的故事,他可能主要是想借此表达他对战争的思考,但是,这个故事像流水一样,它被讲出来,然后它就四处漫溢,无孔不入,讲述者为它规划的渠道框限不了它,它包蕴着如此充沛复杂的人性内容,以至于它不可驯服,它会时时反抗它的讲述者。

《战争传说》以土木堡之变和北京保卫战为背景,那是明代历史上的惊天大变:御驾亲征的皇帝被蒙古瓦剌军队俘虏,四十几万大军土崩瓦解,北京城岌岌可危,历史似乎逆转,大元王朝将卷土重来。

当然,我们都知道,大明度过了这次劫难,但我们不知道的是,一个瓦剌女人在其中所起的关键性作用。

在成文历史的缝隙里,"传说"生长出来。"历史"绝不仅仅是史书上记载的那些"事实",或者说,我们并非仅仅因为那些事实而热爱历史,我们的历史兴趣深深地系于其中隐藏的那个想象区域:我们对被条理清晰的"历史"所过滤掉的事物的好奇。人类活动中充满混乱、无意识、错谬和偶然,我们乐于知道这些不驯服的野性因素如何暗自参与塑造历史的面貌,它让我们感觉到人的可能性和人的自由——人不是历史的奴仆和工具,人永远是顽皮的孩子。

所以我们已经搞不清恺撒和安东尼之间的大是大非,但却对埃及艳后克莉奥帕特拉印象深刻,这个美女——据考证,她实际上并不比"美女作家"更美——确证了历史中既偶然又永恒的人性因素。

从这个角度出发,周大新对战争的思考是深入、独到的。看《战争传说》时,我常常会想起电视上那些解说战争的专家们,他们总是不正确,他们的预测总是落空,因为他们娴熟地记住了各种事实和数据,却忘了战争是人类活动,不是机械运动,而人类的勇气、欲望、荒谬和疯狂永远是无法计量、推陈出新的。

于是,在这部长篇小说中,巨大历史中的战争变成了一个女人的"战争"、她的身体和心灵的"战争"。这个女人,激励着她、支配着她的力量究竟从何而来?仅仅是家族的血仇吗?不是的,我相信在她心里持久燃烧的是另外一种仇恨:我们对异类、对在我们的世界观中被置于敌人位置的人群的仇恨,这种仇恨是抽象的,它不指向具体的个人,它是一种激情,一种使我们漠视活生生的具体生命的可怕激情。这个女人,她的"战争"的实质,就是让这种激情接受生活、身体、血泪的检验。

我相信,在这个时代,所有在互联网上发泄"激情"的人们谁也没有打算接受这样的检验。

原载《河南日报》2004 年 4 月 15 日

民间视角下的人性探寻
——周大新军旅小说的战争之思

王治国　郭海玉

　　周大新是新时期以来逐渐崭露头角的重要军旅作家之一，对战争与人之间关系的思索始终是他军旅小说创作的核心命题。从早期军旅创作中对战争神圣性、正义性的歌颂，到不断开拓视野逐渐回归到人的层面对战争进行多层次反思，再到坚定地立足于民间视角以普通人的生命体验对战争进行深层人性透视，周大新在自我调整中逐渐找到了思考战争的个性化视角，其军旅小说创作也因此日益走向深入和成熟。

一、主流话语的温情阐释

　　新中国历经了战火的磨难最终得以建立，因此，在新中国成立后的"十七年"时期，叙写共产党领导下的各类艰苦卓绝的战争历程，构建党和新中国的历史是创作的主流。其中，《保卫延安》《红日》《林海雪原》等为代表的战争小说不仅成为当时文学创作的重镇，而且以其创作实绩代表了当时创作的最高水平。同时，正是这一批红色经典建构了我们心中对战争最初的"经典"认识："解放军之所以由弱到强取得胜利，靠的是牢固地树立了正义战争必胜的信念、对未来社会理想的憧憬以及广大人民无私无畏的全力支持。国民党军队之所以失败是因为它是不义之战，丧失民心。"①就本质而言，它是对20世纪占主导地位的毛泽东的正义战争观和人民战争观的形象体现，是新中国成立后很长一段时期内战争小说创作的指导性观念，即"战争只有正义和非正义两种性质，战争的胜负取决于人民的力量"②。直到20世纪70年代末80年代初的"新时期"，这一经典认识在军旅文学创作中依然具有统一性和普遍性，从而构成了我

---

① 陈思广：《战争本体的艺术转化——二十世纪下半叶中国战争小说创作论》，巴蜀书社，2005年，第8页。
② 同上，第7页。

们认识战争的主流话语。

周大新早期在军旅小说中对战争的表现本质上就是对这一主流话语的温情阐释，他这一阶段的创作主要收录在《汉家女》《走廊》《明天进入夏季》三部小说集中。发表于1979年的《前线来信》是周大新的处女作，明显体现了这一战争理念。作为小说背景的这场发生于中越边境的战争，是一场中国人民为了解救受压迫受愚弄的越南底层人民而进行的正义之战，小说以家书的形式讲述了我军连长江波的一次战场遭遇。在一次战斗中江波受伤被俘，后来发现打伤自己的竟是以前结拜的越南弟弟阮松，这让江波十分伤心。而阮松，当他看到江波指挥部队抢救越南俘虏、救济越南边民，看到中国军队将一块被炮弹掀倒的界碑原地竖起，坚决不向越南挪动一步，尤其是当他听到母亲，也是江波结识的越南妈妈诉说自己国家的统治者的种种强盗行径时，他才认识到自己被骗了，江波是正义的。《走廊》同样以中越边境战争为背景，但重点强调了战争对于军人的神圣性，它是军人价值的理想所在，是军人成长的摇篮，这在师长景凌耀身上体现得最为明显。作为军校毕业的优等生，景凌耀年轻气盛、草率轻敌，以致高地失守，并造成许多战士无谓的牺牲，后来他调整心态，认真反省并冒着生命危险亲自到前沿阵地观察敌情，最后成功收回失地，而战争也顺理成章地成为军人证实自己价值和能力的平台。

周大新对战争的认识虽然没有新意，但在接下来的创作中他选取的温情阐释视角值得我们注意。具体说来，这一温情视角主要是从女性的角度在两个层面上展开的：首先是侧重女性层面，通过对女军人的刻画来歌颂军人献身战争时所体现出的爱国主义、英雄主义思想。比如周大新对《汉家女》中的汉家女的塑造就已经超出了女军人的范围，他更是在刻画一位平凡而伟大的女性形象。她本是一个生活于底层的农家姑娘，生活的艰难使得朴实、善良的她又多了一份精明与刚强。正是这样一位女军人，在面对偷看自己洗澡的七班长时却并没有过多地责怪他，反而主动地拥抱和亲吻了他，因为他即将奔赴生死未卜的前线却不甘心没见过女人身子。这同样是对战争和军人的歌颂，因为"她是在为一位已经做好准备为祖国捐躯的战士做出牺牲，其价值取向是一致的"[①]。其次是通过刻画与军人有关的平民女性表达对战争和军人的歌颂。《屠户》的主人公是一个屠户家的普通姑娘珠儿，她与上士董一宝偷偷相恋并私订终身，正当董一宝决定复员与珠儿结婚时，却不料南线战争爆发，于是出于军人的职责，他放弃了复员而奔赴前线却不幸牺牲，痛苦万分的珠儿虽然没有与他正式结婚，但还是决定生下他们的孩子，延续董家的香火，这一结尾也暗示着军人的牺

[①] 陈继会主编：《文学的星群：南阳作家群论》，河南文艺出版社，1999年，第196—197页。

牲精神将会后继有人。《屠户》真切感人地传达出作者对战争的正面歌颂,它是周大新早期军旅小说创作中的相对成熟之作。

周大新早期军旅小说中对正义战争观和人民战争观这一主流话语的温情阐释,客观地说是没有多少新意的,甚至可称为是肤浅的。在20世纪70年代末80年代初,大多数军旅小说写作都是在这一主流话语的支配下进行的,以在当时产生了较大影响的《西线轶事》(徐怀中)和《高山下的花环》(李存葆)为例,无论是前者体现出的强烈"英雄"意识,还是后者对作者"人民—上帝"、"战士—万岁"心声的传达都没有越出主流话语的范围,尽管如此,他们却以独特的阐释方式获得了成功。徐怀中在《西线轶事》中"重点塑造了受到'文化大革命'创伤的士兵刘毛妹的乖张性格,表明作者正视悲剧的意识和反思'文化大革命'的态度,从而转变了以颂歌为主旋律的基调"①。李存葆则在《高山下的花环》中"将前方与后方、高层与基层、人民与军队、历史('文化大革命')与现实有机地勾连起来,不仅浓墨重彩地塑造了梁三喜、靳开来、梁大娘、韩玉秀等闪光形象,而且以'调动风波'、'臭弹事件'为靶子,大刀阔斧地揭示了军队的现实矛盾和历史伤痛,令人振聋发聩"②。与这两部在当时具有代表性的作品相比,周大新的温情阐释自然就显得有些轻飘,没有分量。当然,起点低并不是问题,关键还是要看作家如何在已有的创作基础上打开视野,寻求新的突破。

二、多维视野下的战争反思

随着20世纪80年代思想解放运动的逐步展开,关于战争的主流话语开始受到质疑。一方面,战争的正义与非正义之分具有一定的相对性,因为战争是以政治为目的的,其中任何一方的政治集团都会从自己的利益和立场出发对战争做出有利于自己的定性,而且,我国早有"成王败寇"的古训,战争的性质总是由战胜方决定的,这自然无法保证其绝对真理性;另一方面,战争的结果与战争的性质没有必然的联系,"战争的胜败往往取决于这个国家、这个民族、这个阶级的经济发展水平、物质生产条件、文化发展程度、指战员的军事素养、精神风貌以及武器装备的精良程度甚至武装人员的多寡等综合因素,这些在很大程度

---

① 朱向前主编:《中国军旅文学50年:1949—1996》,学习出版社,2008年,第30页。
② 同上,第57页。

上与战争的正义与否没有直接的必然的联系"①。例如,我们中国自鸦片战争以来的一系列反侵略的战争虽然都是正义的,但除了抗日战争外,都无一例外地失败了,而世界战争史上这样的例子更是不胜枚举。新的认识产生新的思路,军旅作家们开始不断开阔自己的视野,重新审视战争和军人的关系,《皖南事变》、《我是太阳》、《生命通道》、《黑太阳》、《军歌》、《红高粱》、《长城万里图》等一批既有分量又有新意的作品就是在这样的背景下产生的。在这一大背景下,周大新也一反自己对于战争的单向性歌颂,开始在多维视野的选取中反思战争的负面形象。

周大新最初的反思是以自己擅长的温情视角作为突破口的,这在《硝烟中的祝愿》中有集中的体现,小说着力塑造的虽然是在战场上勇于献身的英雄军人形象,但军人惯有的自豪感和荣誉感消失了,代之而起的是内心的凄楚与孤苦。排长老杜的老婆因他没本事赚钱而瞧不起他,并与人私通;秦大牙的未婚妻则因他这次上前线生死未卜而与其断绝了关系;小任的心中则装着对卧病在床的母亲以及无力支撑家庭重担的小妹的牵挂。他们要么对温情充满渴望,要么被温情遗弃,这都预示着周大新对战争的思考开始转向。他进一步的反思是从以下五个维度展开的。

首先,从军人的角度看战争的血腥和残酷。《铜戟》对台儿庄血战后惨相的描写触目惊心:月光下只看见一片趴着、跪着、仰着、躺着、竖着的死人,就像大片麦田里收割后捆起来的麦个子,数不清楚,看不到边;地上全是血,土都被血泡软。其次,体现在《白门坎》和《瞬间过后》里对战后军人心理伤残问题的关注上。前者的主人公因战友牺牲形成心理障碍导致他再也无法融入温馨的家庭生活,后者的主人公在战后对一切与战争和数字"10"有关的事物异常敏感,以致严重影响其正常生活。第三,从历史的角度看战争的荒诞与冷酷。《世事》和《猜测历史》都以解放战争为背景,前者的主人公莜儿本是南阳城治文刻字店的大小姐,美好的未来正等着她,但是战争的混乱让她最终成了地地道道的农民,后者的主人公则为了阻止心爱的妻子泄漏自己的秘密,不得不忍痛将其击毙。正是由于战争的出现,无法把握自己命运的平民百姓要么被无情地摆弄,要么含冤而死,战争除了血腥与残酷,更多了一份荒诞与冷酷。第四,反思战争的文化侵略性。以《左朱雀右白虎》为例,故事以抗日战争为背景,侵华日军攻克南阳城后,一个随军的历史研究人员想趁机抢占南阳汉画像石的第一手资料,主人公古楠的妻子为了保护那些珍贵的汉画像石而被日军打死,这时战争

---

① 陈思广:《战争本体的艺术转化——二十世纪下半叶中国战争小说创作论》,巴蜀书社,2005年,第9页。

不仅具有鲜明的军事侵略性质,而且具有文化侵略的色彩。第五,对战争反人类本质的初步思考。在《旧世纪的疯癫》中,中国留学生邹振翼与日本女子惠子历经艰辛而结成夫妇,但抗日战争的发生最终导致丈夫被杀、妻子成为精神病人,一段美好的跨国婚姻因此被毁灭。同样是描写抗日战争,作品不仅将视点选在了日本,而且战争摧残的不再是人物飘忽的命运,不再是文化遗产,而是一段顶着各种压力,冲破层层束缚的真爱,战争也因此呈现出可憎的反人类面孔。进一步的反思体现在《关于战争消失那天庆贺仪式的设计》中,战争作为一种反人类的存在,成为被消灭的对象,周大新怀着激动的心情,为战争消失那天设计了一个庆贺仪式,同时作品还指出当世界上物质极大丰富、政治充分民主后,引起人类争执的原因主要是人的情绪,即人性。这似乎也预示着作家对战争的思索将会深入到人性中去找原因。

　　在以上五个维度的审视中,周大新不仅把注意力都放在了战争反面形象的揭示上,而且后三个维度都是从普通人的视角展开的,这表明周大新在不断地寻找中把思考的视角逐渐定位在了民间立场上。其实这一反思本身也没有多少新意,对战争多侧面的反思是20世纪八九十年代的整体创作趋势,而且无论是《皖南事变》、《黑太阳》、《长城万里图》等对战争历史的深度揭示,还是《生命通道》、《军歌》等对战争状态下人性矛盾与阴暗的挖掘,还是《红高粱》等带有地域文化色彩的战争思考都已经达到了较高的审美层次。相比而言,周大新以中短篇为主的军旅小说还是不够厚重。而且,他的思维方式还是单向线性的,虽然较之前期的创作,这种对战争负面形象的多层展示充分表明了作家思想认识上的深入,但仍显单薄。此外,他对战争与人关系思考的重心仍在前者而不是后者,尽管民间视角和人性问题都有所提及,但还没有深入地展开,并且带有一定的抽象性。这一阶段的创作可以看作是周大新的反思蜕变期,对战争真正具有个性特征的思考还有待于进一步地深入。

三、民间视角下的人性透视

　　2003年,长篇历史战争小说《战争传说》的发表标志着周大新对战争的思考进入了一个相对成熟的阶段,他逐渐找到了属于自己的个性表达方式——立足于民间视角对战争进行人性透视。在毛泽东"正义战争观"和"人民战争观"这一主流话语的影响下,同样具有主流性的战争历史观在新中国成立后的小说创作中逐渐成型:"历史是在革命战争的推动下不断发展;农民革命战争是中国历史发展的真正动力。"①但新时期以来，对历史发展本质的重新思考使历史战争小说有了至少三个方向的新变：一是以张廷竹的《黑太阳》、《落日困惑》为代表对历史本来面目的重新接近；一是以《灵旗》、《皖南事变》为代表对自身历史的接近与重构，尤其是对历史表象背后的偶然性与或然性进行多向思索；一是以《灵旗》、《红高粱》、《战争往事》为代表通过对客观历史事件进行想象性、创造性的抒写重新挖掘那段被唤醒的岁月或潜存的记忆。② 周大新的思考正是在这股创作潮的推动下逐渐成熟起来的。

《战争传说》是由一系列具有浓郁浪漫主义色彩的民间传说构成的，它们都或明或暗地与发生于明朝的土木堡之变和北京保卫战有关。在这部作品中，周大新既无意于对战争进行正面描写以还原历史真相，也无意于重构历史，更无意于对这段明朝历史重新挖掘和唤醒，而是想"写写普通人对战争的感受和态度"，因为"文学写战争的任务不是要写出战争的过程，而是要真切地写出人在战争中的感受和体验"③。这种站在普通人立场上对历史战争进行想象性重构的叙述方式与既有的三种创作倾向既相互区别又相互联系，这也表明周大新逐渐找到了属于自己的个性表达方式。具体说来，《战争传说》以现实主义创作精神糅合史实与理想，依托具有浓郁地域特色的民间传说展开广阔的想象空间，以普通人的人性自觉最终完成了对战争荒诞与嗜血本质的审视。

首先，战争的发生根源于人性中的权力欲望和争斗本性。土木堡之战的爆发主要取决于两个人——瓦剌首领也先和明朝权臣太监王振。也先并不满足于当瓦剌人的首领，他要征服天下，让所有人都听他的。王振是一个具有变态征服欲的太监，他不仅左右皇帝的一切，而且还千方百计地恢复其男根，也想当皇帝，打败瓦剌正是他树立自己威信、巩固自己权力和地位的好机会。此时，战争完全成了欲望满足和权力争斗的工具。其次，立足于普通人所代表的民间立场无情地揭示战争的嗜血本性和荒诞性。娜仁高娃是一位心地善良而且对美好的生活充满渴望的普通瓦剌女子，当她亲临土木堡战场时，扑面而来的是死亡的惨相和窒息人的血腥味，她丝毫没有战胜者的快意，有的只是对无数支离破碎家庭的想象以及由此引起的内心痛苦，此时她眼中的战争就是一个毁灭生命的恶魔，其残酷、狰狞和嗜血使她产生了来自心灵深处的震颤和恐惧。更加

---

① 陈思广：《战争本体的艺术转化——二十世纪下半叶中国战争小说创作论》，巴蜀书社，2005年，第12页。
② 陈思广：《战争本体的艺术转压——二十世纪下半叶中国战争小说创作论》，巴蜀书社，2005年，第12~14页。
③ 周大新：《我们会遇到什么》，江苏文艺出版社，2010年，第275页。

荒诞的是战死沙场的几十万人从根本上说仅仅是两个野心家权力欲望的牺牲品而已,故军人越英勇便越悲哀,越具荒诞性。

与此前的创作相比,无论是思想内涵还是艺术表现,《战争传说》都具有了鲜明的个性特征。首先,土木堡之战属于国家内部民族之争,因此避免了在战争正义、非正义或者侵略、反侵略上的纠缠;其次,作品以具有地域色彩的民间传说和平民女性的讲述来展开故事,这一民间视角不仅有别于《第二十幕》那样的宏大历史构架,而且也巧妙地绕开了国家主流意识形态的潜在影响,为其创作开拓了足够的空间;再次,作品紧扣普通人的人性觉醒来反思战争的根源,不仅亲切自然,而且扎实厚重,颇具说服力。

结语

周大新的军旅小说创作,可以说到《战争传说》止,才真正确立了属于自己的风格。但苛刻地说,其创作的不足也是明显的,从人性的角度挖掘战争的根源虽然能够达到相当的审美高度,但是导致战争的因素绝不止这一点。如美国《科利尔百科全书》中提到的政治、经济、军事、社会"四动力说"、《人、国家与战争》中提到的人性、国家内部体制、国际事务裁决机构"三层次说"以及李巨廉在《战争与和平:时代主旋律的变动》中提到的"生存发展说"等等都是有代表性的认识,①这些都为军旅小说家们的思考提供了广阔的平台,仅仅盯着人性来认识战争显然是有些狭隘的。

如何进一步开拓新的创作空间是摆在周大新面前的一大问题。凡是伟大的作家都具备一种引导人们向着理想人生和美好人性不断自我超越的优秀品质,周大新已经用军旅文学创作证明自己是在向着这个目标不断努力。以出版于2009年9月的最新长篇小说《预警》为例,周大新以现代战争在信息时代的一种新的表现形式——情报争夺战为思考的中心,首先把关注点放在对潜在战争威胁的预警上。当今世界表面和平的背后有着重重危机,虽然世界大战没有爆发的可能,但小规模的恐怖活动却时有发生,不仅严重影响人们的生活,甚至影响一个国家的安危。对这些现象的关注正是周大新勇于直面危机的现实主义精神的鲜明体现。其次,善良、真诚、责任心等美好的人性,作为周大新一直珍视和守护的核心创作内涵,在这部新作中成为反思的对象。为了从某核作战

---

① 陈思广:《战争本体的艺术转化——二十世纪下半叶中国战争小说创作论》,巴蜀书社,2005年,第10页。

部队作战局局长孔德武身上窃取情报,恐怖分子想尽了办法,如美女诱惑、金钱贿赂等,但都没有起作用,最后一个假装得了抑郁症的女特务却利用他的同情心和责任心成功将其蒙骗,差点铸成大错。颇具讽刺意味的是,善良、真诚等美好的人性品质成了被利用的弱点,间接成了导致祸患的根源,这正是周大新敢于从思想深处自我反思的深刻体现,由此也可以看出,周大新没有停下脚步,而是继续走在不断超越自己的路上。

"军人创造的是战争的艺术,作家创造的是艺术的战争。"①我们有理由相信,随着周大新对战争和人性思索的不断深入,他定会创作出更加优秀的关于战争的艺术作品来。

原载《当代文坛》2011年第3期

---

①赵一凡等主编:《西方文论关键词》,外语教学与研究出版社,2006年,第837页。

嵌入乡村叙事新的关键词
——从周大新的《湖光山色》说到乡村写作

贺绍俊

社会主义新农村正在成为当前媒体的关键词,面对"三农"问题十分严峻的现实,新农村还只是一幅正在实现的蓝图,但它无疑对广大农村是一个巨大的鼓舞。因此,这个新的关键词完全应该嵌入到乡村文学的写作之中。乡村写作无疑仍是当代文学的重头戏。但应看到,今天的乡村文化语境已大大不同于从前。眼下的农民已经不是几十年前处在传统农业社会大环境下的农民,因此作家笔下的农民形象也不同于20世纪五六十年代周立波、赵树理、柳青以及80年代高晓声、乔典运等作家笔下的农民形象。但人们似乎普遍对当下的乡村表达并不十分满意,我想不满意的原因主要是当下的作品并没有提供太多新的叙事,与这个已急剧变化的乡村情景不大谐调。如何立足于现实寻求突破,是乡村写作亟待解决的问题。社会主义新农村也许是一个切入点。周大新最近创作的长篇小说《湖光山色》就提供了这样一个文本。

在《湖光山色》中,暖暖是小说的主人公,也是作者着力打造的一个代表着乡村未来的新型农民。新型农民自然是乡村年轻的一代,他们有知识,也接受了现代化的熏陶。这些基本特征都体现在暖暖身上。暖暖也和其他的乡村年轻姑娘一样,在她青春荡漾的时期,把自己的幸福寄托在城市,希望能够通过高考上大学实现自己的梦想,但这个梦想很快就破灭了,后来她来到城市打工。从眼下的标准来衡量,暖暖应该说成功了,她终于逃离了乡村,开了眼界,学会了穿戴打扮,收拾出来"最像个城里人",而她"存折上的数字正在缓慢向一万靠近"。但就是在暖暖充满憧憬的时候,作者果断地将她拽回了乡村,因为城市终究不是暖暖的归宿。那么,乡村的希望在哪里?过去的乡村所依赖的是土地,土地是农民的命根子,农民不仅把种子播撒在土地里,也把希望播撒在土地里。但这只是传统农业社会的观念,它已经被现代化的实践所瓦解。更重要的是,现代化的风暴刮走了土地的肥沃和滋润,往日的田园成为了板结的荒野,它再也生长不出年轻一代的希望。回到乡村的暖暖也想依凭着土地致富,但不仅没有致富,还被城里贩卖假种子的小人骗了,背下了沉重的债务。搞考古研究的谭教授的到来,让暖暖触摸到农村的真正希望,这就是发展旅游业。她看到了自己家乡的自然风光和历史文化的开发价值,先从开办家庭旅馆开始,学会接待游客,一步一步把自己的事业扩大。暖暖的"楚地居"给贫穷的楚王庄带来了富裕和幸福。小说的结尾,是众多的国外游客来到楚王庄观赏丹湖的迷魂烟雾,当碧绿的水面上袅袅升起如梦如幻的烟雾,各种奇异的景观如海市蜃楼般在游客们眼前出现时,暖暖用英语对众人说道,在烟雾里你们会看到你们心中特别想看到的东西。这是一个很有意思的结尾。在虚幻的烟雾中实现自己的愿望,这不就是一种乌托邦吗?

乌托邦是逐渐被我们疏远的文学圣地。作家们往往愿意在作品中建构一个乌托邦,来寄寓自己的美好理想。但当代文学从20世纪90年代以来就逐渐疏远了乌托邦。一种形而下的欲望化叙事成为90年代的文学主流,在这样的叙事里,乌托邦几乎没有立锥之地。如果我们认同90年代文学缺乏精神向度和力量的说法,那么,作家舍弃了乌托邦情结也是造成这一结果的重要原因。今天,不少作家意识到文学精神向度的重要性,努力提升叙述的精神品格。而重建文学乌托邦无疑是一个重要的途径。

周大新的《湖光山色》的意义就在于,小说所构建的田园乌托邦为乡村写作开辟了一道亮丽的风景。乡村叙事可以说是"五四"新文学以来最重要的一种文学叙事。尽管"五四"新文学是以现代化为主旨的,但现代化精神首先就必须面对着乡村经验的冲撞。乡村成为了现代性表达的现场。这种表达依据作家对现代性的不同理解,大致上采取了两种表达方式。一种是从启蒙主义的立场出发,揭示乡村的苦难与愚昧。一种是从城乡冲突出发,以乡村田园诗意的想象去抵消现代化的弊病。关于这一点,学者张清华在一篇文章中有过详尽阐述。他说:"鲁迅和文学研究会的作家们眼里的乡村却是破败的,他们眼里的农民也只是愚昧和麻木的……那是因为他们试图去拯救这些人,试图去改变他们的命运,或者换句话说,他们以为自己是高于底层劳动者的,《故乡》中鲁迅虽然对那里的人民充满了热爱,可是连闰土据说也偷拿了老爷的东西,这是多么让人感到悲凉和绝望的消息,鲁迅的拯救意识导致了另一种更悲剧性的体验——那就是绝望,他的作品由此产生了另一种接近荒诞的诗意。除了'五四'作家,还有另一种书写的角度,这就是沈从文式的,把乡土和劳动者的人生进行诗化的处理,使之变成知识分子最后的精神乌托邦。"我想指出的是,不仅沈从文的书写是一种乌托邦的表达,鲁迅的书写也是一种乌托邦的表达,这是一种启蒙的乌托邦,他以启蒙乌托邦比照乡村现实,才会感到绝望,但他仍在拯救,因为有乌托邦的支撑,也就有了拯救的信心和期待。我以为张清华所体会到的"接近荒诞的诗意"就来自这里。也许可以这么认为,现代文学是一个充溢着乌托邦情结的文学时代。

20世纪90年代以来的乡村叙事,基本上仍是苦难叙事和田园诗意叙事两大类型,但因为现实场景的改变,这两类叙事中都缺乏乌托邦情结的支撑,因此我们就会感到当今的乡村叙事不及现代文学的精神力度。张清华归纳出现代文学的两种乡村书写,但他对这两种书写是有批评的,在他看来,这两种书写都包含着作家内心的"优越感",他认为在这两种写法之外还有一种"在现时代最朴素和最诚实的写法",这是一种"再现和呈现式的表达",这就是他所认为的与底层保持同等身份的叙事,在他看来,"打工诗歌"就属于这一类叙事。我不反对在乡村书写中提倡一种与叙事对象采取平等姿态的书写,但我以为也不必因为要强调平等姿态在伦理上显得更为优先,就完全否定知识分子姿态所呈现出的"优越感"。有时候,这种优越感是从作家内心的乌托邦情结释放出来的。在当今的乡村叙事中,其实不乏现实批判的勇气,也不缺乏人文关怀。比如像陈应松,他一直在农村挂职体验生活,并写了《望粮山》、《马嘶岭血案》等反映当下农民生活的小说,他同情农民的生存处境,对农民为生存而做出的种种努力哪怕是不合常情的努力都充满了理解,具有一种难得的悲悯情怀。比如像阎连科,他是怀着满腔的悲愤去写当下的乡村苦难的。在作者对乡村苦难的大胆揭示中表达了对于现实的深刻和尖锐的批判,我是怀着无比的敬意读这些作品的。不过,在读到大量关于苦难的乡村叙事后,仅仅有苦难还是有所欠缺的,文学精神会被沉重的苦难压得抬不起头来。这时候,我们需要捡拾起现代文学乡村叙事中的乌托邦精神。当然我们也许会担忧乌托邦将导致我们精神上的时间倒流,把我们引到前现代的境遇里去。不是没有这种可能,假如我们过于把自己困在土地上,以为土地才是乡村的一切,而建立在土地上的乌托邦也许只能是一种反现代性的田园诗意。但周大新在《湖光山色》中为我们提供了一种新的可能性,他从物质与精神的矛盾入手超越城乡冲突的思路,也就使他心中的乌托邦连接到了未来前景的通道上。尽管《湖光山色》不是在为我们描绘社会主义新农村的图景,但作者在小说中所传达出的精神却肯定是社会主义新农村不可缺少的内容。

原载《中国艺术报》2006年4月21日

善良如何面对残酷
——周大新长篇新作《湖光山色》读后

闫晶明

　　写这篇读后感,是在阅读周大新长篇新作《湖光山色》差不多一个月之后,其间又经过了旧历新年的纷乱。回想起来,周大新笔下的人物、故事以及小说意欲表达的主题,仍然清晰地印在脑海里。这让我感到很意外也很欣慰。也许正是阅读过程中那么一点特别的印象和思考始终伴随着,让我对小说产生了浓厚的兴趣。这点特别的印象是,周大新是一位善良的小说家。他对自己笔下人物的态度和命运把握表现出来的情感倾向,引发了我对小说创作本身的一点思考,即一个小说家对自己笔下人物的态度,往往可以看出他内心深处的"狠劲儿"究竟有多大。这种"狠"并没有道义上的评价,但它对理解小说家的价值取向具有特殊的认识作用。尽管这种判断具有一种猜测的意味,但仍然不失其有趣和有效性。

　　《湖光山色》是一个自然清新的书名,但小说通篇所写的,是一个叫暖暖的农村青年女性的命运,而暖暖的命运又让人看到了一个不断被打破传统秩序的乡村世界发生的悲喜剧。在急剧变化的社会潮流中,个人命运都会被改变。这样的一般性总结显然没有多少新意,不过,我看重《湖光山色》的,是文章开头提到那一点,即作家究竟如何处置他笔下人物的命运,透过这样的处置,我们如何增进对小说家用心的理解,探究其写作时的心境。

　　在周大新笔下,暖暖是他寄予最多温暖、爱意、善良、聪慧的人物,这也决定了这部长篇小说的主色调。说句实在话,读过太多冷色调的小说之后,周大新充满同情和温暖的小说基调,真的让人倍感亲切。小说的中心人物有三个:暖暖和她的丈夫旷开田,还有就是村主任詹石磴。小说的中心故事,是暖暖从城市打工回乡后,借助开发旅游致富,在事业发展的过程中,她在爱情、婚姻和人生命运上发生了剧烈的变化,悲喜沉浮的生活让人看到世界秩序的改变给个人命运带来的变化。就人物的性格逻辑而言,暖暖向上的追求和向善的性格始终未变,这是一个寄予了作家乡愁的人物,类似于沈从文《边城》里的翠翠,蕴含着作家对已成故乡的乡村世界"不可言说的温爱";而暖暖的丈夫旷开田却随着故事的发展,在情感、性格和道义上发生了根本的逆转:一个纯朴、温和的农村青年,在获得金钱与权力的过程中,不断地迷失自我,最后成为一个飞扬跋扈、不可一世的村霸。别有意味的是詹石磴,这个无恶不作的"村主任",一直扮演着暖暖和旷开田事业及家庭幸福的毁灭者形象,然而在小说的结尾处,权力的丧失和将死的命运使他泯灭的良心发出一丝亮泽,正好同旷开田的道德轨迹形成逆反。

从这样的人物性格和故事走向中,读者似乎可以找寻到作家周大新对中国乡村社会发展变异的理解。善和恶都不是绝对的,历史会决定一个人的价值和道德选择。当传统的秩序被经济、物质冲破之后,我们看到的是一个充满智慧比拼、利益竞争、善恶较量的乡村世界。楚王庄是新时期中国乡村的一个缩影,这个千年不变的小小村庄,似乎在一夜间被强力改变。深有意味的是,在小说家眼里,秩序的打破一方面改变着人性和传统人际关系,如旷开田和詹石磴两个家族之间的恩怨纠葛和轮回往复;另一方面,无论时势如何变化,仍有许多美好的东西始终不变,并因大浪淘沙而更加彰显其光泽,暖暖以及始终支持、爱护她的村民们就是明证。正是在这种"变"与"不变"的纠缠中,《湖光山色》为我们展现了一个既有主色调,又纷呈着各种杂色的小说世界。可以肯定地说,旷开田和詹石磴是我们不得不面对的严酷现实,他们使今日的中国乡村拥有了更多的悲喜。而暖暖这个几近完美的人物,究竟是作家一厢情愿的理想,一种善良的愿望,还是令人欣慰的现实存在,这倒是这部小说最微妙的关键环节。的确,面对今天这个急速变化的社会,面对同样色彩纷呈的当代乡村,一个作家想在一部作品中完全把握是十分困难的。但小说从来都是作家敏锐体察、激情书写的产物。其间既有对现实的描摹,也有作家情感的灌注和理想的升华,这种情感倾向和理想愿望只要是通过情节自然流露出来的,它就不失其美好和真实。它们并不一定只是在稀释和缓冲现实的残酷,而是使小说世界变得更加本色澄明。周大新的这部长篇小说让我久久不能释然、印象深刻,也许正是他处理故事的方式令人感动。

周大新关注的焦点显然是乡村社会本身,所以在他的笔下,暖暖、旷开田和詹石磴等形象相对更加丰满和生动,而其他人物,特别是来自城市里的人物,如"谭老伯"、薛传薪等人,在性格和形象上都未给予充分的表现。这也从另一个方面印证了周大新和许多同代的作家一样,对正在变化中的中国乡村,在欣喜中夹杂着眷恋,在观察中追寻着记忆。他要为自己的故乡立言,虽不是宏大的史诗,但却是一部充满真情的心灵蜕变史。这让我又想到沈从文,他在《边城》的题记里说过如下一段话,在我看来也可以比附周大新创作《湖光山色》时的心迹。"这作品或者只能给他们一点怀古的幽情,或者只能给他们一次苦笑,或者又将给他们一个噩梦,但同时说不定,也许尚能给他们一种勇气同信心。"这是作家的用心,透着焦虑和善良,会心的读者一定会与之共鸣。

原载《文化月刊》2006 年第 7 期

暖暖的意义

何向阳

虽是军人,但周大新却是河南籍作家中偏婉约风格的一位,他的《香魂塘畔的香油坊》、《汉家女》诸多作品都以女性为主人公展开生活命运,这大抵与他生身南阳水乡接受长江文化与楚文化精髓有关。这部名为《湖光山色》的小说也不例外,他创造了暖暖这样一个出身乡村打工都城又复归乡村创业的新女性。这个新女性可以看作是"香魂女"与"汉家女"的精神延续。

不独大新小说,每每读到让人怦然心动的女性形象,而其创作者又是男性作家时,便常常会生发联想,这位作家要借这样一个形象来表述一种什么样人的理想呢?有关完整的人的梦,有关全面的人性。是的,某一历史时代的发展总可以由妇女走向自由的程度来确定……妇女解放的程度是衡量普遍解放的天然标准,这一社会学理论已得到公认。然而,文学中女性形象塑造与女性文学形象谱系的历史演进,代表了作家对人类人性表达的进步程度这一点并没有引起更多的关注。特别是,一个时代文学中农村妇女形象的塑造不仅代表了社会文化文明发展的程度,而且标志着这一时代人性进化的尺度。

所以,我更愿意将暖暖这个女性放在中国20世纪以来文学建立起来的农村妇女形象体系中去读,将她放在祥林嫂、喜儿、李双双、巧珍、玉米的链条上去读,她与她们一样,昭示着时代的变革下中国社会最基层的乡村一个农民女性的命运及其中为女性个人自由的抗争与奋斗,她们的斗争之激烈,并不亚于一场改革或者革命。

20世纪20年代的祥林嫂、40年代的喜儿、60年代的李双双、70年代的玉米、80年代的巧珍作为中国乡土叙事中的女性形象,个个见证着20世纪中国社会的深层变革,同时也见证了中国文学近一百年来的启蒙主题到阶级主题直至田园主题各时期农村题材创作的流变。暖暖续写了她母辈或姐姐一代的生存链条,以90年代一个试图游离于乡村却又回到乡村并最终成为乡村变革的真正主人,刷新了一百年来文学中的中国农村女性的传统形象。从某种意义上说,这是一个不守"妇道"的女性形象,她机敏、能干,却又有着传统女性的忠厚、善良,她的不守"妇道"是敢于在男人作为疆场的地方进行拼杀与抗争,并以人性的战胜来完成自己的理想。这是这个形象的文学史的意义。

当然,暖暖的意义不独在此。33万字的长篇中,她生活中经历了旷开田、詹石磴、薛传薪三个男人,一个是她自主选择的丈夫,一个是借掌握她命运而污辱她的村主任,一个是精明能干却利欲熏心不择手段的合作者,暖暖在旧有的封建势力与新生的资本运作之间,仍要承受来自至亲的道德背叛,这三个男人,塑造得最充分的是旷开田,他置身于两种文化间,可说是一种新生的混合体,既有封建的专制与骄纵,又有资本带来的奢靡与放任,这是一个道德的空茫地带,一个从"奴"到"王"并以"王"的自认主宰灵魂的人,当然最终他也不可避免地为"王"的意识所害。常言道,女性是男人最好的学校。这话也可以倒过来,是这形色各异的三个男人完成了对暖暖的人生教育。使她学习了在最细微处分辨善恶、坚守正义。于深层文化意识中的反封建主题——那种与"王"作战的坚持,在暖暖身上发挥得淋漓尽致。这是一个女性从懵懂到果决、从隐忍到抗争、从被动到主宰的成长史。

如果止于反封建,反抗一种无形的权势对正常人性的掠夺,那么,这部小说也只是一种历史意识的轮回,虽然它试图消除的正是深藏于人们意识中的王权,但是大新于历史续写中每有发现,当肉体作为商品交易时,当人成为商品,人权人性受到了最大的污染,叙事的婉约于此变得锋利,变得绵里藏针,暖暖最先嗅到了资本文明带给农耕文明的铜臭,并不在于她意识的先进,而是她本人正是另一种封建权力的牺牲品,而这时乡村姐妹的身体却是资本权力的祭品,她的果决反抗以致将她的生意合作人、经济启蒙者最终提交法律的结局有着争回自我尊严的根源。这是暖暖形象超出文学史的意义。对资本权力的警觉,使大新将20世纪初由鲁迅一代知识者开创的启蒙主题深化了一步,暖暖于此也不同于一百年前的祥林嫂,在反对权力——不论它以如何的包装出现,只要它是恣意删改人的命运以羞辱人的美好人性为前提的,暖暖的反对均做到了勇敢彻底。这种拼命的维护谁能说不是文化建设的一部分?谁能说不是文学绿意盎然的山色湖光?

原载《大河报》2007 年 2 月 1 日

乡村中国的艰难蜕变
——评周大新长篇小说《湖光山色》

孟繁华

　　周大新的长篇小说《湖光山色》获"茅盾文学奖"并不令人感到意外。在当下的文学格局中,如何书写乡村中国,或者说如何结构出乡村中国的真实叙事,一直是困扰当代作家的共同问题。周大新在《湖光山色》中作出的新探索,不仅表达了他是一个"有想法"的作家,同时也为乡村中国的书写提供了新的经验。小说是对中国农村生活变革的叙写。改革开放二十多年的历史,也是中国乡村生活被不断书写的历史。在这个不断书写的历史中,我们既看到了最广大农村逐渐被放大了的微茫的曙光,也看到了矛盾、焦虑甚至绝望中的艰难挣扎。这是一个和"新新中国"截然不同的承诺和描述。《湖光山色》的故事也许并不复杂:它讲述的是改革大潮中发生在一个被称为"楚王庄"的村庄里的故事。主人公暖暖是一个"公主"式的乡村姑娘,她几乎是楚王庄所有男性青年的共同梦想。村主任詹石磴的弟弟詹石梯甚至自认为暖暖非他莫属。但暖暖却以决绝的方式嫁给了贫穷的青年旷开田,并因此与横行乡里的村主任詹石磴结下仇怨。从此,这个见过世面,性格倔强,心气甚高的女性,开始了她漫长艰辛的人生道路。但这不是一部兴致盎然虚构当代乡村爱恨情仇的畅销小说,不是一个偏远乡村走向温饱的致富史,也不是简单的扬善惩恶因果报应的通俗故事;在这个结构严密充满悲情和暖意的小说中,周大新以他对中国乡村生活的独特理解,既书写了乡村表层生活的巨大变迁和当代气息,同时也发现了乡村中国深层结构的坚固和蜕变的艰难。因此,这是一个平民作家对中原乡村如归故里般的一次亲近和拥抱,是一个理想主义者对乡村变革发自内心的渴望和期待,是一个有识见的作家洞穿历史后对今天诗意的祈祷和愿望。

　　主人公暖暖无疑是一个理想的人物,也是我们在理想主义作家中经常看到的大地圣母般的人物:她美丽善良,多情重义,朴素而智慧,自尊并心存高远。楚王庄的文化传统养育了这个正面而理想的女性。暖暖给人印象最为深刻的,不是她决然地嫁给旷开田,不是她靠商业的敏感为家庭带来最初的物质积累,不是她像秋菊一样坚忍地为开田上告打官司,也不是她像当年毅然嫁给开田一样又毅然和开田离婚;而是她为了解救开田委屈求全被村主任詹石磴侮辱之后,虽然心怀仇恨,但当詹石蹬不久人世之际,仍能以德报怨,以仁爱之心替代往日冤仇,甚至为詹石蹬送去了医治的费用。这一笔确实使暖暖深明大义的形象如圣母般地光焰万丈。在传统的阶级对立的表达中,仇恨和暴力是我们最常见的人际关系,对暴力的崇尚是源于快意恩仇的冤冤相报。仇恨和暴力转换的美学传统至今仍没有彻底根绝。在这样的美学原则统治下,当然不会产生冉·阿让或聂赫留朵夫这样的人物。但到了暖暖这里,可以断定的是,即便在传统的批评框架内,周大新为我们提供的,也是一个崭新的人物和崭新的人伦关系。这一超越性的创作震撼人心。

《湖光山色》对人性复杂性、可能性的表达是小说值得称道的另一个方面。詹石蹬在任村主任期间,是一个典型的横行乡里的恶霸。在楚王庄"他想办的事没办不成的",他"想睡的女人,没有睡不成的"。他城府极深,几乎把权力用到了无以复加的地步。他对暖暖的迫害让人看到了人性全部的恶。他不仅因农药事件拘留开田、在查封楚地居等行为中体验到了权力带给他的快感,而且还利用权力两次占有了暖暖的身体,"性与政治"在詹石蹬这里以极端的方式得到了体现。在楚王庄他有恃无恐,他唯一惧怕的就是失去权力。只有在"民选"的时候,他才会向"选民"们表示一下"谦恭"。詹石蹬的作为使暖暖们也意识到,楚王庄要过上好日子,自己要过上安稳生活,必须把詹石蹬选下去。暖暖拉选票的方式在一个民主社会也未必是合法的,但在乡村中国,暖暖的做法却有合理性。詹石蹬被村民选下去之后,再也没有气焰可言。但他为报复暖暖,还是将他与暖暖发生关系的事情以歪曲的方式告诉了后来楚王庄的"王"——旷开田,这是导致暖暖婚姻破裂的开始,詹石蹬内心深处的阴暗由此可见。但是,当他绝症在身不久人世的时候,暖暖不计恩怨情仇,不仅看望了詹石蹬而且送去了用作治疗的费用。詹石蹬尽管已经丧失了语言功能,但还是让人抬着他去看望了伤后的暖暖,并带来了一包红枣。这个细节如果以恩怨情仇的方式来看的话,可能不那么动人,但对于詹石蹬来说却在末日来临的时候发生了人性的转变。作家通过詹石蹬不仅揭示了人性的复杂性和恶的一面,而且他坚信人性终有善的一面。当然,詹石蹬变化的更重要意义,是对暖暖善和爱的衬托而存在的。

作为一部书写乡村中国的小说,作家所追寻、探讨的历史和现实深度,更体现在旷开田这个人物上,这是一个乡村中国典型的青年农民形象。他曾是一个普通的、小农经济时代目光短浅、胸无大志的农民,也是一个遇事无主张、很容易满足的农民。就在他一文不名的时候,暖暖以超出楚王庄所有人想象的方式嫁给了他。他是在暖暖的温暖、启发甚至是教导下成长起来的,暖暖不仅是他的妻子、恩人,同时也是他成长的导师。当他是楚王庄普通农民的时候,他对暖暖几乎没有任何异议,言听计从,并且发自内心地爱着暖暖。他不是那种阴险、狡诈的坏人。但是,当暖暖联合村民将他选上村主任之后,他逐渐发生了变化。他曾和暖暖玩笑地说:"将来我就是楚王庄的'王'。"这不经意的玩笑却被后来的历史所证实。他不仅专横跋扈为所欲为,不仅与各种女人发生两性关系,同时也不再把暖暖放在心上。因对经营方式的分歧,对暖暖与詹石磴发生关系的怨恨等,终于导致了两人婚姻的破裂。有趣的是,楚王庄两千三百多年前曾是楚国的领地,为了抵御秦国的入侵,楚国臣民修筑了楚长城,但当年的楚文王赀却是一个飞扬跋扈骄奢淫逸的君主。两千多年过后,暖暖在楚王庄用湖光山色引进资金创建了"赏心苑"。为了吸引游客,又命名了"离别棚"并上演以楚国为题材的大型节目"离别",演出人员达80人之多,可见其规模和气势。当初让刚被选举上村主任的旷开田饰演楚文王赀,旷开田还推辞,但演出几次之后,旷开田不仅乐此不疲甚至无比受用。这时的旷开田已经下意识地将自己作为楚王庄的"王"了。他不仅溢于言表而且在行为方式上也情不自禁地有了"王"者之气。他对企业的管理、对妻子的情感、对民众的态度以及对情欲的放纵等等,都不加掩饰并越演越烈。最后终于也到了飞扬跋扈横行乡里的地步,与詹石磴没有什么区别。从楚文王赀到詹石磴和旷开田,中国乡村的专制或统治意识几乎没有发生本质性的变化。詹石磴和旷开田虽然是民众选举出来的村主任,但在缺乏民主和法制的乡村社会,民选也只能流于一种形式而难以实现真正的民主。在这样的环境里面,无论是谁,都会被塑造成詹石磴或旷开田。小说始于"水"又止于"水",这当然不是一个简单轮回的隐喻,也不是对乡村变革具有某种神秘色彩的解释。但可以肯定的是,周大新在这个有意的结构中,一定寄寓了他对中国传统文化,特别是中原农村文化某种深思熟虑的、具有穿透性的思考,在这个意义上,《湖光山色》所做的努力和探索应该说是前所未有的。

当孙惠芬的《上塘书》、贾平凹的《秦腔》、阿来的《空山》等作品发表之后,我曾断言,乡村中国的整体性叙事已经彻底崩解,现实的乡村中国将成为一个支离破碎的叙述对象。我仍然相信这一判断对当下乡村中国的叙事并没有成为过去。周大新的《湖光山色》对乡村中国重新做了整体性的叙事,它是作家周大新理想主义的产物。事实上,社会历史的发展是被一个隐形之手所操控的,它超越了人的意志和想象。"现代"将带着人们希望和不希望的一切如期而至,它像空气一样弥漫四方挥之不去。楚王庄的"湖光山色"终将在"招商引资"、在赏心苑按摩小姐以及薛传薪"现代"管理和拜金主义的冲击下褪尽它最后的诗意。就它的社会形态而言,楚王庄既不是过去的也不是现代的,它正处在一个进退维谷的两难境地。或者说,楚王庄就是今日中国广大乡村的缩影,艰难的蜕变是它走进现代必须经历的。暖暖的愿望在乡村中国还很难实现,暖暖的理想是作家周大新的"理想",是周大新的期待和愿望。如果这个看法成立的话,《湖光山色》在本质上还是一部浪漫主义小说。

原载《名作欣赏》2009 年第 3 期

新世纪小说的乡土空间叙事及其意义
——以《湖光山色》为中心

王文兴

  与反响强烈的农民工进城叙事相比，新世纪小说中乡村空间受到城市商业文化的冲击而被动城市化的叙事，往往被视为20世纪以来农民现代化主题的某种延续，因而其价值与意义被低估甚至忽略。事实上，聚焦城市资本形塑乡村空间的叙事把笔触伸向商业化冲击下的农村社会的变迁，对社会转型时期乡村变迁之中的社会生活的复杂性进行书写，反思了城市化过程的得与失，因而突破了简单的城乡二元对立叙事模式。如周大新的《湖光山色》、胡学文的《逆水而行》、孙未的《养鹰人》、王华的《桥溪庄》等，都从不同侧面探索了乡村城市化的现实及其后果。这些小说没有回避城市化过程中复杂的历史与现实状况，也没有简单地把城市置于乡村道德价值体系的审判席上并对之宣判；而是通过对城市化过程中沉渣泛起的乡村空间权力对农民现代化、城市化阻滞的书写，对城市资本侵袭乡村空间及其带来的灾难性后果的呈示，显示出对转型时期社会现实以及处于传统与现代夹缝中的当代农民的生存困境的深切人文关怀。这些小说不但展示了城市化过程中当代社会的全部复杂性，而且对城市化本身的合法性提出质疑，对现代性进程本身进行反思，并对城市化可能的理性途径进行了想象性探索。

一、城市化背景下的乡村权力空间

  城市化推动了当代中国社会从以农业为主的乡土社会向以商业为主的现代城市社会转型，但是在大中城市经济快速增长走向繁荣的同时，乡村空间发生的社会变迁却是新旧杂陈的，甚至有的乡村出现了历史的倒退。尤其是在城市化过程中，当开放的城市空间成为经济增长的机器吸引了众多注视的目光之后，乡村空间的社会生活被城市耀眼的光芒遮蔽了。由于古老乡村民间社会长期浸泡于权力结构之中，加之城市化过程中乡村空间被主流声音遗忘的状态，权力对这一空间的控制就形成社会转型时期乡间社会的一种畸形社会形态。

杨少衡的《啤酒箱事件》、胡学文的《逆水而行》、毕飞宇的《玉米》、阎连科的《黑猪毛，白猪毛》、曹征路的《豆选事件》等，都对乡村空间权力的滥用以及权力的争夺进行了反思，而周大新的《湖光山色》则把乡村权力放在城市化、现代化的大背景下，揭示了乡村空间权力政治对农村与农民现代化的阻滞。

  作为第七届茅盾文学奖获奖作品，《湖光山色》显然不是一部简单的致富史或者扬善惩恶的通俗故事。孟繁华认为："周大新以他对中国乡村生活的独特理解，既书写了乡村表层生活的巨大变迁和当代气息，同时也发现了乡村中国深层结构的坚固和蜕变的艰难。"①所谓乡村的"深层结构"与"蜕变的艰难"，在小说中具体表现为权力至上的乡村空间秩序的惯性以及农民现代化的艰难。在主人公楚暖暖与楚王庄现代化的过程中，知识扮演了启蒙者的角色。小说中的知识分子谭文博是北京这座大城市里研究历史的专家，在楚王庄野外考察的过程中偶遇暖暖并且发现了楚长城。在谭老伯以及其后来到楚王庄的研究生们的不断启发（启蒙）下，暖暖开起了"楚地居"旅社，并走上致富道路。小说不经意间告诉我们，知识通过启蒙，不但使农民在现代化过程中摆脱束缚农民的传统思想，而且让他们在解放自己的同时找到锋利的武器，从而走出艰难困苦的生活。

  但是，城市化进程中的乡村空间的社会生活是复杂的，知识与现代文明启蒙并引导农民与乡村走向现代化的过程并非一帆风顺，而是在触及乡村社会的深层结构时被处处掣肘。权力在乡村中国至今仍是最高价值，城市化过程中的乡村空间在本质上还是一个被权力控制的空间，乡村政治权力不但控制着农民的身体与思想，而且对他们的现代化进行阻挠。而乡村民间社会又缺乏相应的监督和制约机制，这就导致乡土社会的权力与膨胀的个人欲望的连接，从而出现像詹石磴、旷开田这样的权力与个人欲望的奴隶。小说中的村主任詹石磴利用手中的权力两次占有暖暖的身体，利用农药事件拘留旷开田；而旷开田在当上村主任之后，同样飞扬跋扈、恣意妄为，不但与各种女人发生性关系，而且利用手中的权力欺凌弱小。在这两人的手中，权力被形象分解成对于具体的人和事的控制。乡间权力之所以失去牢笼到处肆虐，与乡村社会的深层结构密切相关。在古老的乡土社会，"道德和法律，都因之得看所施的对象和'自己'的关系而加以程度上的伸缩"。因而，"在这种社会中，一切普遍的标准并不发生作用"②。在这种缺乏有效制约机制的情况下，权力往往越过樊篱成为控制乡村空间的独一无二的力量。从旷开田当上村主任之后的变化可以看出，乡村空间

---

① 孟繁华:《乡村中国的艰难蜕变——评周大新长篇小说〈湖光山色〉》，《名作欣赏》2009年第2期。
② 费孝通:《乡土中国》，江苏文艺出版社，2007年，第39页。

的权力已经成为一种资本,这种资本不但有控制乡村空间的能力,而且还会生产出新的权力关系,正如布尔迪厄所说,"权力的象征关系倾向于再生产并强化建构社会空间之结构的那些权力关系"①。

对城市化过程中乡村空间的叙事往往被视为乡土叙事、农民现代化的叙事,但是《湖光山色》等小说中出现的乡村权力却并不是20世纪以来乡土文学中的旧传统的简单替换。在中国现当代文学乡土叙事中,农民现代化一般被叙述为反抗旧观念、旧传统的模式或者改造旧思想、旧观念的模式,但无论何种模式,最终都是以新思想、新观念的胜利而告终。新世纪以来乡土空间叙事所面临的社会的复杂性在于,在城市化快速发展的同时,农村却走向凋敝,一些被改造、已被抛弃的思想与观念又沉渣泛起。尤其是权力对人的压榨以及对人性的扭曲,更是阻碍当代农民走向现代化与自我解放的绊脚石。《湖光山色》触及了乡村空间权力以及生产权力关系的土壤,但是如何限制住这种肆虐的权力,把权力关在笼子里,小说并没有提供解决之道。在权力控制的乡村空间,现代化的艰难不言而喻。虽然小说的结尾部分,旷开田和薛传薪被警察带走了,但是乡村社会权力并没有因此消失。所以,当暖暖在湖上空中的烟雾中看到象征权力的楚王赘时,也只有无奈的祝祷,希望他远离乡村社会。

二、城市资本对乡村空间的形塑

在权力控制下的乡村空间,乡村城市化往往表现为城市资本与乡村权力结盟,劫持土地,控制乡村,使乡村本土丧失主体性,沦为商业资本的工具。在这一过程中,城市商业资本向乡村的流动往往打着各种旗号,如开发、投资、建设、保护等,其实质是城市商业资本通过对乡村土地的使用权的租用、购买,生产供城市中产阶级休假、娱乐的消费空间,是所谓全球化进程的一部分。资本追逐利益最大化的天性使乡村城市化过程在某种程度上成为压抑乡村现代化的工具,并生产出新的穷人。诚如齐格蒙特·鲍曼所言:"对某些人来说全球化标志着一种新的自由,而对许多其他人而言,它则是残酷的飞来横祸。"②

在城市资本进入之前,传统的乡土社会由自给自足的自然经济(或计划经济)维持着乡村的农业生产,土地没有被异化。土地是农产品来源之大地,是田

---

① [法]彼埃尔·布尔迪厄:《社会空间与象征权力》,包亚明编,《后现代性与地理学的政治》,上海教育出版社,2001年,第306页。
② [英]齐格蒙特·鲍曼:《全球化——人类的后果》,商务印书馆,2001年,第2页。

园牧歌的象征,是文学作品讴歌的对象。在某些诗人或哲学家那里,土地还通向一种神秘主义诗学。然而一旦城市商业资本侵入乡村,土地在前现代社会所拥有的光环黯然失色,其所维系的社会伦理道德、价值取向以及文化体系都受到前所未有的冲击。把商业运作模式引入乡村,加速了乡村的现代化,但是这种现代化、城市化,却使人丧失了生活的乐趣,使人变成被掏空了精神的符码化存在,再也找不到生存的意义与价值。

《湖光山色》主要关注城市资本对乡村主体性的褫夺。五洲国际旅游公司在楚王庄兴建"让城里人度假休息的绝好地方",表面上是为挽住楚王庄衰颓的趋势,发展楚王庄,但即使小说主人公暖暖可能也没有想到,她打开的是潘多拉的盒子。五洲国际旅游公司在楚王庄兴建的"赏心苑"作为城市殖民乡村的据点,一方面不断将货币哲学灌输到楚王庄,另一方面也将楚王庄这个乡土社会中的一切都商品化。不管是女性的贞操、肉体,还是男性的道德、良知,都在这个巨无霸的车轮之下发出碎裂的响声。原本民风淳朴的楚王庄发生了巨大变化:年轻的姑娘们为了挣到更多的钱,进入"赏心苑"做按摩女郎甚至出卖肉体;通过勤劳致富的农民,如麻老四在赏心苑染上性病;原本善良、胆怯,并深爱着暖暖的旷开田也变成了另一个没有道德、没有良知的权力的象征符号。

侵入乡村的五洲国际旅游公司是"设法以牺牲他人来提高自己的土地使用潜力"①。换句话说是,城市资本的来袭不是出于启蒙或者为乡村谋福利,而是赤裸裸的追逐商业利润。因为在城市资本看来,"土地是地点的基本要素,是提供财富和权力的市场商品"②。土地能够带来利润和剩余价值,因而土地成为城市资本垂青并不断追逐的对象。因此,城市资本进入楚王庄,对薛传薪、旷开田以及那些神秘的旅客而言,"赏心苑"(甚至楚王庄)这片被劫持的土地生产出来的消费空间不但是休闲、娱乐的天地,而且带来无限增长的利润。至于"赏心苑"的扩建是不是损害了青葱嫂、九鼎等农民的利益,是不是给他们的生活带来飞来横祸,则是城市资本塑造乡村空间时避而不谈的。

吊诡的是,城市资本是以开发、保护的名义形塑乡土空间的。城市资本借薛传薪之口给暖暖许下诺言,同时也给楚王庄许下诺言:五洲国际旅游公司投资楚王庄是开发、保护乡土空间。作为城市资本代言人的薛传薪将布道与许诺勾兑在一起,在遮蔽资本掠夺本性的前提下,给暖暖(楚王庄)勾画出一幅乡村城市化的美景。在这里薛传薪的布道的科学性是由其所举例子中的欧洲国家:西班牙、法

---

① 〔美〕哈维·莫勒奇:《作为增长机器的城市:地点的政治经济学》,汪民安等编,《城市文化读本》,北京大学出版社,2008年,第49~50页。
② 张柠:《土地的黄昏——中国乡村经验的微观权力分析》,东方出版社,2005年,第18页。

国、英国以及意大利的经验支撑的。如果联系小说前面使旷开田上当购买杀草剂的小贩的宣传,不难看出其间的一致性:"美国原装进口"、"全是英文"等语句支撑着那个谎言。虽然薛传薪在投资上没有撒谎,但在运营后来的"赏心苑"的过程中,其骗术与卖农药的小贩又异曲同工。所谓的旅游景点的开发实质上是商业资本给城市中产阶级或者富裕阶层生产的休闲度假村,是一个典型的消费空间。在资本永不停歇地追求金钱、利润的过程中,开发楚王庄的许诺延宕成一个曾经美好的谎言。开发乡村,改变普通大众的生活本来就是城市资本为了劫持土地而许下的诺言,但资本的本性使他只做出承诺的姿态但从不兑现。而且,为了从被他生产出来的消费空间赚取更高利润,薛传薪不惜违法经营,与握有楚王庄生杀大权的村主任旷开田沆瀣一气,把弱势群体推至悬崖边上。

在城市资本重塑乡土空间之后,作为乡村主体性身份消失了。乡土空间权力同时得到了调整:原本是乡土的他者的城市资本,在与乡村政治权力结盟后,以"赏心苑"为据点重新建构起乡土权力控制的等级秩序。这是现代化过程中的乡村不曾预料的,但这种扭曲的空间却是转型时期必然会出现的一种扭曲的社会现象。

三、城市化过程中乡村空间叙事的意义

在农民工进城叙事模式批判现代都市诱使进城农民堕落的同时,新世纪小说对城市化过程中的乡村空间叙事把乡村置于传统文化的惰性因素与城市资本的张力中,揭示出城市化过程中乡村生活的复杂性。与农民工进城叙事的城市批判立场不同,后者没有以非此即彼的思维方式对城市化做出简单的道德化评判,而是通过乡村城市化过程中的具体事件,深入思考城市化本身的合法性以及乡村社会的深层结构,并探讨了乡村城市化的理想模式。

城市化过程中的乡村空间叙事对于乡土社会的深层结构的批判性审视,延续了 20 世纪中国文学的反思国民性的主题,而这一点往往被城市化过程中的宏大命题所遮蔽并被视为过时。张柠认为:"20 世纪的中国,并没有完成农业文明批判的任务,更没有完成对它的'扬弃'。相反,一些坏的东西沉渣泛起,而一些好的东西却消失无踪。因此,乡土问题不仅仅是经济问题,也是文化改造和传承问题。"《湖光山色》触及的正是杂糅着商业主义物质欲望与权力欲望的乡间社会的深层文化结构。小说中对旷开田人格的裂变与其人性的异化的书写,揭示出物质生活的改变与物品的极大丰富并不是真正的现代化。富裕并当上村主任的旷开田不仅没有接受现代文明的优秀成果,反而将传统文化的精华

丢弃得一干二净。由此可见,"如果乡村的基本的社会结构和文化模式没有被触动,没有走向解体,无论什么程度的现代化的发展都必定是残缺不全的和'无根基的'"①。

值得注意的是,城市化过程中的乡土空间叙事还为乡村城市化提供了想象性经验。面对强大而稳固的乡土深层社会文化结构,《湖光山色》以浪漫主义笔法并通过理想化的暖暖这个形象的努力表达了作家的乡村城市化的理想。一方面是接受与吸收现代文化的优秀传统,以现代理性取代经验性文化模式。前现代社会的文化逻辑的特点是以血缘关系、地域关系等结成共同体,从而维护传统文化稳固的深层结构。要改变这种现状就必须通过以制度化的市场经济文化逻辑取代乡土社会的文化逻辑,从而促进现代化步伐。另一方面,有甄别地吸纳传统文化的精华。小说中的古楚长城、出土的楚国器物以及关于楚王赘的传说等,从某种意义上说象征着传统文化。如果说小说结尾楚王庄楚国一条街的剪彩开业,是对传统文化改造性继承的话,那么暖暖祈祷烟雾中的楚王赘远离楚王庄,就意味着对于落后甚至残暴、变态的文化内涵的扬弃。而传统文化中的陈腐、落后思想是渗透在乡土中国的日常生活中的,是与农民结合成一体的,因而现代化依然任重而道远。

城市化过程中的乡村空间叙事对城市化本身的反思,以及对城市化宏大叙事以增长为中心的合法性的解构,同样发人深省。如《桥溪庄》中被工业污染困扰的桥溪庄男性生育能力的丧失,象征着毫无节制的工业化也许会带来乡村的终结;而《养鹰人》则提出了人类生存的意义是否与物质的极大丰富有关的命题。在《刺猬歌》中,乡村田园牧歌的诗意生存以及人类与山林有灵性的动物之间的神秘关系,已被商业主义无止境的利益追求毁坏。小说将商业主义的代表唐童喻为土狼的子孙,而把果园拥有者美蒂喻为刺猬,主人公廖麦与唐童、美蒂的爱恨情仇其实是作家对商业资本的拒斥、对传统文明的眷恋。这些小说的共同主题是对乡村为城市化付出的无偿代价的惋惜,对城市商业资本的掠夺性的批判。这些小说提醒我们注意面对洪水猛兽般的城市与一败涂地、千疮百孔的乡村,启示我们追问城市化最终的目的与意义。因为从现实生活来看,城市化许诺的让人类生活更美好的理念的本质,依然是一部分人类美好的生活建立在对另一部分人类生活的摧毁上。幸福生活的诺言依然被延宕,并成为那个可能永远也不会出场的戈多。

原载《小说评论》2013年第2期

---

① 衣俊卿:《现代化与文化阻滞力》引论,人民出版社,2000年,第29页。

家园的想象与守望
——评周大新的《湖光山色》

杜 昆

在当代乡村的文学想象和书写格局中,周大新的小说始终关注乡土文化和村民思想观念在遭遇现代文明时产生的细微变化和种种冲突,风格不惨烈严酷,情感不绝望彷徨,这或许是因为他拥有一贯鲜明的对乡村美和善的充满温情的爱与礼赞,因为他执着而痴情地呵护与守望那一方精神家园。获得茅盾文学奖的《湖光山色》正是一部沿着他自己的创作路子在烟波浩淼的丹湖岸边上演的人间悲喜剧,是首浪漫主义的人性抒情诗,是作家周大新深情回望乡村后用文字弹奏的一曲《水边的阿狄丽娜》。尽管作品缺乏对乡村苦难和文化衰败的深刻书写,尽管它缺乏经典现实主义作品的厚重和博大,但是关于乡村伦理和文化的乌托邦想象流露出的对现实乡村的眷恋和守望,表明周大新不是乡村的忆旧者和旁观者,我们能在字里行间感受到一个乡村之子在乡村社会转型期因灵魂的悸动而产生的痛苦和希冀。

一、理想女性的塑造及其蕴涵

在希腊神话中,阿狄丽娜是善于雕刻的国王皮格马利翁创作的一尊美丽的少女塑像,倾注了他全部的热情和爱恋。他像对待爱人那样装扮她、抚摸她,并向爱神阿芙洛狄忒祈求让雕像成为自己的妻子。爱神被他的虔诚和挚爱所感动,于是赐予雕像以生命,玉成了一对人间的恩爱夫妻。后来,美国著名心理学家罗森塔尔和雅各布森在神话的基础上,经研究提出了一个心理学术语:"皮格马利翁效应"或"期待效应"。它成为一个人只要对艺术对象有着执着的追求精神,便会发生艺术感应的代名词,后来被广泛应用于教育学、经济学等领域内。而《水边的阿狄丽娜》则是钢琴王子克莱德曼演奏的一首成名曲。克莱德曼在寻找创作灵感时漫步在塞纳河畔,陶醉于美丽的自然风光,又邂逅河边清丽脱俗的浣纱女郎,于是,他惊叹人与自然的完美结合,创作激情喷薄而出,谱成了后来的成名曲。比较这两个美丽传说之后,笔者发现除了奇迹会降临在心怀强烈期望的人身上之外,它们还具备以下共同点:传说中的女性都非常美丽、得到创作者的爱恋和命名、蕴含着创作者的审美理想。这些共性,体现了文艺创作的一些规律性特征,由此入手,或许可以探讨隐藏在审美对象背后的文化蕴含和创作者的创作心理等问题。

之所以在评论小说之前回顾有关阿狄丽娜的故事,是因为《湖光山色》里的女主人公楚暖暖这个审美对象具备了上述文艺创作中的共性,是周大新创作的水边的阿狄丽娜,一个明媚闪光的理想女性。周大新在当代乡土作家中是擅长刻画女性形象的,尤以刻画美丽聪慧、善良进取的女性著称,从《香魂塘畔的香油坊》到《汉家女》,从《走出盆地》到《湖光山色》,皆以女主人公的生活历程为经,用女性的性格命运作纬,编织出针脚绵密、气韵生动的女性心灵史、社会风情画。在作者的关爱与呵护下,我们看到塑造出来的楚暖暖拥有一位理想的现代女性具备的品性特征:孝顺父母、勤劳机敏、为了爱情置礼俗于不顾、拥有水一样的柔美容貌和宽容胸怀。正如研究者所说:"主人公暖暖无疑是一个理想的人物,也是我们在理想主义作家中经常看到的大地圣母般的人物:她美丽善良、多情重义,朴素而智慧、自尊并心存高远。"①

楚暖暖藐视金钱和权势在自己婚姻中的位置,而是追求真爱和纯美的幸福,这是一个理想女性具备的基本品性。先是面对詹家的威逼利诱,楚暖暖不为所动,不顾婚姻礼俗毅然嫁给了穷小子旷开田。此举可谓惊世骇俗,让读者惊叹于一个打工回乡的山村女子选择婚姻时的勇敢和独立。在这一点,楚暖暖超越了当代乡土小说中的传统女性,她不是为了权利名望而牺牲自身的玉米,也不是痴守男性而显得弱势无助的刘巧珍,而是像个现代城市女性一样大胆追求自己期待中的幸福婚姻。后来,当发现丈夫旷开田性生活的放纵和随便时,楚暖暖毫不留恋丈夫拥有的权势和金钱,决然主动选择离婚以维护婚姻的神圣和爱情的纯美。楚暖暖此举又超越了贪恋名利忍辱求全的一般城市女子,既坚守住爱情在婚姻中的地位,又维护了现代女性的尊严。在这桩婚姻的结和离过程中,她不是一个传统的弱女子,更不是一个利欲熏心的世俗女人。在金钱权势面前,现实中有多少男人和女人拜倒在它的脚下而,不择手段、失去尊严或肉体,但是楚暖暖选择了捍卫爱情和尊严。楚暖暖的人性闪光点还体现在两件事上,一是对待昔日侮辱自己的村主任詹石蹬以德报怨,二是锲而不舍地拼命控告现在的村主任即前夫旷开田违法经营。这两点不是一般的平凡女性能做到的,需要具备宽容大度的胸怀同时又有嫉恶如仇的个性,看是矛盾的两端,却统

---

① 孟繁华:《乡村中国的艰难蜕变——评周大新长篇小说〈湖光山色〉》,《名作欣赏》2009年第2期,第97~99页。

一在善良纯真的人性之中。无论是对待金钱权势,还是面对昔日仇敌或爱人,楚暖暖显示出作为现代女性拥有的高贵和尊严,一个丰满的人物形象具有的人性复杂。楚暖暖的人格魅力如此光芒四射,所以说她是一个理想化的人物形象,寄寓了作者周大新的人格理想和审美理想。

小说结构起始于"水",又终于"水";山清水秀,如水一样柔美和柔韧的人;楚暖暖出生在水边时接受了丹湖水的洗礼,长大后识水性,划船捕鱼,创办南水美景旅游公司,在湖中迷魂区看见房子和楚王……水已经是小说的重要组成部分。掩卷细细思量,这些设置和描写已经让水成为《湖光山色》里的重要意象。笼统来讲,意象即表意之象。在这部小说中,水意象不仅仅是人物的生活环境和日常所需,还是袅袅湿润的故事氛围,而且投射了作者的人格理想。楚暖暖的灵敏聪慧、柔美柔韧、润土泽邻,都是如水一样的品质。人水对照,人水相依,人水和谐,人与自然的完美结合,在这个意义上,周大新完成了对水边的阿狄丽娜的塑造。

神话中的阿狄丽娜只属于皮格马利翁,小说中的楚暖暖却不只属于周大新,她还属于读者,属于所有关注乡村、对乡村心存理想和诗意的人。围绕主人公楚暖暖而徐徐展开在读者眼前的当代乡村图景,是春种秋收、打工返乡、农村旅游等寻常生活细节,"展示的却是对人性嬗变、历史遗产和权力运作的崭新思考,表现了一颗高贵灵魂在乡村巨变背景下的惊悸和固守"①。小说展示的乡村图景体现出周大新对乡村命运的观照和反思,对家园的诗意想象和温情守望。

二、想象和守望的意义及局限

周大新在《湖光山色》中无意深度地介入乡村的政治和经济问题。和当代其他乡村小说比较,关于乡村的性与政治,《故乡天下黄花》和《玉米》远比《湖光山色》揭示得让人怵目惊心;关于农村土地流失、生活窘困和文化衰败,《湖光山色》不如《高老庄》、《受活》、《秦腔》等小说描写得详尽深刻。《湖光山色》涉及了乡村权力运作问题,但叙述重心显然是旷开田在获得权力之后由朴实厚道而贪婪无道的人性嬗变;涉及了农民厌恨土地追求富裕的真相,然而,对农民贫困原因和致富之路却思考得极为浅显。有论者认为:"作者快意的叙述显然忽略了中国乡村在巨变中的更为复杂的因素。农村在市场经济面前所遭遇到的

---

① 傅小平:《诗意温情守望乡土:访作家周大新》,《文学报》2006年5月11日。

苦难、所面临的窘迫和城市化所带来的压抑并没有表现出来,也就是说关于在这样一个转型过程中,人和土地的关系、人和人的关系、人和文化的关系、农村和城市的关系等方面作者都没有投入更深入的思考。每个人物的行动目的和事件的指向都过于单一,缺少乡村日常生活经验复杂和多变性,所以多少就有了一些传奇色彩,这一点与阎连科的《受活》式的荒诞现实主义和贾平凹的《秦腔》式的写实主义都产生了相当的距离。"①这些正是我们读了《湖光山色》之后意犹未尽的原因,它是传奇的、浪漫的理想主义作品,缺乏经典现实主义作品所具备的那种厚重感和雍容博大的气度。

我们说周大新的《湖光山色》是浪漫主义之作,是因为它缺乏巨大的现实承担力和深度的介入精神,相反它具备这些因素:比如优美的田园风光,单纯善良的理想人格,舒缓明朗的叙事基调,善恶有报的大团圆结局。作者虽然通过旷开田人性的嬗变描述、批判了乡村文化的劣根性,但是,这种批判和反思被作品具备的浪漫因素所笼罩,甚至遮蔽了。阅读后,读者避开熠熠生辉的楚暖暖的人性光芒的时候,就会感叹、思索女主角应该有更丰繁复杂的内心世界,尤其是在维护淳朴的乡村伦理时面对的是自己的丈夫,她应该有惊心动魄或细腻微妙的心理挣扎。其实,楚暖暖英雄般地承担、固守的乡村伦理道德,"是理想中的、已经知识分子化了的乡村伦理道德,而不是现实中的伦理道德规范"②。现实中的善恶较量,善不会总是占上风,转型期的乡村伦理道德在面对价值观念发生巨变的时候,会而且已经呈现出前所未有的暧昧、芜杂的态势。在唯实唯利的庸俗人生观早已渗透到国民灵魂深处的时候,或者说它本身就是民族性格积淀的一部分,徘徊在贫困边缘的乡村又如何能够洁身自好?"笑贫不笑娼"现象在城乡的死灰复燃,无疑是传统文化的痼疾和幽灵在新时代的复活。那么,作品中楚暖暖对乡村淳朴伦理的持守,在很大程度上可以说是作者一厢情愿的想象和守望,毕竟,周大新愿意读者从他的作品中感受到善和美的力量,进而增强拥有幸福人生的信心和希望。

作品中的匮乏和遗憾不能仅归结于周大新的创作能力问题,而且是因为作家的创作立场和情感倾向限制了他的创作视野,进而影响到素材取舍和风格呈现。从文学史的角度来看,周大新对乡村的观照不是鲁迅式的启蒙视角,而是受到沈从文的影响较大,对故乡怀有乡愁般的眷恋,所以他呈现给读者的不是故乡的凋敝愚昧,而是湖光山色中人性的优美雄强。《湖光山色》中周大新为乡

---

①周景雷:《对乡村正义的一种呼唤——关于周大新的〈湖光山色〉》,《中国文化报》2008年11月4日。
②梁鸿:《外省笔记——20世纪河南文学》,社会科学文献出版社,2008年,第215页。

土中国建造了另一座"希腊小庙"。诚然,"对资本权力的警觉,使大新将20世纪初由鲁迅一代知识者开创的启蒙主题深化了一步"①,而创办旅游公司,"乡下人开始学习现代生存理念积极地按照现代文明规则行事"②,则让周大新在城/乡、新/旧、传统/现代的文化冲突中拓展了沈从文式的批判和礼赞。周大新受益于现代乡土文学两大传统的滋养,观照乡村的深入和拓展,具有时代气息,背后更蕴藏着他对当代乡村自我更新、构建家园的深情期待和美好希望。

周大新深情凝视中的楚王庄是绿意盎然的,作者在想象中这样来描绘他的阿狄丽娜眼前的美景:"仲春是丹湖西岸最美的时候,此时,所有春季该开的花都开了,所有的草也都长成了模样,所有的树都绿了身躯,所有的鸟都亮开了歌喉,蝴蝶开始翻飞,蜜蜂开始忙碌,蜻蜓开始在芦苇间穿梭,蚂蚱开始在芭茅叶子上蹦跳,五色瓢虫开始舞蹈,青蛙开始在夜里鸣叫……"③湖水碧波荡漾,岸边鸟语花香,这是最浪漫的田园风光,引人入胜,沁人心脾。然而,人原本可以诗意地栖居的地方,正在上演人间的悲喜剧。楚暖暖的生活一波三折,摆脱经济窘境后刚刚品尝到生活的滋润和甜蜜,谁曾料到得来的幸福转瞬即逝,拽也拽不住。情节设置上这种柳暗花明、水中捞月的参差对照,让人连连叹息造化弄人,种瓜的为何偏偏要得豆。虽然楚暖暖遭受了男人把持的权力和资本的侮辱与损害,身心伤痕累累,但是,她终于等来了恶人伏法、楚国一条街的剪彩开业。这样大快人心的故事结局驱散了由于楚暖暖不幸的爱情婚姻带来的感伤氛围,它是中国古典戏曲式的圆满,而不是凄美或悲壮抑或惨烈的悲剧。这样一个休止符强化了《湖光山色》的绿色基调。

周大新理想中的乡村是经过自我更新和自我拯救能够重建家园的乡村。如何更新?如何重建?当古老衰败的农业文明遭遇现代商业文明诱惑和侵蚀的时候,当弃土离乡进城谋生成为潮流的时候,作者把乡土中国的未来寄希望于民族文化资源和乡村自然资源。楚王庄是个舞台,演绎创作者内心期冀发生的乡村中国的自我拯救的故事。故事里,楚暖暖依赖灿烂绚丽的楚文化的流光遗韵和山清水秀的自然创办旅游业,从而摆脱了经济贫困、赢得了赞赏和尊重,获得物质上和精神上的双重拯救。"周大新塑造的主人公楚暖暖身上,既有传统中国女性的优良品质,又有新时代的精神和胸怀,是自我拯救的新女性,又是乡土中国再生的开拓者。"④在作者的乡村发展理念中,旅游业即是乡村在城市

---

① 何向阳:《暖暖的意义》,《大河报》2007年2月1日
② 张鸿声、刘宏志:《"乡土"与现代》,《光明日报》2007年8月17日。
③ 周大新:《湖光山色》,作家出版社,2006年,第292页。
④ 徐峙:《〈湖光山色〉反思乡村命运》,《京华时报》2008年11月3日。

化进程中的自我更新再生的阳关道。农业文明和商业文明结合而产生的旅游业真是一个宁馨儿,既让人文山水向城里人展现自己的魅力,又让楚王庄的文化资源和自然资源成为经济发展的宝藏。楚王庄上演的实在是个寓言,象征当代乡村家园的自我重建,但不能推广到整个中国乡村,它是一个梦工厂,设计的只是作者关于乡村的梦想。周大新说他的乡村理想,是中国不走欧洲城市化进程的老路,保证田园不荒芜,有很多小镇让人们从事商业和娱乐活动,也方便享受田园风光。① 故事里的楚街按照周大新的设计终于建成了,了了一桩心愿,完成了他的现代桃源梦。民间淳朴的伦理道德和文化秩序也在楚暖暖的拼死持守下终于重建了。"这是一个平民作家对中原乡村如归故里般的一次亲近和拥抱,是一个理想主义者对乡村变革发自内心的渴望和期待,是一个有识见的作家洞穿历史后对今天诗意的祈祷和愿望。"② 当代河南作家大多具有一种挥之不去的乡土情结,周大新的乡土世界却因为蕴含着对家园的诗意想象和温情守望而显得平实婉约、绿意盎然。编织美丽梦想的周大新,在想象和守望中虔诚地祈愿,在席卷而来的城市化和商业化浪潮中,坚守那一方纯美尊严的净土,暮色四合,他成为家园的守夜人。

家园是身体和灵魂诗意栖居的地方,"意指这样一个空间,它赋予人一个处所,人唯在其中才能有'在家'之感,因而才能在其命运的本己要素中存在"③。家园拒绝道德伦理失范、人心失散和文化的溃败,家园拥有如诗如画的田园风光和淳厚的风俗人情。中国文人关于家园的想象,美而神秘的莫过于陶渊明描绘的世外桃源,美丽而忧愁的是沈从文的边城。湖光山色中的楚王庄和它们一样,"不过是作者为农村设想的一个乌托邦"④。"对于周大新来说,绝不是他没有认识到人类和社会复杂、多元的存在本质"⑤,绝不是他没有看到现实乡村的荒凉污秽,实际上他的创作冲动恰恰来自对现实的不满和批判。然而,一颗善良软弱、悲悯博大的心终究不忍刻画、正视人间的疮痍丑恶,于是像沈从文一样,小说在牧歌声中变得单纯、透明、温润,荒凉和悲痛悄悄隐退成为远远的背景。周大新试图通过商业文明为衰落的乡村输进新鲜的现代血液,唤醒乡土中国自身的潜质,然后重新焕发出青春活力。这种构建家园的冲动和努力,是属

---

① 曹飞跃、周大新:《湖光山色中的乡村理想》,《东莞时报》2008年11月17日。
② 孟繁华:《乡村中国的艰难蜕变——评周大新长篇小说〈湖光山色〉》,《名作欣赏》2009年第2期,第97~99页。
③ 〔德〕马丁·海德格尔:《荷尔德林诗的阐释》,孙周兴译,商务印书馆,2000年,第15页。
④ 贺绍俊:《接续起乡村写作的乌托邦精神——评周大新的〈湖光山色〉》,《南方文坛》2006年第3期,第47~51页。
⑤ 梁鸿:《外省笔记:20世纪河南文学》,社会科学文献出版社,2008年,第216页。

于沈从文式的,也属于所有对乡村心存理想和诗意的人。因为人类共有的世外桃源情结好比人和人之间的一座桥,桥上东西南北的人为了诗意家园而怦然心动、共振共鸣。

结语

从文学史上来看,也许正如评论者所说,"周大新的《湖光山色》的意义就在于,小说所构建的田园乌托邦为乡村写作开辟了一道亮丽的风景"①。但是在乌托邦这枚硬币的反面,我们能看到作者无法直面的自己过于善良的软弱品性、现实乡村伦理的溃败和混沌。在乡土中国遭遇全方位的前所未有的变革之时代语境里,《湖光山色》是周大新为乡村出路开的一张处方,他比堂吉诃德清醒,像西绪福斯一样悲壮地伫立在山顶,凝眸人类远景:"充满劳绩,但人诗意地,栖居在这片大地之上。"②这些是该小说超出文学史的局限和意义所在。

原载《宜宾学院学报》2009 年第 9 期

---

① 贺绍俊:《接续起乡村写作的乌托邦精神——评周大新的〈湖光山色〉》,《南方文坛》2006 年第 3 期,第 47~51 页。
② 孙周兴:《海德格尔选集》,生活·读书·新知三联书店,1996 年,第 467 页。

试论新世纪文学对当下乡村社会的主体呈现困境
——以《湖光山色》为中心的一种考察

姚晓蕾

  乡村社会在中国的社会结构中曾长期占据主导地位,在一定意义上可以说,百年中国的社会转型过程主要就是如何解决农村农民问题的过程。百年中国文学也责无旁贷地参与了对这一任务的分担,并将其内化为自己审美形态的一个最主要组成部分。对乡村社会的审美表现又包含历史主体的表现与当下主体的表现双重内涵。历史主体的表现旨在对过去的乡土历史及其社会文化特征发言;当下主体的表现旨在表现当下正在演进的乡村社会现状及本质。尽管这两部分内容彼此关联,对历史主体的表现离不开当下视野,对当下现实的表现也少不了历史维度,但就文学创作的实际来看,双方所具有的难度有所不同。历史主体表现方面由于有过去所积累的各方面经验,所以容易获得成功;当下主体的表现则由于不但要求作家的历史认知,还要求对处于不断变动中的当下生活现象有敏锐深入的共时性判断,无疑加大了书写的难度。正因为如此,对乡村社会当下主体的正面呈现,也成为对乡土创作领域里最具有挑战性、最能体现作家艺术创造力的领域。回应着改革开放后中国社会的变革现实,20世纪 80 年代对乡村社会当下主体进行正面书写的文学作品大量涌现,并以其对社会生活的立体、多元呈现达到了前所未有的高度,产生了一大批史诗性作品。不过情况在新世纪前后发生了巨大变化,在咄咄逼人的城市化进程面前,在资本、权力、体制等多重因素的共同作用下,乡村社会主体特性呈现出了前所未有的复杂性;和这一时期乡村社会所具有的复杂社会历史内容相比,以正在演进的乡村生活为主体的文学叙事却逐渐陷入了严重危机,对现实生活全面深入呈现的能力越来越弱化。本文便以周大新的《湖光山色》为中心,对新世纪以来乡村社会叙事中当下主体的书写困境问题加以探讨。

  2006 年出版的《湖光山色》是一部旨在正面把握 20 世纪末以来中国乡村社会复杂变革的小说,它曾以积极追求和当下真实生活良性互动的良苦用心得到许多人的赞扬,并获得了第七届茅盾文学奖。笔者尽管也对作者当下性追求姿态深表敬重,但这并不等同于对这部作品艺术成就的无条件认同。对创作成就的判断归根到底要看它自身达到的艺术高度,不否认《湖光山色》有自己的特色,但在这部作品里,我更深切感受到的是周大新这样曾有丰富的乡土叙事成功经验的作家,在面对当下复杂乡土现实时,也无法掩盖自己特殊的困窘。我认为,《湖光山色》出现的种种问题,足可以成为体现新世纪以来乡村社会当下主体书写困境的一个典型的范例。

一、本真体验的欠缺与新世纪乡土生活图景的概念写作

　　《湖光山色》写的是进城打工的乡村女孩在母亲生病被迫由城返乡后,在村子里恋爱、创业的故事。我们不妨先从《湖光山色》这部小说的动机或缘由入手考察。早在20世纪80年代,出身于农村并对乡土生活有刻骨铭心体验的周大新就写出了《香魂塘畔的香油坊》、《小盆地》等一系列具有深厚生活功底的乡土小说,并赢得了文坛的广泛关注。成名之后,周大新作为一名专业作家长期生活在城市,尽管一如既往地保留着对乡土的关心,但毕竟已经越来越缺乏当初那样丰富的感性经验,《湖光山色》这部小说就是在这种本真体验匮乏的情况下写成的。周大新曾在谈到这部小说的写作动机时说,这是酝酿在他心中十几年的故事,"每次返乡看到乡村的变化,我都在思考,中国的农村该向哪里走","在今天城市化进程中,土地存在的意义到底是什么?难道就任由房地产商无尽开发吗?"①在另外一次访谈中,周大新又进一步谈到《湖光山色》的写作:"因为是有一次回家乡,朋友们领我去看了楚长城,我以前听过,我以为它是非常简单的长城,但是到山上一看,很蜿蜒,很多山头,很远很远,非常壮观,触动了,当时想一定要写个东西,但是写什么没有想好。后来我到丹江湖周围的乡村走一走,和当地的老百姓做一些交流,后来我发现我小说中的人物开始出现,然后经过一番构思最后写出来。"②周大新的这些话实际上交代了这部小说的创作主要是基于一种外部的观感。他从时代变迁的角度看到了今天的农村社会已经和原来不一样了,看到了今天生活中资本力量的强大,又受楚长城的触动并到丹江湖周围的乡村走一走,就有了创作的基本设想。对于作家创作来说,这些灵感的触发无疑是必要的,但最关键的是要设身处地弄明白在乡土变化的过程中农民的具体感受和思考,对之作者只"和当地的老百姓做一些交流"就似乎已经把握住了,未免过于轻描淡写。不可否认,小说描写20世纪末至新世纪的乡

---

① 傅小平:《诗意温情守望乡土——访作家周大新》,《文学报》2006年5月11日。
② 周大新:《楚长城和丹江湖促成了〈湖光山色〉》,中国作家网 http://www.chinawriter.com.cn/2008/2008-11-03/29096.html。

村生活的确是留下颇多当下生活印迹的,如小说开头主人公暖暖作为一个乡下出来打工不久的女孩,理想是挣够一万元,而且"存折上的数字正在缓慢地向一万靠近",这在20世纪八九十年代早中期低收入时代恐怕是想都不敢想的事;再如暖暖回乡后偶然发现了楚长城的遗址,她对前来借宿的游客张口就是一天一百元,连包括学生在内的游客都不以为贵,更说明这个事件发生在通货膨胀已经相当严重的当下;另外小说中反映的商业资本以开发休闲旅游的名义大规模涌入农村也应该是为时不远的事情。不过,作者已经不再是以一个当事人的身份感同身受地审视民间今天的生存状态,而一旦不是基于个人对当下乡村社会的真实体验去表现生活时,其对生活内容的把握难免要流于表面化和概念化。

我们很容易看到,小说设置的故事背景,已经给人一种新旧夹生、当下成分不足的感觉。具体地说,尽管它的故事框架是放在新世纪前后的乡村,但对乡村结构的内在构成以及人们的行为方式和心理特点的设定,却往往是20世纪80年代乡村状况的复制。20世纪末、21世纪初,改革开放在大多数乡村造成的结果是社会生态的丰富与复杂,中国农村已很少沿袭单一的农业模式。而小说里的楚王庄,在主人公暖暖回乡之际,如果不考虑作者告诉我们的大多数人都出外打工等外部标志,乡村一开始似乎没有留下什么改革开放已经很多年的痕迹,尽管拥有临山靠湖的天然资源,却既没有什么企业,包括养殖业、加工业之类的家庭作坊,甚至这里留下的村人们大都还过着"划船打鱼外加种小麦栽红薯"的本色日子,日常生活正如暖暖私自结婚那天所描绘的"吃过早饭,爹下地之后,娘开始喂鸡,奶奶在缠一个线团","村子里一如往常那样,刚吃过早饭的人们正在做下地的准备,牛在摇着脖子上的铃铛,犁、锄在叮当作响,羊在叫,驴在吼,狗在撒着欢地吠"①。小说中如暖暖的父母、开田的父亲这样的传统农民还是一如既往地按照传统的农耕渔猎模式生活,几乎没有任何来自当下时代造就的新生活和人格心理特征;便是小说中以村主任詹石磴为代表的权力拥有者,除了作者贴给他一些开始知道在法律保护色下运用权力潜规则的标签外,其使用权力攫取利益的层次也非常原始,停留在占有女人、让自己的家族在村里开小卖部、欺压乡里等一些浅层次范围内,而对20世纪末以来已经成为主要现象的土地征用、资源开发、工程项目建设等更大范围内的谋私方式几乎无甚知觉。这种农村的社会结构背景也许放在20世纪80年代路遥《平凡的世界》以及周大新自己早期的"盆地"小说中更合适。读这部小说,让人还有一个疑问是,通篇竟找不到一个具有明确时间标志的当下社会政治事件或经济事件做参

---

① 周大新:《湖光山色》,作家出版社,2008年,第38页,以下本书引文不再注明出处。

照物。在具有史诗性的叙事里,这固然不能说是必不可少,但通常也是难以避免的;因为正面表现社会生活当下主体的文学毕竟不可能完全是抽象化的寓言,它没有必要也不可能完全回避和当下社会政治文化事件的互动。周大新这个小说却回避得如此彻底,看似从头到尾都是一种纯粹民间生活的维度,但话说回来,这又何尝不是因为和当下民间具体生活内容的隔阂,从而感到自己无法把握那种需要细致、具体的直接感受才能说得清的当下生活细节呢?

更重要的是,作者在这部小说里建构矛盾的方式,也由于对当下乡土体验的不足而流于表面化。20世纪末,改革开放走过初始阶段后,随着国家的注意力转向城市,农村失去自身的独立性,由此产生了一系列的新的问题和矛盾,贾平凹在一篇小说后记里曾对内地农村这种情况有较典型的描述:"有限的土地在极度地发挥了它的潜力后,粮食产量不再提高,而化肥、农药、种子以及各种各样的税费迅速上涨,农村又成了一切社会压力的泄洪池。体制对治理发生了松弛,旧的当下稀里哗啦没了,像泼出去的水,新的东西迟迟没再来,来了也抓不住,农民是一群鸡,羽毛虽皱,脚步趔趄,无所适从,他们无法再守住土地,他们一步一步从土地上出走,虽然他们是土命,把树和草拔起来又抖净了根须上的土栽在哪儿都是难活。"①《湖光山色》尽管想在当前复杂的背景下捕捉当下新型社会矛盾,可重点并没有放在对当下乡村演变过程中出现的种种社会的、文化的、心理的内部问题的深入挖掘上,而是基于"土地存在的意义到底是什么?难道就任由房地产商无尽开发"的外部视点,把当下乡村社会的最主要矛盾,最后集中到以暖暖的创业为代表的在农村自发产生的商业行为及伦理诉求,与以开发商为代表的城市资本行为及伦理诉求之间;这同样也是一种避重就轻。另外,对当下乡土生活的真实体验的缺乏,也使小说的故事情节在很多地方难以经得起生活逻辑的检验。以暖暖发家的历程为例(这也是这部小说的核心情节):回到楚王庄的暖暖,在生活中敏锐地发现商机,经过种种曲折,以自己的坚守和努力最终带领村人走上正确的发展道路。作者在此对农村发展出路的焦灼和探索之情固然值得体谅,但相关叙述的确充满了太多的乌托邦色彩,像暖暖偶然遇到一个来楚王庄考察楚长城遗迹的教授,得知丈夫自小砍柴的地方竟然是古长城遗迹,发现给考察楚长城遗迹的人带路和提供食宿可以获得不菲的收入后,就找到了一条暴富之路。暖暖这一发家过程没有受到任何实质性挫折,一切都容易得不能再容易了,可如果我们从正常的生活逻辑去看,就会发现其中藏有太多的破绽:首先,一个交通不便的偏僻地方即便发现了杰出的古代遗迹,在没有进行大规模配套旅游开发情况下,除了一些专业人士外,又

---

① 贾平凹:《秦腔》后记,作家出版社,2005年。

有多少人会自发地源源不断赶来,形成一种持久稳定的客源,帮助一个家庭产业在极短的时间内完成高速扩张的资本积累呢?说真的,中国大地各种遗迹所在皆是,地方上包装遗迹企图形成文化旅游产业的行为也如过江之鲫,但如果没有足够的地缘优势或实业的支撑,这样的行为大都终归沦为自生自灭的闹剧;其次,若真是个别产生一定经济利益的,也早被各级权力部门或者特权群体以或软或硬的方式收归囊中,又岂容一个无权无势的平民长期将其变成自己的自留地?暖暖的这种不需要经过艰苦创业的、太容易了的发家历程只能说是迎合符合观念需要的制造,真实性太弱。

这里折射出的是新世纪乡土文学主体呈现时普遍存在的一个问题,即当下作家乡土生活经验的匮乏导致的乡村现实生活书写的雾里看花、面壁虚造。众所周知,乡村社会当下主体叙事首先是一种经验叙事,它要求作者对所叙述的生活有真切的体验。也就是说,它不光要求一种观念的深刻,更要求建立在生活真实的基础上,有深厚的生活体验做支撑。虽说经验并不等同于原创力和文学想象力,但"经验应该是文学想象的重要源头,一般来说,一个作家的生活经验越丰富,就应该给他的文学原创性提供了越多的动力"[①]。文学史上那些以"史诗"著称的当下主体的乡土叙事,基本上都是以对一定的当下社会生活内容的深刻、真实的经验为基础的,对生活功底的强调一直是作家进行写作时的必修课;作家们在写作时也想方设法地避免在这方面的局限。"十七年"的许多作家在描写农村生活时,都会到农村去做长时期的亲自体验,如柳青为了创作《创业史》,"自1952年以来就在长安县皇甫村安家落户,八年如一日地跟群众保持密切联系,参加基层工作,做一个普通劳动者"[②],为其创作打下了坚实的生活经验基础,正因如此,即便其总的创作主题上不可避免地受到那个时代的政治教条的影响,但在对乡村民间生存内容的呈现上实有着远非政治化主题所可以涵盖的丰富的体验内容。进入新时期后以当下乡村社会主体作为文学呈现对象的作家群体,或从小成长于农村,或曾作为知青上山下乡,乡土生活体验在当时是其生命体验中最丰富、最深邃、最深刻的那一部分,例如《人生》及《平凡的世界》的作者路遥曾在一次讨论会上谈到"我是带着深挚的感情来写中国农民的,我觉得对他们先要有深切的体验,才能理解他们,写好他们"[③]。21世纪以来,这一作为乡土书写最基本要求的生活经验对大多数作家来说,则由本来的

[①] 贺绍俊:《生活经验与文学创作》,《语文教学与研究》2011年第24期。
[②] 严家炎:《〈创业史〉第一部的突出成就》,《北京大学学报》1961年第3期。
[③] 一评:《一部具有内在魅力的现实主义力作——路遥长篇小说〈平凡的世界〉(第一部)讨论会纪要》,《小说评论》1978年第2期。

优势转化为劣势。一方面,一批改革开放前后出生、并在新世纪前后登上文坛的新一代作家,大都基本成长在新的体制化规范下,他们缺少作为一个农民对传统乡村社会那种刻骨铭心的体验,缺乏对乡村世界的完整认知,乡村生活只不过是他们走向城市的一个前奏或阴影,他们个人的兴趣点也多被转移到城乡冲突中农民工的个人命运层面,缺乏那种为乡村本体社会代言和写真的信仰和兴趣。这些人写到乡村时,宁愿用一个更抽象、更有多方兼容性的名词"乡土",而避免去正面对一个农村的具体生态进行书写,正如马平在《我的另一个乡土》一文中所说:"我们已经从乡村撤出,那些乡村生活,已经退到身后,像昨天的夕阳一样悬在记忆的天幕上。不是吗,今天,在我们面前,高楼林立,浮华遍地。"①另一方面,在 20 世纪 80 年代登上文坛正面书写乡村社会变迁的一批 50 后、60 后作家,如莫言、贾平凹、张炜、刘震云、李洱、张宇等,尽管今天仍然是书写该题材的主体,但这一批作家的对乡村生活的直接体验已经被凝固在新时期,此后随着写作的成功以及其他原因,他们的个人生活已经越来越远离乡村,越来越远离最初的生存基点,成为典型的都市人。时至今日,他们对乡土的认知大多沦为一种外部印象和观念的产物;与之相应,他们继续书写当下的乡村社会多是一种内在心理情结上的驱使,甚至是在一个追求出镜率的快餐化时代维护和确认自己"乡土作家"这一身份商标的重要方式。如此,离开了本真乡村体验的支撑,作者的创作难免沦为一种外部写作。

二、思想能力贫弱与新世纪乡土历史进程把握的迷津

叙事对乡土世界的表现,不仅要求是他所熟悉的生活,还要求是他所理解的生活,作者需要在此体现出足够的对历史的思想理解力。《湖光山色》也在有意识地建构一种能反映当下农村本质和规律的理性思维品格,这从作为作者创作初衷的"农村该向哪里走"、"土地存在的意义是什么"等一系列问题的追问中就可以看出。小说的叙事架构也基本上沿着回答这一问题的方向搭建,企图以"楚王庄"这个聚集着当代乡土世界诸多矛盾的地方为基点,以主人公暖暖的婚姻、爱情、生活、事业为载体,来表达自己对当下乡村社会发展历史进程的一种理性思索。可这里新的问题也产生了:作者是以一种什么样的理性视角来统摄当下乡村社会发展演变这一宏大历史叙事呢?

不难看出,过去被看做天经地义的"现代性"视角模式在这里已难被继续信

---

①马平:《我的另一个乡村》,《文学报》2005 年 4 月 1 日。

任。20世纪80年代以来乡土本体史诗书写模式基本上依托简单的"现代性"价值理念,其时正值改革开放之初,整个社会弥漫着一种对"改革开放"和"现代性"的简单依赖,以为所有复杂的社会矛盾、所有的道德伦理纠葛都可以在进步与落后、现代与传统、开放与保守等由历史有序进化所派生的二元对立矛盾中获得明晰的解决答案。到了20世纪末以来的当下,一切都截然改变,不光是由于政策实践偏差,过去的现代性认知方式本身也出现了许多新问题。周大新亦是如此,早期的乡土作品里简单地诉诸"走出盆地"的现代性诉求,到了《湖光山色》创作时却陷入了明显困惑,如作者笔下尽管楚王庄有湖光山色,"田地都还不错,虽大多是坡地,可因离湖近,旱的时候有水浇,涝的时候排水快,所以旱涝都能有收成,可这年头喜欢种庄稼的年轻人能有几个? 谁都知道种庄稼要遭风刮日头晒,得受苦;粮食又卖不出好价钱,会受穷",这就暗示了早期以改革开放为代表的以往的现代性实践不但没有解决历史上的乡村问题,反而加剧了城乡分化,几乎所有的发展资源都被积聚在发达城市里,农村自身更加边缘化。那么畸形现代性实践所造就的另外一种怪胎,即一些借市场经济名义通过各种方式积聚了大量资本的人,能否成为乡土世界的正面拯救者呢? 小说描写以薛传薪为代表的五洲公司在发现了暖暖他们这里具有发展旅游业的价值后,把自己打扮成救世主的姿态登场了,他咄咄逼人而且引经据典:"你们村子需要一个拯救者","通过快速发展旅游业来拯救你们的村子,这也是西方挽救农村的一条经验。"这些资本代表者其实也是以往现代性实践结出的成果之一,可作者同样对他们难抱太大希望。在小说里,作者尽管写出了他们给村子带来的现代企业管理模式,可也写出他们为的不是村子而是自己的盈利。正因为如此,这些资本代表者才不择手段地开发色情服务、勾结地方权力做违法乱纪的事,甚至成为村民整体利益的敌人。种种因素导致作者在这里陷入一种"现代性"的迷失和焦虑。

　　既然看到了不能再简单地套用过去的"现代性"概念来解决新问题,这对作家既是一种窘境,也是一个契机,因为这个时候作家有必要在人类已有探索经验的基础上,通过思想上的创造性劳动,来高屋建瓴地进行探讨和审视,从而实现自身的超越。纵观世界文学史,一些描写社会历史变革的优秀之作通常是以原创性的思想姿态来直面困难,进行富有开拓性的探索。可在周大新《湖光山色》这里,作者并没有选择充分调动自己的理性思维能力来探索和解决遇到的问题,理清其中的重重迷雾,而选择了回避、妥协、折中和自欺。为什么这么说呢,第一,作者把当下乡村社会的主要矛盾设定为以暖暖的创业为代表的农村自发产生的商业伦理与以开发商为代表的金融资本伦理之间的矛盾,这其实已经不仅仅是一个体验缺乏的问题,而且也意味着作者开始回避从乡土本体内在的经济基础和意识形态的全部复杂性出发来进入其内部历史。第二,针对"在今天城市化进程中,土地存在的意义到底是什么"这一问题,作者尽管对"如今,农村在对国家的经济贡献上,已经谈上有多大价值,一个乡村能不能引起人们的重视,就看它有没有被看的价值,换句话说,就是看它有没有游览的价值"的状况,也就是说对当下中国社会格局里农村的主体失落的处境显然是不满的,从作者对持这种腔调的资本拥有者薛传薪描述时不以为然的语气,以及作者在开始写这部小说时就有的"难道就任由房地产商无尽开发"的反问上都可以略见一斑。可对此作者自己也没有进一步提出任何立足于乡土本体内在诉求的独立见解,反而在叙事中有意无意地默认了上面的荒唐逻辑;因为其在以后叙事中安排给楚王庄的发展旅游业的出路,实际上就是在争取这种"被看"的资格和强化这种"被看"的价值,只不过是对薛传薪这样不择手段追求利润的开发商的资本伦理作了一定程度的修正,让它变成了由暖暖主导的注重村子整体利益的商业伦理而已。其三,尽管作者企图借暖暖形象传达对农村出路的正面探索,可由于思想能力的不足,作者显然无法在多种文化资源间找到合适的整合方法。作者塑造暖暖的文化资源是非常凌乱且彼此冲突的。在城里打工的暖暖小说中出场时,她被赋予的价值取向是对城市和金钱的认同以及对农村的否定,"那儿对她的吸引真是太大了";即便回到村里和开田结婚后,她也没有放弃这个取向,给丈夫开田定下明确目标:"咱俩这辈子就说在这楚王庄过了,可咱们的孩子不能再像咱们,让他们就在这丹湖边上种庄稼","咱们得先挣钱,先富起来,我在北京时已经看明白了,你只要有了钱,你就能够在城市为孩子买到房子,你才能让孩子在城市里落下脚。"暖暖在借助给来楚王庄参观旅游的人提供食宿和导游而进行创业时,想方设法地独占村里旅游资源,行贿原村主任回避税收;在每天赚取的票子数以千计的情况下给过来帮忙的亲戚禾禾每天六元,后来又给雇佣的打工者每月二百元,不无资本积累阶段对村人廉价劳动的攫取性质。我们可以体谅暖暖创业的艰辛,体谅她赚钱的愿望和方式,可这方面的个性内容显然不具备成为楚王庄民间集体利益以及传统美德代表的素质。而在后来的叙事中,作者却让她摇身一变,成了具有理想化、道德化品格的楚王庄乡土民间本体利益的守护神,其异质文化间角色转换的内在逻辑明显有些含糊不清。其四,作者赋予暖暖代表的符合楚王庄集体利益理想化、道德化的力量战胜以开发商为代表的不择手段城市金融资本,依靠的是告状的手段,而且是在身边的权力部门层层包庇、山穷水尽之际突然由更高一级权力部门以"卧底"的方式获得证据,并迅速予以查处;这种结局方式显然已成为追求大团圆梦想的自欺:既然身边的权力都已经和资本结盟,又何以让人相信还有更高一级的权力能纯粹从底层利益出发不受资本影响呢?总而言之,作者无法凭借理性能力找到一个能有效进入历史的价值视角,无法全面深入解释乡土农村本体在今天的诸多复杂特质,更无法高屋建瓴地为乡村社会的种种问题寻找到一个靠得住的解决办法。

以上揭示出了造成新世纪文学的当下乡村社会主体呈现时的第二方面问题:当下作家思想能力的不足造成的乡土历史进程把握的迷津。《湖光山色》出现的这种历史穿透力欠缺问题在新世纪的乡村书写中并非偶然,那些新世纪前后成长起来的作家的乡村认知只简单地抽取一两种概念元素自不必说,同是20世纪80年代就出现在文坛、对乡村有深厚感情并以当下乡土农村为书写对象的许多作家如今都遇到和周大新类似的困惑,如贾平凹的《废都》完全放弃了想象未来的努力而放任情感上的绝望;阎连科的《丁庄梦》则采取了躲避实体历史的寓言化式虚写。认真分析起来,原因也分两个层面。对于新生一代作家来说,阅历和成长背景决定乡村主要是其创作的一种背景元素,他们的创作兴趣不在于对乡村历史进行宏大叙事的整体呈现,其没有意愿和能力对乡村社会历史进程去进行形而上的宏大把握也情有可原;而对周大新、贾平凹、阎连科这样的经典作家在新世纪的认知困惑,在一定程度上可以说是缘于改革开放以来形成的一批传统乡土作家思想素质和今天乡土呈现需求的错位。20世纪80年代,中国社会刚刚从过去封闭的梦魇里走出,面对极左政策造成的疮痍遍地的现实,面对浮现在表面的诸多问题,人们还沉浸在一种借20世纪历史上已有的现代性理念进行纠偏的整体气氛中,认为新中国成立后"左"倾悲剧的主要原因是历史的车轮偏离了正常的轨道,只要在改革进程中重新拾撷起近现代中国社会现代转型过程中一些现代性的经验常识,就可以起到相应的针砭作用,还没有想到需要以现代知识话语创新者的姿态去探索更深入的社会矛盾和更进一步的可能后果。因而那个时期作家创作的最高价值形态诉求不是作家在更宽广视域下的思想原创性,而是在加入合唱的前提下,以个人形而下生活经验的丰富性、独特性以及相应的表达技巧来丰富合奏的音色。假如把写作用建房子来比喻的话,思想好比建筑师的建筑,个人生存经验好比是建筑材料,个人的艺术才能好比是对建筑师在一定建筑思想支配下利用固有建筑材料设计和建造具体房子的能力,那么那个时代所需要的不是具有巨大个人原创性的设计思想,而是利用已有的建筑思想来驰骋自己的设计和建造才能,争取把房子建造得美轮美奂。但是,进入20世纪末特别是21世纪以后,新的问题已经远远超出了固有的认知经验范畴和反思能力范畴,除了要求作家的本体体验,它还极度需要作家用站在人类文明高度的原创性思想来思索和对话,这对过去成长起来的一批思想训练上一直没有做好充分准备的作家来说,难免进退失据。如何实现乡土历史进程认识思想上的突围,这也是当下乡村主体写作亟待解决的问题。

三、已有经验模式的固化与面向当下审美创造力的衰退

乡土文学是审美的艺术,其艺术特征最终还要通过一定的审美规范表达出来。中国乡土文学在过去的乡土书写中,曾经先后积累和开发出了许多富有特色的范式或方法,但在面对当下时,其表现力却还显得苍白薄弱。在《湖光山色》中,周大新虽然尽可能地糅合了许多过去积累的审美范式,但依然无法开辟出一个有机的、足以和这个时代对话的史诗性审美境界。

首先是对过去地域文化范式的糅合及其审美效果的递减。20世纪80年代,随着对现代性的认同、演绎和阐释成为文学叙事的主旋律,地域文化范式以它涵盖和包容了不同地域社会历史文化以及人们生活方式多样化审美内涵而成为乡土文学的重要演绎内容。周大新出生在历史上本来就有着丰富地域文化特质的南阳盆地,他在新时期的乡土社会呈现中更是有意识地引入了大量这方面的内容,以表现一种特有的人生或人性风景。在一篇访谈里,他曾明确地肯定在他的创作中,故乡是一种永恒的背景,一种不可或缺的意向。《湖光山色》一样刻意营造这方面的氛围,如针对家乡盛产神话,人们骨子里都曾打下一种神话思维烙印的特点,小说中的丹湖便被写得充满谜一样的色彩:"湖心有一个三角形的区域,经常不定时地会有一股炊烟似的烟雾在水面上升起,人们若站在附近船上看那烟雾,偶尔还会在烟雾里看见一些自己心中特想要特想看的东西。"这里民间生活中还保留了娶阴亲、敬天地鬼神等一些传统习惯,一定程度上让人看到了一种特有的属于"这一个"的地方色彩。不过,和早期的作品中同类描写所具有的能撼动人心的审美效果相比,这里地域文化元素与作者所要表现的当下农村主流生活的距离过远,已沦为仅仅为了增加故事情节丰富性的添加剂,不管是在促进对时代内部矛盾认识还是在对人性深度认知的促进上,自身不再有多少独立建构审美价值的功能,甚至在一定程度上因为故作神秘的姿态而稀释了对当下乡村社会内部矛盾的理性剖析的努力。原因很简单,毕竟经过20年左右的改革开放,当下社会交流的迅捷与方便也逐渐摧毁了过去地域文化起作用所依赖的相对封闭的环境;更主要的是,整个中国乡村社会今天的社会历史进程中所面临的主要矛盾已经不再是地域的,而是一体化的体制性政策所带来的共性后果,对当下乡村问题的解决也从来没有像今天这样需要立足于整体视野而非地域角度。这也难怪在当下乡村社会叙事中此类地域文化元素的使用只能沦为配角,已经没有多少能力来形成感动人心的审美效果。

其次是对新时期的纾难范式的化用及其有效性的消失。新时期的文学叙

事中,服务于印证改革开放进程合法性的目的,以社会人生的某方面苦难为起点,以从属于改革主旋律的某种政策或个人行为为手段,以从个人到群体解除或一定程度上解除苦难为结果的情节范式成为主流。周大新早期的乡土叙事也基本上如此。到了《湖光山色》,仍然是化用原来的情节范式。小说一开始设定了暖暖极度非理想的初始生活状态,即乡村的贫困落后生活状态处处非她所愿;然后又安排她沿着此阶段国家主流意识形态需要或认可的轨迹进行奋斗,让她秉持着国家所提倡的"先富带动后富"的共同富裕理念,在一穷二白的情况下,坚守自己的爱情,选择了一条靠自己头脑、品质和劳动白手起家的道路,在同各种阻挠力量斗争的过程中有勇有谋,敢作敢为,取得个人成功的同时把村子引向了正确发展的道路。如果是在新时期读到这样的故事,我们也许会由衷地为之吸引和感动,因为当时尚处于改革开放的初期,农村社会发展环境相对单纯,改革中的问题还没有充分暴露,人们有理由信任这样的改革路径设计和由之派生的文学情节设计。时移世易,今天的社会环境已经发生了巨大变化,在城市化进程中农村社会被整体边缘化,被资本、权力、体制等多重因素严重挤压和剥夺的当下,过去所设定的乡村发展路径已经无法再符合今天的实际:一方面,大大小小的利益集团及社会运作的潜规则已经使得乡土农村单纯依靠个人遵纪守法的诚实劳动来奋斗出一片天地的状况不具备代表性;另一方面,以少数人的先富带动多数人的后富也被当下的现实证明为徒具良好愿望的乌托邦。在此基础上派生的情节模式即便可以作为偶然的个案存在,但相对于时代又有多大的典型意义呢?恩格斯在评价《城市姑娘》时曾提出"现实主义的意思是,除细节的真实外,还要真实地再现典型环境中的典型人物"①,《湖光山色》及大量相似的作品中对吻合改革开放初期时代精神的苦难加改革元素的倚重,其实是偏离了我们时代更本质的社会命题,在整体上削弱了新世纪乡土叙事所具有的当下性。

最后是对过去人性呈现手法的复制及其与乡村当下主体进行对接时的有气无力。文学是人学,归根到底离不开对人性的关注与挖掘。20世纪以来中国文学的每次高潮,都是以"人的觉醒"拉开序幕的。到新时期为止中国文学在审视乡土人性时积淀了大量的视角方法,最有代表性的为注重国民性批判的启蒙范式和强调民间生存内容的多维发掘的民间范式等。受出生地南阳盆地丰富的人性生态浸染,周大新在创作中尤其关注人性文化,并对以上几种人性透视方法都有创造性的发挥,如《向上的台阶》中关于权力体制造就的人性变异的刻

---

① 〔德〕弗里德里希·恩格斯:《马克思恩格斯选集》(第4卷),人民出版社,1995年,第683页。

画,《走出盆地》中对民间生存个性所具有的坚韧、精明、善于审时度势而不失善良等内容的发掘,都在当时的环境下富有开拓意义。《湖光山色》的人性呈现方式也主要建立在对以上已有经验的复制上。小说中暖暖的丈夫开田在获得金钱和权力后人性走向异化,既是先前小说中众多经不起权力诱惑而变质情境的再版,也体现着作者延续国民性批判的努力;女主人公暖暖更是嫁接了过去文学史中所开辟的诸多民间审美内容,其在爱情生活中具有符合民间推崇的敢爱敢恨、是非分明的个性特质,其追求事业时的精明、隐忍、坚强和甘愿牺牲,一定程度上又体现了在上世纪末俨然成为审美主流的对民间生存智慧和生命意志的推崇,其对民间整体利益的维护也吻合了民间期待的道德理想主义人格。不过问题也相应出现了:《湖光山色》的人性设定所运用的多种资源终究是按照过去惯性进行组合嫁接,而非立足于当下时代对乡土社会人性创造性的研究和发现,注定最终无法实现大的超越。还以暖暖为例,暖暖对城市、财富的向往及我行我素的大胆追求,本来极有可能开拓出深刻体现我们这个扭曲时代本质的、只对个人负责的一个个人主义者的大欲望、大追求、大矛盾、大悲喜,可就在这里由于要向过去审美惯性思维里的道德理想规范靠拢,主人公可能引发的和民间集体利益尖锐对抗的极端个人主义者的思想或行为,就在拼盘过程中被有意无意地稀释了、牺牲了,她也变成了一个看似令人眼花缭乱、实则人性的各个层面都没有充分展开的折中物。这也难怪,一方面,文学史上已有的人性呈现方法都是相对于特定的时代环境创造出来的,都有自己的特殊适应性;另一方面,文学中人性表现的最重要的价值来源是发现而不是复制,当一个作者出于种种原因丧失了对新时代复杂内涵的把握力时,其搬用再多过去的人性制造技术也只能照猫画虎,有气无力。

于是我们又看到了造成新世纪文学的当下乡村主体叙事困境的第三方面问题,即继续沿袭和集成过去所积累、所创作出的一些审美元素,已经无法再满足今天的需要。新世纪对当下乡村社会进行正面书写的作家,也大都是满足于沿袭已有的审美经验,缺乏立足于当下乡村生活的勇敢开拓和突破。事实上,一代有一代之文学,文学的发展需要审美艺术的不断创新,立足于过去审美经验的基础上作进一步探索是其应有之义,可如果不认真地对今天的现实去探索和研究,不寻找属于今天的独特美学要素,过去积累的审美经验被运用得再纯熟,也无法完全打造出属于今天文学的自身高度。毕竟每一个时期文学的审美贡献都不在于简单地演绎概念,而在于呈现出其相对于社会文化生成背景的独特性。更进一步看,满足于已有经验模式,固步自封,不仅是新世纪的乡土当下主体叙事领域的困境,一定程度上也是整个新世纪文学共同面对的困境。对待已有的审美经验,也许李锐的这段话可以给我们一种启迪:"我们必须把他们已经达到的某些目的和成果,内化成为我们手下的过程,而不是去再造他们的目的和成果的复制品。我们只能在这个充满了创造的功能性过程中印证和完成自己。"①

农业、农村、农民问题今天已经成为关系到社会进一步发展的焦点。新世纪以来的文学叙事中,尽管乡土或与乡土沾边题材的创作表面看起来异常繁荣,但仔细观察就会发现,所谓的繁荣要么是农民工文学,要么是以乡村社会的历史形态为主体附骥式地加上一个当下的尾巴。真正以当下乡村社会为主体的书写不仅少之又少,而且质量难如人意,甚至有学者尖锐指出,20世纪80年代晚期以来,中国的"乡土文学"实际上已经和当代生活出现了某种脱节。② 究其原因,与以上我们所论述的存在着经验缺乏、理性把握力丧失以及审美创造力衰退等因素密切相关。这里引发的疑问是:第一,以当下生活为主体的当代文学乡土书写还有没有可能再造辉煌?第二,它如何才能再造辉煌?在我看来,对于第一个疑问,答案是不言而喻的,当前中国的乡土生活内容尽管比起过去有了巨大的改变,但这种改变并不意味着消亡,而是形成了一种新形态。这些变革中的新内容在我们当前的社会转型中的地位是那样重要,并为文学书写提供了用之不尽的新资源,它有足够的理由呼唤文学的重视。于是很自然地进入第二个疑问。尽管目前该类型的文学书写还难尽如人意,但这并不意味着对将来的悲观。具体到某一个作家或者某一代作家身上,他或他们也许会有这样那样最终也难以克服的瓶颈;但话说回来,毕竟在可以提供的生活资源、可以积累的中外思想资源、可以借鉴的中外艺术经验方面,我们当下的时代已经最大程度地做好了克服固有樊篱迎接新突破的准备。文学史始终是一个不断发展的过程,它经常会在恰当的时候催生足以承担它特殊使命的大境界创作,我们由衷地向往和等待着这样的乡土生活叙事。

原载《学术月刊》2013年第11期

---

① 王尧:《"本土中国"与当代汉语写作——李锐论》,李锐,《无风之树》序,沈阳春风文艺出版社,2003年,第13页。
② 郜元宝:《评尤凤伟的〈泥鳅〉兼谈"乡土文学"转变的可能性》,《当代作家评论》2002年第5期。

周大新长篇小说《预警》:指向时代和社会的预警

石长平

早在2006年,周大新就表示,针对自己较少涉及军事题材的情况,接下来会写一部反映和平年代军人生活的作品。多年构思积淀,半年辛苦笔耕,终于,他的第一部当代军事题材长篇小说《预警》(北京十月文艺出版社,2009年)面世了,这是他在继长篇小说《战争传说》之后在军事题材方面的又一大重要成就。

实际上,在近三十年的创作过程中,周大新一直不断地进行着军事题材小说的探索,他曾把军旅小说分为三类并作出了比较成功的试验。一类是战争小说,直接表现战争,如他的《走廊》;一类是关于古代军事博弈的小说,他写了《战争传说》;一类是和平年代的军营生活,如《铜戟》、《汉家女》等。周大新认为,最后一类是最不容易写的,这么多年没有写出来这方面的长篇,是因为他一直没有找到一个好的切入点。这次他终于找到了一个令自己满意的切入点:从一支机密作战部队的作战局局长入手,讲述了一个谍战加反恐的故事。这样,周大新从"南阳盆地"的乡土记忆和文化抒情中突围出来,实现了以长篇小说反映当代军人生活的夙愿,在很大程度上拓殖了他的创作空间。

《预警》中的主人公孔德武是998部队作战局局长,年过五十,业务精湛,正师级大校军衔,且提拔军职在即。但这个人物的性格呈现着一定的裂隙,表现出一种难以完全统一的矛盾或背离。依照文本来分析,孔德武的性格主要由意志力、情感、智力三方面组合而成,而这三者却并不对等地在他身上体现出来:那就是军人的意志力,传统文人的情感和常人平庸的智力。

五十多岁的孔德武对漂亮女人有一种特别的亲和力,尽管他的意志力不断把控着他。在第一次见到方韵时,他就心猿意马地对这个天生尤物多看了几眼;在几天后接到方韵的第一次邀请时,他要狠下决心才能把拒绝的话说出来,而当意志力艰难战胜情感后,他的心里就会升腾起些许遗憾和怅惘。方韵略施苦肉计,与他在小酒馆中"邂逅相遇",看到她的"不幸遭遇",孔德武很自然地"心疼地抚摸她白嫩的手腕",感情随即上升到"哥哥妹妹"上。陪同她租下房子后,方韵第二次实施了生病的苦肉计,孔德武登门探望,替她捋整散乱的头发,做饭、倒水、用舌尖试水温,然后半抱着她的身子喂药……种种细节都毕显了孔德武书生式的多情善感。潘金盈是印证孔德武情感的第二块试金石。在方韵那里,他是通过逃避的方式迫使已经绽放的感情之花凋谢,而在潘金盈这里,他本来丰富而脆弱的情感里又添加了对"抑郁症患者"的怜爱和对恩人的感激,在此催化剂作用下,他索性放任他的似水柔情,花前月下厮守在一起。不仅仅对这两个美人惜香怜玉,在对待妻子和女儿时,他也是顺着、惯着、宠着;在对待几个战友方面,他对潘金满的热情,在照片事件上对荆长明、程万盛的猜疑和愤恨等,都表现出与其年龄、职位不相匹配的轻率,表现出同他应有的意志力之间一种不切实的间离。

一般而论,作为一个核弹部队大校作战局长,他应当深刻而清醒地知道他所掌握的东西对于军队和国家的安全具有何等的重要,但如游戏一样地丧失应有的警惕性,观察辨别能力的缺乏和推理判断能力的缺失都有点让人不可思议。与时隔30年没有音讯而又长期生活在国外的老战友潘金满相见后,没有太多的思虑考辨就稀里糊涂把妻子女儿交给他送到澳洲;面对道长的反复告诫乃至做道场送符咒,却依然点而不醒,启而不发;两次在深夜听到金盈发出正常人的嬉笑,目睹潘金满诡秘的行为,还以自欺的借口一哂了之;在潘金盈最后摊牌时,对他连连发问,句句都是关于核弹的机密,他却仍然以病人的"病话"来自我解释,一直处于情迷意乱的状态之中。

这种不太融洽的性格组合,在一定程度上背离了生活逻辑,影响了作者对作品主题的表达深度。而造成这种情状的缘由是作者出于对情节的考虑,在一定程度上牺牲了人物的性格。如果孔德武不是这种多情重意、惜猫怜狗的人物,如果他具备应有的职业敏感和辨识能力,那么,这部间谍小说的情节就不会是现在我们所看到的样子。因而可以说,在《预警》中,人物形象是受情节支配的,情节才是作家更为看重的元素,它起了决定的作用。

也正是如此,在叙述上,作者安排了单线推进的叙事策略,这样就使故事情节不枝不蔓以饱满的劲头向前奔驰。这种单线结构也使得叙事节奏始终保持在中速以上,水随风生,波澜层递地向预定点演进,从而造成了巨大的阅读引力。那牵引着读者想一口气读完的原因,除了陌生化的人物背景(核导弹部队)外,最主要的正是这来自情节的艺术魅力。如果我们同意米兰·昆德拉的小说家的三种可能性,即讲述故事、描写故事和思考故事的说法的话,那么可以说,《湖光山色》是在思考故事,《预警》只是在讲述故事而已。注重故事情节设计是一般通俗文学征服读者的惯常手法,在这个意义上,《预警》是一顿丰盛的大众文化快餐。

但这并不是说《预警》没有深度可言,它的深度也是相当显在的,至少体现在两个方面:首先,是作者本人希望表现的三种预警:对战友们的预警,让他们关注这场反恐战争;对社会的预警,希望社会关注恐怖主义;对人生的预警。其次，几名间谍之所以沦落为情报贩子和恐怖分子的社会原因——"乱自上作"。潘金满、方韵和潘金盈原本都是好人，由于他们都经历了一段痛彻心扉的人生遭际不约而同地走上报复国家的道路。这已经逸出了反恐或谍战本身，尖锐犀利地指向了我们当下的时代和社会现状：基层政治、法制等体系运行中出现的种种乱象，下层官吏信仰缺失、道德滑坡、欲望膨胀的精神状态，以及底层平民的生存困境等。这应当算作第四种预警，是发给国家的预警，也是最主要和最重要的预警。

期望《预警》像《湖光山色》一样有着厚重的深度可能是对周大新的一种苛求，对新的题材的开掘必然需要一个渐进的过程。在题材转换问题上，我还是愿意再提及周大新自己曾说过的话：人必须和自己生活的土地联系起来，才有可能深刻。实际上，即使周大新为了表现出新的思想而变换题材创作了《预警》，他仍然没有能够完全离开像西南的故园，文本中孔德武两次返乡，乡村成为故事转进的一个重要场域。我们还注意到，文本的叙述语言基本是疏放的，对于大都市、部队大院和宾馆酒楼作者显然缺乏精描细刻的耐心，只有在"自难忘"这一章节，写到家乡家人、农家小院和山间道观的时候，作者的文笔明显绵密真切起来，意象相对密集起来，节奏也平静轻缓起来。或许在作者的潜意识中，这才是他心之所系，情之所至的地方。

小说并非诞生于理论精神。军人不一定非要写出长篇的军事题材的作品，军旅作品也自然可以由不穿军装的人去书写，作家顺从自己心灵的召唤率性而为，也许才是一种更值得持守的立场。但无论如何，周大新以一名军人的责任感和使命感让大家注意到恐怖主义以及它产生的土壤，以谍战或反恐故事艺术地表现了现代军人现实生活和内心世界的另一面，在崭新的领域内传达出匡扶家国的忧患意识，其审美立场和理性精神都是很具开拓意义的。

原载中国作家网 http://www.chinawriter.com.cn 2009 年 12 月 29 日

谍战小说的新突破
——评周大新长篇小说《预警》

武新军

阅读《预警》，我们很容易联想到近几年来兴起的间谍题材小说和电视连续剧的创作潮流，如《暗算》、《风声》、《潜伏》、《地上地下》、《密战》、《蝶影重重》、《狂花凋落》、《剑谍》、《猎鹰1949》等。把《预警》与上述作品比较一下，我们不难发现其间存在明显差异，以及《预警》在谍战题材方面的新突破。

一、故事与人物

流行的谍战小说，多数是以讲故事为本位的，主要靠生动曲折、扑朔迷离的故事来吸引读者，而且都喜欢在险象环生的谍战中，穿插一些三角恋爱故事。

这些小说中的人物，大多是没有主体性的，仅仅是为传奇性的故事（敌我双方武斗、枪战、智斗）服务的。周大新的《预警》则明显不同，它不是以故事为本位的，而是以人物为本位的。作者所关注的中心，不是故事的传奇性，而是故事中的人，不是人物的传奇性，而是通过人物来呈现当代人的精神状态。

《预警》的所有故事，都是围绕着孔德武内心斗争展开的。孔德武是一个没有多少传奇性的普通人，不是一个神灵附体的超人。他与间谍之间的斗争，既不是武力的对抗，也不是智慧、智谋的较量，而是欲望与理性的冲突，这是有助于写出丰富的人性内涵的。潘金满为获取军事情报，利用孔德武的各种欲望，精心设置了一个个诱饵：先派出美女方韵，利用孔德武的爱美之心、助人为乐的心理和军人的正义感，一步步展开肉体诱惑；接着派出臧北，对孔德武的家人实施股票贿赂。前两招失败后，潘金满亲自登场，以战友的身份慷慨资助孔德武的女儿到澳大利亚留学（孔德武的妻子前往送行），然后利用孔德武的报恩心理，让他照顾患了抑郁症的"妹妹"潘金盈，潘金盈利用药物麻醉了孔德武，使他与自己发生了不伦的关系，从而抓住了孔德武的把柄。最后是间谍分子以孔德武的个人荣誉、生命安全、妻子女儿的生命安全为筹码，要挟他提供军事情报。

在这样一个简单的故事中，作者对孔德武的内心世界进行了淋漓尽致地剖析,在行动(故事)与心理的相互激荡中,展示孔德武心理的辩证发展过程:间谍分子的每个圈套,对孔德武来说,都是一场严酷的人性考验。故事情节的每一个新的进展,都会在孔德武的内心世界掀起巨大的波澜,引起他灵魂的悸动。在美女和金钱面前,孔德武在欲望与理性、坚强与软弱、坚守与放弃、向善与堕落之间反复博弈,最后他艰难地摆脱了美女和金钱的诱惑。但当潘金满为女儿出国留学提供方便时,他却失去了"预警"的能力,"自己就像一条自以为精明的鱼一样,在钓饵面前左右徘徊,以为没有危险了,就猛地伸嘴咬住了钩"[①]。在间谍分子摊牌后,孔德武内心的斗争更为剧烈,他面临的已不再是金钱、美女和权力的诱惑,而是被对方抓住了最脆弱的软肋:自己的个人名誉与生命,妻子和女儿的生命安全。为了国家的安全,他可以放弃个人的名誉乃至生命,但在亲人的安全与国家机密之间抉择时,他失去了抵抗的能力而准备缴械投降。当最后获悉情报间谍分子要利用军事机密来破坏国家安全,有可能给人类带来巨大的灾难时,他毅然决然地选择放弃妻子和女儿的生命。在最后的瞬间,一个大写的人站立起来。孔德武不失为一个英雄,因为他最后选择了正义。

我觉得,孔德武是一个富有人性深度和时代感的典型形象,是一个对当代人具有警示意义的典型形象。他所面临的诱惑,不仅仅是他一个人的,我们这个时代的每个人、特别是那些身在官场中的人,都有可能面临这样的诱惑;孔德武灵魂内部的斗争,也不仅仅是他一个人的,我们这个时代每个成年人,都曾经历过或正在经历着或有可能经历这样的斗争;孔德武艰难的抉择,更不仅仅是他本人的,而是具有普遍意义的,我们这个时代的每个人,都有可能会面临这样的抉择。可以说,周大新抓住了一个孔德武,也就抓住了我们这个时代。读过《预警》,留在我们记忆里的,不是注定很快就会被忘记的故事,而是久久不能忘记的人物。与那些只有故事而没有人物的间谍小说相比,我觉得这应该是一个新的突破。

二、故事与生活

在答记者问中,周大新声明《预警》是"反恐小说",而不是流行的间谍小说。这个声明是符合文本实际的。《预警》虽写谍战,但与流行的间谍题材作品确实具有明显的差异。时下流行的间谍小说和间谍剧,多数不具备现实主义的品格,不以反映现实生活为目的。而且,它们大多是历史题材的,但又绝不是严

[①] 周大新:《预警》,北京十月文艺出版社,2009年,第284页。

格意义上的历史小说或历史剧,因为它们不以反映历史和反思历史为目的,而只是以某个历史(如抗日战争,解放战争、新中国成立前后)为背景,在这个背景中虚构传奇故事来吸引接受者。因此,这些作品胡编乱造的痕迹太明显,大多缺少丰厚的历史内涵和鲜活的生活质感,没有传达出多少历史的经验和当代生活的经验,没有多少对历史与当代生活的严肃思考。而《预警》则不然,它具有强烈的当代关怀,凝聚着大量当代人实实在在的生活经验。

流行的间谍小说和间谍剧,大都采用假故事与真故事、表层故事与深层故事两相并置的写法,并最终揭晓谜底,让真故事、深层的故事颠覆假故事和表面的故事,以此引发读者探究故事真相的欲望。《预警》也是如此。小说上阕讲的是假故事,下阕讲的是真故事。但无论是在真故事还是在假故事中,作者都充分地传达出当代人的生活经验。方韵和潘金盈为欺骗孔德武而虚构出来的故事,故事是假的,反映的生活却是真的:方韵被酒店老总性骚扰而不得不寻找新的工作,被丈夫背叛而决定过单身生活;潘金盈被男性一次次伤害,因此对男性彻底绝望,患上严重的抑郁症,丧失了幸福感,失去了生存的意义,多次自杀未遂。这些虚构出来的故事,深刻反映出当今女性的生存困境,具有一定的普遍意义。

小说下阕讲的是真故事,反映生活也就更为深刻。潘金满、潘金盈、方韵等间谍分子身份公开后,他们在劝说孔德武提供军事情报时,讲出了他们真实的人生经历,深刻地揭示出他们反国家、反社会思想滋生的社会原因:潘金满的妻子长期被单位的头头霸占,他一气之下打断了单位头头的一条腿,单位头头为报复潘金满而让他的妻子下岗,并动用手中的政治资源,如工商、税务、城管等等,堵塞潘金满的一切生财之路,为报复这个不公正的社会,他走上了破坏国家安全的情报间谍之路;潘金盈的父亲为官清正廉洁,由于没有与市委书记同流合污,而被诬陷为"贪污罪",最后为捍卫自己的清白而自杀身亡,母亲也被气死。为给父亲讨还公道,潘金盈四处上访,求助于法院、信访办、新闻媒体等等,但无论如何也不能突破市委书记所设置的障碍。有冤无处诉的潘金盈,只好向市委书记求饶,希望他能够主持公道,没想到却被市委书记猥亵,在反抗的过程中,她抓伤了市委书记,因此被大学开除并接受监外劳动改造,受尽各种屈辱的潘金盈,这才发誓要报复"令人绝望"的国家。方韵毕业后找不到工作,为了让患癌症的母亲能够得到治疗,她无可奈何地做了副市长的情人,得到一份优越的工作和大量非法收入。副市长因为受贿被判刑之后,她上缴所有财产才免予刑事处罚,但被开除公职和党籍。她四处奔波赚钱,却难以应付重病在身的父母的高额医疗费和女儿的生活费,结果被间谍分子利用,并最终加入间谍组织。三位间谍对社会不公正的严厉控诉,彻底否定了国家与社会的合法性。与国际恐怖分子一样,他们窃取军事情报,不仅仅是为了获取经济利益,同时也是为了报复国家和社会,是为了"让这个世界恐惧、颤抖和痛苦"①,"这个肮脏的不公平的到处充满歧视的世界需要彻底改造!我们需要把它彻底打烂!只有打得稀烂才能重建一个新世界!"②对于恐怖分子反国家、反社会的思想与行为的内在逻辑,孔德武根本无力应对,他只能反复地说:个别腐败的官员不能代表国家,只有那些代表了大多数国人意志的人才能代表国家,不应该把对个别腐败官员的仇恨转移到国家身上。三位间谍分子对社会的控诉与孔德武无力的辩论,不能不引起读者对社会问题的严肃思考,使我们清醒地认识到,腐败和社会公正的匮乏,是滋生恐怖主义的土壤,要想根除恐怖主义,必须首先根除腐败。我觉得,这是小说《预警》所发出的最重要、最深刻的预警。

不难看出,周大新在描写谍战时,难能可贵地坚持了现实主义立场,因此改变了当前间谍小说过分追求离奇情节和严重脱离现实生活的倾向,从而赋予谍战小说以深刻的批判现实的内容,使谍战小说既有可读性,又有深刻的社会意义。这也应该是《预警》在谍战题材小说潮流中取得的新突破。

三、欲望与理性

《预警》所有故事都是围绕着人的欲望展开的,《预警》也可以说是对人的欲望发出的"预警"。正如方韵所说的:在她加入间谍组织后,还没有见过没有被拿下的目标,"这倒不是说间谍组织有多么大的神通,实在是世上的每个人都有欲望,不是发财的欲望就是当官的欲望,不是出名的欲望就是性的欲望,不是物质的欲望就是精神的欲望,只要有欲望,就会被利用,这是没有办法的"。

如何处置人的贪欲,一直是周大新思考的问题。在这个欲望被神化为圣经的年代,人的理性是极其薄弱的,任何非分的欲望,都有可能破坏社会的秩序、个人生活和个人心灵的秩序:面对美女的诱惑,孔德武稍有软弱,便会出现家庭危机;面对股票贿赂的诱惑,孔德稍有软弱,便会触犯刑律;面对个人职位升迁,孔德武稍有软弱,便会加入买官卖官的行列;面对间谍分子的威胁,孔德武稍有软弱,便会危害国家的安全。既然欲望如此可怕,我们靠什么来抵制权、名、利、色的诱惑?靠什么来构筑理性的堤防?靠什么来维护人格的独立?靠什么来维持社会的秩序和心灵的秩序?这是周大新一直焦虑不安的问题,他也一直在

---

① 周大新:《预警》,北京十月文艺出版社,2009年,第313页。
② 同上,第314页。

寻找着能够抵制欲望诱惑的精神资源：如传统的共产主义信念与基督教信仰（如《浪进船舱》）、乡下人的伦理观念与原始正义感（如《21大厦》）、知识分子的人文传统（如《第二十幕》）、乡村女性的宽容与善良（如《湖光山色》）等。①

在《预警》中，作者也在寻找孔德武（或者说当代人）能够不屈服于非分欲望的理由，也在思考如何建立和巩固普通民众的理性堤防。孔德武在美女和金钱面前能够不堕落，家庭观念、政治责任感、国法军纪、法制宣传教育等，都是能够把他从"欲望"的控制中解放出来的力量。他克制与年轻女人交往的欲望，数次拒绝方韵的邀请，是因为怕毁了自己的政治前途和家庭。当方韵赤裸裸地暗示渴望做孔德武的情人时，他的理性堤防即将崩溃，突然妻子樊怡和女儿孔醒出现在他的脑海中，这才使他挣开了方韵的手，狼狈地快步向门口走去。老邱卖给他的《法制晚报》上的《厅级干部雇凶杀死情人》的消息，使他对找情人的后果进行了理性的反思，决定彻底中断与方韵的交往，在他将要寄回方韵的钥匙的瞬间，他又软弱了，决定"不让二人的关系向情人发展，只做普通的朋友，稍微体验一下婚外的浪漫生活"。当他再次在欲望的驱动下去和方韵约会时，在路上偶遇女儿孔醒，他又开始自责，"再见方韵的迫切，陡然间没有了"，但脚步还是情不自禁地往前走，接着遇到荆长铭组织的参观贪官情人住所的反腐教育活动，而那个住所与方韵的住所竟然在同一条街道上，这才使他痛下决心彻底中断与方韵的交往。同样，孔德武能够战胜股票贿赂，是因为老邱卖给他的《京都晨报》上某高官《接受股票贿赂被撤职查办》的新闻，荆长铭组织的参观监狱、听取贪污渎职干部的自我忏悔的活动，使孔德武有了充分的预警。此外，物质、文化与审美的创造，也是人类升华自己欲望的一个重要途径。每当孔德武为邪恶的欲望所控制时，他便会转移自己的注意力，投入到《现代战争预警》一书的写作中去。周大新在谈到《预警》时说："每个人都是正常人，有欲望的要求很正常，但有些人没有落入陷阱，是因为他有理性，能够对此进行分析，进行权衡。没有理性，就会完全被欲望的要求所裹挟。"②这里所说的"理性"，显然不是某种宗教信仰或者某种道德原则。周大新是一个有社会责任感而没有宗教信仰的作家，他在物欲汹涌中寻找人类自我救赎的精神资源时，没有一脚踏在某个救赎灵魂的舟筏上，或皈依佛或皈依基督，或皈依纯美的艺术。不过，没有信仰自有没有信仰的好处，有信仰者大多对当代生活充满了偏激和义愤，难以忍受庸常的日常生活，以至失去观察和分析当代生活的能力。有社会责任感而没有宗教信仰的周大新，较多地保留了人间的情怀，他的写作不是自我灵魂的救赎，

---

①武新军：《新官场小说求疵》，《当代文坛》2003年第5期。
②周大新：《给欲望一个预警》，《北京晨报》2009年9月14日。

也不是对现实生活的逃避或简单的指责,这是他能够长期坚守在现实主义基点上的重要原因,也是《预警》能够引领我们去思考这个社会、思考我们自身的重要原因。

四、作品的社会效果

流行的谍战小说,大多侧重于作品娱乐功能和消遣功能,而很少考虑作品改善社会与补益人生的功能。《预警》则不然,作者更多关注的是社会和人生。在答记者问时,周大新担心读者会觉得《预警》反映生活、批判生活不够尖锐。他这样说,可能有这样说的苦衷:他所接触和体验到的现实生活中的阴暗面,可能很多很多,而且十分可怕,但考虑到作品的社会效果,他不得不有所回避,不得不对生活经验有所取舍。这是完全可以的,文学毕竟还要承担正面引导人的功能,没有必要让所有的阴暗面都进入到作品。在过去,曾出现大量过分暴露阴暗面的作品,读后让人悲观、绝望,好像很敢讲真话,但实际效果却并不好。

《预警》在处理这个问题时还是比较恰当的,既把社会问题摆在读者面前,又不至于让人感到太压抑太绝望。小说大胆地写出了恐怖分子的无孔不入和肆无忌惮,写出了社会中所存在的严重问题,写出了人性的丑恶与理性的薄弱,但并未使我们对社会、对人感到绝望,而是让我们在绝望中不断地感受到社会的希望和人性的温暖。作者有意让我们跟着孔德武一起去经受人性的考验,去感受他一波三折的内心激荡:孔德武是一个和你我一样的普通人,面对金钱美女的诱惑,他也曾有过"心弦的颤动"和内心的软弱,在个性欲望膨胀理性薄弱的年代,这也是可以理解的。但他在心弦颤动几下后,还是坚守住了人的本分,战胜了美女和金钱的诱惑,这使我们看到了人性的温暖和社会的希望:在我们的社会中,还存在不屈从于邪恶欲望控制的人,还存在间谍分子们很难对付的人,连潘金满也不得不承认:"很多人告诉我,中国的军队已和政界一样腐败了,什么都可以用钱买来,看来他们的判断还不是很准确,他们得到的信息并不全面。"①孔德武被抓住软肋后,我们为他而担忧;他最后站立起来了,挺住了人的尊严,我们为他而骄傲。孔德武不失为一个好人,我们不愿意让他死去,这个好人被毁灭,是成功地获取了悲剧的效果的,从作者含糊处理的结尾中,读者的心灵是能够得到净化的。

荆长铭、程万盛,还有卖报纸的老邱,也让我们在不断的绝望中感到正义的

---

① 周大新:《预警》,北京十月文艺出版社,2009年,第251页。

力量。在阅读小说的过程中,我们也曾像孔德武那样,怀疑荆长铭、程万盛与孔德武的"战友"情,以为他们为了个人职位的晋升而对"战友"下手,但读到最后,我们才发现他们"战友"情的真挚与可贵:纪检部长荆长铭对腐败现象绝不姑息,他几次组织的反腐教育活动,都给徘徊于正义与邪恶边缘的孔德武以切实的帮助。他对战友有原则有温情,当发现孔德武"生活腐化"的照片是真的时候,他不徇私情坚决上报,当认识到孔德武可能是被人陷害时,他多方奔走为战友讨还清白,当发现孔德武与金盈的"暧昧"关系时,他尽到了战友的规劝之责。这种真挚的战友情,绝不像间谍分子潘金满说的:相信"战友"是迂腐的,只能"部分地相信双方签了名的合同和协议,完全地相信手中的金钱和武器,除此之外谁也不要相信"[①]。卖报纸的老邱,在作品中一共出现了4次,所有文字加起来不超过2 000字,直到最后他的真实身份(国家安全局工作人员,专门负责跟踪国际间谍分子)公开,我们才突然意识到,尽管间谍分子十分猖獗,连孔德武这样优秀的人都被他们控制了,但他们的恐怖活动,还是时时处于国家的掌控之中,我们国家对于恐怖活动,还是具有一定的"预警"能力的。如果没有这些人物,我们真的会感到生活没有任何亮色和希望,读者可能就会因此而认同间谍分子们反国家反社会的论调,从作品中得到反社会的情绪。有了这些人物,情况就不同了,读者从作品中获得的是严肃的思考,即如何去改良这个社会。

总的来说,《预警》之所以给当前流行的间谍小说创作带来了一股清新的风气,是因为作者没有把文学视为消闲解闷的手段,没有放弃文学改良社会、改良人生的使命。读者从《预警》中获得的,绝不仅是惊险和刺激,而是无法回避的人生;不仅是好奇心的满足,而是悲剧对灵魂的净化;不仅仅是猜谜或智力的游戏,而是对灵魂的拷问;不是轻松愉悦的,而是苦涩沉重的;不是暂时的兴奋,而是持久的思索;不是对社会与人性的憎恨,而是对社会与人性的同情。

原载《平顶山学院学报》2011年第1期

[①] 周大新:《预警》,北京十月文艺出版社,2009年,第254页。

《预警》:消费语境下的经验叙事

刘 军

以"盆地叙事"而享誉文坛的河南作家周大新,近几年成果颇丰。继长篇小说《湖光山色》获得 2008 年茅盾文学奖之后,2009 年 9 月又推出其第一部军旅题材长篇小说《预警》。其实在其近三十年的创作历程中,周大新一直不断地进行着军事题材小说的探索。无论是评论界,抑或是熟悉周大新的读者,每提起这位茅盾文学奖的得主,便会有一个先入为主的印象:周大新是一个擅长写农村题材的小说家。事实上也确实如此,周大新五百余万字的作品中,绝大部分都是在描述那个"豫西南的小盆地",描述处于冲毁与改变格局中乡村的"美丽与哀愁",通过旁观的叙事,践行他几十年一以贯之的"为了人类日臻美好"的写作理想。

茅盾文学奖授予周大新时,有这样一段授奖辞:"为什么我的眼中常含泪水,因为我对这片土地爱得深沉。"引述艾青的名句,阐发其与乡土中国的精神联系,从而给予作家的创作情怀以极高评价。而在《预警》的写作过程中,周大新离开了他熟悉的农村,重新打量起所熟知的军营生活,潜心 4 年,为我们带来了一部以军事谍战为背景的长篇小说。从某种意义上而言,这是其写作边界的进一步拓展。

按照作家自己的说法,《预警》是一部反恐小说,而非出版方宣称的谍战小说,书名定为预警,目的是为了给身边战友以提醒,在和平的年代里也要始终恪守"生于忧患"的意识,警惕恐怖势力的渗透和各方诱惑,因为恐怖分子是当下人类和平的最危险的敌人。其实,这里所谓的分歧,乃是出自作家的主观意愿,其意见有两个方面的考虑,一是政治正确性的坚持。近几年来,虽然军旅题材作品由过去的宏大叙事、集体叙事转向个体经验叙事,但军队的特殊性质,军人的特殊身份,决定了国家主义作为一个基本框架必然黏附在小说的叙事背景之中;二是严肃文学边界的坚守。一个长期从事精神写作的作家,固然受到当下类型小说,尤其是谍战小说的影响,出于可读性的考虑,向大众阅读趣味靠拢。但在其创作理念中,塑造一个血肉丰满、性格立体、心理复杂的军人形象还是占据着主导地位。或许,正是基于以上两种考虑,作家才特意拎出"反恐小说"的名称。实际上,这两种提法并不冲突,反恐小说指向的是作品的题材,而谍战小说指向的则是作品的类型。两者是否能够重叠,取决于作品的叙事风格和大众接受。如果从《预警》的叙事进程来作判断,毫无疑问,这是一部典型的情节小说,小说的张力,不是来自人物性格自身的矛盾,也并非如《复活》中的聂赫留朵夫,或者《高老头》的拉斯蒂涅般,性格在情节的铺陈中自身得以反转与成长,恰恰相反,在小说中,我们所看到的主人公孔德武的性格几乎是定型化的,换句话来说,人物从出场到结尾,发生变化的不是其性格,而是忠诚信念与人性软弱间摇摆的人物心理。比起麦家的《风声》等谍战小说,《预警》在悬疑程度、人物传奇性、环环紧扣的推理及反向的结局处理方面显然有所不及,但在情节主体、惊悚效果、封闭叙事、人物间复杂纠葛的设计等方面却大同小异。除此之外,就大众接受来说,无论是主流媒体《文艺报》,还是豆瓣读书,皆倾向于将这部小说当作大众文化的读本。从这个意义上说,《预警》是作家在精神写作与大众共谋间摇摆的产物。

一、摇摆下的谍战叙事

注意小说的可读性即使对于严肃作家来说,也并非是件坏事。《白鹿原》出版后,作家陈忠实在接受国外记者采访的时候,曾表示过,小说开头的一句话是经过多次修改后才得以落定,而其中缘由在于考虑可读性的因素。从 20 世纪 90 年代初开始,大众文化兴起,形成对精英写作的巨大冲击。2000 年前后,网络文学中的类型小说开始走进大众的阅读视野,形成生产—消费的高潮,这种现象被戴锦华称为"极有中国特色的消费主义文化时尚"[①]。也有学者认为,小说是不应该按照表现生活领域不同而被分成不同类型的。但事实却是,一部文学史,早就把表现不同生活领域的作品分成了各种各样的小说类型,从大仲马,到克利斯蒂,再到近代的畅销书作者。小说不可能只有一个类型,在国外书店,文学类读物分的类型更多,诸如历史小说,情感小说,还有动作小说等。类型小说中,谍战题材更是受到垂青,因人物的传奇性,为数并不多的出场人物,以及情节的波谲云诡,极易改编为电影或电视剧,从而切合图像时代趋零距离的美学要求。影视剧的热播反过来又带动小说的热卖,形成双向刺激生长的效果。

从历史渊源上看,对"奇"的偏好,贯穿于传统的各种叙事类型,无论是志怪小说,还是传奇、话本,皆是如此。恰如朱自清先生曾指出的事实:中国人一向以志怪传奇为主。这一点,在晚清类型小说的写作中非常明显,奇人、奇事、奇情的铺排层出不穷。作为比照,当代的谍战小说,对"奇"的渲染有过之而无不及,隐秘战线、主人公的大智大勇、斗争形式的不对称、险象环生的场景设置等,极大地满足了读者的猎奇心理和对历史的窥视欲望。另外,谍战小说的另外一个杀手锏就是情节的悬疑化,作者通过不断制造悬念,并融入神秘、惊险元素,

---

[①] 戴锦华:《隐形书写——90 年代中国文化研究》,江苏人民出版社,1999 年,第 94 页。

让情节更为惊险曲折,从而挑战大众的阅读智慧,激发其探讨隐秘的欲望。这方面,麦家的《暗算》《风声》即为其例,而且,他的小说集合了阴谋、欲望、忠诚、信仰、爱情等因素,也吸收了其他如侦探、武侠等类型小说的特征,同时兼具几乎所有的商业卖点。在当下谍战小说的热潮中,我们似乎也可把《预警》归纳其中。然而在类型特征上,这部小说与麦家等作家的作品又有诸多的不同。首先,谍战小说的主要人物往往具有传奇的经历或某一点超出常人的能力,如《潜伏》中余则成那如计算机般缜密的思维和超常的冷静,而《预警》中的孔德武,却是一步一个脚印,从普通士兵升迁到作战局长这个位置,其本人也没有什么超常之处,甚至相反,其人性弱点被敌方所利用,一步步被放大,进而陷入困厄的境地。如果说有什么特殊性的话,那就是他的职业了,因其掌握高级别的核武秘密而被情报贩子紧紧盯住。其次,在故事背景的设置上,通俗化的谍战类型,故事素材往往直接取自抗日战争和解放战争时期隐蔽战线的斗争。作为类型小说,同质化与模式化的倾向又加重了对如此背景的暗示。而《预警》则将窃取与反窃取的情报斗争直接安排在和平年代,这种设置,或许是出自作家为了避免读者将其视作通俗读本的考虑。再次,《预警》采取了单线叙事的模式,这与一般谍战小说的明暗线重叠或多线索叙事模式有很大的区别。单线叙事紧紧围绕着人物的遭遇展开,利于读者把握其性格,而多重叙事模式考虑较多的却是情节的起伏曲折,并以此来吸引受众。最后,在悬疑程度上,虽然《预警》也安排了较多的悬念,并且设置了诸多惊悚情节,但大体是基于故事的可读性来考虑的。孔德武与方韵的奇遇,通过藏北的帮助孔家炒股的成功,还有主人公与老战友的偶遇等,这些书中的情节,只能说戏剧性因素占了主体,至于悬疑程度,与上面所举,有着很大的距离。关键的问题还在于,读者在小说悬念的设置中,可以接受到明确的提示,无论是开篇卖报纸的老邱的警示,还是主人公回老家后,身旁道观主持的反复告诫,皆向读者传达了明确的信息。这一点,与网络谍战小说作者大规模地复制悬疑情节从根本上区别开来。

总之,即使读者将《预警》作为谍战类型加以接受,我们也应该说,这是一部文人气十足的谍战小说。传统写作的思维定势比比皆是,作者的这种向可读性看齐的市场化写作的尝试,还留下了诸多以往写作范式的体温。

二、主体的紧张与叙事的松弛

被称为开意识流小说先河的美国小说家亨利·詹姆斯认为,领会经验的才能,研究创作的细微过程,才是小说家艺术的开端和结束。这段话与托尔斯泰的"艺术起于至微"的提法异曲同工。小说是讲故事的艺术,无论是经典叙事还是现代叙事,"将一个谎话说圆"是一个基本原则。所谓"说圆"指的是小说故事的圆整性,其内容包括常识、经验、逻辑、情理、细节说服力等。这些对于小说创作来说是一个地基性的工作,关乎一部小说的成败。谢有顺将其比喻为"装水的布袋",并进一步指出"小说写作,特别需要注意语言针脚的绵密。这些针脚就分布在小说的细节、人物的性格逻辑、甚至某些词语的使用中,读者对一部小说的信任,正是来源于它在细节和经验中一点一点累积起来的真实感"①。真实感是读者对小说的最基本的要求,但小说却又不是世俗生活本身,王安忆曾指出:"小说不是现实,它是个人的心灵世界,这个世界有着另一种规律、原则、起源和归宿。但是建筑心灵世界的材料却是我们赖以生存的现实世界。"②心灵世界要想坚实与广阔的境界,仅靠作家的想象与玄思显然是无法完成的,它要借助结实坚固的物质材料得以垒就。由此出发,如何将心灵经验与现实叙事统摄起来,这就成了重要的问题。解决这个问题需要两个方面的协同,一是小说家自身经验的开掘;一是小说家研究、调查周围社会的深入。

在《预警》中,作家除了在情节的悬念与惊悚方面颇费心力之外,另一个用力点就是人物形象的塑造了。为了刻画一个和平条件下立体有血肉的当代军人形象,作者在书的上半阕费了诸多篇幅用来描写人物的心理活动,不过,作家的紧张或过犹不及却直接导致了人物形象的矛盾与裂隙。军人的超强信念,传统文人式的多愁善感,以及庸常的智力水平,杂糅在一体,落定为孔德武这一主人公形象。不仅对待两个美人惜香怜玉,在对待妻子和女儿时,他也是顺着、惯着、宠着;在对待几个战友方面,他对潘金满的热情,在照片事件上对荊长明、程万盛的猜疑和愤恨等都表现出与其年龄、职位不相匹配的轻率,表现出同他应有的意志力之间一种不切实的间离。如果探究其因的话,那么,作者的主观想象与经验现实之间没有形成很好的熔铸,应该占据主导的因素。

严格说来,这种混杂和错位对于人物形象来说是一种伤害,并进而影响到小说的地基性工作。从叙事方式来看,作者的个体经验叙事并没有贯彻到底,而是在个体经验叙事与集体叙事之间形成拉锯。还原一个生活化的、有人情味的、有爱憎的、有独立判断力的军人形象是作者的本意,孔德武的家庭温情,知识追求——小说中他一直努力完成《现代战争预警》的写作工作,未得到晋升后对战友的嫉妒和对上级的抵触,以及他怜香惜玉的情怀等,即为例证。但在具体处理过程中,具象化人物的后面总是又会挺立一些抽象化的符号,就拿主人公的名字来说,孔德武有力而且德行方正,不免有完美化的暗示。另外,关于他的职业素养,以及小说结尾以自身肉体的毁灭完成个体的涅槃等细节,皆可视为惯性的集体叙事传统对作家的掣肘。

小说情节的推进,依靠证据链式的细节链条作为支撑,如此,小说的真实性

---

① 谢有顺:《文学的常道》,作家出版社,2009年,第219页。
② 王安忆:《心灵世界——王安忆小说讲稿》,复旦大学出版社,1997年,第1页。

和自身力量才得以确立。客观地说,这部小说在细节的处理方面还是有不少闪光点的。比如开篇讲述孔德武与方韵女士的交往过程,通过诸多细节的刻画完成对人物内在心理的很好把握,一个体贴怜悯,温柔多情却又意志力顽强的大校军官便跃然目前。还有最后生死关头,主人公所做出的一系列心理抉择及相关行动,对于人物性格的凸显有很大的帮助。而在有些地方的处理却不够精细,比如妻子和女儿炒股赚钱后,孔德武的主动中止却是出自一次意外,即老邱卖给他的一份报纸,对比其与方韵的交往,就可看出其中的破绽。还有主人公带着潘氏兄妹回老家看护养病期间,在道观里碰见卖报的老邱细节,就有着为细节而细节的嫌疑。

孔德武身上职业素养与小说中所呈现出的逻辑思维、判断能力之间也形成了很大的缝隙。这些裂隙在故事渐渐走向高潮后逐渐显露,比如其对十几年未见的老战友的充分信任,将妻女轻易托付,以及看护潘金盈期间对其的一再迁就,无论道观主持的提醒和潘金盈的反常表现,都没有引起他的充分警醒。在这里,主人公的职业身份与多情角色之间形成逻辑的断裂,当然,也可视为是作者为推动情节发展的考虑而不得不采取削弱甚至牺牲人物的性格的做法。这些背离生活逻辑的部分情节,在一定程度上影响了作品主题表达的深度,从另外的角度也验证了作者在叙事推进过程中的摇摆不定。

尼尔·波兹曼在《娱乐至死》的前言里引述了赫胥黎在《美丽新世界》里所发出的预言,即"人们会渐渐爱上压迫,崇拜那些使他们丧失思考能力的工业技术"①。在当下快餐式阅读的时代,这个工业技术就是小说的故事。故事来源于个体的经验传达,这种经验是公共性的,所响应的是市场和消费的需要,与本雅明所认为的小说诞生于孤独的个体形成了深刻的疏离。而小说和故事分离开来,恰恰对应了消费语境中的小说危机,关键的问题在于,每一个严肃小说的作者都要遭遇这样的危机。周大新的小说《预警》向故事倾斜的姿态,表征了作家的一次新尝试,而对于其叙事的摇摆,也可视为这种危机的产物。

原载《平顶山学院学报》2011 年第 1 期

---

① 〔美〕尼尔·波兹曼:《娱乐至死》前言,广西师范大学出版社,2009 年。

时光在书中倒流　生命在文字中重生
——读周大新长篇新作《安魂》

胡　平

　　生存和死亡是重大的哲学命题，也是重大的文学命题，不过，迄今为止，中国当代文学中能够以彻底的真诚和勇气直面死亡的作品还不多。现实的小说家多数是探讨生的作家，无论在都市文学还是乡土文学中，主人公都生机勃勃地生活和奋斗着，他们即使陷于悲观，愤懑也仍然指向现实。我们尊敬的作家中，恐怕只有两位曾点燃了自身，以生命为火炬，照亮了我们意识到的生死两界，一位是史铁生，一位是周大新。

　　周大新经历过中年丧子的痛苦，三年后写出《安魂》，这部作品非同寻常，通篇由作者和英年早逝的爱子周宁之间的对话构成——可以想见，在决定写作和开始写作它时，作者流下过多少泪水。我们甚至不能简单以"作品"看待这部书，它是主人公生命和灵魂自身的呈现与闪耀，足令读者深深震撼。

　　一边是留在人间的父亲，一边是已在天国的儿子，二十万言的绵长对话，记录了父子间许多过去想说而没有来得及说出的话，此刻周宁音容笑貌历历在目。读时我想，生命不会因死亡而中断，他仍可延续，占据空间和时间，这部书就是印证。时光流淌，每个人都会消失在未来，时光亦可倒流，倒流中每个人都栩栩如生。

　　时光在书中倒流，在父与子的交替讲述里，周宁从出生、迈步、学习到成长为一名军官的经历被连接起来。他只度过了平凡短暂的一生，然而他天真过，成熟过，恋爱过，奋斗过，有过属于他的天地。现在，他还拥有了这部书，书是父亲献给儿子的最贵重的礼物：古往今来，星移斗转，世上唯有文字长久留存，一个年轻的生命在文字中得到重生，他也将由此获得永恒。

　　当然，书也是献给"天下所有因疾病和意外灾难而失去儿女的父母"的，他们都会经由阅读理解生命，从中汲取生的力量。我想，它也是献给我们每个人的，因为每个人或迟或早都要立在生存与死亡的渡口。

　　站在渡口的周宁只有29岁，对人生还知之不深，便要考虑如何离开亲人和这个世界，这个时刻是残酷的，也来得太早。但是，我们看到，这个青年最终学会了淡定和达观几近坦然地走完了最后的旅程。从得悉化验和诊断的结果开始,直到渐渐不能自己动手吃饭,他未曾以眼泪和言语抱怨父母。他忍受着药物和手术的折磨,在旁人的搀扶下坚持练功。直到从父亲脸上读出最后的诊断时,也只是平静地说:"爸,你快吃饭吧。"在生命的最后阶段,他做到了接受现实,每日微闭双眼背诵几遍心经,保持了灵魂的宁静。临终前,则向父母表达了歉意,请求父亲答应照顾好母亲。读到这些,我不禁热泪盈眶——谁能说他只是个孩子呢?他精神上体验和面对过的强度超过了许多人完整的一生。他是坚强和勇敢的,他在和自己的病痛作斗争,却教会了人们如何感受生和走向死,从这个意义上说,他已经是我们的先知。

有人说,父爱不及母爱来得深沉,这是不对的。的确,父亲有时是沉默的、寡言的、忙于事业的,但父爱的表达仅仅是缺乏表达的时刻。读《安魂》的每一页每一行字,我们都无法不被作者表达出的深厚凝重和无以复加的父爱所感动。书中写道,当父亲得知儿子病情复发时,他"顿时感到地在旋转,眼前的一切都变了颜色,天花板上的灯变得灰暗极了,室内摆放的绿色植物绿得十分难看,窗台上的花红得像血一样令人讨厌……"当他听说国外研究出一种能治脑胶质瘤的药物,二十几万人民币一针时,便发疯地想去挣到200万元。一切药物都失效后,他曾绝望地携妻携子到十字路口去烧黄表纸"驱邪",也曾不顾一切地请到一个来京卖菜的老太太到家里施展"特异功能"。在每一种理性与非理性的搏斗中,父亲的拼死挣扎令人掩卷长叹。

父亲的爱、母亲的爱,在书中许多地方化为无尽的悔恨,这些悔恨大都无所依据,只缘自父母对自己的苛求,他们却无法摆脱那些念头的缠绕。孩子出生时动过产钳,小时磕过桌角,是不是由于大人的疏忽,使孩子留下了病灶。孩子上高中时,被大人阻止过从事一些课外活动,是不是影响了青春期的健康成长。孩子喜欢文科,大人强迫学习理科,是不是增加了孩子的精神负担。孩子初恋时,如果没遇到大人从中干涉,是否会生活得幸福正常。如果不是在父母的要求下去读研究生,他是否会避免身体受损。这些点点滴滴的回忆和推测,都会噬咬父母的心,使无助的父母转向对自己的惩罚和折磨。《安魂》对父爱和母爱的刻画不能仅仅用真切形容,它是颤栗的,具有融化一切和震撼人心的感染。

不仅于此,《安魂》也表达出主人公对苦难和死亡的超越,这是它所蕴含的另一重大精神力量所在。作品开首不久就写道,儿子小时曾多次梦见,一个头罩白色丝巾的女人站在床头向他招手,这一场景成为推动作品后半部情节发展的重要动力,也寄托了父子之间建立的新的精神维系。父亲相信,儿子确实在那个女人的引领下飞向了天国。儿子最终到达了享域,向父亲描述了新开始的朝气蓬勃的生活。在那里,他有机会接触许多以往闻名的人物,如王阳明、杨玉环、伏尔泰、达尔文、爱因斯坦、苏格拉底、薛涛、莫扎特等,从他们那里获取了充沛的知识，增长了才干。他也见到了祖爷爷、祖奶奶、外公、外婆、舅舅等亲人，新结识了女友，过得快乐而充实——这些仅是出自作者的想象，还是来自另一个世界的真实景象呢？我们其实无法回答，因为我们的知识还只是拘囿于这个世界。我们想看到和已经看到的是，父亲通过与儿子的对话，得知儿子摆脱了人间的痛苦，获得灵魂的解放和飞翔，以此为慰，儿子也为父母知悉这一切而感到欣然。天上人间，幸莫大焉，福莫过焉。作者相信，我们也相信，生存和死亡都是可以超越的。

原载《光明日报》2012 年 10 月 5 日

《安魂》一曲慰死生

雷 达

周大新的《安魂》分明令我似千钧在手,沉重无比。这是当下出版物中少有的,也是我长久期待的"灵魂写作"。然而,对于作者周大新来说,这份收获的代价却过于沉重和怆然。

这是一部直面死亡的著作。虽然陶潜云:"亲戚或余悲,他人亦已歌,死去何所道,托体同山阿。"尽管哈夫洛克·埃利斯说:"痛苦和死亡是生命的一部分。抛弃它们就是抛弃生命本身。"[①]然而,当正值英年的儿子的死亡突降到一个父亲面前时,其心灵之巨痛要远远超过死亡降临在他自己身上。

《安魂》这部数十万字的作品通篇是父子生死相隔却又灵魂无间的对话。它的总体由两部分构成:上半部分回忆儿子周宁生前之成长。其中有作者对儿子无比深情的爱与记忆,也有作者对自我的无情的解剖甚至痛恨;下半部分则是儿子周宁进入天国之后父子的对话。以周宁的视线牵引出人类古今历史上的哲人思想与精神锻炼。

相比较而言,《安魂》的上半部分偏于实,下半部分偏于虚,一虚一实,共同呈现出周大新对儿子沉痛的思念,对人世深切的思考。表面看来,《安魂》是为痛失爱子周宁而作,实际上,则是周大新在为儿子安魂的同时在为自己安魂,也为天下那些失去孩子的父母安魂,更重要的是,他也是在为这个时代安魂。

《安魂》首先是周大新给离去的儿子的一阙安魂曲。这个世界上令人悲哀的事情莫过于白发人送黑发人。他在送走儿子周宁之后,忆起周宁成长的点滴,有幸福,有苦涩,有深深的追悔和自责。然而,在生死界河彼岸的周宁却坦然无比,用宽容的心将父亲的所有痛苦化解。如,当得知儿子的病可能与儿时脑部受过外伤有关时,父亲痛心疾首:"宁儿,你是来得艰难,走得急呀!""我何不早早请假回家,要求医生剖腹产,那样,就不会对你使用产钳呀!我好后悔!"周大新的自我剖析的勇气令人动容。他将所有的责任都放在自己身上,他从儿子成长过程中细细找寻那些有可能导致儿子患绝症的因素,比如营养,比如外伤,比如施加的学习压力,等等。

---

① 〔美〕科利斯·拉蒙特:《人道主义哲学》,贾高建译,华夏出版社,1990年,第96页。

这些原本发生在中国每一个普通家庭中的平常事,在周宁离开人世的时刻,却成为一处处痛心的伤口。周大新将自己的灵魂剖开:"我为何要折腾自己的儿子?""是不是这一段日子让你的身体再一次受到了损害?""归根结底是我的功名心太强……"最令他痛悔的还不仅是这些,而且是他拆散了儿子和最喜欢的恋人。他甚至以为,如果不是他的无情,儿子就不会得这样的绝症。他对远在天国的儿子说:"我是最劣等的父亲,也是最冷酷无情的父亲,我好后悔呀!"

《安魂》也有对人在病痛中的肉体痛楚与尊严的无处搁置的思考,对这一点我确心有戚戚焉。周宁在最后一次抢救时说:"这么久的无质量的带病生活,让我已厌倦了活着。""如果活下去就意味着这样遭罪,我为何不选择解脱?"

北京已是秋日,阳光悄然进入我的书房,我抚摸着《安魂》,分明是在抚慰世间那无数受尽苦难的灵魂。我眼里有泪,却流不出。周大新,我多么佩服你的坚强,这部书,字字血,句句泪,你写的时候,不又重走了一遍揪心路吗!

《安魂》也是周大新给自己的一阙安魂曲。读这部书的过程,是一次让人重新思考生死的过程。我几乎产生了一种错觉,感觉不是周大新在为周宁安魂,而是周宁在为周大新安魂。周宁对父亲的每一次忏悔都在宽慰,他原谅父亲所有的过错,因为那都是出于爱。周宁还宽慰父亲,死亡并不可怕,不要为自己的死亡而悲痛,何况那些已经到来的,并不是最坏的。

恐怕所有读过《安魂》的人,都难以忘记其中头罩白色丝巾的女士形象。周宁从小就梦见这样一个形象,她似乎不时来提醒周宁要随她去,周宁的灵魂离开人世时,她充满善意,举动轻柔引领周宁走向天国,她无语,却拥有巨大的力量。

我以为,一部《安魂》,更是周大新献给时代的一阙安魂曲。周宁和他的祖先在天国的相遇,与古今中外那些伟大灵魂在天国的对话,更是一次对当下时代人心的安魂。最精彩的是周宁与鄢郯、弘一法师、与爱因斯坦的对话。弘一法师与周宁的对话关乎生死、灵魂、平等,这些哲学命题,周大新通过弘一之口告诉这个疾速行进的时代中每一个不安定、内心不平衡的灵魂:"人生怎么比较?"人生的起点不同、人生的长度不同,人生所从事的职业不同、人生不可量化,应该像天国之神那样公正公平地评价人生。爱因斯坦则不是一个有耐心的灵魂,他率真坦然,认为人生的比较不可避免,人生的痛苦来源于比较,关键在于怎样比较才好?快乐和幸福都是人的一种自我感觉,无法对其进行固化和把握,而灵魂的价值与美好与否才是最重要的?他用特蕾莎修女的伟大来说明问题。

行文至此,我发觉周大新已经从生离死别的痛苦中跳出,带着读者站在茫茫宇宙的一个高岸,冷峻而理性地看古今,看人性,看天下苍生。《安魂》已不仅仅是个人的一阕安魂曲,而且是时代难得的一阕安魂曲了。

  与其说我这样的年龄更容易为生死之命题所触动,毋宁说是周大新将世间最悲痛的生离死别的真相面纱撕去,带着啼血的思考揪住了我的心。读《安魂》的过程,是我不时流泪,不时自我反省的过程,也是一次为我安魂的过程。

原载《中国青年报》2012 年 10 月 30 日

魂灵寻觅：从冲突、忏悔到救赎
——评周大新的《安魂》

刘艳宗

周大新在长篇小说《安魂》中，以泣血之笔展开了与英年早逝的儿子的对话，并以纪实的方式再现了儿子周宁短暂一生，在痛楚的回忆中表现那来自灵魂深处的自责和忏悔。小说的前半部描写了儿子从出生到被病魔夺去生命的历程，满溢着浓浓的父爱和家庭的温馨，小说的后半部描述了儿子到天国之后的生活，小说借助儿子与古今中外伟大思想家、科学家、文学家等的灵魂对话，实现了精神层面的自我救赎，达到了对当下社会、人生中许多热点、焦点问题的深度探讨。

一、父子冲突——沉重的父爱之殇

《安魂》最打动人的是父亲的爱，那深沉浓烈得无以复加的爱令人动容。特别是在儿子患病后，为了给儿子治病，作为父亲，周大新做出了艰苦卓绝的努力，付出了能够付出的一切。他在回忆中的追悔和自责，在绝望与希望并存中的坚强，充分展示了父爱的厚重和坚韧。"当他听说国外研究出一种能治脑胶质瘤的药物，二十几万人民币一针时，便发疯地想去挣到200万元。一切药物都失效后，他曾绝望地携妻携子到十字路口去烧黄表纸'驱邪'，也曾不顾一切地请到一个来京卖菜的老太太到家里施展'特异功能'。在每一种理性与非理性的搏斗中，父亲的拼死挣扎令人掩卷长叹。"[①]读者跟随着父亲血泪铸就的爱，和作为父亲的作者一起充满希望、又一起充满绝望，设身处地地体验着父亲的痛苦。什么最能撕碎人的心，那便是看着自己的孩子承受着病痛的折磨而无能为力，什么最让人绝望，那便是眼睁睁地看着自己的孩子一点点被病魔夺去生命而束手无策。人类在享受着爱的同时，总是不可避免地要承受不期而至的

[①] 胡平：《生存与死亡的超越——读周大新长篇新作〈安魂〉》，《全国新书目》2012年第10期。

灾难和痛苦。

在爱与痛中,理性地解读作者的自责悔恨,隐隐可以感觉到埋伏在父爱中的父子冲突。这种冲突来自于现实生活,主要表现在父亲对儿子人生道路自以为是的决定和干预,对儿子内心意愿的忽视、对儿子心理的不了解等。《安魂》中的父子冲突,与以往文学作品中那种带有浓厚意识形态和文化象征意味的父子冲突有着本质的区别。

自从"五四"新文化运动开始,进化论的观念深入人心,启蒙思想者对传统文化进行了全方位的反思和批判,封建的父权文化受到了前所未有的冲击。在文学艺术的表现上,父子冲突主要从社会政治层面上着手,表现为长辈与晚辈所代表的两种思想力量的较量。父子关系呈现出落后与进步、保守与文明、专制与自由、腐朽与新鲜二元对立的模式。在这种文学表现中,父亲成为僵化、专制、保守的化身,具有文化符码的特征。到了20世纪30年代,在革命文学和民族战争的时代背景下,父子冲突"由家庭伦理转换到阶级伦理叙述,在革命性叙述中,老一代的父亲被更确切地定位在与儿子对立的阵营中,扮演着不觉悟、不革命的落后分子角色"①。新时期以来,父子关系在多元文化背景下呈现出复杂多样的关系,既有寻根文学的崇父倾向、先锋作家的弑父倾向,又有世纪末的文学寻父倾向,父子关系随着社会文化背景和思想背景的变化而变得丰富多彩。

不论现当代文学中父子关系的表现形式和内涵发生怎样的变化,都存在一个共同的特征,即父子关系与时代的意识形态、社会思想、文化氛围有着最直接的关系,"发生在家庭内部的父子之间的较量,凝聚了整个社会政治经济文化意识形态的较量,参与了中国社会国家民族身份、阶级地位、价值观念等诸多方面的建设"②。文学作品中的父子关系之所以产生出不同的内涵和象征意义,是文化想象和文学表达之间相互作用的结果。从一定意义上说,父亲是被想象出来的,不同时期的父亲被涂抹上了不同的文化色彩和象征意义,真正个体的父亲往往在子辈的言说中被压抑、遮蔽和扭曲,父亲在文学中成为自觉不自觉的"失语者","他们的白发与皱纹被涂抹上了政治批判、文化反思的油彩,我们看不见他们的眼神,更无由抵达灵魂深处"③。从文学是人学这个文学创作的根本原则来衡量,不能不说多年来文学中的"父亲"一直是被书写、被想象、被象征的对象,缺乏从真实人性的角度实现对父亲的关注。《安魂》则让笔触直接切入

---

① 叶永胜:《关于现代文学中"老人"的再思考》,《现代文学研究丛刊》2012年第10期。
② 石万鹏:《父与子——中国现代性焦虑的语义场》,《广西社会科学》2005年第5期。
③ 叶永胜:《关于现代文学中"老人"的再思考》,《现代文学研究丛刊》2012年第10期。

父亲真实、丰富的内心世界,从父亲的角度来表现父亲,使这个父亲显得那么真实,那么真诚,情感是那么丰富、意志是那么坚强。作者是那么认真地在做父亲,爱孩子可谓是爱得呕心沥血,博大如海,厚重如山。

然而,就是这个真实的父亲,这份厚重的父爱,在父子之间也无法避免冲突。在儿子成长的过程中,父亲是儿子人生道路的指引者、参与者、决定者,在每一个人生过程中的关键阶段,父亲总是按照自己的意愿为儿子做抉择,这固然是父亲在行使责无旁贷的监护、指导、教育的职责,但在实际生活中,这种职责却不由自主地越过了应有的边界,慢慢地演化成了父亲对儿子的干预。

小学期间无视儿子的专长,武断地改变了儿子可能的人生轨迹;小学毕业强迫儿子考重点中学,给孩子施加很大的压力,儿子接受了;考大学时要求孩子放弃喜爱的文科选择理科,儿子同意了,尽管备考的过程很苦很难;大学期间无情地拆散了儿子可能最幸福的爱情,儿子含泪应允了;毕业后要求儿子考研,儿子实现了父亲的愿望。这每一个父亲主动决定、儿子被动执行的人生大事里,都隐含着无形的父子冲突。我们不怀疑父爱的浓度,但需要质疑爱的纯度。儿子的人生设计很多是从父亲的愿望出发,而不是儿子的,尤其是当儿子走出懵懂,走向成熟,有了自己的主见和意志后,作为父亲,对儿子的过度关心就变成了对儿子生活的武断干涉、对儿子内心感受的无视和对儿子情感的不尊重。特别是亲手拆散儿子和女朋友小怡的关系,而这个姑娘从日后来看,是儿子和他们的家庭多么值得拥有的亲人,故而使父子的冲突变得更加激烈、无法调和。为了不让父亲生气,孝顺的儿子选择了妥协,接受了父亲的决定。这何尝只是对父爱的妥协,这是对自我情感和人性的压抑。这样的父慈子孝的父子关系是当下父子冲突的一种典型形式,颇具有时代特色。

这虽然是一个家庭的悲剧,但这个孩子成长中的烦恼却分明是当下社会语境和社会心理状态下中国独生子女成长的缩影,是一个时代独生子女与社会体制跟教育管理模式的冲突,具有广泛的社会代表性。遍地都是望子成龙、望女成凤的家长,到处都是要求孩子只埋头于书斋的家长。虚荣、攀比、功利心强都不能不说是家长们隐藏的深层心理动因,当这种心理成为一种常态,并且表现在对孩子的学习、升学、考试的严格要求和孩子个人兴趣、情感、意志的无视和干涉时,孩子便失去了充分表达自己愿望的空间,整体性地沦为家长和教育体制、社会体制的奴隶。孩子在家长和社会的合力管束下很容易变成社会人才生产线上的人才产品,被压抑了独特的本性。这也是当下教育遇到的最大的问题。然而,即便人们认识到这一点,但残酷的社会竞争和用人体制决定了很少有家长敢于拿孩子的未来做赌注,也就决定了无数的孩子已经并继续被现有不合理机制塑造着,压抑着,清醒或不清醒地苦恼着。

父子冲突从人性的角度来解读,父亲发出了来自灵魂深处的忏悔。从社会的角度分析,则通过孩子之口给出了一种社会性的原因剖析,表现出孩子对父亲的理解和宽容:"你们20世纪50年代出生的人,其实活得很艰难。大饥馑影响了你们身体的正常发育;文化大革命影响了你们精神的正常成长,严格的计划生育规定影响了你们家庭的正常结构……""也因此,你们这代人身上有很多毛病:由于尝过饥饿的滋味,就特别喜欢囤积食物,生活中节俭成癖;由于尝过'文革'的苦头,就做事谨慎过分,一遇政治风险便想掉头而去;由于家庭结构不正常,就对孩子给予过多的希望,给孩子施加过大的压力……"①从这个意义上说,这里的父子冲突是人的本性与功利化社会的冲突,父亲所谓的理想安排实质上是一种世俗意义上的理想,当父亲在追悔的同时,他不仅仅是作为一个父亲在反思和忏悔,更是对被世俗功名观念压抑的纯真人性进行忏悔。这里的父子冲突不是对社会文化先行理解后塑造的,而是现实生活中真实存在但不为人所明确认知的父子冲突,因其真实所以更能折射出社会文化对人的影响,从而激起人们对家庭教育、对社会文化和人性弱点的认识和反思。周大新对自我的解剖体现出可贵的文化品格和社会担当的责任意识,使一个知识分子的大爱情怀在父子的冲突中得到升华。

二、灵魂忏悔——灰暗的人性之思

当作者从人性的角度重新认识父与子的关系时,其灵魂深处充满了对儿子英年早逝的沉重忏悔。忏悔源自于基督教的原罪意识,在基督教文化的熏陶下,忏悔成为了西方人普遍使用的一种自我赎罪方式。在文学中最有代表性的是18世纪卢梭的《忏悔录》,在书中,他无情地暴露自己人性中的阴暗面,解剖自己的灵魂,并对自己所犯下的罪过产生深深的忏悔。俄国作家托尔斯泰称卢梭是"18世纪全世界的良心"。如果说相信人性本善的卢梭之所以暴露自己的流氓、无赖、撒谎、耽于肉欲等人性中的罪恶是为了揭露社会的腐败和道德的沦丧,是现实社会让人从善变成恶,把主旨最后归结到社会批判的层面上的话,那么托尔斯泰的作品则从人生而平等的观念出发,与自己所隶属的贵族阶级决裂,对贵族的罪恶进行谴责和反省,对自己荒唐的贵族生活进行忏悔,让平等、博爱的人类理想走得更加超远。西方文学中的忏悔意识对中国现代作家产生了深远的影响,巴金便是典型的代表,其《随想录》被誉为中国的忏悔录。在这

---

① 周大新:《安魂》,作家出版社,2012年,第45页。

部世纪大书中,作者既对自己人性中的恶进行彻底揭露,同时也对人类普遍存在的人性弱点发出了预警。在书中,巴金真诚的忏悔显现了这位老者对民族文化那可贵的忧患意识和对人性的深刻理解。但由于巴金的忏悔难以超越那个疯狂年代的时代背景,一定程度上使忏悔停留在现实的层面上,影响了对人性的开掘深度。周大新的忏悔则完全是从心灵层面展开的,是对自己无过错或者说无意过错的一种苛责忏悔。"忏悔是一种对以往犯下的错误甚至罪恶的深刻认识,常带有强烈的情绪因素。忏悔者所面对的是无可挽回的既成错误,因此忏悔必然伴随着情感上的痛苦和灵魂的内在折磨。它是对自身恶行之顽劣性的无可奈何的认可,因此又更多地带有主观上的自我谴责,它不像反省那样,可以心安理得地寻找造成这种错误的客观原因。"[1]从这个意义上来说,卢梭或者托尔斯泰包括巴金的忏悔都是有客观原因的,尽管他们都超越了心安理得的反省,是真诚的忏悔,也能够起到对人的灵魂产生影响的作用,但在客观上,他们的忏悔终极目标是引导人关注社会问题,而非人性问题、灵魂问题。因为他们的错误某种程度上是社会造成的,是社会造就了人性中恶的膨胀。而周大新的忏悔则与他们有着本质的不同,他的所谓"错误"是想象出来的,他没有有意地做错事,他的出发点都是毋庸置疑的爱,他的忏悔是"苛求"出来的,他在解剖自己的灵魂时看清了自己人性中的灰暗和丑恶。周大新的忏悔从对儿子病因的追溯上展开,他把任何有可能致病的因素都归结到自己的过失和错误上,这也使他的追忆让读者倍加痛心。一方面是在儿子婴幼儿时期对儿子喂养、管理、关爱等方面的失误,他认为自己不是一个合格的父亲。比如出生时因为难产被产钳拉出,"也许,这一拉,使你的头部受了伤?为后来的疾病埋下了最早的祸根?""我好后悔呀!"孩子半夜哭是因为饿得难受,但不知道加点奶粉,"致使你在最需要营养的时候受了亏,也许这也是你以后得病的根源之一?""我真蠢!""我不是一个合格的父亲。"这些不时出现的自我评价体现了作者对自己父亲职责不到位的谴责。另一方面是对儿子人生道路上重要事件的干预进行心理层面的深刻检视,看出了自己灵魂深处的虚荣、世俗和功利。儿子小学时,家里因为官司把儿子送到北京,其间儿子有病身体受损,作者追悔实际上是把自己的声誉和家庭的荣誉放在儿子的健康前边,没有意识到,孩子才是最金贵的。不让儿子进体校学跳远,原因是看不起体育这门专业,想让儿子长大了去当官,为家族争得荣誉,他说自己是一个被中国官本位传统浸染透了的俗人。因为虚荣心和功名心,他不顾孩子的实际,逼着孩子报考重点中学,儿子上高中时,不让处在青春叛逆期的儿子做任何学习之外的事情,不了解儿子的心理,只关心孩

---

[1] 陈思和:《中国新文学发展中的忏悔意识》,《上海文学》1986年第2期。

子能不能考上大学。为了脸面上好看,为了儿子在部队好提升,催逼儿子读研究生。更有甚者,为了给周家找一个才貌双全可以向外人炫耀的儿媳妇,生生拆散儿子和小怡的恋爱,作者对这桩事情的后悔程度最深,他说自己就是一个凶恶、卑鄙、不可饶恕的恶煞。

  作者在对儿子施以关爱的同时,无形中暴露出来是功名、虚荣等人性的弱点和灰暗面。这些隐秘的心理被作者自己清醒地认识到,并因此而对儿子造成的伤害发出深深的忏悔。生于中原、长于农村的周大新既吸收了中原文化坚韧、勤奋、善良、宽厚等优点,但同时也不可避免地受到了传统封建文化观念的影响,并将这种影响渗透到对儿子的教育中。让自己争气是一种骨气,逼孩子给家长"争气"就显得有些虚荣。如果说读周大新的其他小说可以让读者走进部队、深入南阳盆地、融进都市生活并领略小说中人性的善与恶、美与丑的话,那么读周大新的《安魂》则让读者认识到现实中的作者如他塑造的人物一样,不是十全十美的,他也有普通人的弱点,他也不是一个超凡脱俗的人,尤其在自己的儿子身上,他无法做到生活现实与文学理想的有机统一,无法做到爱得脱俗。儿子的离去使他在痛悔中认识到功名、利禄、地位、身份、金钱、名誉,都没有拥有一个温馨的家重要,没有拥有一个健康的儿子重要,没有亲人相濡以沫地活着重要。周大新说:"现在看到楼里看电梯的年轻人,我会想,儿子要是看看电梯,也没什么不好的,只要他在。"如果人生可以重来,他完全会选择另外一种方式来面对儿子。但人生无法假设,更不能重来,作者只能在对儿子的无限思念中,在痛苦的追忆中展开与儿子灵魂的对话,来表达一个灵魂对另一个灵魂的忏悔。

三、精神救赎——直面死亡之旅

  中国现当代文学作品中直面死亡的作品不多,一方面在于中国有重生轻死的传统观念,孔子曰:"未知生焉知死。"人活着首先要关注的是如何活着、活好,人们不情愿把死放进考虑之列。这种观念影响了人们对生与死的看法,使得一般的人不愿意过多地去直面死亡,更不愿意去书写死亡。另一方面,从活着的人的角度看,死亡是令人恐惧并竭力回避的事情。但近些年来恶性疾病发生率的居高不下、意外伤亡的频频发生,一些作家因为这样那样的原因与死亡有了零距离的接触而触发了对生死问题的思考和关注之后,死亡意识才开始在文学作品中得以呈现。除史铁生从个人特殊的经历中直接写到过死亡,表达一个肢体残疾人对生死问题的理性探索之外,还有周国平、周大新以文学纪实手法创作的《妞妞——一个父亲的札记》和《安魂》。

周大新的《安魂》是在知道儿子罹患肿瘤、一步步走向死亡的情况下,用全部的生命兢兢业业地照顾儿子、刻骨铭心地疼爱、沉静坦然地迎接死亡,作为父亲的周大新用他至情至性柔肠百转的父爱,唱响了对生命的礼赞。整个凄美的过程饱含着哀婉的诗意。当儿子长大成人,一切安排就绪的时候,当儿子羽翼丰满,终于可以展翅独自高飞的时候,当父亲做好一切准备享受含饴弄孙的晚年生活的时候,灾难突然降临,改变了一切。死亡在希望—绝望—希望—绝望的胶着盘旋中一步步走近,生命在拼死的挽留中慢慢远去。这部作品是作为父亲的作家,在经历中年丧子之后直面死亡时感性与理性交织的创作,真实地袒露了死亡的过程和死亡的真相。

事实上,在现实生活中,人们只有经历了死亡才会觉悟到死亡的含义,也才能够对人生有更理性更深刻的认识。亲人的死亡让作家开始重新审视生死,周大新说:"送儿子去天寿园歇息之后,我没法不回忆过去。回忆时,除了痛楚之外,愧疚一直在折磨着我。就是在那时我决定,我一定要把我这份愧疚写出来,要不然,我可能活不下去。"①因为要活下去,所以必须要直面死亡,"只有直面死亡,人才会思索生死的价值和意义,人才能享有生的欢欣和死的尊严"。"人直面死亡,就是为了把对死亡的认识转化为人之生活的过程与生命进程的动力,将死亡转化为规划人生的源泉和促进人生发展的动力。"②

在痛与悔的逼仄中,作家只有一个选择,就是再次回望死亡、经历死亡、写作死亡,他以极大的勇气和坚韧的毅力写就了《安魂》。写作的过程是痛楚的,是情感的深度煎熬,但作为作家来说,写作又是最好的疗伤药,也是最好的心灵安慰。周大新说:"儿子的走,让我的写作更多地变成了倾诉,让我觉得文学真是可以起到心灵救赎和抚慰的作用,没有文学,我会活得更苦。"③在文中作者通过近乎自虐的忏悔方式,在自我否定中实现灵魂的救赎。

写作《安魂》既是对自己的精神救赎也是对儿子的心灵安慰。对儿子的安魂一方面是让儿子在书中得以永生,在父亲的书中,一个风华正茂、坚强、勇敢、淡定、宽容的周宁获得了永生,父亲以这样的方式让儿子的生命得以延续。另一方面,周大新通过《安魂》,为儿子精心打造了一个宁静、和谐、平等、公正的天国世界。作者说:"那也是我自己愿意去的地方,所以我花了很多精力,想把天国建好。"在这个世界里,死并不是生命的结束,而是另外一种生命形式的开始。

---

① 周大新:《写〈安魂〉》,《长篇小说选刊》2012 年第 6 期。
② 罗超、罗源:《走向快乐、自由、诗意的人生——中西传统生死观比较及其启示》,《学术论坛》2011 年第 6 期。
③ 周大新:《写〈安魂〉》,《长篇小说选刊》2012 年第 6 期。

小说后半部分详细描写了灵魂升入天国后的生活，这种生活迥异于世间的生活，但人间善恶报应在天国里得到了全面的实现。儿子到达享域，不仅见到了自己的爷爷、奶奶、外公、舅舅等过世的亲人，让他继续享受比在人间更丰厚的亲情关爱，而且找到了灵魂相悦的异性知己，了却他在阳世时生命中的最大遗憾。作者让儿子在天国里拥有这份超越欲望的纯净的灵魂之爱，是对儿子在人间感情受创伤的一种弥补，也是对自己的一种安慰。更为重要的是，儿子在天国接受王阳明的教诲指导，同伏尔泰、爱因斯坦、达尔文、弘一法师这些人类伟大的灵魂进行对话，得到天国之神的赏识和认可，这也是作者对儿子未来生活的一种想象，通过这种方式，让儿子得到在人间不可能得到的巨大心灵慰藉。这是一个父亲执着的爱的无限延续，儿子飞远了，但父亲的爱超越生死之隔，无时无处不在环绕着他，父爱的伟大、厚重和彻底由此可见一斑。这种爱慰藉着在现实功名利禄压迫下人类日益苍白的灵魂，温暖着坚硬粗糙的社会感情。

周大新给儿子在天国生活的安排和设计，让儿子与达尔文、苏格拉底、爱因斯坦、莫扎特等先贤的灵魂对话时所探讨关于灵魂价值、面对苦难的态度、人为何要不停地互相比较等话题，也是他长久以来一直思考的关于生命的终极意义。他希望儿子在天国仍能提高智识，也借先贤之口诉说自己对人生的感悟，引发人们对一些形而上问题的思考，而不是只关心手里的钱和头顶的官。这些先贤的见解足以让当下世人疲惫的心灵得到滋润，让蒙尘的灵魂受到洗礼。"这一个人痛楚结晶的琥珀，或能擦亮他者的人生。"从中我们可以看到周大新人性中光辉和博大的一面。因此，"表面看来，《安魂》是为痛失爱子周宁而作，实际上，则是周大新在为儿子安魂的同时在为自己安魂，也为天下那些失去孩子的父母安魂，更重要的是，他也是在为这个时代安魂"。安魂既是对作者的心灵救赎，也是对儿子的救赎，更是对当下社会人心的救赎。

日前，2012年度小说评奖结果揭晓，《安魂》获得《当代》长篇小说论坛2012年度最佳奖。这个奖从一定程度上说明，对灵魂、对人性的关注更有现实价值，作品不仅仅是一般的家庭纪实小说，作家超出个人的哀痛，将冷静理性的目光投射到人类、社会更深广的现实观照中，让智慧照进人生，让阳光照亮灵魂。"人生问题的解决必求之于对死亡问题的体认；而死亡问题的解决又必求之于人生问题的化解。"①周大新通过个人的爱与痛，在对生死问题、灵魂问题所进行的哲学思考中，让死亡和活着得到了辩证的统一。

原载《文艺争鸣》2013年第3期

---

① 雷达：《〈安魂〉一曲慰死生》，《中国青年报》2012年10月30日。

作品年表

周大新作品年表

1979 年

  《前方来信》(短篇小说),《济南日报》1979 年 3 月 25 日。

1982 年

  《第四等父亲》(短篇小说),《奔流》1982 年第 8 期。

1984 年

  《呼啸的炮弹》(短篇小说),《解放军文艺》1984 年第 2 期。
  《街路一里长》(短篇小说),《长城》1984 年第 4 期。
  《"黄埔"五期》(短篇小说),《上海文学》1984 年第 5 期。
  《"大门"被拉开一道缝隙》(短篇小说),《奔流》1984 年第 9 期。
  《三角架墓碑》(短篇小说),《奔流》1984 年第 9 期。

1985 年

  《军界谋士》(中篇小说),《长城》1985 年第 1 期。
  《瞬间过后》(中篇小说),《当代小说》1985 年第 3 期。
  《明天进入夏季》(中篇小说),《奔流》1985 年第 3 期。
  《初入营门》(中篇小说),《奔流》1985 年第 3 期。
  《人间》(中篇小说),《长城》1985 年第 6 期。
  《金桔,隐在夜色里》(中篇小说),《解放军文艺》1985 年第 6 期。
  《通过"冲击道路"的速度》(中篇小说),《解放军文艺》1985 年第 6 期。
  《一个女军人的日记》(中篇小说),《青年文学》1985 年第 9 期。
  《今夜星儿多》(中篇小说),《青年作家》1985 年第 9 期。

1986 年

  《硝烟中的祝愿》(短篇小说),《解放军文艺》1986 年第 4 期。
  《屠户》(短篇小说),《山东文学》1986 年第 8 期。
  《汉家女》(短篇小说),《解放军文艺》1986 年第 8 期,获 1985—1986 年度全国短篇小说奖。

1987 年

《粘土地》(中篇小说),《莽原》1987 年第 2 期。
《滨河地》(中篇小说),《长城》1987 年第 3 期。
《小盆地》(短篇小说),《山东文学》1987 年第 4 期。
《小诊所》(短篇小说),《山东文学》1987 年第 4 期,获 1987—1988 年度全国短篇小说奖。
《走廊》(中篇小说),《昆仑》1987 年第 3 期。
《铜戟》(中篇小说),《昆仑》1987 年第 3 期。
《在母爱的河中筑坝——一位普通女人的一段经历》(短篇小说),《山东文学》1987 年第 5 期。
《武家祠堂》(短篇小说),《西北军事文学》1987 年第 4 期。
《风水塔》(短篇小说),《解放军文艺》1987 年第 7 期。
《红桑椹》(短篇小说),《人民日报》(海外版)1987 年 8 月 17 日。
《牛筋腰带》(短篇小说),《青年文学》1987 年第 11 期。

1988 年

《家族》(中篇小说),《河北文学》1988 年第 2 期。
《泉涸》(短篇小说),《当代作家》1988 年第 2 期。
《紫雾》(中篇小说),《人民文学》1988 年第 8 期。
《老辙》(短篇小说),《解放军文艺》1988 年第 10 期。

1989 年

《云遮雾绕启明星》(短篇小说),《北方文学》1989 年第 1 期。
短篇小说《怪火》(短篇小说),《小说界》1989 年第 2 期。
短篇小说《旧道》(短篇小说),《时代文学》1989 年第 3 期。
《伏牛》(中篇小说),《小说家》1989 年第 2 期。
《世事》(中篇小说),《中国作家》1989 年第 6 期。

1990 年

《铁锅》(中篇小说),《当代》1990 年第 1 期。
《香魂塘畔的香油坊》(中篇小说),《长城》1990 年第 2 期。
《哼个小曲给你听》(短篇小说),《河北文学》1990 年第 2 期。
《走出盆地——一个女人的生活和精神简历》(长篇小说),《小说家》1990

年第2期。

《养子》(短篇小说),《长江文艺》1990年第4期。

《玉器行》(短篇小说),《莽原》1990年第3期。

《乡村教师》(短篇小说),《河北文学》1990年第9期。

《走出盆地》(长篇小说),百花文艺出版社,1990年。

1991年

《左朱雀右白虎》(中篇小说),《长城》1991年第1期。

《猜测历史》(短篇小说),《清明》1991年第1期。

《倾诉》(短篇小说),《当代小说》1991年第4期。

《儿女》(短篇小说),《青年文学》1991年第4期。

《步出密林》(中篇小说),《十月》1991年第3期。

《寨河》(中篇小说),《当代作家》1991年第5期。

《烙画馆》(短篇小说),《北岳风》1991年第5期。

《握笔者》(中篇小说),《小说家》1991年第4期。

1992年

《漫说"故事"》(文学评论),《文学评论》1992年第1期。

《勒》(中篇小说),《天津文学》1992年第4期。

《牺牲》(中篇小说),《莽原》1992年第4期。

《黄昏的发明》(短篇小说),《北京文学》1992年第10期。

1993年

《无疾而终》(短篇小说),《山东文学》1993年第4期。

《有梦不觉长》(长篇小说),《长城》1993年第4期。

《山凹凹里的一种乔木(中篇小说)》,《百花洲》1993年第5期。

《银饰》(中篇小说),《花城》1993年第5期。

《14、15、16》(中篇小说),《作家》1993年第10期。

《有梦不觉长》后更名为《第二十幕》(上卷),人民文学出版社,1993年。

1994年

《向上的台阶》(中篇小说),《十月》1994年第1期。

《没有绣花的手帕》(散文),《散文》1994年第2期。

《溺》(中篇小说),《青年文学》1994年第2期。

《笔记体小说三题》(短篇小说),《四川文学》1994年第6期。

《感谢丹纳》(文艺随笔),《人民日报》1994年6月3日。

《热血与冷漠》(报告文学),《人民文学》1994年第7期。

《病例》(短篇小说),《中国作家》1994年第5期。

《没有绣花的手帕》(散文、随笔集),黄河出版社,1994年。

1995年

《世纪遗产清单》(之一)(散文),《东方艺术》1995年第1期。

《为了人类日臻完美》(文艺随笔),《海燕》1995年第2期。

《成都少女》(散文),《时代文学》1995年第4期。

《马老师》(散文),《河南教育》1995年第6期。

《〈瓦解〉跋:代跋:给"上帝"的报告》(跋),《当代作家》1995年第6期。

《瓦解》(中篇小说),《大家》1995年第4期。

《会晤站》(短篇小说),《山花》1995年第10期。

《释放》(短篇小说),《长江文艺》1995年第12期。

《FOR LOVE OF A SILVERSMITH》(英文) 中国文学出版社,1995年。

1996年

《景象》(中篇小说),《西湖》1996年第1期。

《格子网》(长篇小说),人民文学出版社,1996年。

《村边水塘》(散文、随笔集),文心出版社,1996年。

《平安世界》(中篇小说),《小说家》1996年第3期。

《Der Fiuch des Silbers》(德文),中国文学出版社,1996年。

《周大新文集》(1—5卷),吉林人民出版社,1996年。

1997年

《我依然迷恋小说写作》(文艺随笔),《当代》1997年第2期。

《消失的场景》(长篇小说),《十月》1997年第2期。

《消失的场景》,后更名为《第二十幕》(中卷),人民文学出版社,1997年。

《格拉丹东的雪光》(散文),《青年文学》1997年第4期。

《凝望雕塑》(散文),《人民日报》(文艺副刊)1997年4月3日。

《闲话照片》(散文),《中国摄影家》1997年第8期。

《边塞传说》(小小说),《人民日报》1997年8月26日。

《碎片》(中篇小说),《当代》1997年第6期。

《且说壮士爱 读〈京淮梦痕〉》（文艺随笔），《东方艺术》1997 年第 11 期。

《我和警察》（散文），《公安月刊》1997 年第 12 期。

1998 年

《新市民》（中篇小说），《十月》1998 年第 1 期。

《走进耶路撒冷老城》（散文），《中华散文》1998 年第 2 期。

《Les marches dU mandarinat》，法国 STOCK 出版社，1998 年。

《现代生活》（短篇小说），《小说界》1998 年第 4 期。

《第二十幕》（上、中、下）（长篇小说），人民文学出版社，1998 年。

《热闹的麦场》（散文），《人民日报》文艺副刊 1998 年 7 月 17 日。

《同赴七月》（中篇小说），《中国作家》1998 年第 8 期。

《宣德年间的一些希望》（短篇小说），《北京文学》1998 年第 8 期。

《粮萎和粮仓》（散文），《人民日报》1998 年 12 月 25 日。

1999 年

《金色的麦田》（短篇小说），《钟山》1999 年第 4 期。

《后裔》（短篇小说），《解放军文艺》1999 年第 7 期。

《接引台之忆》（中篇小说），《十月》1999 年第 5 期。

《世纪遗产清单》（散文、随笔集），百花文艺出版社，1999 年。

2000 年

《我熟悉的朱秀海》（散文），《河南日报》2000 年 6 月 16 日。

2001 年

《旧世纪的疯癫》（中篇小说），《大家》2001 年第 1 期。

《登基前夜》（短篇小说），《文学世界》2001 年第 1 期。

《闲说"窥视欲"》（散文），《长城》2001 年第 2 期。

《挺立一生》（散文），《人民日报》2001 年 2 月 17 日。

《上天赐给少儿们的特权（散文）》，《光明日报》2001 年 4 月 12 日。

《将帅们》（散文），《山花》2001 年第 5 期。

《21 大厦》（长篇小说），昆仑出版社，2001 年。

《最后一次揭竿》（散文），《光明日报》2001 年 7 月 26 日。

《21 大厦》（长篇小说），《钟山》2001 年第 4 期。

《如果上帝在》（中篇小说），《山花》2001 年第 7 期。

《最后一次揭竿》(书评),《光明日报》2001 年 7 月 26 日。

《摸进人性之洞》(散文),《时代文学》2001 年第 8 期。

《卡尔维诺的启示》(文艺随笔),《国外文学》2001 年第 3 期。

《"十年磨一剑"的收获》(书评),《人民日报》2001 年 8 月 3 日。

《上校军代表》(报告文学),《人民日报》2001 年 10 月 11 日。

《飞离与栖落》(访谈),《青年文学》2001 年第 11 期。

《回眸罗马和平》(散文),《花城》2001 年第 6 期。

《去看战场》(散文),《清明》2001 年第 12 期。

2002 年

《去看战场》(散文、随笔集),解放军文艺出版社,2002 年。

《母亲的三个画面与三个告诫》(散文),《军营文化天地》2002 年第 3 期。

《军事文学大有作为》(文学评论),《解放军报》2002 年 4 月 4 日。

《一种深情——冯牧先生与汉画像》(散文),《长城》2002 年第 5 期。

《深情激昂唤富强——读〈解读中原〉》(书评),《传媒》2002 年第 5 期。

《挺立一生》(散文),《源流》2002 年第 8 期。

《浪进船舱》(中篇小说),《北京文学》2002 年第 9 期。

《战争与和平》(散文),《公安月刊》2002 年第 10 期。

《春夏阅读笔记》(随笔),《山东文学》2002 年第 11 期。

2003 年

《人生尽头的盘点》(散文),《海燕》2003 年第 1 期。

《道教文化对中国文学的影响——在"2002 年渥太华国际作家节"上的演讲》(演讲),《作家》2003 年第 1 期。

《初约》(散文),《青年文学》2003 年第 3 期。

《非典时期的精神生活》(散文),《人民文学》2003 年第 7 期。

《当年拉练在山东》(散文),《解放军生活》2003 年第 10 期。

《想起范仲淹》(散文),《人民日报》2003 年 10 月 23 日。

《好看的小说》(书评),《中华工商时报》2003 年 10 月 31 日。

《自由的阅读》(散文),《中国审计报》2003 年 11 月 19 日。

《战争传说》(长篇小说),《大家》2003 年第 6 期。

《北京之战》(长篇小说《战争传说》节选),《芙蓉》2003 年第 6 期。

《天下湖性多不同》(散文),《山花》2003 年第 12 期。

《战争传说》(长篇小说),长江文艺出版社,2003 年。

2004 年

《关注人类的历史生活》(散文),《青年文学》2004 年第 5 期。

《南阳乡间行》(散文),《人民日报》2004 年 9 月 2 日。

《昨日琴声》(散文),《中学生阅读》2004 年第 9 期。

《中原看长城》(散文),《海燕》2004 年第 12 期。

2005 年

《藏书的地方》(散文),《人民日报》(海外版)2005 年 4 月 15 日。

《人的内心世界》(散文),《北京文学》2005 年第 4 期。

《绘形传神铸香魂》(文艺评论),《文化月刊》2005 年第 6 期。

《历览多少事与人》(散文、随笔集),作家出版社,2005 年。

2006 年

《生活的提炼和升华》(书评),《光明日报》2006 年 1 月 19 日。

《湖光山色》(长篇小说),《中国作家》2006 年第 3 期。

《湖光山色》(长篇小说),作家出版社,2006 年。

《我写〈湖光山色〉》(创作谈),《当代文学研究资料与信息》2006 年第 3 期。

《在奥迪 A4 的家里》(散文),《中国发展观察》2006 年第 8 期。

《西安求学忆》,《河南教育》(高校版)2006 年第 11 期。

《震耳惊心的诘问》,《文艺报》2006 年 12 月 8 日。

2007 年

《关于财富的思考》(散文),《光明日报》2007 年 1 月 12 日。

《灵魂的低喟——序〈冬虫夏草〉》(书评),《躬耕》2007 年第 8 期。

《阅读的张力与惊奇》(散文),《文艺报》2007 年 12 月 1 日。

2008 年

《花开有声》(散文),《解放军报》2008 年 3 月 4 日。

《南阳美玉》(散文),《北京文学》2008 年第 3 期。

《平衡》(散文),《语文教学与研究》2008 年第 1 期。

《想起范仲淹》(散文),《中学生阅读》2008 年第 3 期。

《苦涩的"感觉"——读孟庆龙的长篇小说〈感觉〉》（书评），中国作家网2008年5月13日。

《预警》（长篇小说），《中国作家》2008年第7期。

《〈湖光山色〉的写作背景》（创作谈），《语文教学与研究》2008年第7期。

《有关青春的故事》（随笔），《人民日报》2008年7月27日。

《预警》（长篇小说），十月文艺出版社，2008年。

《识"税"》（散文），《海燕》2008年第9期。

《活在鄂豫交界处》（散文），《人民文学》2008年第10期。

《瞩目我们所处的时代》（散文），《文艺报》2008年11月3日。

《喜爱烟台》（散文），《人民日报》2008年11月23日。

《〈我和我的兵〉序》（序），《海内与海外》2008年第11期。

2010年

《我们会遇到什么》（散文、随笔集），江苏文艺出版社，2010年。

《范蠡为封建历史学家所不容是必然的——读刘祖典新作〈商圣范蠡辞官经商考〉》（散文），《躬耕》2010年第2期。

《昨日琴声》，《语文教学与研究》2010年第4期。

《地上有草》，《中华活页文选》2010年第5期。

《长在中原十八年》（散文），《作家》2010年第10期。

《曹操的头颅》（散文），《北京文学》2010年第10期。

《催人奋进的单相思》（散文），《黄河·黄土·黄种人》2010年第11期。

《再爱田园》（散文），《人民日报》2010年12月8日。

《亲爱的军营》（散文），《人民日报》2010年12月29日。

2011年

《赌场旁观者》（散文），《可乐》2011年第1期。

《今夜星儿多》，《青年作家》2011年第4期。

《对乡村世界一腔深情》（散文），《光明日报》2011年4月11日。

《气势如虹 诗心飞翔》（诗评），《文艺报》2011年11月21日。

2012年

《四不读》（随笔），《读书文摘》2012年第1期。

《关于乡村世界的几个思考》（社会评论），《江南》2012年第1期。

《一个兵》（报告文学），《解放军报》2012年2月8日。

《军事文学的新机遇》(文学评论),《军营文化天地》2012 年第 3 期。
《长在中原十八年》(散文、随笔集),中国文史出版社,2012 年。
《安魂》(长篇小说),《当代》2012 年第 4 期。
《安魂》(长篇小说),北京:作家出版社,2012 年。
《大医仁心》(报告文学),《青少年日记》2012 年第 5 期。
《写〈安魂〉》(创作谈),《长篇小说选刊》2012 年第 6 期。
《关于精神财富的思考》(散文),《文苑》2012 年第 12 期。

2013 年

《你能抗拒诱惑》(散文、随笔集),解放军文艺出版社,2013 年。
《地上有草》(短篇小说、散文集),人民文学出版社,2013 年。
《用文字编织美好的世界》(文艺随笔),《解放军报》2013 年 1 月 26 日。
《人类共同的精神财富》(散文),《中国国防报》2013 年 2 月 21 日。
《渴望》(散文),《文苑》2013 年第 3 期。
《小说与苦难》(文学评论),《创作与评论》2013 年第 4 期。
《读书笔记》(随笔),《鸭绿江》(上半月版)2013 年第 5 期。
《军事文学的新情况与老问题》(文学评论),《文艺报》2013 年 6 月 28 日。
《在苏格拉底被囚处》(杂文),《杂文选刊》(上半月版)2013 年第 8 期。
《看遍人生风景》(散文),《人民日报》2013 年 8 月 6 日。
《温暖的声音》(散文),《法制资讯》2013 年第 9 期。
《摸进人性之洞》(散文、随笔集),安徽文艺出版社,2013 年。

研究资料索引

周大新研究资料索引

报纸期刊文章

王凤胜:《周大新和他的两个世界》,《文学评论家》1987年第5期。
《周大新作品讨论会在泰安召开》,《山东文学》1987年第8期。
王必胜:《周大新中篇小说枝谈》,《文论报》1987年9月23日。
李先锋:《论周大新近作的超越意识》,《山东文学》1987年第10期。
雷达:《周大新小说中的善与恶》,《解放军文艺》1988年第3期。(《中国现当代文学研究》1988年第4期)
陈骏涛:《小盆地的骚动——周大新的〈家族〉及其他》,《文论报》(石家庄)1988年3月15日。(《中国现当代文学研究》1988年第4期)
何西来:《生活的支点和艺术的支点》,《河北文学》1988年第5期。(《中国现当代文学研究》1988年第7期)
牛玉秋:《小盆地里的道德困惑——读周大新的〈豫西南有个小盆地〉系列》,《河北文学》1988年第5期。(《中国现当代文学研究》1988年第7期)
黎明:《周大新作品研讨会纪要》,《河北文学》1988年第2期。(《中国现当代文学研究》1988年第2期)
李洋:《寓言:一束殒落的梦想——周大新的〈家族〉的意味》,《当代作家评论》1989年第5期。
潘新宇:《农民工意识支配下的自戕——读周大新复仇小说》,《文论报》(石家庄)1989年10月25日。(《中国现当代文学研究》1989年第12期)
张志忠:《逃离土地的一代人——周大新小说创作漫评》,《文学评论》1989年第5期。
何镇邦:《读周大新长篇小说"走出盆地"》,《当代文坛》1990年第5期。
冯牧:《浓郁的地域特色和社会风貌——读周大新的小说近作》,《人民日报》1991年4月18日。(《中国现当代文学研究》1991年第6期)
张书恒、王志尧:《困惑·思考·超越——评周大新的〈走出盆地〉及其他》,《南都学坛》1991年第2期。
张书恒:《作家的自觉与自觉的作家——评析周大新的〈左朱雀右白虎〉》,《躬耕》1992年第1期。

廖开顺、高佳俊:《周大新能走出"盆地"吗?——评周大新的南阳盆地系列小说》,《南都学坛》1992年第3期。

张书恒、符君健:《深邃的感性思绪 绵密的理性剖析——周大新散文近作的本文解读》,《南都学坛》1994年第4期。

胡平:《神话的复归——周大新盆地小说原型分析》,《文学评论》1994年第5期。

樊成、张建克:《军旅作家周大新》,《新闻爱好者》1994年第12期。

陈永华:《一个权力崇拜狂的灵魂悲剧——试评周大新的〈向上的台阶〉》,《昭通师专学报》1995年第2期。

冯牧:《关于周大新的〈左朱雀右白虎〉及其他》,《但求无愧无悔》,人民文学出版社,1995年。

梅蕙兰:《寻找女人——周大新小说创作的潜在精神向度》,《中州学刊》1995年第6期。

张德礼、徐亚东:《周大新军旅小说略论》,《南都学坛》1996年第4期。

程玥:《论周大新小说的人物形象内涵》,《理论学刊》1996年第9期。

张达:《周大新的仇恨故事》,《小说评论》1997年第4期。

曹书文:《论周大新小说创作的审美意蕴》,《河南师范大学学报》(哲学社会科学版)1997年第3期。

邱华栋:《根的谱系——评〈周大新文集〉》,《东方艺术》1997年第4期。

张中坡:《郁郁忧患扑面来——读周大新小说集〈瓦解〉》,《教育时报》1997年10月29日。

张德礼、徐亚东:《周大新盆地小说论》,《南都学坛》1998年第2期。

土理行:《走出盆地——记作家周大新》,《出版广角》1998年6月。

张德礼:《周大新小说的地域文化特色》,《南都学坛》1999年1月。

白烨:《以小见大的长篇巨制——读周大新的〈第二十幕〉》,《文化月刊》1999年4月。

张怀珍:《近访周大新》,《档案管理》1999年第2期。

韩瑞亭:《家族小说的新变——读周大新的〈第二十幕〉》,《文学评论》1999年第3期。

林为进:《百年沉浮——读周大新〈第二十幕〉》,《东方艺术》1999年第5期。

卢江林:《千年等一回——评周大新长篇力作〈第二十幕〉》,《发展论坛》1999年第5期。

蔡葵:《历史·命运·人性——〈第二十幕〉和周大新的艺术世界》,《当代》

1999 年第 3 期。

张学昕:《世纪风景的沉重演绎——评长篇小说〈第二十幕〉》,《南方文坛》1999 年第 6 期。

姚金成:《香魂塘畔的女人(根据周大新小说〈香魂塘畔的香油坊〉改编)》,《剧本》2000 年第 8 期。

梅蕙兰:《历史的生命感与生命的历史感——评周大新的长篇新作〈第二十幕〉》,《中州大学学报》2000 年第 6 期。

阎连科:《榜样周大新》,《北京日报》2001 年 8 月 5 日。

何镇邦:《我的朋友周大新》,《时代文学》2001 年第 4 期。

王必胜:《漫说周大新》,《时代文学》2001 年第 4 期。

孙荪:《虚怀——周大新印象》,《时代文学》2001 年第 4 期。

何镇邦:《独辟蹊径 耳目一新》,《中华读书报》2001 年 8 月 15 日。

林为进:《展示多层面的人生世态》,《文学报》2001 年 8 月 16 日。

张志忠:《一部二十一世纪的醒世恒言》,《解放军报》2001 年 8 月 30 日。

俊红:《〈21 大厦〉一次成功的尝试》,《文艺报》2001 年 9 月 1 日。

靳明立:《民族织业的痛史 女性命运的悲歌——读周大新〈第二十幕〉》,《济宁师专学报》2001 年第 4 期。

葛伟:《心灵的探寻——周大新小说中的女性形象琐议》,《周口师范高等专科学校学报》2001 年第 4 期。

曹禧修:《周大新小说论》,《常熟高专学报》2001 年第 5 期。

杨平治:《当代都市生活的多层面展示》(根据录音整理),《中国文化报》2001 年 10 月 18 日。

邓时忠、张忆晓:《现代抑或后现代?——评周大新长篇小说〈21 大厦〉》,《宜宾学院学报》2001 年第 4 期。

林为进:《以平民视角写平民》,《人民日报》2002 年 9 月 15 日。

林为进:《平民周大新》,《北京文学》2002 年 9 月 15 日。

赵朔:《忧伤的祈祷——读周大新的散文集》,《文艺争鸣》2002 年第 6 期。

武新军:《多维空间中的人性探索——评周大新长篇小说〈第二十幕〉》,《中州学刊》2003 年第 3 期。

梁鸿:《周大新小说论》,《小说评论》2003 年第 5 期。

王黎君:《原型与召唤——评周大新〈第二十幕〉》,《当代文坛》2003 年第 5 期。

常宣:《〈战争传说〉讲述北京保卫战》,《中华读书报》2003 年 10 月 22 日。

李智勇、钱玥:《周大新:拿战争说事儿》,《人民日报》(海外版)2003 年 11

月 7 日。

蔚蓝:《个体民间意识观照中的历史叙述》,《北京日报》2003 年 11 月 16 日。

李卫国:《盆地上空的飞翔——读周大新〈第二十幕〉》,《当代文坛》2003 年第 6 期。

袁盛勇:《〈第二十幕〉:对历史、文化、与人性的复杂书写》,《理论与创作》2003 年第 6 期。

周熠:《周大新的小说叙事魅力何在?》,《文学报》2004 年 2 月 5 日。

王必胜:《漫说周大新》,《雪泥鸿爪》,广东教育出版社,2004 年。

武新军:《乡下人眼中的都市生活——读周大新〈21 大厦〉》,《天中学刊》2004 年第 1 期。

曹建玲:《周大新小说中抗争女性形象的审美意蕴》,《南阳师范学院学报》(社会科学版)2004 年第 4 期。

周熠:《关注人类历史生活》,《人民日报》(海外版)2004 年 5 月 28 日。

徐亚东:《周大新小说创作的"变"与"不变"》,《南都学坛》2004 年第 4 期。

王永贵:《人性的谛视——周大新小说论》,《解放军艺术学院学报》2004 年第 3 期。

贾艳艳:《穿行在历史潜流中的家族精神——读周大新的〈第二十幕〉兼谈与〈白鹿原〉的比较》,《中州学刊》2004 年第 6 期。

杨宁舒:《平民作家周大新》,《黑龙江日报》2005 年 1 月 14 日。

罗宗宇:《论周大新"南阳小说"的文化审美价值》,《理论与创作》2005 年第 2 期。

王晓丽:《〈第二十幕〉:对历史和人的民间书写》,《新乡师范高等专科学校学报》2005 年第 6 期。

李振帮:《文化怀乡的精神跋涉者——周大新》,《河南籍著名文学家评传》,大众文艺出版社,2005 年。

贺绍俊:《嵌入乡村叙事新的关键词》,《中国艺术报》2006 年 4 月 21 日。

贺绍俊:《接续起乡村写作的乌托邦精神——评周大新的〈湖光山色〉》,《南方文坛》2006 年第 3 期。

孟繁华:《乡村中国的艰难蜕变》,《文艺报》2006 年 5 月 16 日。

阎晶明:《看善良如何面对残酷》,《中国图书商报》2006 年 5 月 23 日。

陈晓明:《当下乡村的现实真实》,《文学报》2006 年 6 月 1 日。

伍艳妮、李琨:《小盆地里的大风景——周大新小说地域特色初探》,《三门峡职业技术学院学报》2006 年第 2 期。

赵为学、易前良:《走不出的盆地——周大新〈第二十幕〉的非历史叙述》,《株洲师范高等专科学校学报》2006年第4期。

李丹梦:《坚硬的"单纯"——周大新论》,《小说评论》2006年第6期。

何向阳:《暖暖的意义》,《大河报》2007年2月1日。

周熠:《在海上张网——访南阳籍军旅作家周大新》,《躬耕》2007年第1期。

李丹宇:《让世界充满温情和美好——作家周大新访谈》,《黄河》2007年第1期。

秦法跃、刘志芳:《周大新〈第二十幕〉的文化意蕴》,《枣庄学院学报》2007年第3期。

李丹宇:《浅论周大新小说的民俗叙事特征》,《解放军艺术学院学报》2007年第3期。

张利英:《走不出的宿命——论周大新的创作》,《殷都学刊》2007年第3期。

禹建湘:《论周大新小说中女性主体性的确立》,《开封大学学报》2007年第3期。

梁鸿:《挣扎与突破:冲出圆形盆地——周大新小说论》,中国作家网2007年12月11日。

周凌敏、冯娅:《一种叙事 多重视角——A.J.格雷马斯符号矩阵浅析〈银饰〉立体叙述结构》,《湘潭师范学院学报》(社会科学版)2008年第1期。

廖小能:《一曲无奈的黑暗悲歌——试分析〈银饰〉中的人物精神历程》,《成功》(教育)2008年第3期。

赵淑芳:《诗意的浪漫与清醒的深刻——〈湖光山色〉暖暖形象意蕴探析》,《电影文学》2008年第6期。

王治国、刘同兵:《战争语境下的人性叩问》,《天中学刊》2008年第3期。

霍霞:《浅析〈香魂女〉中郜二嫂的悲剧形象》,《商丘职业技术学院学报》2008年第4期。

姚艳玉、姚艳林:《〈第二十幕〉中女性悲剧命运的历史轮回》,《湖南第一师范学报》2008年第4期。

李丰仙、何希凡:《周大新小说的人性世界解读》,《当代小说》(下半月)2008年第12期。

陈晓明:《当下乡村的现实——评周大新的〈湖光山色〉》,《时代青年》(月读)2009年第1期。

孟繁华:《乡村中国的艰难蜕变——评周大新长篇小说〈湖光山色〉》,《名作欣赏》2009年第3期。

王胜晓:《论周大新盆地小说中女性命运的悲剧意识》,《现代语文》(文学研究版)2009年第3期。

巫丹:《现代化进程中滞重乡村的裂变——评周大新的〈湖光山色〉》,《当代小说》2009年第2期。

靳书刚:《精神生态的忧思和拷问——对周大新小说的一种考察》,《现代语文》(文学研究版)2009年第4期。

王胜晓:《周大新小说中的复仇意识》,《文学教育》(上)2009年第4期。

郭波、王莹:《论〈湖光山色〉的语言特色》,《西安文理学院学报》(社会科学版)2009年第2期。

曹书文:《乡村变革与思想启蒙的双重变奏——评周大新的〈湖光山色〉》,《河南师范大学学报》(哲学社会科学版)2009年第3期。

周卫华:《〈湖光山色〉文化意蕴分析》,《当代小说》(下半月)2009年第5期。

尹春霞:《〈湖光山色〉中的乡土情怀》,《黄石理工学院学报》(人文社会科学版)2009年第3期。

郭中艳:《由周大新小说的人物历程探寻作家的精神向度》,《高等函授学报》(哲学社会科学版)2009年第6期。

赵淑芳:《壮丽的升腾与无声的陨落——〈第二十幕〉中曹宁贞形象意蕴探析》,《信阳师范学院学报》(哲学社会科学版)2009年第4期。

李琨:《盆地精神的延续与扩展——周大新〈湖光山色〉阅读笔记》,《躬耕》2009年第7期。

南新:《周大新获茅盾文学奖作品〈湖光山色〉搬上荧屏》,《文艺报》2009年7月30日。

姬志海:《生态女性视界中的东方田园——周大新的〈湖光山色〉解读》,《名作欣赏》2009年第18期。

赵淑芳:《乡土中国的真实描摹与诗意期待——论周大新的小说〈湖光山色〉》,《长城》2009年第8期。

张军:《"湖光山色"须人赏——周大新小说〈湖光山色〉论述》,《青年文学家》2009年第8期。

李丹宇:《周大新小说的民俗事象及其文化心理》,《当代文坛》2009年第5期。

张丽军、马兵:《一部新意与遗憾并存的"未完成"小说——关于周大新〈湖光山色〉的对话》,《艺术广角》2009年第5期。

罗电:《乡村书写的深度剖析与诗意表达》,《湖南城市学院学报》2009年第5期。

杜昆:《家园的想象与守望——评周大新的〈湖光山色〉》,《宜宾学院学报》2009年第9期。

梁鸿:《那荒凉而又温馨的"圆形盆地"——周大新论》,《中国作家》2009年第21期。

覃新菊:《丹湖之光与善的脆弱——〈湖光山色〉的生态意味》,《鄱阳湖学刊》2009年第3期。

石长平:《周大新长篇小说〈预警〉:指向时代和社会的预警》,《文艺报》2009年12月29日。

何向阳:《印象周大新——周大新长篇小说絮语》,《立虹为记》,作家出版社,2009年。

赵淑芳:《波澜壮阔 意蕴丰富——试论〈第二十幕〉的艺术意蕴》,《作家》2010年第2期。

刘坤:《〈湖光山色〉中的人性阐释》,《西安社会科学》2010年第1期。

郑新:《乡村嬗变中的女性风采——浅析〈湖光山色〉中的暖暖》,《平顶山学院学报》2010年第1期。

王浩:《乡村文明的嬗变与坚守——从文化的角度看周大新的〈湖光山色〉》,《宿州学院学报》2010年第3期。

王兆彬:《评周大新的〈湖光山色〉》,《学语文》2010年第3期。

李雨浓:《权力之网——论〈第二十幕〉中的权力书写》,《当代小说》(下)2010年第6期。

赵明河:《周大新和他的乡土中国》,《人民教育》2010年第4期。

李琨:《惊悚与温情交织的"预警"——周大新军事长篇新作〈预警〉谈片》,《躬耕》2010年第5期。

李丰仙、黄国景:《凝眸乡村的诗意想象——周大新乡土小说探微》,《西安石油大学学报》(社会科学版)2010年第2期。

杨琛:《权欲纠结下的人性沉沦与乌托邦救赎——南阳作家周大新小说〈湖光山色〉论》,《南阳师范学院学报》2010年第5期。

钟芳倩:《星星之火成为燎原之势——剖析〈湖光山色〉悲剧背后的意旨》,《大众文艺》2010年第6期。

郑新:《乡村嬗变中的人性探究——〈湖光山色〉的人物谱系》,《文学评论丛刊》2010年第2期。

刘晓、周卫华:《多重文化笼罩下的"湖光山色"》,《东岳论丛》,2010年第

8期。

孙延明：《获茅盾奖的战友》，《青岛文学》2010年第10期。

何文娜：《周大新小说中复杂人性的英雄本色》，《飞天》2011年第2期。

刘月新、何文娜：《论〈湖光山色〉的楚文化底蕴》，《飞天》2011年第4期。

武新军：《谍战小说的新突破——评周大新长篇小说〈预警〉》，《平顶山学院学报》2011年第1期。

刘军：《〈预警〉：消费语境下的经验叙事》，《平顶山学院学报》2011年第1期。

白春超：《评周大新的长篇小说〈预警〉》，《平顶山学院学报》2011年第1期。

王久辛：《预警"被时代"的危情》，《人民日报》2011年3月1日。

北乔：《圆形盆地·原型意象·文化理想——论周大新的文化自觉意识》，《翠苑》2011年第2期。

李翠萍：《乡村社会的变与恒——试析周大新的小说〈湖光山色〉》，《理论界》2011年第4期。

王治国、郭海玉：《民间视角下的人性探寻——周大新军旅小说的战争之思》，《当代文坛》2011年第3期。

潘磊：《乡土变革的寓言化表达——读评周大新〈湖光山色〉》，《文艺争鸣》2011年第9期。

潘阳：《爱恨交织 褒贬共之——评〈第二十幕〉中作者笔下的尚达志》，《安徽文学》（下半月）2011年第5期。

北乔：《作为平民的写作——周大新论》，《扬子江评论》2011年第3期。

田丰：《非人和异化——〈湖光山色〉人物形象透视》，《浙江树人大学学报》（人文社会科学版）2011年第4期。

张静芝：《家族精神的高扬与自我意识的失落——论周大新的家族小说〈第二十幕〉》，《名作欣赏》2011年第24期。

田丰：《寻找女性自我 走出精神盆地》，《沈阳大学学报》2011年第4期。

王国平：《作家要沉住气潜下心》，《光明日报》2011年11月7日。

赵玉芬：《论周大新小说创作的"怀乡情结"》，《长城》2011年第12期。

董海霞：《下笔要有悲悯之心——对话周大新》，《江南》2012年第1期。

费团结、陈曦：《论〈湖光山色〉中民间传说的意义》，《现代语文》（学术综合版）2012年第1期。

任芸莹、王黎黎：《周大新小说独特的叙事手法》，《重庆三峡学院学报》2012年第1期。

石长平:《尊重原著 珍惜题材——论电视剧〈湖光山色〉对原作的伤害》,《云南艺术学院学报》2012年第1期。

王颖:《论周大新小说中的男权意识》,《海南师范大学学报》(社会科学版)2012年第2期。

孙晓琴:《〈湖光山色〉中旷开田的形象》,《新闻爱好者》2012年第5期。

刘慧:《那片"湖光山色"的天地——周大新访谈》,《神剑》2012年第7期。

胡平:《生存与死亡的超越》,《文艺报》2012年8月31日。

刘永春:《乡村拟想、介入叙事与史诗追求——论〈湖光山色〉与周大新模式》,《时代文学》(上半月)2012年第9期。

胡平:《生存与死亡的超越——读周大新长篇新作〈安魂〉》,《全国新书目》2012年第10期。

沈嘉达:《〈湖光山色〉:"底层"、当下与女性成长叙事》,《世界文学评论》2012年第2期。

雷达:《〈安魂〉一曲慰死生》,《中国青年报》2012年10月30日。

梁鸿鹰:《周大新:写属于我们中国人自己的文字》,《文学向着无尽的可能》,人民文学出版社,2012年。

吴义勤:《超越生死的悲悯之书》,《中国艺术报》2012年11月26日。

刘泽友:《论周大新的小说创作》,《创作与评论》2013年第2期。

王兴文:《新世纪小说的乡土空间叙事及其意义——以〈湖光山色〉为中心》,《小说评论》2013年第2期。

李炎超:《周大新乡土小说的神秘叙事》,《小说评论》2013年第3期。

闫丽、张娜、辛欣:《家族与自我——论周大新的小说〈第二十幕〉》,《语文建设》2013年第20期。

李金花:《读周大新的长篇小说〈安魂〉》,《文学教育(上)》2013年第8期。

邹阳:《探索与突破——论周大新盆地系列小说的创作》,《安康学院学报》2013年第4期。

姚晓蕾:《试论新世纪文学对当下乡村社会的主体呈现困境——以〈湖光山色〉为中心的一种考察》,《学术月刊》2013年第11期。

周淑贞:《民间文化对〈湖光山色〉创作的影响》,《芒种》2013年第12期。

靳书刚:《论周大新小说的儒家文化精神》,《许昌学院学报》2014年第1期。

刘艳宗:《灵魂寻觅:从冲突、忏悔到救赎——评周大新的〈安魂〉》,《文艺争鸣》2014年第3期。

杜艳云:《〈银饰〉的凄美绝伦:悲剧与挽歌共鸣》,《电影文学》2014年第

15 期。

陈进武:《直抵生命深处的"外转"力量——〈安魂〉与〈儿子〉的对读》,《郑州师范教育》2014 年第 3 期。

博士、硕士学位论文

李丹宇:《论周大新小说的民俗意蕴》,华东师范大学硕士学位论文,2006 年。

王治国:《由爱国主义向人道主义的深化》,山东大学硕士学位论文,2008 年。

郭小强:《周大新小说叙事话语研究》,福建师范大学硕士学位论文,2009 年。

陈志国:《无法挣脱的宿命》,吉林大学硕士学位论文,2009 年。

朱丽娟:《南阳盆地文化与周大新的小说创作》,安徽师范大学硕士学位论文,2010 年。

郭玫:《周大新小说原型探析》,华中科技大学硕士学位论文,2010 年。

皇甫方方:《论周大新小说的性别叙事》,河南大学硕士学位论文,2011 年。

刘从中:《穿行在历史潮流中的乡土写作》,山东师范大学硕士学位论文,2011 年。

铁艳艳:《论周大新盆地小说中的复仇叙事》,兰州大学硕士学位论文,2011 年。

杨琛:《周大新乡土小说研究》,广西师范学院硕士学位论文,2011 年。

许丹丹:《价值理想的选择与周大新小说创作的乡土转向》,西南大学硕士学位论文,2012 年。

李雨浓:《论周大新乡土小说的文化意蕴》,山东师范大学硕士学位论文,2012 年。

孙楠:《论周大新小说的民间性》,山东师范大学硕士学位论文,2014 年。

专著

张建永、林铁:《乡土守望与文化突围——周大新创作研究》,作家出版社,

2009年。

　　武新军、袁盛勇主编:《聚焦二十世纪 周大新〈第二十幕〉评论选》,人民文学出版社,2003年。

编后记

从1979年发表短篇小说《前方来信》开始，周大新——这位从河南邓州走上文坛的当代著名作家，目前已发表长篇小说7部，中篇小说30余部，短篇小说50余部，散文随笔集8部共600多万字。他是全军文学界高级职称评委会主任，中国作家协会第五届、第六届全国委员会委员，2007年获第八届茅盾文学奖。从农村到军营、从小城镇到大都市的人生历程，对现实社会生活和人类精神生活的深切关注，"为了人类日臻完美"的文学价值追求，农夫般的勤勉、老牛般的坚韧，这一切，赋予了周大新文学创作数十年如一日的激情和活力。对转型时代复杂的现实生活进行大胆的审美判断，从社会发展和历史规律的高度来认识现实和把握人生，表达出对现实发言的强烈愿望和介入现实的积极努力，是周大新文学实践一以贯之的主体格调。无论文坛如何新潮涌动、花样翻新，他始终坚守文学对现实的忠诚和责任，"瞩目我们所处的时代"，"努力把握和表现这个时代"，并以自己文学实践为"时代添加新的内容，给时代留下自己的印痕"①。包括那些回溯历史的作品，也是为了更好地看清现实，从而使自己对现实的发言更有力量。

周大新的文学世界具有广博丰厚的思想内涵和清醒深刻的文化忧思，带给读者沉甸甸的阅读感受和抵达心灵深处的审美体验。早就有人指出，"目前中国作家里少有人敢于正面直视和试图解释这个巨大、奇特、复杂、纠缠、难以理出头绪的时代，目前中国作家的最大问题是失去了把握和读解这个时代的能力，无法定性，于是只能舍弃整体性，专注于局部趣味，或满足于类型化"②。而周大新却迎难而上，力求对急遽转型的中国社会进行整体性关照和个人化表述，也许他不够先锋、不够时尚、不够新锐，但其根植于乡土大地和现实生活的文学书写，拥有一种来自生活深层的厚重美、朴素美以及强烈的现实介入意识与行动力。也从不跟风凑热闹，他就是他自己，在蜿蜒曲折又荆棘丛生的文学

---

① 周大新：《瞩目我们所处的时代》，《文艺报》2009年11月3日。
② 雷达：《对现实发言的努力及其问题》，《四川日报》2014年4月25日。

之路上披荆斩棘、默默前行，探寻属于他自己的柳暗花明。

　　行文至此，与大新先生第一次见面的情景又历历在目。尽管之前我已经从不少文章中知道"大新真好"（行者），为人"忠厚善良周全"（何向阳），是作家们的"无形榜样"（阎连科），但 2014 年 5 月 12 日中午，在北京通联太和酒店大堂见到他时，他善良、单纯、热情而又暗含忧伤的眼神还是令我深深感动，已是花甲之年，历经了那么多的人生坎坷和生离死别的哀痛，你从他的眼中却看不到世故，看不到浑浊，看到的只有善良、单纯、热情和沉潜的忧伤，你无法不讶异，无法不感动！

　　谨以此书表达对大新先生及其创造的文学世界的敬意！

　　另外，此书编撰过程中，我的研究生谢颖同学也参与了资料整理工作，在此一并致谢！

沈文慧
2014 年 9 月 16 日于信阳师院